Benjamin Lindner

WISSENSCHAFTLICHES ARBEITEN

EINE HANDREICHUNG FÜR LEHRE UND STUDIUM

Herausgegeben vom

NSI

Kommunale Hochschule
für Verwaltung in Niedersachsen
Wielandstr. 8
30169 Hannover
www.nsi-hsvn.de

Maximilian Verlag
Hamburg

SCHRIFTENREIHE
KOMMUNALE HOCHSCHULE FÜR VERWALTUNG IN NIEDERSACHSEN

Benjamin Lindner

WISSENSCHAFTLICHES ARBEITEN

EINE HANDREICHUNG FÜR LEHRE UND STUDIUM

Dr. Benjamin Lindner ist Hochschuldozent für Sozialwissenschaften und Fachkoordinator für Wissenschaftliches Arbeiten an der Kommunalen Hochschule für Verwaltung in Niedersachsen (HSVN). Nach seinem Magisterstudium der Germanistik, Philosophie und Sozialpsychologie promovierte er an der Gottfried Wilhelm Leibniz Universität Hannover zum Doktor der Philosophie. Als Lehrer und Dozent hat er Lehrerfahrungen an Allgemeinbildenden Schulen, an Universitäten, Hochschulen und Akademien sowie in der Aus-, Fort- und Weiterbildung. Zuletzt erschien von ihm im Maximilian Verlag das Lehrbuch: „Verwaltungsethik: Ein Lehr- und Lernbuch" (2017).

Vorliegende Ausgabe erscheint als Band 19 in der Schriftenreihe der Kommunalen Hochschule für Verwaltung in Niedersachsen, herausgegeben von Prof. Dr. Michael Koop und Prof. Holger Weidemann.

Redaktionsstand: 18.09.2017

ISBN 978-3-7869-1109-8

Produktion, Druck und Weiterverarbeitung: druckhaus köthen, Köthen
Umschlaggestaltung: Nicole Laka

Printed in Germany

INHALTSÜBERSICHT

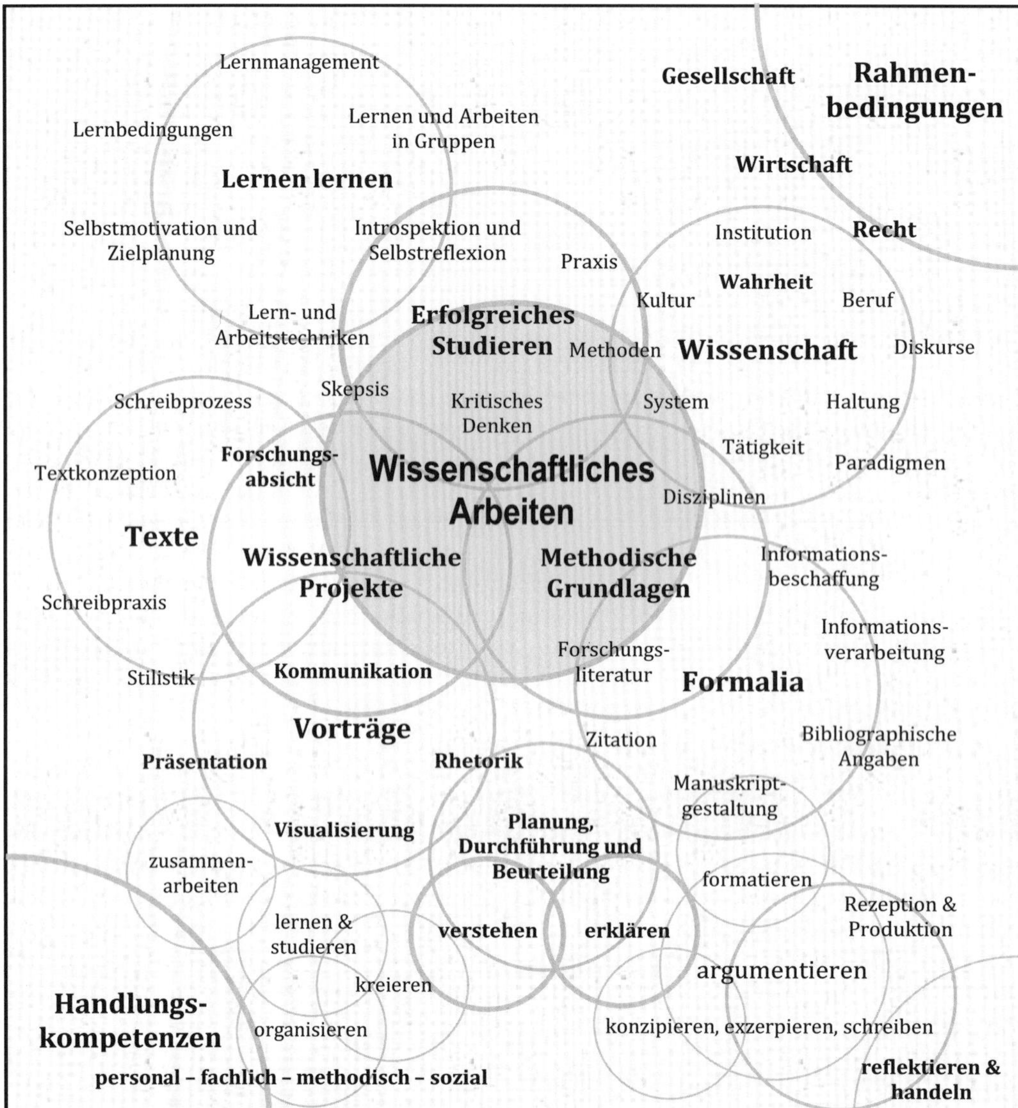

Abb. 1: Kosmos des wissenschaftlichen Arbeitens *(eigene Darst.)*.

VORWORT

Ein **Vorwort** kann viele Funktionen haben. Es kann z.B. die Umstände der Textentstehung schildern, die Editionsgeschichte nachzeichnen, die Textgestalt und Änderungen zu früheren Auflagen erläutern, eine Danksagung oder eine Widmung enthalten, aktuelle Phänomene ansprechen, Kontexte herstellen und vieles mehr. Im Falle des vorliegenden Buches soll es dem Leser* helfen, seine Erwartungen vor der Lektüre überprüfen zu können, indem es die folgenden **Fragen** beantwortet: Wovon handelt der Text? Was ist sein Gegenstand? Wer ist der Adressat und welchen Gewinn soll er von der Lektüre haben? In welcher Rolle schreibt der Autor aus welchem Anlass? Kurz: Wer spricht hier zu wem worüber mit welchem Ziel?

Ein **Titel** allein ist zwar noch kein Thema, deutet es aber an. Der Obertitel benennt das *Wissenschaftliche Arbeiten* als den Gegenstand des vorliegenden Buches. Der Untertitel charakterisiert den Text als eine *Handreichung*. Es handelt sich demnach nicht um einen Beitrag zur wissenschaftlichen Forschung, sondern um einen Text, der für den praktischen Gebrauch bestimmt ist. Diese Handreichung ist für *Studium und Lehre* gedacht. Der **Adressat** dieses Buches ist also nicht der *Autodidakt*, der sich in seiner Freizeit mit der wissenschaftlichen Arbeitsweise beschäftigt, sondern der Leser, der *formal* lehrt oder lernt. Formales Lernen findet in einer Bildungseinrichtung statt, die über Lehrpläne und Prüfungsordnungen verfügt und die Präsenzlehre mit Aufgaben verbindet, die im Selbststudium bearbeitet werden. Studierendes Lernen ist zwar in erster Linie selbständiges und eigenverantwortliches Lernen, es muss aber angeleitet und soll begleitet werden, weil am Ende die Qualifikation eines Studienabschlusses steht. Damit sind sowohl **Studierende** als auch **Lehrpersonen** angesprochen.

In meiner Funktion als **Fachkoordinator** für das Wissenschaftliche Arbeiten an der *Kommunalen Hochschule für Verwaltung in Niedersachsen* (HSVN) beschäftige ich mich mit der formalen Gestaltung und der einheitlichen Qualität der Lehre in diesem Studienfach. Ein Anlass dafür, dieses Buch zu schreiben, war es, Orientierung für Studium und Lehre zu geben. Wer sich mit den Anforderungen an das Wissenschaftliche Arbeiten beschäftigt, hat ein **Orientierungsbedürfnis**, das sich z.B. aus einem Bedürfnis nach Sicherheit speisen kann. Studierende können z.B. fragen: Was wird von mir erwartet? Wonach kann ich mich richten? Wie gehe ich mit Problemen und Zweifelsfällen um? Wie lässt sich das, was von mir erwartet wird, mit dem, was ich lernen will, vereinbaren? Lehrpersonen können sich fragen: Welche Kompetenzen sollen im Fachunterricht ›Wissenschaftliches Arbeiten‹ vermittelt werden? Wie lassen sich Formalvorschriften definieren? Was soll geregelt sein, was nicht? Welche Kriterien können bei der Planung, Durchführung und Beurteilung von Studienleistungen Orientierung geben?

---

* Der Ausdruck ›der Leser‹, der als Wort ein maskulines Genus hat, wird hier als ein Abstraktum gebraucht. Sofern auch eine konkrete Person damit angesprochen werden kann, stehen Wörter dieser Art auch künftig sowohl für männliche als auch weibliche Personen. Gleiches gilt für Wörter, die ein feminines Genus haben, wie z.B. das Wort ›Person‹. – Dieser Umgang mit dem Problem einer Sprache, die sowohl geschlechtergerecht als auch praktikabel und stilistisch ansprechend sein soll, ist kein Konsens im Gender-Diskurs, sondern eine individuelle Lösung für das vorliegende Buch; s. zu den Anforderungen an eine geschlechtergerechte Sprache und weiteren Vorschlägen unten, Kap. 4.3, Abs. 5.5.

Auch ein **Methodenfach** vermittelt eigenständige Inhalte und Kompetenzen. Das Wissenschaftliche Arbeiten ist kein *bloßes* ›Hilfsfach‹, das allein dazu da wäre, anderen Fächern zuzuarbeiten! – Was bedeutet Wissenschaftlichkeit? Sind Wissenschaften nützlich? Wenn ja, für wen und in welcher Hinsicht? Bereits aus dem Versuch, die ***formalen*** **Anforderungen** an die Gestaltung wissenschaftlicher Texte im Studium zu erläutern, ist hier ein ganzes Buch entstanden. Man sollte sich möglichst früh im Studium damit beschäftigen, um sich bei der Bearbeitung eigener Projekte auf den Inhalt konzentrieren zu können. Es lässt sich jedoch zeigen, dass bereits die Beschäftigung mit propädeutischen Fragen in die **inhaltliche Auseinandersetzung** führt. Die Beantwortung der Frage, wo ein Fußnotenzeichen platziert werden sollte, hilft z.B., Plagiate zu vermeiden und die Eigenständigkeit der Argumentation zu verdeutlichen. Die Vollständigkeit einer bibliographischen Angabe ermöglicht es dem Leser, die verwendeten Referenzen in der Bibliothek zu finden und zitierte Aussagen zu überprüfen. So gesehen handelt es sich um akademische Schlüsselkompetenzen, die als solche durchaus *auch* für andere Fächer und letztlich für die berufliche Praxis relevant sind.

An **Bildungseinrichtungen** kann dieses Buch genutzt werden, um den Fachunterricht im Wissenschaftlichen Arbeiten zu konzipieren und durchzuführen. Es kann z.B. dabei unterstützen, konkrete Vorgaben für die einheitliche Gestaltung von Haus- und Abschlussarbeiten zu entwickeln. Insofern kann es ein Beispiel sein, um solche Anforderungen zu formulieren. An der HSVN sind sie bereits in dieser Form etabliert und lassen sich direkt in Studienarbeiten anwenden. *Studierende* anderer Hochschulen können Vorschläge finden für alles, was dort nicht abweichend geregelt ist. *Lehrende* finden Anregungen für eine Vermittlung von Lehrinhalten. *Alle*, die sich mit formalen Anforderungen an wissenschaftliche Arbeiten beschäftigen, finden hier die Elemente, die dabei zu beachten sind und die sich je nach Bedarf und Kontext anpassen lassen.

Wissenschaftliche (Selbst-)Tätigkeit ist eine Form der Praxis, und das **Verhältnis von Theorie und Praxis** ist selbst ein Thema der Wissenschaft. Auch eine Theorie, die auf die Praxis bezogen werden soll, bleibt Theorie – mehr noch: Ohne ein gewisses Maß an Theorie gibt es überhaupt keine Praxis, sofern diese als ein bewusstes und absichtsvolles Tun verstanden wird. Wer sich auf theoretische Fragen einlässt, löst allein damit noch keine praktischen Probleme, kann aber ein **Problem*bewusstsein*** entwickeln. Dazu soll die wissenschaftliche Propädeutik beitragen. Auch die eher handwerklichen Fertigkeiten zur Texterstellung können so ihrerseits in einem theoretischen Kontext betrachtet werden. Sie erscheinen dann nicht bloß als ein Mittel zum Zweck, sondern bereits als ein Teil der Selbstreflexion über die **Aufgaben und Ziele von Wissenschaft**.

Dr. Benjamin Lindner
Hannover, August 2017

INHALTSVERZEICHNIS

***

ABKÜRZUNGSVERZEICHNIS

Das Verzeichnis enthält aus didaktischen Gründen sämtliche Abkürzungen, die in diesem Buch verwendet werden. In einer Studienarbeit wäre im Einzelfall zu entscheiden, ob ein Eintrag erforderlich ist, d.i. z.B. bei Abk. wie ›Abk.‹, ›d.i.‹ und ›z.B.‹ (s. dazu Kap. 4.3, Abs. 3.2.3).

1	hochgestellte Ziffer: Nummer der Auflage
☝	Achtung!
◎	Didaktischer Hinweis
?	Kontrollfragen
⇨	Transfer
🕮	Wissen
Σ	Zusammenfassung

A

A	(nachgestellt) Ausgabe (z.B. AkadA)
AI	Angestelltenlehrgang I
AII	Angestelltenlehrgang II
a.a.O.	am angegebenen Ort
Abb.	Abbildung(en)
Abdr.	Abdruck
Abi	Abitur (ABI-Box)
Abk.	Abkürzung
Abs.	Absatz/Abschnitt
Abt.	Abteilung
AG	Aktiengesellschaft (vgl. ital. S.p.A.)
Akad.	Akademie
AkadA	Akademieausgabe (z.B. Humboldt, Kant, Leibniz)
aktual.	aktualisiert
Aktual.	Aktualisierung
a.M.	am Main (Frankfurt)
AMA	(engl.) *American Management Association*
Amerikan.	Amerikanischen (Dat.)
Anm.	Anmerkung(en) (auch i.S.v. FN, vgl. dort)
Aufl.	Auflage
ARD	Arbeitsgemeinschaft der öffentlich-rechtlichen Rundfunkanstalten der Bundesrepublik Deutschland
Art.	Artikel
Ausg.	Ausgabe
ausgew.	ausgewählt
AV	Allgemeine Verwaltung (B.A.-Studiengang)

B

B.A.	(engl.) *Bachelor of Arts*
BBAW	Berlin-Brandenburgische Akad. d. Wissenschaften
Bd./Bde.	Band/Bände
bearb.	bearbeitete
Bearb.	Bearbeiter
Beitr.	Beitrag/Beiträge
Bem.	Bemerkung(en)
BEM	Betriebliches Eingliederungsmanagement
Beschl.	Beschluss
BFH	Bundesfinanzhof
BGB	Bürgerliches Gesetzbuch
BGBl.	Bundesgesetzblatt
Bibl.	Bibliothek
bibliogr.	bibliographisch
BMJ	Bundesministerium der Justiz
BnF	(franz.) *Bibliothèque Nationale de France*

BRD	Bundesrepublik Deutschland
BT	Deutscher Bundestag
BT-Drs.	Drucksachen u. Plenarprotokolle des Bundestags
BVerfG	Bundesverfassungsgericht
BVerfGE	Sammlung der Entscheidungen des BVerfG
BVerwG	Bundesverwaltungsgericht
BVerwGE	Sammlung der Entscheidungen des BVerwG
BvR	Richter des Bundesverfassungsgerichts
BVS	Bayerische Verwaltungsschule
bzw.	beziehungsweise

C

ca.	circa (i.S.v. ungefähr)
CD-ROM	(engl.) *Compact Disc Read-Only Memory*
Chr.	Christus (s. auch v. Chr.)
cm	Zentimeter
C.R.E.A.M.	kreativ (engl. *creative*), reflektierend, effektiv, aktiv, motiviert (eine Lernmethode nach S. Cottrell)

D

d.	der
Darst.	Darstellung
Dat.	Dativ
DDR	Deutsche Demokratische Republik
Denkschr.	Denkschrift (s. Schr.)
ders.	derselbe (direkt vorher genannter Name)
DFG	Deutsche Forschungsgemeinschaft
d.h.	das heißt
d.i.	das ist
dies.	dieselbe(n) [der/die direkt vorher genannte(n) Name(n)]
DIP	Dokumentations- und Informationssystem für Parlamentarische Vorgänge
Diss.	Dissertation
DNB	Deutsche Nationalbibliothek
Dr.	Doktor
dr.	(nachgestellt) Druck (s. Abdruck/Nachdruck)
Drs.	Drucksache
dt.	deutsche(r)
dtv	Deutscher Taschenbuch Verlag
DVP	Deutsche Verwaltungspraxis (Textsammlung)
DWB	Deutsches Wörterbuch der Gebrüder Grimm

E

ebd.	ebenda (bezieht sich auf den direkt vorhergehenden Nachweis)
ECW	Ernst Cassirer: Gesammelte Werke
Einf.	Einführung
Einl.	Einleitung
EDV	elektronische Datenverarbeitung
EiglerA	Eigler-Ausgabe (Platon: Werke, hrsg. v. G. Eigler)
engl.	englisch
Engl.	Englischen (Dat.)
ErbbauRG	Erbbaurechtsgesetz
erg.	ergänzte

Erg.	Ergänzung(en)
Erl.	Erläuterung(en)
ersch.	erschienen
erw.	erweiterte
et al.	(lat.) *et alii* (und andere, nur bei Personen, vgl. u.a.)
etc.	(lat.) *et cetera* (und so weiter, s. auch pp.)
etw.	etwas
EU	Europäische Union
e.V.	eingetragener Verein
EVA	Europäische Verlagsanstalt

F

f.	und die folgende Seite
ff.	und die folgenden Seiten
FB	Fachbereich
FH	Fachhochschule
FHÖ-PR	Fachhochschule für öffentliche Verwaltung, Polizei und Rechtspflege Mecklenburg-Vorpommern
FHÖV	Fachhochschule für öffentliche Verwaltung NRW
FHSV-Meißen	Hochschule der sächsischen Verwaltung Meißen
FHSV-Saar	Fachhochschule für Verwaltung des Saarlandes
FHVR-AIV	Fachhochschule für öffentliche Verwaltung und Rechtspflege in Bayern – Fachbereich Allgemeine Innere Verwaltung, Hof
FHVD	Fachhochschule für Verwaltung und Dienstleistung Schleswig-Holstein
FN	Fußnote
Fragm.	Fragment
FrankfA	Frankfurter Ausgabe (der Werke v. J. W. Goethe)

G

geänd.	geändert
Gen.	Genitiv
GG	Grundgesetz für die Bundesrepublik Deutschland
ggf.	gegebenenfalls
g.g.T.	größter gemeinsamer Teiler
GmbH	Gesellschaft mit beschränkter Haftung
griech.	griechisch
GVBl.	Gesetz- und Verordnungsblatt (s. auch Nds.)

H

H.	Heft/Hauptstück
Halbs.	Halbsatz
HAW	Hochschule für angewandte Wissenschaften, Hamburg
Hervorh.	Hervorhebung
HfÖV	Hochschule für öffentliche Verwaltung Bremen
HfPV	Hessische Hochschule für Polizei und Verwaltung
HöV	Hochschule für öffentliche Verwaltung Rheinland-Pfalz
Hrsg.	Herausgeber
hrsg. v.	herausgegeben von
HSVN	Kommunale Hochschule für Verwaltung in Niedersachsen
http	(engl.) *Hypertext Transfer Protocol*
HWR	Hochschule für Wirtschaft und Recht Berlin

I

i.A.	im Auftrag
i.d.F. v.	in der Fassung vom
i.d.R.	in der Regel
ISBN	(engl.) *International Standard Book Number*
i.S.v.	im Sinne von
IT	Informationstechnologie
ital.	italienisch
IuK	Information und Kommunikation
i.V.m.	in Verbindung mit

J

Jg.	Jahrgang
JMR	*Journal of Marketing Research*
JoM	*Journal of Management*

K

Kap.	Kapitel
KGSt	Kommunale Gemeinschaftsstelle für Verwaltungsmanagement
KIT	Karlsruher Institut für Technologie
Königl.	Königlich (s. Preuß.)
KrV	Kritik der reinen Vernunft (I. Kant)
KVK	Karlsruher Virtueller Katalog
KZfSS	Kölner Zeitschrift für Soziologie und Sozialpsychologie

L

lat.	lateinisch
Lat.	Lateinischen (Dat.)
LL.B	(engl.) *Bachelor of Laws*
LMU	Ludwig-Maximilians-Universität München
LOB	Leistungsorientierte Bezahlung
Log.	Logik (s. tr[anszententale])
LPG	landwirtschaftliche Produktionsgenossenschaft (DDR)
LSD	Lysergsäurediäthylamid
LSVP	Lehr- und Stoffverteilungsplan

M

MA	Mitarbeiter (vgl. Mitarb.)
M.A.	(engl.) *Master of Arts* bzw. (lat.) *Magister Artium*
Mass.	Massachusetts (Bundesstaat der USA)
MDZ	Münchener Digitalisierungszentrum
metaph.	metaphysisch
Metaph.	Metaphysik
Meth.	Methodenlehre (s. tr[anszententale])
mind.	mindestens
MINT	Gruppe von Studienfächern (Mathematik, Informatik, Naturwissenschaften, Technik)
Mitarb.	Mitarbeit(er) (vgl. MA; s. auch u. Mitarb. v.)
Mitw.	Mitwirkung
MüKo	Münchener Kommentar

N

Nachdr.	Nachdruck
Nds. GVBl.	Niedersächsisches Gesetz- u. Verordnungsblatt
N.F.	Neue Folge (insbesondere bei Zeitschriften)

NHG Niedersächsisches Hochschulgesetz
Nr. Nummer(n)
NRW Nordrhein-Westfalen
NSA (engl.) *National Security Agency*
NSI Niedersächsisches Studieninstitut für Kommunale Verwaltung e.V.
n.v. nicht veröffentlicht
NY New York (Bundesstaat der USA)
NVwZ Neue Zeitschrift für Verwaltungsrecht

O

o.a. oder andere
o.Ä. oder Ähnliche(s)
OECD (engl.) *Organisation for Economic Cooperation and Development*
Orig. Original
o.V. ohne Verfasser
o.Verl. ohne Verlag

P

Päd. Pädagogik
PC (engl.) *Personal Computer*
pdf (engl.) *Portable Document Format*
PhB Philosophische Bibliothek (Meiner-Verlag)
photomech. photomechanischer
PI Preußische Instruktionen
PISA (engl.) *Programme for International Student Assessment*
Pl. Plural
pp. (lat.) *perge, perge* (und so fort, s. auch etc.)
Preuß. Preußische (s. auch Königl.)

R

RCS (ital.) Rizzoli Corriere della Sera (Medien-Gruppe)
Red. Redaktion
Reg. Register
Rd.-Nr. Rand-Nummer(n) (hier bevorzugt: Rn., s. dort)
rer. pol. (lat.) *rerum politicarum* [der Staatswissenschaft (Gen. Pl.)]
Rn. Randnummer(n) (auch möglich: Rd.-Nr.)
RUB Reclam Universal Bibliothek

S

s. siehe (bei weiterführenden Hinweisen u. Verweisen)
S. Seite(n)
Schr. Schrift(en)
Sg. Singular
sic! so (um bei wörtlichen Zitaten anzuzeigen: Ja, das steht da wirklich so)
Sig. Signatur
s.o. siehe oben
Sp. (Tabellen-)Spalte
S.p.A. (ital.) *Società per Azioni* (vgl. AG)
SPO Studien- und Prüfungsordnung
SQ3R (engl.) *Survey, Question, Read, Recite, Review* (Lesemethode)
SQ4R (engl.) *Preview, Question, Read, Reflect, Recite, Review* (Lesemethode)

St.	Stephanus[paginierung] (Seitenzählung der Werke Platons nach Stephanus)
ständ.	ständiger
StGB	Strafgesetzbuch
StudA	Studienausgabe
Stud.IP	Studienbegleitender Internetsupport zur Unterstützung von Präsenzlehre
s.u.	siehe unten
Subst.	Substantiv
SuS	Schülerinnen und Schüler
SZ	Süddeutsche Zeitung

T

Tab.	Tabelle(n)
Tb	Taschenbuch/-bücher
TH	Technische Hochschule
tr. Log.	Transzendentale Logik (ein Kap. in: I. Kant, KrV)
tr. Meth.	Transzendentale Methodenlehre (ein Kap. in: I. Kant, KrV)
TV	Television (Fernsehen)

U

u.	und/unter
u.a.	und andere (s. auch et al.)
u.d.T.	unter dem Titel
Ü	Übung
überarb.	überarbeitet(e)
übers. v.	übersetzt von
Übers.	Übersetzung/Übersetzer
übertr.	übertragen (im übertragenen Sinne)
u. Mitarb. v.	unter Mitarbeit von (s. auch Mitarb., u., v.)
UNESCO	(engl.) *United Nations Educational, Scientific and Culture Organization*
Univ.	Universität/(engl.) *University*
UNO	(engl.) *United Nations Organization*
unveränd.	unveränderter
UrhG	Gesetz über Urheberrecht u. verwandte Schutzreche (Urheberrechtsgesetz)
URL	(engl.) *Uniform Resource Locator*
USA	(engl.) *United States of America*
UTB	Uni-Taschenbücher

V

v.	von/vom
V.	Vers(e)
VB	Verwaltungsbetriebswirtschaft (B.A.-Studiengang)
v.Chr.	vor Christus
verb.	verbesserte
Verl.	Verlag
veröff.	veröffentlicht
Veröff.	Veröffentlichung(en)
VFA	Verwaltungsfachangestellte (Ausbildung)
VFHS	Thüringer Fachhochschule für öffentliche Verwaltung
vgl.	vergleiche (steht in Anm. u. Fußnoten bei indirekten bzw. sinngemäßen Zitaten)
vollst.	vollständig
Vorl.	Vorlesung
vs.	(lat.) *versus*
VS	Verlag für Sozialwissenschaften

W

Wb	Wörterbuch
WBG	Wissenschaftliche Buchgesellschaft
WEG	Wohnungseigentums-gesetz
wiss.	wissenschaftlich(e)
Wiss.	Wissenschaft(en)
www	(engl.) *World Wide Web*
WWW	Was wäre, wenn ... (Name einer Lernmethode)

Z

z.B.	zum Beispiel
ZBW	Zeitschrift für Berufs- und Wirtschaftspädagogik
ZDF	Zweites Deutsches Fernsehen
ZfB	Zeitschrift für Betriebswirtschaft
ZfBF	Zeitschrift für betriebs-wirtschaftliche Forschung
zit.	zitiert
ZLL	Zentrum für Lehren und Lernen (Univ. Bielefeld)
z.T.	zum Teil
zugl.	zugleich
zzgl.	zuzüglich

***

ABBILDUNGSVERZEICHNIS

Graphiken, Tabellen und andere Darstellungen in diesem Buch sind einheitlich mit dem Kürzel *Abb. (Abbildung)* versehen. Die Abbildungen 16 bis 19 sind in die separate Gliederung von Kap. 4.2 eingebunden, das nur Tabellen enthält. In einer Studienarbeit wäre ggf. ein separates Tabellenverzeichnis zu erstellen (s. dazu Kap. 4.3, Abs. 4.2.4).

***

1. EINLEITUNG

Im Unterschied zu einem *Vorwort* hat eine **Einleitung** eine *systematische* Funktion, d.h., hier wird der Plan vorgestellt, der einer wissenschaftlichen Untersuchung zugrunde liegt. Die Einleitung erfüllt damit eine wichtige Funktion für wissenschaftliche Arbeiten, denn die Wissenschaft erfordert ein planvolles und zielgerichtetes Vorgehen. Dafür wiederum sind mehrere Aspekte zu berücksichtigen: Welches Problem wird bearbeitet (**Thema**)? In welchem theoretischen Zusammenhang steht es (**Kontext**)? Wie wird bei der Problembearbeitung vorgegangen (**Methode**)? Unentbehrlich sind darüber hinaus **Fragestellung und Zielsetzung**, denn sie ermöglichen es erst, den sprichwörtlichen ›roten Faden‹ zu entwickeln und am Ende eine Ergebnissicherung vorzunehmen.

Die vorliegende *Handreichung* kann der Gruppe der **›Lehrbücher‹** zugeordnet werden. Es handelt sich damit nicht um Forschungsliteratur im engeren Sinne. Gleichwohl sind auch hier *Thema*, *Kontext* und *Methode* für den Gebrauch des Textes wichtig. Die **Ausgangsfragen** lauten: Welche Kompetenzen sollen durch das wissenschaftliche Arbeiten erworben werden? Wie hängen sie mit den Lernzielen eines Verwaltungsstudiums zusammen? In welcher Form werden die Lehrinhalte dargestellt? In einer Einleitung wird üblicherweise noch nicht eigentlich argumentiert, sondern gleichsam ein Rahmen für die nachfolgende Untersuchung abgesteckt. Bei wissenschaftlichen Untersuchungen entscheidet eine solche Darlegung darüber, ob und inwieweit ein Beitrag zur Forschung erreicht werden kann und soll. Für ein Lehrbuch mag es genügen, eine **Orientierung** zu ermöglichen.

1.1 Prolog: Wissenschaft und Verwaltung

> „[Das Organon dieser oder jener Wissenschaft] wird mehrentheils in den Schulen als **Propädeutik der Wissenschaften** vorangeschickt, ob sie zwar, nach dem Gange der menschlichen Vernunft, das Späteste ist, wozu sie allererst gelangt, wenn die Wissenschaft schon lange fertig ist und nur die letzte Hand zu ihrer Berichtigung und Vollkommenheit bedarf. Denn man muß die Gegenstände schon in ziemlich hohem Grade kennen, wenn man die Regel angeben will, wie sich eine Wissenschaft von ihnen zu Stande bringen lasse."[1]
>
> *Immanuel Kant* (1724–1804).

Der Fachunterricht im Wissenschaftlichen Arbeiten ist **Propädeutik der Wissenschaft**. Er bereitet darauf vor, selbst wissenschaftlich arbeiten zu können. ›Propädeutik‹ bedeutet „Vorübung".[2] Im Verwaltungsstudium betrifft dies die *Rechts-*, *Wirtschafts-* und *Sozialwissenschaften* als Bezugswissenschaften. Im Studium geht es jedoch nicht darum, die Forschung in einer bestimmten Disziplin voranzubringen, sondern um das Erlernen der

---

1 *Kant, Immanuel*: Kritik der reinen Vernunft [1. Aufl. (A) 1781; 2. Aufl. (B) 1787], in: *Ders.*: Gesammelte Schriften, hrsg. v. d. Königl.-Preuß. (seit 2002 Berlin-Brandenburgischen) Akad. d. Wiss., Berlin: Reimer u.a., 1902 ff. (= Akademieausgabe), Bd. 4: Kritik der reinen Vernunft (1. Aufl. 1781), Prolegomena, Grundlegung zur Metaphysik der Sitten, Metaphysische Anfangsgründe der Naturwissenschaft, unveränd. photomech. Abdr. d. 2. Aufl. v. 1911 ([1]1903), Berlin: de Gruyter, 1968, S. 1–252 [KrV A]; Bd. 3 (2. Aufl. 1787), unveränd. photomech. Abdr. d. 2. Aufl. 1911 ([1]1904), Berlin: de Gruyter: 1968 [KrV B], hier: Bd. 4, S. 48 f. (tr. Log., Einl. I, A52) [im Orig. nicht fett gedruckt].

2 Ebd., Bd. 3, S. 543 (tr. Meth., H. 3: Die Architektonik der reinen Vernunft, B869).

wissenschaftlichen Arbeitsweise im Allgemeinen. Wer ein Studium aufnimmt, *wird* nur selten ein Wissenschaftler werden und *will* es eventuell auch gar nicht werden. An Fachhochschulen *soll* er es auch gar nicht werden, denn hier dient die Theorie nicht der Ausbildung des wissenschaftlichen Nachwuchses, sondern der berufsbezogenen Anwendung von Fertigkeiten (s. § 3 Abs. 4 Satz 2 NHG). – Wozu also wissenschaftlich arbeiten?

Im Studium lassen sich **Fähigkeiten entwickeln und Fertigkeiten ausbilden**, die durch wissenschaftliches Arbeiten in besonderem Maße gefördert werden, z.B. die Fähigkeit, sich Fachkenntnisse methodisch anzueignen, sich selbständig in neue Themengebiete einzuarbeiten, analytisch und systematisch zu denken, die Rechtfertigung von Aussagen kritisch zu prüfen und Meinungen durch Fakten zu belegen, begründete Urteile zu fällen, Kontexte zu verstehen und komplexe Sachverhalte in mündlicher und schriftlicher Form sachlich korrekt und argumentativ überzeugend zu kommunizieren. Wer in der **Verwaltungspraxis** ein wissenschaftliches Gutachten auf den Tisch bekommt, findet sich darin zurecht, kann die Informationen verstehen, einordnen und nachprüfen. Wer sich auf neue Anforderungen einstellen muss, weil sich Gesetze geändert haben, kann sich die nötigen Informationen selbständig beschaffen. Wer selbst Gutachten, Protokolle oder andere Texte schreibt, profitiert von den Kenntnissen zu Textgestaltung, Strukturbildung und Argumentation. Planerische, organisatorische und prüfende Tätigkeiten können methodisch angegangen werden. Probleme lassen sich auf wissenschaftlicher Grundlage analysieren und Lösungen zielgerichtet und eigenständig erarbeiten etc.

Anhand dieser Aufzählung lässt sich ersehen, dass die **formalen Anforderungen** an die Zitation und Manuskriptgestaltung nur einen kleinen Ausschnitt des wissenschaftlichen Arbeitens darstellen. Im vorliegenden Buch werden sie in den theoretischen Kontext eingeordnet, in ihrer Bedeutung begründet und erläutert. Darüber hinaus werden einige weitere methodische Anforderungen für die Bearbeitung wissenschaftlicher Projekte angesprochen, insbesondere Recherchemethoden und studierendes Lesen. Die Themen **›Studiertechniken‹** und **›Wissenschaftliche Projekte‹** werden jedoch nicht erschöpfend behandelt. Hier bedarf es jeweils einer tiefergehenden Auseinandersetzung, z.B. mit Themenfindung, Textkonzeption und Zeitplanung. Der Schwerpunkt der Darstellung liegt auf den *formalen* Anforderungen an schriftliche Studienleistungen. Auch dafür aber sind einige Überlegungen zum Verständnis von Wissenschaftlichkeit erforderlich.

Wer ein Studium aufnimmt, sollte sich zunächst seiner **Intention** vergewissern, denn er wird damit vorübergehend ein Teil des Bildungs- und Wissenschafts*systems*, in dem sich bewegen lernen muss, wer sein Studium erfolgreich gestalten will. ›Erfolg‹ meint dann nicht nur den Studienabschluss, sondern Einsichten, die sich auf dem Weg dorthin gewinnen lassen. Die Wissenschaft lässt sich unter anderem als eine **Tätigkeit** verstehen. Wissenschaftlich arbeiten bedeutet dann selbständig forschen. Die Formen dieser Tätigkeit sind mittlerweile derart spezialisiert, dass sie meistens nur noch von Berufswissenschaftlern ausgeübt werden können.[3] Was den Sicherheitsaspekt betrifft, sind diejenigen, die an einer Verwaltungshochschule im Rahmen eines Dienstverhältnisses studieren, verglichen mit anderen Studierenden privilegiert. Unabhängig vom Studienfach aber wird

---

3 Vgl. *Mittelstraß, Jürgen* (Hrsg.): Enzyklopädie Philosophie und Wissenschaftstheorie, 4 Bde., hrsg. unter ständ. Mitw. v. Siegfried Blasche, Martin Carrier u. Gereon Wolters, Stuttgart u.a.: Metzler, [I]1980, [II]1984, [III]1995, [IV]1996, darin: Art. „Wissenschaft", Bd. 4, S. 719–721: S. 719.

jede Studentin und jeder Student individuell herausgefordert, die sogenannte **›Studierfähigkeit‹** unter Beweis zu stellen. Dazu gehört es, sich auf die wissenschaftliche Tätigkeit einlassen zu können, d.h. ein Erkenntnisinteresse zu haben, das sich nicht in der Frage nach der möglichen Anwendung der Lehrinhalte in der beruflichen Praxis erschöpft, sondern auch intrinsisch motiviert ist.

Die Wissenschaft als **System** funktioniert nach bestimmten Regeln und stellt hohe Anforderungen an die Person und ihre Fähigkeiten. Die Wissenschaft ist die vielleicht komplexeste Kulturleistung, die der Mensch hervorgebracht hat. Aber sie ist nur eine von vielen und nicht zwangsläufig auch eine ›hohe‹, geschweige denn die ›höchste‹ Leistung im Sinne einer Hierarchie. Lange Zeit wurde dies so gesehen und wird es z.T. noch immer.[4] Die Wissenschaft als **Kultur** hat sich ihre eigenen Symbolsysteme geschaffen.[5] Die Rechtswissenschaften legen das Recht aus und wenden es an, sie arbeiten mit Paragraphen und einer speziellen Fachsprache, Tatbestandsmerkmalen und Rechtsfolgen. Auch die Wirtschafts- und Sozialwissenschaften haben eine Fachsprache, sie arbeiten mit Statistiken und Zahlen, um ökonomische Zusammenhänge zu beschreiben, und verwenden Theorien, Modelle und empirische Studien, um menschliches Verhalten zu verstehen und zu erklären. Solche **Symbolsysteme** haben auch ausgrenzenden Charakter: Nur wer die ›Sprache der Wissenschaft‹ spricht und versteht, hat hier Zugang. Eine offene Wissenschaftskultur zu schaffen ist deshalb eine besondere Herausforderung.

Die **Öffentliche Verwaltung** ist kein isoliertes Gebilde, sondern tritt mit rechtlichen, wirtschaftlichen und gesellschaftlichen Rahmenbedingungen in eine Wechselbeziehung. Sie ist selbst ein Gegenstand der wissenschaftlichen Forschung. Als *Verwaltungswissenschaft* nimmt sich die Wissenschaft die Institutionen der Verwaltung, ihre Organisation und das Verwaltungshandeln zum Gegenstand.[6] Die Wissenschaft aber ist eine **›theore-**

---

[4] Für die abendländische Wissenschaftstradition ist Aristoteles maßgebend gewesen, der die **Wissenschaft als höchste Form des Wissens und Könnens** ansah, aber auch darauf hinwies, dass sie für den Menschen ›weniger notwendig‹ sei als die Dinge des täglichen Lebens und also erst dann betrieben werde, wenn alle anderen Bedürfnisse in der Gesellschaft befriedigt seien, vgl. *Aristoteles*: Metaphysik: Schriften zur ersten Philosophie (Abk.: Metaph.), übers. u. hrsg. v. Franz F. Schwarz, unveränd. Nachdr. d. 2., bibliogr. erg. Aufl. 2000 ([1]1970), Stuttgart: Reclam, 2001 (= RUB, Nr. 7913), S. 19; griech. *ders.*: Τῶν μετὰ τὰ φυσικά, in: *Ders.*: Aristotelis Opera, 10 Bde., hrsg. v. Immanuel[is] Bekker[i], Oxford: Univ. Press, 1831 ff., Bd. 8: Metaphysica, Oxford: Univ. Press, 1837, I. Buch (A) 981b 19 f.; eine **Kritik** dieser Tradition bietet *Arendt, Hannah*: Vita Activa oder Vom tätigen Leben (Orig.-Ausg. u.d.T. The Human Condition, Chicago 1958, dt. 1960), 6. Aufl. ([1]2002), München: Piper, 2006.

[5] S. zum **Symbolbegriff** *Cassirer, Ernst*: Versuch über den Menschen: Einführung in eine Philosophie der Kultur (engl. 1944), übers. v. Reinhard Kaiser, dt. Erstausg., Frankfurt a.M.: Fischer, 1990, S. 45–51; bzw. *ders.*: An Essay on Man: An Introduction to a Philosophy of Human Culture (1944), in: *Ders.*: Gesammelte Werke (Abk.: ECW), 26 Bde., hrsg. v. Birgit Recki, Hamburg: Meiner, 1998 ff., Bd. 23, Text u. Anm. bearb. v. Maureen Lukay, nach d. 1. Aufl., ersch. Garden City, NY: Doubleday, 1944, Hamburg: Meiner, 2006.

[6] Der Gegenstand der **Verwaltungswissenschaft** ist die „öffentliche" Verwaltung, vgl. *Franz, Thorsten*: Einführung in die Verwaltungswissenschaft, Wiesbaden: Springer/VS, 2013, S. 15. – Dieser Gegenstand entzieht sich einer eindeutigen Definition. Entsprechend ist auch die Verwaltungs*wissenschaft* keine scharf abzugrenzende Disziplin. Viele Einzelwissenschaften tragen zum Verständnis des Gegenstands ›öffentliche Verwaltung‹ bei, insbesondere die Rechts-, Wirtschafts- und Sozialwissenschaften. Das *Verwaltungsstudium* müsste eigentlich vom *Studium der Verwaltungswissenschaft* unterschieden werden (bei Franz kommt die Bezeichnung ›Verwaltungsstudium‹ nicht vor). Als ein eigenständiges Studienfach ist die Verwaltungswissenschaft noch keine Ausbildung zum Verwaltungsmitarbeiter. Umgekehrt gilt: Ohne wissenschaftlichen Anspruch wäre ein Verwaltungsstudium gar kein Studium, sondern vielleicht eher eine Ausbildung oder eine Form von Praxis. Hier tun sich viele ungelöste systematische Probleme auf.

tische‹ Kulturtechnik, d.h., sie ›betrachtet‹ ihren Gegenstand und generiert Erkenntnisse von allgemeiner Bedeutung (griech. *theoría* = Betrachtung)[7]. Von diesen Erkenntnissen kann die Verwaltungspraxis profitieren; aber die Wissenschaft bleibt, auch wenn man sie als angewandte Wissenschaft versteht, immer *primär* theoretisch. Wer ein Studium der Verwaltung aufnimmt, sollte also ein theoretisches Interesse an der Verwaltungstätigkeit mitbringen oder spätestens im Studium entwickeln. Das wissenschaftliche Arbeiten, das während eines Studiums gelehrt und gelernt wird, schließt außerdem das Erlernen und die Anwendung von **Methoden** ein (griech. *méthodos* = Weg)[8]. Um den Weg der Wissenschaft zu gehen und an den Kulturleistungen der Wissenschaft zu partizipieren, muss man sich gleichsam ›auf den Weg machen‹. Das setzt eine bewusste Entscheidung voraus.

Das Nachdenken über den Zweck des Lernens ist im Studium unentbehrlich: Es dient dem **selbstreflexiven Bewusstsein**, das für eine wissenschaftliche Arbeitsweise notwendig ist. Das ›studierende Lernen‹[9] ist ein *bewusstes* Tun, kein unbewusstes Verhalten, sondern ein **Handeln**. So sollten z.B. auch juristische Fälle, für die der Dozent bereits eine Lösungsskizze in der Schublade hat, als ein *ungelöstes* Problem wahrgenommen und bearbeitet werden. Eine wissenschaftliche Prüfung ist nur möglich, wenn das Ergebnis noch nicht feststeht. Für die Forschung ist nicht nur das Ergebnis, sondern auch der Lösungsweg bedeutsam, auf dem es erzielt wird. Dafür gibt es **Techniken**, die sich zur Problemlösung bewährt haben. Die Kenntnis dieser Hilfsmittel erleichtert die Arbeit am Gegenstand, durch die man sich zugleich in der Anwendung des zu Lernenden übt. Wer später in der **Verwaltungspraxis** z.B. ein juristisches Gutachten schreibt, kann jedoch nicht bereits das Ergebnis vorwegnehmen und dann eine geeignete Begründung aus Literatur und Rechtsprechung heraussuchen. Es mag sein, dass sich während der Bearbeitung herausstellt, dass die ursprüngliche Auffassung oder die gängige Praxis revidiert werden muss. Wissenschaftliches Arbeiten bedeutet nicht nur, einen Sachverhalt kritisch zu prüfen, sondern auch die **eigene Perspektive**, die auf den Gegenstand der Prüfung eingenommen wird.

Die Wissenschaft ist nicht nur eine *Tätigkeit*, ein *System*, eine *Kulturtechnik*, *Methode* und *Kompetenz*, sondern auch eine *Haltung*. Werden diese Elemente der Wissenschaft als das Ergebnis eines Prozesses angesehen, lässt sich das **›Bildung‹** nennen.[10] Wer also studieren will, sei gewarnt: Aus einem Studium geht man gleichsam anders heraus, als man hineingegangen ist. Man verändert sein Selbst- und Weltbild, tritt zur eigenen Person in

---

7 Vgl. *Gemoll, Wilhelm/Vretska, Karl*: Griechisch-deutsches Schul- und Handwörterbuch, 10., neu bearb. Aufl., München/Düsseldorf/Stuttgart: Oldenbourg, 2006, darin: Art. „θεωρία", S. 396: „[D]as An- oder Zuschauen [...], wissenschaftliche Betrachtung."

8 Vgl. ebd., darin: Art. „μέθοδος", S. 520: „*1.* Weg, etw. zu erreichen. *2. übertr.:* Gang der Untersuchung, Grundsatz, Methode."

9 Der Ausdruck soll verdeutlichen, dass *Lernen* und *Studieren* keinen unversöhnlichen Gegensatz bilden. Auch im Studium wird gelernt, aber es geht dabei nicht um bloßes Auswendiglernen. *Studierendes Lernen* soll darüber hinaus selbständig, kreativ und produktiv sein.

10 Im Wissenschaftsdiskurs spricht man vom **›Humboldtschen Bildungsideal‹**: Die Hochschulen sollen nicht nur Wissen vermitteln, sondern auch den „Charakter" bilden, vgl. *Humboldt, Wilhelm von*: Über die innere und äußere Organisation der wissenschaftlichen Anstalten in Berlin (Denkschrift, um 1809/10, Fragm.), in: *Ders.*: Gesammelte Schriften, hrsg. v. d. Königl.-Preuß. Akad. d. Wiss., Abt. 2: Politische Denkschr., 3 Bde., hrsg. v. Bruno Gebhardt, Bd. 1: 1802–1810, Berlin: Behr, 1903 (= Gesamtausgabe, Bd. 10), S. 250–260: S. 253: „Denn nur die Wissenschaft, die aus dem Innern stammt und in's Innere gepflanzt werden kann, bildet auch den Charakter um, und dem Staat ist es ebenso wenig als der Menschheit um Wissen und Reden, sondern um Charakter und Handeln zu thun [sic!]."

kritische Distanz, erweitert seinen Horizont und damit das Verstehen; aber man erlangt auch ein **Problembewusstsein** für das, was einem zuvor selbstverständlich schien. In einer wissenschaftlichen Perspektive werden Sachverhalte zum Problem, die im Alltag unproblematisch erscheinen; *und* für keines dieser Probleme bietet die Wissenschaft eine abschließende Lösung! Das Problematisieren ist ein Prozess, der niemals abgeschlossen ist. Sobald einem Dinge selbstverständlich geworden sind, hat man aufgehört (oder gar nicht erst angefangen), wissenschaftlich zu arbeiten. Umgekehrt gilt aber auch: Wer ungeprüfte Meinungen für überzeugender hält als die Erkenntnisse der Wissenschaft, hat ein wesentliches Ziel von Bildung verfehlt. Wissenschaftliche Bildung ist deshalb zugleich **Persönlichkeitsbildung**. Nichts ungeprüft für wahr zu nehmen und gleichzeitig die eigene Auffassung einer kritischen Prüfung unterziehen zu können, einer wissenschaftlich geprüften Aussage mehr zu vertrauen als einer unbegründeten Behauptung; dieser Anspruch – *Bildung durch Wissenschaft* – mag zwar bloß ein Ideal sein, aber gerade dann, wenn die Wirklichkeit anders aussieht, können Ideale Orientierung geben.

Ohne eine Vorstellung davon, was ein Studium ausmachen soll, würde man gar nicht bemerken, dass einem ggf. etwas fehlt. Die Idee der Wissenschaft selbst verweist auf solche **Ideale**, z.B. *Wahrheit*, *Objektivität* und *Fortschritt*. Den Idealcharakter einzusehen und mit den Widersprüchen produktiv umzugehen, die sich daraus für die Praxis ergeben; auch das gehört zur wissenschaftlichen Propädeutik. Die Praxis der öffentlichen Verwaltung wird in der Zukunft vor Herausforderungen stehen, die sich aktuell noch gar nicht sämtlich absehen lassen. Deshalb braucht es in der Verwaltung Menschen, die fähig sind, selbständig und verantwortungsbewusst nach innovativen und praktikablen Lösungen zu suchen, Informationen zu beschaffen, auszuwerten und zu kontextualisieren, fachspezifische Methoden anzuwenden, Lösungswege zu prüfen und die Ergebnisse einer Problemanalyse nachvollziehbar und durch sachliche Argumente gestützt schriftlich und mündlich zu präsentieren – kurz: wissenschaftlich zu arbeiten.

1.2 Lernziele des Faches ›Wissenschaftliches Arbeiten‹ im Kontext des Verwaltungsstudiums

Ein wissenschaftliches Studium ist ein Bildungsangebot. **Gesellschaft**, **Wirtschaft** und **Recht** bilden den Kontext des Verwaltungshandelns. Sie sind damit zugleich die äußeren Rahmenbedingungen des Studiums der Verwaltung. Verwaltungsmitarbeiter haben nach ihrer Ausbildung ein breites Aufgabenspektrum. Am Beispiel der Kommunalverwaltung lässt sich die **Vielfalt der Kompetenzen** verdeutlichen:

- **Verwaltungsakte** erlassen, prüfen und widerrufen, Entscheidungsentwürfe und Rechtsgutachten erstellen
- die **Verwaltungsaufgaben** im Kontext von Kommunalverfassungsrecht, Demokratie, Selbstverwaltung, öffentlicher Sicherheit und Ordnung wahrnehmen
- den **›Konzern Kommune‹** organisieren, Arbeitsabläufe gestalten, Maßnahmen des *Public Managements* anwenden und dabei verwaltungswissenschaftliche Kenntnisse einbringen
- psychische und soziale **Grundlagen des Verhaltens** in der öffentlichen Verwaltung reflektieren, das eigene Handeln hinterfragen und Verantwortung übernehmen

- beim **Bürgerkontakt** und bei der **betrieblichen Zusammenarbeit** kommunikative Fähigkeiten und Kenntnisse der Gesprächsführung, Moderation und Konfliktlösung einsetzen
- die eigene **Persönlichkeit** unter den gegebenen Sozialisationsbedingungen im Betrieb weiterentwickeln und Veränderungsprozesse aktiv mitgestalten
- Haushaltspläne aufstellen, umsetzen und dabei Kenntnisse des **Kommunalen Rechnungswesens** sowie haushalts- und finanzwirtschaftlich relevanter Rechtsgrundlagen einbringen
- im Bereich **Personalwesen** Kenntnisse beamtenrechtlicher Voraussetzungen mit personalpsychologischen Frage- und Problemstellungen verbinden, z.B. Eignung und Befähigung im Hinblick auf *Personalgewinnung, -einsatz, -erhaltung* und *-entwicklung*
- kommunale Handlungsfelder einer **Verwaltung in Europa** im Hinblick auf staatsrechtliche und gesellschaftspolitische Veränderungen erschließen
- Handlungsformen und Handlungsalternativen bei verwaltungsrechtlichen und zivilrechtlichen **Verträgen** analysieren und dabei Gemeinsamkeiten und Unterschiede der Rechtsgebiete *Öffentliches Recht, Privatrecht* und *Strafrecht* berücksichtigen, z.B. in Bezug auf Willenserklärungen, Widerspruchsverfahren und Klagearten
- das **System der rechtswissenschaftlichen Gebiete und Disziplinen** wie Baurecht oder Sozialrecht in einem inter- und transdisziplinären Zusammenhang verstehen
- Kenntnisse der **Tabellenkalkulation und Statistik** anwenden, um Studien in der *Betriebs-* und *Volkswirtschaftslehre* sowie in der *Empirischen Sozialforschung* auszuwerten[11]

Wie sich ersehen lässt, gibt es bei allen fachspezifischen Aufgaben methodische Aspekte, die auch überfachlich relevant sind. Das Analysieren und Prüfen gehören ebenso dazu wie das Kontextualisieren und Kommunizieren. Der fachliche Inhalt lässt sich also nicht von den Operationen trennen, die bei der Anwendung von Wissen eingesetzt werden. Die Ausbildung solcher überfachlicher **methodischer Kompetenzen** ist denn auch neben der Vermittlung der fachlichen Inhalte ausdrücklich ein „gleichrangiges Ziel" des Verwaltungsstudiums.[12] Wie die Schulen so setzen auch die Hochschulen dabei zunehmend auf *Methodenfächer*. Das hängt mit der ›Kompetenzorientierung‹ zusammen, die didaktisch bereits seit den 70er-Jahren in den Unterricht und politisch seit den 90er-Jahren des 20. Jahrhunderts in die Lehrpläne integriert wird. Dabei wird die Aneignung der fachlichen Inhalte vor dem Hintergrund von Kenntnissen, Fähigkeiten und Fertigkeiten betrachtet, die es braucht, um mit jenen Lehrinhalten arbeiten zu können.

Veranlasst worden ist die **Kompetenzorientierung** durch die Einsicht, dass das Fachwissen immer schneller veraltet und dass der Lernvorgang vom Lernenden her gedacht werden soll. Eine *Enquete-Kommission* hat im Jahr 1990 dem *Deutschen Bundestag* dazu einen Bericht u.d.T. „Bildung 2000" vorgelegt. Im *Vorwort* heißt es darin:

> „Vielleicht haben wir in der Enquete-Kommission einen kleinen Schritt in Richtung auf diesen notwendigen *Perspektivenwechsel* erlebt und mitbeeinflußt: Weg von einer vor allem ökonomisch bestimmten Ausrichtung der Bildungspolitik und hin zu einer stärker – auch –

[11] Vgl. *Lindner, Benjamin*: Kompetenzorientierung und Interdisziplinarität, in: *Koop, Michael/Weidemann, Holger* (Hrsg.): Das verwaltungswissenschaftliche Studium an der Kommunalen Hochschule für Verwaltung in Niedersachsen, Hamburg: Maximilian, 2015 (= Schriftenreihe d. HSVN, Bd. 1), S. 35–40: S. 37 f.

[12] *NSI/HSVN* (Hrsg.): Homepage [Studium: Studiengänge/Bachelor of Arts (B.A.)]; http://www.nsi-hsvn.de/pics/medien/ [...] (Zugriff 02.08.2017), darin: *Dies.*: Studien- und Prüfungsordnung für die Bachelor-Studiengänge Allgemeine Verwaltung und Verwaltungsbetriebswirtschaft an der Kommunalen Hochschule für Verwaltung in Niedersachsen (HSVN) vom 06.10.2015 (SPO-BA), zuletzt geänd. am 26.09.2016; [...] 1_1466166213/_2017-05-03_SPO-BA.pdf (Stand 26.09.2016), S. 3 (§ 2 Abs. 2).

an den umfassenden **Bildungsbedürfnissen der Bildungssubjekte**, ihrer *Motivierung* und der *Erhöhung ihrer Handlungskompetenz* in allen Lebensbereichen orientierten Politik. Weg von einer engen Berufs- und Beschäftigungssystemorientierung hin zu einer aktiven Mitgestaltung der zukünftigen Gesellschaft durch die Bildungspolitik, in der gleichwohl die Arbeitswelt weiterhin einen zentralen Stellenwert einnimmt. Mehr Allgemeinbildung und Befähigung zum *lebensbegleitenden Lernen* hin zu wirklicher Gleichwertigkeit beruflicher und allgemeinbildender Bildungsinhalte und -abschlüsse.[13]

Bei der Umsetzung von Bildungsreformen standen seither allerdings eher andere Themen im Fokus, z.B. sollten die Lernziele in Bildungsinstitutionen vergleichbar und überprüfbar gemacht werden. Dies wiederum hat auch mit dem sogenannten **›Pisa-Schock‹** zu tun, der nicht nur auf die schulische Bildung, sondern indirekt auch auf die Hochschulen gewirkt hat. Diese erstmals im Jahr 2000 durchgeführten Tests hatten relative Defizite bei deutschen Schülern im internationalen Vergleich zutage gefördert.[14] Die Fokussierung auf die **Beschäftigungsfähigkeit** hat sich seither eher noch verstärkt und wird bis heute aktualisiert, z.B. in den *OECD-Indikatoren* aus dem Jahr 2015.[15]

Die Lehrpläne jedenfalls verzeichnen aktuell nicht mehr nur den zu behandelnden Lehrstoff, sondern auch die Kompetenzen, die bei der inhaltlichen Beschäftigung ausgebildet werden sollen. An deutschen Hochschulen sind die Lehrpläne anlässlich der ***Bologna*-Reformen**[16] vollständig überarbeitet worden. Ein Ziel dieser Reformen war nun auch die internationale Vergleichbarkeit von Studiengängen. Außerdem sollten Studienzeiten verkürzt und die Praxisorientierung gestärkt werden. Dabei sind – dem Namen nach – nach angelsächsischem Vorbild *Bachelor*- und *Masterstudiengänge* eingerichtet worden, die entweder als konsekutives Modell oder im Sinne einer (berufsqualifizierenden) Ausbildung und einer (vertiefenden) Spezialisierung die *Magister- und Diplomstudiengänge* weitgehend abgelöst haben. Diese Reformprozesse sind z.T. widersprüchlich und konfliktträchtig. Das Wort ›Reform‹ stammt aus einem theologischen Kontext und bedeutet im Wortsinne eigentlich ›Zurückbildung‹.[17] Das Bildungssystem wird reformiert, seit es besteht, und es steht zu erwarten, dass dies auch zukünftig so bleiben wird.

Die deutschen **Verwaltungshochschulen**[18] arbeiten gegenwärtig mit unterschiedlichen *Curricula*. Nicht überall ist die überfachliche Methodenkompetenz explizit Teil des Modul-

---

13 *BT*: Schlußbericht der Enquete-Kommission „Zukünftige Bildungspolitik – Bildung 2000" (gem. Beschl. des Deutschen Bundestages v. 09.12.1987 – Drs. 11/1448) [11. Wahlperiode – BT-Drs. 11/7820 v. 05.09.1990], in: *DIP* (Hrsg.): Drucksachen und Plenarprotokolle des Bundestages ab 1949; http://dipbt.Bundestag.de/doc/btd/11/078/1107820.pdf (Zugriff 02.08.2017), S. 5 [im Orig. ohne Hervorh.].

14 S. *OECD*: PISA – Internationale Schulleistungsstudie der OECD [PISA steht für ›Programme for International Student Assessment‹]; http://www.oecd.org/berlin/themen/pisa-studie (Zugriff 02.08.2017).

15 S. *Dies.*: Bildung auf einen Blick 2015: OECD Indikatoren (Stand 18.11.2015) (Orig.-Ausg. u.d.T. Education at a Glance 2015: OECD Indicators), in: *BMBF* (Hrsg.): Publikationen (Stand 18.11.2015); https://www.bmbf.de/files/OECD_Education_at_a_Glance_2015.pdf (Zugriff 02.08.2017), S. 207–232 (Welche Auswirkungen haben Kompetenzen auf die Beschäftigung und das Einkommen?).

16 S. *BMBF*: Der Bologna-Prozess – die Europäische Studienreform; https://www.bmbf.de/de/der-bologna-prozess-die-europaeische-studienreform-1038.html (Zugriff 02.08.2017).

17 Vgl. *Lenzen, Dieter*: Bildung statt Bologna, Berlin: Ullstein, 2014.

18 S. ohne Anspruch auf Vollständigkeit die folgende Liste von **Hochschulen mit Verwaltungsstudiengängen**: (1) *Hochschule für öffentliche Verwaltung Kehl* und *Hochschule für öffentliche Verwaltung und Finanzen Ludwigsburg* (Baden-Württemberg); (2) *Fachhochschule für öffentliche Verwaltung und Rechtspflege in Bayern – FB Allgemeine Innere Verwaltung Hof* (FHVR-AIV); (3) *Hochschule für Wirtschaft und Recht Berlin* (HWR); (4) *Technische Hochschule Wildau* (Brandenburg); (5) *Hochschule für Öffentliche Verwaltung*

plans. Im Falle der Landes- und Kommunalverwaltung kommt hinzu, dass auch die rechtlichen Grundlagen unterschiedlich sind, die im Studium vermittelt werden. Die **Bachelorstudiengänge** *Allgemeine Verwaltung* (AV) und *Verwaltungsbetriebswirtschaft* (VB) an der HSVN z.B. ermöglichen darüber hinaus im Hauptstudium eine Schwerpunktsetzung im rechts- oder wirtschaftswissenschaftlichen Bereich. Die Sozialwissenschaften tragen in beiden Studiengängen zur Ausbildung der praxisrelevanten Kompetenzen bei. Die Kompetenzorientierung ermöglicht damit eine **institutionen- und fächerübergreifende Perspektive** auf das Thema ›Wissenschaftliches Arbeiten‹.

Im Studium lassen sich also **Fähigkeiten** ausbilden, die durch das wissenschaftliche Arbeiten in besonderem Maße gefördert werden, und für die Verwaltungspraxis sind diese Fähigkeiten vor allem im Sinne einer **Methodenkompetenz** relevant. Das alles zu *können* erfordert Übung und Fleiß. Darüber sollte man sich nicht täuschen. Und man sollte auch nicht vorschnell der Illusion erliegen, man würde es schon können. Man muss aber auch nicht gleichsam bei null anfangen, sondern kann sich der eigenen Fähigkeiten vergewissern, um sie zu akademischen Fähigkeiten auszubauen.

Der *erste Schritt* auf dem Weg zum Erlernen einer Fähigkeit ist die Einsicht, dass man sie noch nicht hat. Den **eigenen Lern- und Förderbedarf** erkennen und einsehen zu können ist selbst eine Kompetenz! Diejenigen, die sie haben, werden auch mehr lernen als andere, weil sie sich auf das Lernen einlassen können. Wer meint, schon alles zu wissen, wird weniger lernen, weil er sein Unwissen nicht bemerkt.[19] Im Schulunterricht werden zwar Techniken für das Schreiben und Vortragen behandelt, aber wissenschaftlich zu arbeiten lernt man in der Schule noch nicht. In einer Facharbeit werden lediglich formale und methodische Anforderungen erprobt. Wichtig für ein erfolgreiches Studium ist also die Veranlassung zur Aktivität durch ein **kognitives Bedürfnis** bzw. ein ›Wissen-Wollen‹.

Bremen (HfÖV); (6) *Hochschule für Angewandte Wissenschaften Hamburg* (HAW); (7) *Hessische Hochschule für Polizei und Verwaltung* (HfPV); (8) *Fachhochschule für öffentliche Verwaltung, Polizei und Rechtspflege Mecklenburg-Vorpommern* (FHÖ-PR); (9) *Kommunale Hochschule für Verwaltung in Niedersachsen* (HSVN); (10) *Fachhochschule für öffentliche Verwaltung NRW* (FHÖV); (11) *Hochschule für öffentliche Verwaltung Rheinland-Pfalz* (HöV); (12) *Fachhochschule für Verwaltung des Saarlandes* (FHSV-Saar); (13) *Hochschule der Sächsischen Verwaltung Meißen* (FHSV Meißen); (14) *Hochschule Harz* (Sachsen-Anhalt); (15) *Fachhochschule für Verwaltung und Dienstleistung in Schleswig-Holstein* (FHVD); (16) *Thüringer Fachhochschule für öffentliche Verwaltung* (Thüringer VFHS); hinzu kommen noch Fachhochschulen des Bundes sowie separate Hochschulen der Länder für *Finanzen*, *Polizei* und *Rechtspflege*.

19 Die Voraussetzung für die Suche nach Wissen ist die **Einsicht in das eigene Nichtwissen**, gemäß dem berühmten Ausspruch des Sokrates: ›Ich weiß, dass ich nichts weiß‹ (der nicht zu dem sophistischen Schluss führen darf, dass Wissen unmöglich wäre, da das Gesuchte immer schon gewusst werden müsste, um überhaupt suchen zu können), vgl. zu dem Ausspruch *Platon*: Des Sokrates Verteidigung (Apologie) [Ἀπολογία Σωκράτους, nach 399 v.Chr.], in: *Ders.*: Werke in acht Bänden, hrsg. v. Gunther Eigler (EiglerA), griech.-dt. Sonderausg. nach d. 2., unveränd. Aufl. ([1]1977), dt. nach der Übers. v. Friedrich Schleiermacher in d. 2., verb. Aufl., Berlin 1917–1928, griech. als photomech. Neudr. nach der *Société d'Édition ›Les Belles Lettres‹ Platon: Œuvres complètes*, Paris 1955 ff., Bd. 2: Apologie, Kriton, Euthydemos, Menexenos, Gorgias, Menon, bearb. v. Heinz Hofmann, Darmstadt: WBG, 1990, S. 1–69: St. 22c/d: „ἐμαυτῷ γὰρ | συνῄδη οὐδὲν ἐπισταμένῳ"; s. zu der sophistischen Deutung des Nichtwissens *Platon*: Menon [Μένων], um 393–388 v.Chr., in: *Ders.*, EiglerA, 1990 (ebd.), Bd. 2: Apologie, Kriton, Euthydemos, Menexenos, Gorgias, Menon, bearb. v. Heinz Hofmann, Darmstadt: WBG, 1990, S. 505–595: St. 86 b/c: „[D]aß wir aber, wenn wir glauben, das suchen zu müssen, was wir nicht wissen, besser werden und mannhafter [ἀνδρικός; etwa i.S.v. *tapferer* und *standhafter*, Anm. B. L.] und weniger träge, als wenn wir glauben, was man nicht wisse, sei nicht möglich zu finden und man müsse es also auch nicht erst suchen, dafür möchte ich [Sokrates] allerdings streiten, wenn ich es könnte, mit Wort und Tat [καὶ λόγῳ καὶ ἔργῳ]."

In einem *zweiten Schritt* lohnt es sich jedoch, sich derjenigen Fähigkeiten zu vergewissern, die man bereits mitbringt. Nicht immer ist der Zusammenhang mit **akademischen Fähigkeiten** offensichtlich:[20] Kenntnisse zu Aufbau und Struktur von Texten aus dem Schulunterricht gehören ebenso dazu wie organisatorische Fähigkeiten, die man sich bei der Bewältigung des privaten oder beruflichen Alltags angeeignet hat. An dieses Vorwissen lässt sich anknüpfen! Perspektivisch ist es außerdem wichtig zu sehen, dass sich die sogenannten ›akademischen Fähigkeiten‹ wiederum auf die berufliche Praxis übertragen lassen (**Transfer**):[21] Wer wissenschaftliche Texte schreiben kann, profitiert auch beim Verfassen anderer Texte wie Berichten und Protokollen, und auch die Fähigkeit zum Transfer selbst wird durch wissenschaftliches Arbeiten ausgebildet, indem unterschiedliche Perspektiven auf die behandelten Inhalte eingenommen werden. Dies ist z.B. beim Thema ›Arbeitsmotivation‹ der Fall, das im Personalmanagement, in der Personalpsychologie sowie in Form der ›*Selbst*motivation‹ im wissenschaftlichen Arbeiten eine Rolle spielt. Die selbstkritische Arbeitsweise in der Wissenschaft schult Fähigkeiten, die für jegliches methodisch-systematisches Vorgehen relevant sein können. Für ein erfolgreiches Studium ist also zusätzlich zum ›Wissen-Wollen‹ die **Systemkompetenz** bzw. die Fähigkeit zur Verknüpfung und Anwendung von Wissen relevant.

Im Sinne der **Vermittlung von Methodenkompetenz** lässt sich auch der Titel ›Lernen und Arbeiten‹ verstehen, der zum Lehrplan der Ausbildung zum *Verwaltungsfachangestellten* (VFA) sowie der *Angestelltenlehrgänge I* und *II* gehört.[22] Wer ein Bachelorstudium der *Allgemeinen Verwaltung* (AV) oder der *Verwaltungsbetriebswirtschaft* (VB) aufnimmt, hat ggf. bereits eine VFA-Ausbildung absolviert. Insofern ist es sinnvoll, die Lehrinhalte des Faches ›Lernen und Arbeiten‹ bei der Konzeption der Lehrinhalte des Faches ›Wissenschaftliches Arbeiten‹ für das Studium zu berücksichtigen.[23] Die folgenden Ausführungen sollen ein Beispiel für mögliche Überlegungen sein, wie sich Ausbildung, Studium und Weiterbildung inhaltlich koordinieren lassen.

Die Inhalte des Faches **›Lernen und Arbeiten‹** können auf der Grundlage der Lehr- und Stoffverteilungspläne unter zehn Titel subsumiert werden: *Selbstmotivation, Lernbedingungen, Informationsbeschaffung und -verarbeitung, Arbeitstechniken, Mnemotechniken, Lernen und Arbeiten in Gruppen, Lernmanagement, Stressbewältigung, Spezielle Arbeits- und Problemlösungstechniken* sowie das *Visualisieren und Präsentieren*. Daraus ergibt sich die folgende Übersicht (s. Abb. 2).

---

20 S. dazu *Cottrell, Stella*: Studieren – das Handbuch (Orig.-Aug. u.d.T. The study skills hand-book, 1999 [³2008]), übers. v. Katharina Kopp, Heidelberg: Spektrum, 2010, S. 27–35.

21 S. ebd., S. 36 f.

22 S. zum Fach **›Lernen und Arbeiten‹** *NSI/HSVN* (Hrsg.), Homepage, 2017 (FN 12), http://www.nsi-hsvn.de, darin: *NSI*: Lehr- und Stoffverteilungsplan für den dienstbegleitenden Unterricht der Auszubildenden im Ausbildungsberuf der Verwaltungsfachangestellten: Fachrichtung Landes- und Kommunalverwaltung; [...] pics/medien/1_1283781312/Stoffverteilungsplan_VFA.pdf (Stand 28.11.2012), Abs. 3.1 (Stand 09.09.1999); Lehr- und Stoffverteilungsplan für den Angestelltenlehrgang I; [...] pics/medien/1_12835 01459/Stoffverteilungsplan.pdf (Stand 10.05.2006), Abs. 3.1 (Stand 12.01.1999); Lehr- und Stoffverteilungsplan für den Ange stelltenlehrgang II; [...] pics/medien/1_1308657054/AII.pdf (Stand 15.06.2011), Abs. 3.1 (Stand 15.06.2011).

23 S. zum Fach **›Wissenschaftliches Arbeiten‹** *NSI/HSVN* (Hrsg.), Homepage, 2017 (FN 12); http://www. nsi-hsvn.de, darin: *dies.*: Modulhandbuch Allgemeine Verwaltung (Anl. 2a zur SPO-BA); [...] pics/medien/ 1_1466166258/2015-10-06_SPO-BA_Anl_ 2a_-_Module_AV.pdf (Stand 06.10.2015), S. 10 f. (Teil I), 49 (Teil II); Modulhandbuch Verwaltungsbetriebswirtschaft (Anl. 2b zur SPO-BA); [...] pics/medien/1_14661662 96/2015-10-06_SPO-BA_Anl_2b_-_Module_VB.pdf (Stand 06.10.2015), S. 10 f. (Teil I), 49 (Teil II).

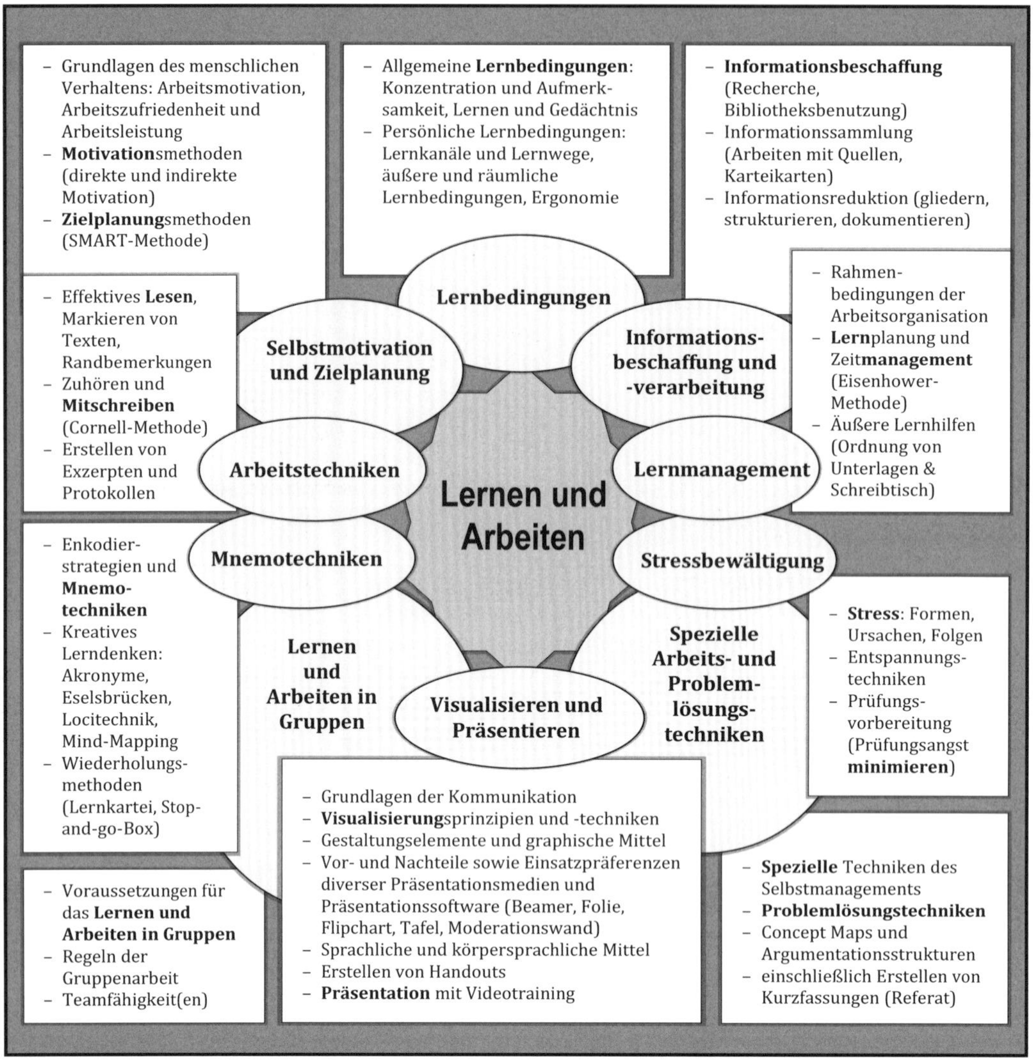

Abb. 2: Curriculum Lernen und Arbeiten *(eigene Darst.)*, entwickelt auf Basis der Lehr- und Stoffverteilungspläne am NSI[24].

Einige der **Rahmenthemen** für das Fach ›Lernen und Arbeiten‹ können direkt in das *Curriculum* für das Fach ›Wissenschaftliches Arbeiten‹ *übernommen* und dort mit einem höherem Anspruch gelehrt werden, einige Themen können *zusammengefasst* bzw. neu geordnet und entsprechend einige Titel gestrichen werden, einige Themen können *erweitert* oder unter neuen Titeln ausdifferenziert bzw. ausgegliedert werden, und einige müssen *neu hinzugefügt* werden (s. Abb. 3).

[24] S. *NSI/HSVN* (Hrsg.), Homepage, 2017 (FN 12), darin: *NSI*, LSVP-VFA, 2012 (FN 22), Abs. 3.1; *NSI*, LSVP-AI, 2012 (ebd.), Abs. 3.1; *NSI*, LSVP-AII, 2011 (ebd.), Abs. 3.1.

Wissenschaftliche Propädeutik

STUDIERTECHNIKEN (›LERNEN LERNEN‹)

1. **Selbstmotivation und Zielplanung**
   - Arbeitsmotivation, Arbeitszufriedenheit und Arbeitsleistung
   - Motivationsmethoden (direkte und indirekte)
   - Zielplanungsmethoden (SMART-Methode)
2. **Lernbedingungen**
   - allgemeine Lernbedingungen: Konzentration und Aufmerksamkeit, Lernen und Gedächtnis
   - Persönliche Lernbedingungen: Lernwege und Lernkanäle
   - äußere und räumliche Lernbedingungen, Ergonomie
3. **Lernmanagement**
   - Rahmenbedingungen der Arbeitsorganisation, Problemlösungstechniken
   - Lernplanung und Zeitmanagement (Eisenhower-Methode), äußere Lernhilfen (Ordnung von Unterlagen & Schreibtisch)
   - spezielle Techniken des Selbstmanagements, Stress: Formen, Ursachen, Folgen, Entspannungstechniken, Prüfungsvorbereitung
4. **Lernen und Arbeiten in Gruppen**
   - Voraussetzungen für das Lernen und Arbeiten in Gruppen
   - Regeln der Gruppenarbeit
   - Teamfähigkeit(en)
5. **Kreative Lern- und Arbeitstechniken**
   - Enkodierstrategien und Mnemotechniken, kreatives Lerndenken: Akronyme, Eselsbrücken, Locitechnik
   - Mind-Mapping, Concept Maps und Argumentationsstrukturen
   - Wiederholungsmethoden (Lernkartei, Stop-and-go-Box)

(Die Lehrinhalte der Lektionen 1 bis 5 können im Fachunterricht z.B. in Form von Referaten erarbeitet und/oder ergänzend vertieft werden).

METHODISCHE GRUNDLAGEN DES WISSENSCHAFTLICHEN ARBEITENS

6. **Theorie und Praxis Wissenschaft**
   - Methoden der Wissenschaft und Ethos des Wissenschaftlers
   - Interdisziplinarität im Verwaltungsstudium
7. **Informationsbeschaffung und -verarbeitung**
   - Literaturrecherche und -sammlung
   - Literatursichtung und -beurteilung
8. **Studierendes Lesen und Mitschreiben**
   - Lesestile und Lesemethoden (SQR3, PQR4 u.a.)
   - Effektives Lesen, Markieren von Texten, Randbemerkungen
   - Zuhören und Mitschreiben (Cornell-Methode), Erstellen von Protokollen
9. **Bibliographische Angaben und Zitation**
   - Form bibliographischer Angaben
   - direkte und indirekte Zitation
10. **Formalia der Manuskriptgestaltung**
    - Bestandteile und Formatierung des Manuskripts
    - Konzeption und Aufbauschemata

WISSENSCHAFTLICHE VORTRÄGE HALTEN

11. **Adressatengerechte Kommunikation**
12. **Visualisierung und Medieneinsatz**
    - Visualisierungsprinzipien
    - Gestaltungselemente und graphische Mittel
    - Präsentationsmedien
13. **Präsentation und Körpersprache**
14. **Grundlagen der Rhetorik**
15. **Verschriftlichung und Beurteilung von Vorträgen**
    - Kurzfassung und Handout
    - Videotraining

WISSENSCHAFTLICHE TEXTE VERFASSEN

16. **Der Schreibprozess**
    - Arbeits- und Zeitplanung
17. **Themenfindung und Textkonzeption**
    - Fragestellung und Forschungshypothesen
    - Strukturbildung
18. **Literaturarbeit**
    - Gezielte Recherche, Exzerpte, Zitation
19. **Schreibpraxis**
    - Darstellungsformen
    - Argumentation und Stil
20. **Textüberarbeitung und Schlussredaktion**
    - Checklisten
    - Druck und Abgabe

Wissenschaftliche Projekte

Abb. 3: Curriculum Wissenschaftliches Arbeiten *(eigene Darst.)*, entwickelt auf Basis der Modulkataloge für die Bachelorstudiengänge an der HSVN[25].

In die Konzeption **übernehmen** lassen sich z.B. die drei Titel *Selbstmotivation und Zielplanung*, *Lernbedingungen* sowie das *Lernen und Arbeiten in Gruppen*. **Zusammenfassen** lassen sich ausgewählte Inhalte anderer Rahmenthemen unter dem Titel *Lernmanagement*. So können z.B. die Themen *Stressbewältigung* und *Prüfungsvorbereitung* darunter gefasst werden. Weitere Themen wie z.B. *Arbeitstechniken*, *Mnemotechniken* und *Spezielle*

---

25 S. *NSI/HSVN* (Hrsg.), Homepage, 2017 (FN 12), darin: *HSVN*, SPO-BA, 2015 (ebd.); *dies.*, Modulhandbuch-AV, 2015 bzw. Modulhandbuch-VB, 2015 (FN 23), S. 10 f., 49.

Arbeits- und Problemlösungstechniken lassen sich ebenfalls unter neue Titel subsumieren. So lässt sich das Verfassen von Kurzfassungen im Zusammenhang mit den formalen Anforderungen an ein Manuskript behandeln, und die kreativen Lerntechniken wie *Mind-Mapping* und *Wiederholungsmethoden* lassen sich unter dem Titel ›Kreative Lern- und Arbeitstechniken‹ zusammenfassen. **Erweitern** bzw. mit neuen Titeln versehen lassen sich die Lehrinhalte unter dem Titel *Arbeitstechniken*, also das Lesen und Mitschreiben: Im Fach ›Wissenschaftliches Arbeiten‹ können das studierende Lesen und Mitschreiben einen eigenen Titel erhalten. Differenzieren lässt sich auch das große Thema *Visualisieren und Präsentieren*, z.B. in die Bereiche Kommunikation, Medieneinsatz, Körpersprache und Rhetorik. Das Thema *Informationsbeschaffung und -verarbeitung* kann erhalten bleiben, einige Inhalte können jedoch ebenfalls ausgegliedert und mit einem eigenen Titel versehen werden, z.B. das *Bibliographieren und Zitieren*. **Neu hinzufügen** lassen sich Themen und Lehrinhalte, die Begriffe und Methoden der Wissenschaft sowie das Verfassen eines wissenschaftlichen Textes betreffen, etc.

Der **Schwerpunkt des vorliegenden Buches** liegt auf den formalen Anforderungen an schriftliche Arbeiten, d.i. auf dem ›Bibliographieren und Zitieren‹ sowie der ›Manuskriptgestaltung‹ (s. Abb. 3, Nr. 9, 10). Diese Themen gehören systematisch zu den *Methodischen Grundlagen des Wissenschaftlichen Arbeitens*. Für die Gestaltung wissenschaftlicher Texte sind zudem die Themen ›Theorie und Praxis der Wissenschaft‹ sowie ›Informationsbeschaffung und -verarbeitung‹ relevant (Nr. 6 u. 7): Ein Grundverständnis von ›Wissenschaftlichkeit‹ ist für das Schreiben wissenschaftlicher Texte auch in formaler Hinsicht unabdingbar, und bereits bei der Recherche stellen sich formale Fragen, z.B. in Bezug auf die Elemente einer bibliographischen Angabe. Die Themen unter der Rubrik *Studiertechniken* haben inhaltliche Überschneidungen mit dem Fach ›Lernen und Arbeiten‹ und werden deshalb nicht in die Darstellung aufgenommen. Eine Ausnahme ist das Thema ›Studierendes Lesen‹ (Nr. 8), das sich nicht nur zu den Studiertechniken, sondern auch zu den methodischen Grundlagen zählen lässt und deshalb in Form eines Exkurses behandelt wird. *Wissenschaftliche Projekte* wie Referat und Hausarbeit bilden einen eigenen Bereich. Da jedoch die Beschäftigung mit den formalen Gesichtspunkten letztlich der Bearbeitung solcher Projekte dient, ist zumindest ein Ausblick am Ende sinnvoll.

1.3 Methode und Systematik der Darstellung

> „[D]ie Darlegung wissenschaftlicher Probleme so, daß ein ungeschulter, aber aufnahmefähiger Kopf sie versteht, und daß er – was für uns das allein Entscheidende ist – zum **selbständigen Denken** darüber gelangt, ist vielleicht die pädagogisch schwierigste Aufgabe von allen.“[26]
>
> *Max Weber* (1864–1920).

Die Inhalte des Fachunterrichts ›Wissenschaftliches Arbeiten‹ lassen sich grob in zwei Teile gliedern: Der erste Teil behandelt Aspekte der *Wissenschaftlichen Propädeutik*, der zweite Teil widmet sich den Anforderungen an *Wissenschaftliche Projekte*. Beide Teile umfassen wiederum zwei Abschnitte: Unter dem Titel ›Wissenschaftliche Propädeutik‹

[26] *Weber, Max*: Wissenschaft als Beruf (1919), in: *Ders.*: Schriften 1894–1922, ausgew. u. hrsg. v. Dirk Kaesler, Stuttgart: Kröner, 2002 (= Kröners Taschenausg., Bd. 23), S. 474–511: S. 486 f. [im Orig. nicht fett gedruckt].

werden *Allgemeine Lerntechniken* und *Methodische Grundlagen* behandelt, unter dem Titel ›Wissenschaftliche Projekte‹ geht es um das *Halten von Vorträgen* und das *Schreiben wissenschaftlicher Texte*. Unter dem Titel **›Propädeutik‹** werden die Bedingungen einer wissenschaftlichen Arbeitsweise erörtert und die Instrumente vorgestellt, die bei der Bearbeitung wissenschaftlicher Projekte zum Einsatz kommen. Mit **›Projekt‹** ist eine konkrete Aufgabe gemeint, die im Studium bearbeitet wird und deren Ergebnis ein ›Produkt‹ ist (Referat und Hausarbeit). Das Thema *Methodische Grundlagen* gehört also einerseits noch zur wissenschaftlichen Propädeutik, ist aber im Unterschied zu den allgemeinen Lern- und Arbeitstechniken bereits explizit auf die Bearbeitung wissenschaftlicher Projekte ausgerichtet.

Für die Verwendung im **Fachunterricht** muss die Abfolge der Inhalte ggf. angepasst werden, um den Vorgaben in den jeweiligen Lehrplänen zu entsprechen. Sinnvoll scheint z.B. eine Zweiteilung, die der Dualität von mündlichen und schriftlichen Prüfungsleistungen entspricht: So lassen sich zunächst die Anforderungen an Referate und im zweiten Schritt an Hausarbeiten behandeln. Innerhalb einer solchen Systematik könnten die vier oben genannten Abschnitte z.B. in je fünf Kapitel bzw. *Lektionen* gegliedert werden. Insgesamt ließen sich so **20 Lektionen** bilden (s. dazu oben, Kap. 1.2).

◎ Beispiel für eine Anwendung des Buches im Fachunterricht

- *Studiertechniken: Lernen lernen (Lektionen 1 bis 5)*: sich selbst motivieren und (Lern-)Ziele setzen, allgemeine und persönliche Lernbedingungen verstehen, in Gruppen produktiv zusammenarbeiten, Kreativität entfalten und das Lernen organisieren.

➢ Die Lerntechniken können z.B. in Form von Referaten eigenständig erarbeitet werden.

- *Methodische Grundlagen (Lektionen 6 bis 10)*: die Bedingungen der Wissenschaft klären, Informationen beschaffen und verarbeiten, studierend lesen und mitschreiben, Quellen belegen und zitieren, das Manuskript gestalten und formatieren.

➢ Für die Erarbeitung können die Kapitel 2 bis 5 als Grundlage dienen.

- *Wissenschaftliche Projekte I: Referat (Lektionen 11 bis 15)*: adressatengerecht kommunizieren, Informationen visualisieren, überzeugend präsentieren, nachvollziehbar argumentieren, den Vortrag verschriftlichen und beurteilen.
- *Wissenschaftliche Projekte II: Hausarbeit (Lektionen 16 bis 20)*: Schreiben als Prozess begreifen, eine schriftliche Arbeit konzipieren, Aufgaben der Schreibpraxis bewältigen, den Text überarbeiten und fertigstellen.

➢ Einen Ausblick auf diese Themen gibt Kap. 6.

Überschriften enthalten in wissenschaftlichen Arbeiten üblicherweise keine Tätigkeitswörter, sondern bezeichnen jeweils den Gegenstand eines Kapitels. Sie lassen sich jedoch gedanklich durch Tätigkeiten ergänzen, oder Nominalisierungen lassen sich rückübersetzen, z.B. *beschaffen* statt ›Beschaffung‹ oder *verschriftlichen* statt ›Verschriftlichung‹. In dieser Weise lassen sich die Überschriften bei der Umwandlung in Lektionen für den Fachunterricht auch als **Beschreibung von Aktivitäten** lesen. Aus der Perspektive der Lehrperson können Tätigkeitswörter damit zugleich die Funktion von *Operatoren* haben, um das Lernziel einer Unterrichtseinheit zu definieren. Außerdem werden sie dann vom Adressaten her gedacht: Den Studierenden bieten sie Aufschluss darüber, was sie tun, lernen und können sollen. Damit lassen sich die Operatoren zugleich als *Imperative* verstehen, die zum Handeln auffordern. In Falle der *Methodischen Grundlagen* z.B. ergeben sich daraus die folgenden **Selbstinstruktionen**:

◎ **(Rück-)Übersetzung von Überschriften in (Selbst-)Instruktionen**

- Kläre den Begriff und die Bedingungen von Wissenschaft! (Kap. 2)
- Beschaffe und verarbeite Informationen methodisch! (Kap. 3)
- Gestalte das Manuskript nach den formalen Vorgaben der Hochschule! (Kap. 4)
- Beachte die Regeln für ›gute wissenschaftliche Praxis‹ und vermeide Plagiate! (Kap. 5)

Methodisch wird ein **systematischer Ansatz** in der Darstellung der Lehrinhalte mit einer **didaktischen Konzeption** zum Zweck ihrer Vermittlung in der Lehre verbunden. Das vorliegende Buch kombiniert damit **verschiedene Ansätze**, die sich in anderen Lehrbüchern finden. Einige dieser Bücher behandeln allgemeine Lerntechniken *ohne* explizit wissenschaftliche Ausrichtung.[27] Daneben gibt es eine zweite Gruppe von Büchern *mit* wissenschaftlicher Ausrichtung, die *entweder* als Gesamtdarstellungen konzipiert sind[28] *oder* ausgewählte Aspekte wie das Verfassen einer Hausarbeit bzw. spezifische fachliche Anforderungen wie z.B. der Rechtswissenschaften oder der Geistes- und Sozialwissenschaften behandeln.[29] Hinzu kommen Methodenbücher, die für die *Vermittlung* interessant sind, ohne explizit auf fachliche Inhalte ausgerichtet zu sein.[30]

Die **Formalvorschriften** für die bibliographischen Angaben und die Zitation in den wirtschafts- und sozialwissenschaftlichen Fächern basieren z.B. auf dem Standardwerk von Manuel René Theisen.[31] Diese Vorlage ist jedoch überarbeitet und ergänzt worden. Die Darstellung der Vorgaben für die rechtswissenschaftlichen Fächer basiert auf internen

---

27 S. z.B. *Hofmann, Eberhardt/Löhle, Monika*: Erfolgreich lernen: Effiziente Lern- und Arbeitsstrategien für Schule, Studium und Beruf, Göttingen: Hogrefe, 2004; *Metzig, Werner/Schuster, Martin*: Lernen zu lernen: Lernstrategien wirkungsvoll einsetzen, 8., aktual. Aufl. ([1]1982), Berlin u.a.: Springer, 2010.

28 S. z.B. *Cottrell, S.*, Studieren, 2010 (engl. [3]2008) (FN 20); *Stickel-Wolf, Christine/Wolf, Joachim*: Wissenschaftliches Arbeiten und Lerntechniken: Erfolgreich studieren – gewusst wie!, 7., aktual. u. überarb. Aufl. ([1]2001), Wiesbaden: Gabler, 2013.

29 S. z.B. *Eco, Umberto*: Wie man eine wissenschaftliche Abschlußarbeit schreibt: Doktor-, Diplom- und Magisterarbeit in den Geistes- und Sozialwissenschaften (Orig.-Ausg. u.d.T. Come si fa una tesi di laurea, 1977), Übers. v. Walter Schick, 13., unveränd. Aufl. der dt. Ausg. v. 1988, Wien: Facultas, 2010 (= UTB, Bd. 1512); *Esselborn-Krumbiegel, Helga*: Von der Idee zum Text: Eine Anleitung zum wissenschaftlichen Schreiben, 4., aktual. Aufl. ([1]2002), Paderborn: Schöningh, 2014 (= UTB, Bd. 2334); *Frank, Andrea/Haacke, Stefanie/Lahm, Swantje*: Schlüsselkompetenzen: Schreiben in Beruf und Studium, Stuttgart: Metzler, 2007; *Niederhauser, Jürg*: Die schriftliche Arbeit: Von der Ideenfindung bis zur fertigen Arbeit – Für Schule, Hochschule und Universität, 2., aktual. u. überarb. Aufl., Berlin: Dudenverlag, 2015; *Schimmel, Roland*: Juristische Klausuren und Hausarbeiten richtig formulieren, 10., überarb. u. erw. Aufl. ([1]1997), München: Vahlen, 2012; *Stary, Joachim/Kretschmer, Horst*: Umgang mit wissenschaftlicher Literatur: Eine Arbeitshilfe für das sozial- und geisteswissenschaftliche Studium, 4., unveränd. Nachdr. d. 1. Aufl. v. 1994, Frankfurt a.M.: Cornelsen Scriptor, 1998.

30 S. z.B. *Hugenschmidt, Bettina/Technau, Anne*: Methoden schnell zur Hand: 66 Schüler- und handlungsorientierte Unterrichtsmethoden, 3. Aufl. ([1]2005), Seelze: Friedrich, 2014; *Mattes, Wolfgang*: Methoden für den Unterricht: Kompakte Übersichten für Lehrende und Lernende, unveränd. Nachdr. d. 1. Aufl. v. 2011, Braunschweig/Darmstadt/Paderborn: Schöningh u.a., 2014.

31 S. dazu die 16. Auflage *Theisen, Manuel René*: Wissenschaftliches Arbeiten: Erfolgreich bei Bachelor- und Masterarbeit, 16., u. Mitarb. v. Martin Theisen vollst. überarb. Aufl., München: Vahlen, 2013 sowie die umfangreichere und in ihrem wissenschaftlichen Apparat präzisere 15. Auflage: *Ders.*: Wissenschaftliches Arbeiten: Technik – Methodik – Form, 15., überarb. u. erg. Aufl., München: Vahlen, 2011.

Vorgaben der *HSVN*.[32] Die Hinweise zu Literatur- und Quellenarbeit sowie zur Konzeption von schriftlichen Arbeiten orientieren sich teilweise ebenfalls an Theisen. Die Anforderungen an Referate werden in seinem Buch ebenfalls nicht ausführlich behandelt: Diesem Thema ist lediglich ein kurzer Abschnitt gewidmet, der auf die Körpersprache gar nicht und auf den Medieneinsatz und die Rhetorik nur am Rande eingeht. Kurz gesagt: Die Lektüre des vorliegenden Buches lässt sich einerseits nicht durch die Lektüre *eines* anderen Buches ersetzen, *und* es ist andererseits ratsam, auch *andere* Bücher zum Thema ›Wissenschaftliches Arbeiten‹ zu lesen, weil jedes Buch eine spezifische Intention hat.

Im Text werden einige spezielle **Abkürzungen und Symbole** verwendet (s. Abb. 4). Sie stehen bei Abbildungen, Übungen, (Zwischen-)Ergebnissen und Zusammenfassungen, sie zeigen besonders wissenswerte Lehrinhalte und Kontrollfragen an und werden bei Hinweisen zur Verwendung des Lehrstoffs im beruflichen Kontext, bei problematischen Aspekten sowie bei Bemerkungen zur didaktischen Konzeption verwendet. Sie sollen die Orientierung im Text erleichtern.

Spezielle Symbole	
☝	**Achtung!** Der erhobene *Zeigefinger* gebietet Aufmerksamkeit und deutet auf einen besonders wichtigen Aspekt oder ein Problem hin.
◎	Die *Zielscheibe* kennzeichnet Bemerkungen zur **didaktischen Konzeption**, z.B. Definition von Lernzielen, Methoden zur Gestaltung der Lehr-Lern-Situation.
?	Ein *Fragezeichen* zeigt **Kontrollfragen** an. Diese Fragen können der Nachbereitung und Vertiefung der Lehrinhalte im Selbststudium dienen.
⇨	Dieses Zeichen symbolisiert den **Transfer** und steht insbesondere bei Hinweisen zur Bedeutung der Lehrinhalte für den beruflichen Kontext.
📖	Das *Buchsymbol* zeigt Lehrinhalte an, die als **Wissen** für das Verständnis bedeutsam sind. ›Wissen‹ meint dabei sowohl Allgemeinwissen als auch spezielles Fachwissen.
Σ	**Zusammenfassungen** und (Zwischen-)Ergebnisse werden durch den griechischen Buchstaben *Sigma* angezeigt (Summenzeichen).

Abb. 4: Erläuterung von speziellen Symbolen *(eigene Darst.)*.

Innerhalb der Kapitel sind Übungen eingearbeitet worden. Damit ergibt sich ein Repertoire von **15 Übungen** für den Fachunterricht (s. die Übersicht im Anhang). Innerhalb der einzelnen Kapitel steht die Lehr-Lern-Situation im *Präsenzstudium* im Vordergrund. Es sind aber auch Übungen enthalten, die im *Selbststudium* bearbeitet werden können.

Im Fußnotenapparat wird mit der sogenannten **Vollbelegmethode** gearbeitet.[33] Dabei wird bei erstmaliger Zitation einer Quelle ein vollständiger Nachweis angeführt. Bei der

[32] S. zu den *Formalvorschriften* unten, Kap. 4.1; Studierende der HSVN finden dieses nicht barrierefrei zugängliche Dokument auch unter *NSI/HSVN*: Hinweise zur formalen Gestaltung von schriftlichen Arbeiten (Formalvorschriften) (Stand 10.06.2016), in: *Dies.* (Hrsg.): Stud.IP; https://studip.nds-sti.de (Info-Center/Dateien/Hochschule/Bachelorstudiengänge/Prüfungsorganisation/Bachelorarbeit).

[33] S. dazu unten, Kap. 3.2.1 sowie Kap. 4.2, Teil D, Abs. I, Nr. 1a).

wiederholten Zitation aus demselben Werk wird ein Kurznachweis angeführt und auf die Nummer der Fußnote verwiesen, die den vollständigen Beleg enthält. Auch dies hat hier einen didaktischen Zweck: Die Form bibliographischer Angaben wird so begleitend zur Lektüre anschaulich gemacht, ohne jeweils im Literatur- und Quellenverzeichnis nachschauen zu müssen, um die Kurzbelege zu entschlüsseln.

Die Darstellung umfasst im Hauptteil vier Kapitel (Kap. 2 bis 5). Zunächst wird das **Verständnis von Wissenschaft** geklärt, was nicht nur in inhaltlicher, sondern auch in formaler Hinsicht für jede wissenschaftliche Tätigkeit notwendig ist. Ziel der Darstellung ist es außerdem, ein Problembewusstsein zu befördern, das es erlaubt, die Aufgaben und Ziele der Wissenschaft zu reflektieren (s. Kap. 2). Eine der zentralen Aufgaben wissenschaftlicher Tätigkeit ist die **Informationsbeschaffung und -verarbeitung**. Die damit verbundenen methodischen Anforderungen werden im nächsten Kapitel behandelt. Dazu gehört es z.B., Literaturarten unterscheiden und Literatur gezielt suchen, sammeln und auswerten zu können. Diese Lehrinhalte sind zugleich *Studiertechniken*. Hier ist deshalb ein geeigneter Ort, um in einem Exkurs das studierende Lesen und das Exzerpieren anzusprechen (s. Kap. 3). Im Zentrum der Darstellung stehen die **formalen Anforderungen an eine schriftliche Arbeit** im engeren Sinne, d.i. die Anforderungen an die Gestaltung bibliographischer Angaben und die Zitation sowie die Manuskriptgestaltung. Diese Anforderungen werden in drei Schritten geklärt. Im ersten Schritt wird ein Beispiel für verbindliche Formalvorschriften vorgestellt und erläutert. Die darin formulierten Anforderungen werden im zweiten und dritten Schritt vertieft und ergänzt. Dieses Vorgehen dient dazu, die akademische Schlüsselkompetenz auszubilden, konkrete Formalvorschriften umsetzen zu können. Jeder der drei Abschnitte stellt zugleich in didaktischer Absicht eine Gliederungsvariante für schriftliche Arbeiten vor (s. Kap. 4). Eine weitere Anforderung an solche Arbeiten ist die Vermeidung von Plagiaten. Plagiate sind eine Form des wissenschaftlichen Fehlverhaltens und lassen sich deshalb im Kontext der ›Regeln für gute wissenschaftlicher Praxis‹ (DFG) betrachten. Durch diese Betrachtung sollen Studierende bei dem Versuch der **Plagiatsvermeidung** und Lehrende bei der Beurteilung von Verdachtsfällen unterstützt werden (s. Kap. 5). Weil die Beschäftigung mit den formalen Anforderungen letztlich der Bearbeitung **wissenschaftlicher Projekte** wie Referaten und Hausarbeiten dient, ist der Schluss in der Form eines *Ausblicks* gestaltet, der dahingehend mögliche Themen für den Fachunterricht skizziert (s. Kap. 6). Angesichts der eingehenden Beschäftigung mit formalen Vorgaben in diesem Buch stellt sich die Frage nach **Gestaltungsspielräumen**. Damit beschäftigt sich der *Epilog* (s. Kap. 7).

Die Lektüre sollte möglichst begleitend zu einer **Lehrveranstaltung** erfolgen, welche die Möglichkeit bietet, das zu Lernende anzuwenden und zu üben. Dem Anspruch nach lässt sich wissenschaftliches Arbeiten nur dadurch erlernen, dass man selbst tätig wird. Wer sich mit den formalen Anforderungen bereits beschäftigt hat, profitiert entscheidend, wenn es an die inhaltliche Bearbeitung von eigenen Projekten geht. Die Motivation zur Beschäftigung mit den Formalia muss aber nicht auf den praktischen Nutzen beschränkt bleiben. Sie kann selbst als ein Beitrag zur **Kompetenzentwicklung** angesehen werden, z.B. zu einer gewissenhaften und präzisen Arbeitsweise. Die Tätigkeiten des Bibliographierens und der Textgestaltung sind Teil des wissenschaftlichen Arbeitsprozesses, und gerade dann, wenn es während der Bearbeitung kleinteilig wird, kann die Aussicht auf die formale Konsistenz des fertigen Textes die Zufriedenheit mit dem Arbeitsergebnis erhöhen. Die vorliegende *Handreichung* möge dazu beitragen, dass dies gelingt.

2. Theorie und Praxis der Wissenschaft

„[M]an müste gleich anfangs das Werck samt der Wissenschaft auf den Nutzen richten, und auf solche specimina dencken, davon der hohe Urheber Ehre, und das gemeine Wesen ein mehrers zu erwarten Ursach habe. Wäre demnach der Zweck **Theoriam cum praxi** zu vereinigen [...] [sic!]."[34]

Gottfried Wilhelm Leibniz (1646–1716).

In der Systematik der Lehrinhalte hat dieses Kapitel zur **Theorie und Praxis der Wissenschaft** die Funktion einer Einleitung. Das Lernziel der Lektüre besteht darin, sich der Bedingungen des wissenschaftlichen Arbeitens zu vergewissern: Was macht eine wissenschaftliche Tätigkeit aus? Was ist Wissenschaft überhaupt? Und wie hängen die Bezugswissenschaften des Verwaltungsstudiums zusammen (s. Abb. 5)?

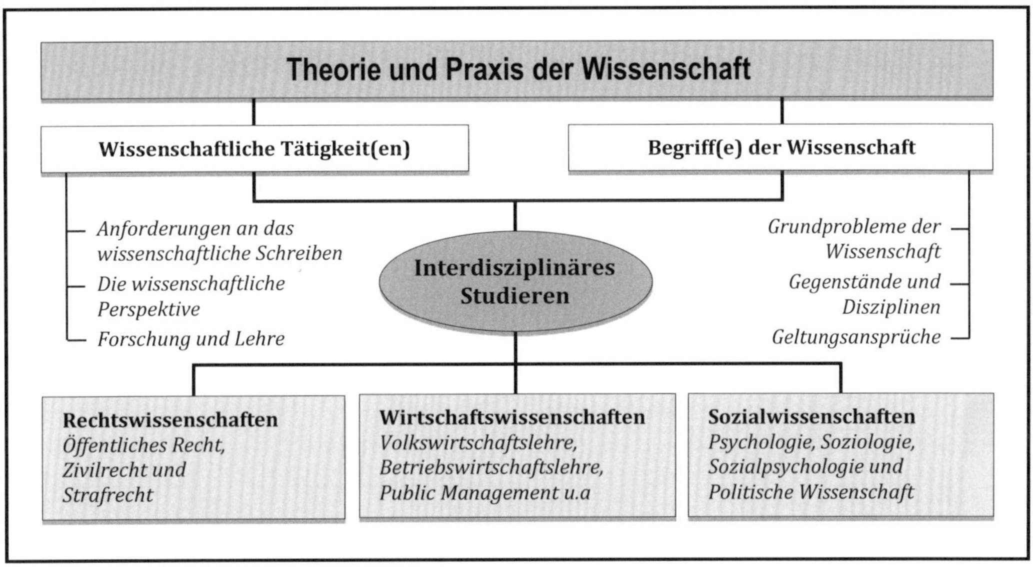

Abb. 5: Übersicht: Theorie und Praxis der Wissenschaft *(eigene Darst.).*

Wer lernen will, wissenschaftlich zu arbeiten, benötigt ein Grundverständnis der **Aufgaben von Wissenschaft**. Die Wissenschaft lässt sich z.B. als *Tätigkeit*, *System*, *Kulturtechnik*, *Methode*, *Kompetenz* und *Haltung* verstehen (s. Kap. 1.1). Sie ist aber auch ein *Projekt*. Als solches hat die Wissenschaft vor allem eine klärende Funktion. Mögliche Ausgangsfragen zum **Verständnis von Wissenschaftlichkeit** mit Blick auf ein Studium lauten: Welche Tätigkeiten sind zur Klärung erforderlich? Welches (Vor-)Wissen ist nötig, um diese Tätigkeiten auszuüben? Auf welchen Feldern wird im Verwaltungsstudium wissenschaftlich gearbeitet? Inwieweit trägt ein Verständnis von Wissenschaftlichkeit zu einem gelingenden Studium und zur Bearbeitung wissenschaftlicher Projekte bei?

---

[34] *Leibniz, Gottfried Wilhelm*: Gedancken von Aufrichtung einer Societatis Scientiarum et Artium [1700], in: *Ders.*: AkadA, Reihe IV, Bd. 8, Berlin: de Gruyter, 2015, S. 425–429: S. 426 (Nr. 78).

2.1 WISSENSCHAFTLICHE TÄTIGKEIT

2.1.1 Anforderungen an das wissenschaftliche Schreiben

Ü1 Einstiegsübung: Merkmale wissenschaftlichen Schreibens[35]

Die Übung wurde erstellt nach: *Frank, A./Haacke, S./Lahm, S.*, Schreiben, 2007 (FN 29), S. 4 f. [erg. um eine Tabelle zur Auswertung].

- **Arbeitsauftrag:**

- *Sie kennen vermutlich alle den Zeitvertreib ›Original und Fälschung‹, bei dem man zwei Bilder miteinander vergleicht und nach Fehlern sucht.* ***Suchen Sie in dem folgenden Text nach Merkmalen, die Ihnen ›unwissenschaftlich‹ erscheinen.***[36]
- *Tragen Sie die Textstellen, die Ihnen unwissenschaftlich erscheinen, in die erste Spalte der unten stehenden Tabelle ein. Benennen Sie anschließend, was daran ›unwissenschaftlich‹ ist, nutzen Sie dafür die zweite Spalte (z.B. ›Der Text enthält [an dieser Stelle] keinen Quellennachweis.‹). Nennen Sie zum Schluss Anforderungen an das wissenschaftliche Schreiben und tragen Sie diese in positiver Formulierung in die dritte Spalte ein (z.B. ›Wissenschaftliche Texte müssen nachvollziehbar machen, worauf sich die Aussagen stützen‹).*

- **Text für die Analyse**

„Mein Freund hat mich auf die Idee gebracht, mal zu untersuchen, warum Jungs früher in der Schule viel erfolgreicher waren als Mädchen. Er behauptet, dass das daran liegt, dass die Mädchen bevorzugt werden. Ich glaube, es liegt daran, dass Mädchen die Schule einfach ernster nehmen. Deshalb ärgert es mich auch, dass Frauen weniger verdienen als Männer, das habe ich nämlich mal irgendwo gelesen. Ich habe mich dann mit einigen Jungs und Mädchen unterhalten und bin zu dem Schluss gekommen, dass Jungs wohl unprivilegiert sind.“[37]

- **Bearbeitungshinweise**

- *Einzelarbeit*: ca. 15 Min.
- *Tabelle für die Auswertung:*

Textstelle	**Erläuterung: Was ist daran ›unwissenschaftlich‹?**	**Anforderung an das Schreiben:** Wissenschaftliche Texte müssen ...
...	...	...

Bei Andrea Frank u.a. findet sich der folgende **Kommentar** zu den Anforderungen an das wissenschaftliche Schreiben:

---

[35] S. *Frank, A./Haacke, S./Lahm, S.*, Schreiben, 2007 (FN 29), S. 4 [erg. um eine Tabelle zur Auswertung].

[36] Vgl. ebd.; Bem.: Der Hinweis **›ebd.‹ (ebenda)** bezieht sich immer auf den direkt vorausgehenden Nachweis, in diesem Fall FN 35. Ein erneuter Nachweis der Quelle ist sinnvoll, weil der nachfolgende Spiegelstrich im Text kein Zitat enthält, im Anschluss aber erneut zitiert wird; s. zu den Anforderungen an eine korrekte Zitation unten, Kap. 4.2, Abs. D.

[37] *Frank, A./Haacke, S./Lahm, S.*, Schreiben, 2007 (FN 29), S. 4; Bem.: Im Unterschied zu FN 36 steht hier statt ›ebd.‹ ein Kurznachweis, weil ein Verweis mit ›ebd.‹ nicht eindeutig wäre: FN 36 enthält nämlich nicht nur den Nachweis für ein indirektes Zitat im Text, sondern außerdem einen weiterführenden Hinweis auf zwei spätere Kapitel. Es wäre also nicht klar, was mit ›ebd.‹ genau gemeint ist. Außerdem steht hier (FN 37) der Zusatz **›vgl.‹** nicht, weil dieser Zusatz **nur bei *indirekten* Zitaten** verwenden wird, im Text aber *direkt* zitiert wird (deshalb stehen dort auch Anführungszeichen).

„Wissenschaftlich zu schreiben heißt zunächst, ein Thema aus der Zufälligkeit der Wahrnehmung auf eine Ebene der Verallgemeinerbarkeit zu heben. Wer wissenschaftlich schreibt, produziert Wissen bzw. Erkenntnisse, und zwar so, dass andere Wissenschaftler oder Praktiker sie nutzen, weiterentwickeln und anwenden können."[38]

Der Text (Ü1) kann in dieser Perspektive als ›unwissenschaftlich‹ angesehen werden: Er enthält Behauptungen, die sich nicht überprüfen oder inhaltlich nicht nachvollziehen lassen. Die **Auswertung** der Übung könnte wie folgt aussehen (s. Abb. 6):

Textstelle	**Erläuterung: Was ist daran ›unwissenschaftlich‹?**	**Anforderung an das Schreiben:** Wissenschaftliche Texte sollen ...
„Mein Freund hat mich auf die Idee gebracht." „[D]as habe ich nämlich mal irgendwo gelesen."	Der Leser kann nicht nachprüfen, woher die Denkanstöße oder das verwendete Wissen kommen. Einem privaten Hinweis kann kein Leser nachgehen.	den Bezugsrahmen klarmachen und Orientierung geben.
„Jungs [waren] früher in der Schule erfolgreicher [...] als Mädchen." „Mädchen [nehmen] die Schule einfach ernster."	Von der ersten Behauptung springt der Autor des Textes unvermittelt auf ein ganz anderes Thema, und es wird eine Vermutung nachgeschoben, ohne dass klar wird, was der Autor wissen will und was er untersucht.	logisch nachvollziehbar darstellen, worum es im Text geht.
„Ich habe mich dann mit einigen Jungs und Mädchen unterhalten."	Mit diesen Informationen kann kein Leser etwas anfangen. Wie alt waren die Jungs und Mädchen? Was wurden sie gefragt? Gab es einen Interviewleitfaden? Wurden die Gespräche transkribiert? Wie wurden sie ausgewertet?	nachvollziehbar darstellen, wie man vorgegangen ist.
„Ich [...] bin zu dem Schluss, dass Jungs wohl unprivilegiert sind."	Mit Vermutungen, „Schlussfolgerungen" und Einschätzungen wird in dem Text nicht gespart. Belege oder Argumente, die Dritte nachvollziehen könnten, werden jedoch nicht gegeben. Es gibt keine Anhaltspunkte für die aufgestellte Behauptung.	logisch argumentieren.
„Deshalb ärgert es mich auch."	Ein Gefühl, z.B. Ärger, kann durchaus den Anstoß für die wissenschaftliche Beschäftigung mit einem Thema geben. Diese Beschäftigung wird allerdings erst wissenschaftlich, wenn der Ärger reflektiert und die Aufmerksamkeit auf die Untersuchung des Sachverhalts gerichtet wird, an dem sich der Ärger entzündet hat. Das ist hier nicht der Fall.	von eigenen unmittelbaren Urteilen, Bewertungen, Gefühlen abstrahieren.
„Jungs [sind] unprivilegiert."	Was mit „unprivilegiert" gemeint ist, bleibt ein Rätsel.	Fremdwörter angemessen verwenden.

Abb. 6: Musterlösung: Merkmale wissenschaftlichen Schreibens (Ü1), modifiziert nach: *Frank, A./ Haacke, S./Lahm, S.*, Schreiben, 2007 (FN 29), S. 5 [im Orig. ohne tabellarische Darst.].

---

38 *Frank, A./Haacke, S./Lahm, S.*, Schreiben, 2007 (FN 29), S. 5; Bem.: Überlegen Sie einmal, ob hier auch einfach ›ebd.‹ stehen könnte; s. dazu die Bemerkungen in den FN 36 f.

Die Übung eröffnet einen Zugang zu der Frage, was eine **wissenschaftliche Tätigkeit** ausmacht und was dabei zu beachten ist. Sie kann auch dazu dienen, den Zusammenhang von Inhalt und Form zu verdeutlichen.

Ein ›Begriff‹ der Wissenschaft, der in der Lehre geklärt werden sollte, ist der Begriff ›Wissenschaft‹. Um aber den **Begriff der Wissenschaft** zu klären, wird auch eine Klärung des Begriffs ›Begriff‹ benötigt. Sofern es sich dabei um eine wissenschaftliche Klärung handeln soll, wird bereits ein Begriff von Wissenschaft benötigt, der es erlaubt, diese Klärung durchzuführen. Es ergibt sich also ein Zirkel. Man kommt deshalb bei dem Versuch der Begriffsklärung nicht ohne ein **Vorverständnis** aus, das selbst noch nicht wissenschaftlich ist. Glücklicherweise verfügen wir bereits über Kenntnisse der Alltagssprache, bevor wir damit beginnen, uns in wissenschaftlicher Weise mit dem Begriff der Wissenschaft zu beschäftigen. Wie in der *Einstiegsübung* gesehen, verfügen wir sogar über ein Vorverständnis, was Wissenschaftlichkeit bedeutet (s. oben, Ü1). Ansonsten ließe sich nämlich auch das Prädikat ›unwissenschaftlich‹ nicht adäquat verwenden.

Damit ist eine Operation des wissenschaftlichen Arbeitens bereits angewendet worden, nämlich **das Unterscheiden**: ›Was wissenschaftlich ist, ist nicht unwissenschaftlich.‹ – Das mag trivial klingen, verweist aber auf ein logisches Prinzip, das aller wissenschaftlichen Tätigkeit zugrunde liegt. In der Wissenschaftstheorie ist dieses Prinzip als *Satz vom zu vermeidenden Widerspruch* bekannt: „[E]s ist nicht möglich, daß dasselbe demselben in derselben Beziehung zugleich zukomme und nicht zukomme.“[39] – Wenn einem Text das Prädikat ›unwissenschaftlich‹ zukommt, dann kann dieser Text nicht zugleich und in derselben Hinsicht ›wissenschaftlich‹ sein; das wäre zumindest logisch. Allerdings liegt hier paradoxerweise ein bis heute ungelöstes Problem der Wissenschaft, nämlich die Beantwortung der Frage: Was ist **›Wissenschaftlichkeit‹** überhaupt? Auf diese Frage gibt es viele Antworten; jedenfalls gerade nicht die eine widerspruchsfreie Antwort, die aus logischen Gründen verlangt wird. Sogar die Gesetze der Logik werden immer wieder neu interpretiert und ausgedeutet. Was bedeutet z.B. ›dasselbe‹? Und was heißt ›zukommen‹? Ist damit eine Eigenschaft oder eine Zuschreibung gemeint? Und ›demselben‹? Ist das ein realer Gegenstand oder bloß ein gedachtes Ding? Ist es überhaupt möglich, dass zwei verschiedenen ›Dingen‹ dasselbe zukommt? Ist das ›Zukommende‹ nicht bereits dadurch etwas anderes, dass es einem anderen Gegenstand zukommt? Und wie entscheide ich überhaupt, ob etwas einer Sache zukommt bzw. auf diese zutrifft ...?

Die Arbeit am Wissenschaftsbegriff ist nicht nur ein Problem für die Erkenntnistheorie, sondern für jede wissenschaftliche Tätigkeit: Sie gehört untrennbar zum wissenschaftlichen Arbeiten dazu. Wir müssen uns unseres Wissenschaftsverständnisses vergewissern, um wissenschaftlich arbeiten zu können. Andernfalls wissen wir nicht, worüber wir sprechen und was wir tun. Zu einer solchen **(Selbst-)Vergewisserung** soll dieser Abschnitt zum Begriff der Wissenschaft beitragen. In den folgenden zwei Unterkapiteln werden zwei Zugangsmöglichkeiten aufgezeigt: Zunächst anhand eines direkten Zitats von Wilhelm von Humboldt zur wissenschaftlichen Tätigkeit aus dem sogenannten ›Hochschulurteil‹ des Bundesverfassungsgerichts, anschließend anhand einer Definition der Wissenschaft in einer von Jürgen Mittelstraß herausgegebenen Enzyklopädie.

---

39 *Aristoteles*, Metaph., 2001 (um 330 v.Chr.) (FN 4), S. 89 [IV.3 (Γ) 1005b 19 f.]; *ders.*, Opera (ebd.), Bd. 8, S. 64 [III.3]: „Τὸ γὰρ αὐτὸ ἅμα ὑπάρχειν τε καὶ μὴ ὑπάρχειν ἀδύνατον τῷ αὐτῷ καὶ κατὰ τὸ αὐτό.“

Hinweise zur Verwendung der Lehrinhalte im beruflichen Kontext

Die **Arbeit am Wissenschaftsbegriff** im Studium **schult Fähigkeiten**, die auch für die Problembearbeitung in der beruflichen Praxis relevant sind, z.B. für die Analyse, Prüfung und Bewertung, für das Herstellen von Zusammenhängen und das systematische Erschließen eines Problembereichs. Die Beschäftigung mit Problemen, Theorien und Methoden der Wissenschaft **eröffnet neue Perspektiven** auf die eigene Tätigkeit. Wer einen rechtlichen Fall bearbeitet, muss Rechtsgebiete unterscheiden, wer einen Haushaltsplan aufstellt, Berechnungsmodelle auswählen, wer Personal rekrutiert, Fähigkeiten auf wissenschaftlicher Grundlage beurteilen, etc. pp.

2.1.3 Die Freiheit von Forschung und Lehre im ›Hochschulurteil‹ des Bundesverfassungsgerichts

Ein Ziel der wissenschaftlichen Tätigkeit ist es, aus bloßen **Meinungen** begründete **Urteile** zu machen. Eine Meinung ist subjektiv. Jeder darf Meinungen haben und äußern. In unserer Gesellschaft gibt es ein Grundrecht auf freie Meinungsäußerung (s. Art. 5 Abs. 1 GG). Auch die **Freiheit von Forschung und Lehre** ist im Grundgesetz festgeschrieben: „Kunst und Wissenschaft, Forschung und Lehre sind frei. Die Freiheit der Lehre entbindet nicht von der Treue zur Verfassung“ (Art. 5 Abs. 3 GG).[40]

Im Unterschied zur Meinung erfordert ein Urteil eine **Begründung**. Ein Urteil arbeitet also nicht mit bloßen Worten, sondern mit Begriffen. Das gilt auch für Urteile in der Rechtsprechung: Das *Bundesverfassungsgericht* hat in seiner Begründung zum sogenannten ***Hochschulurteil*** vom 9. Mai 1973 einige grundsätzliche Überlegungen zur Wissenschaft angestellt (s. BVerfGE 35, 79).[41] Diese Überlegungen können auch als ein Beitrag zu der Frage gelesen werden, was eine wissenschaftliche Tätigkeit ausmacht. In dem Beschluss heißt es:

> „Damit sich Forschung und Lehre ungehindert an dem Bemühen um **Wahrheit** als ›*etwas noch nicht ganz Gefundenes und nie ganz Aufzufindendes*‹ (Wilhelm von Humboldt) ausrichten können, ist die Wissenschaft zu einem von staatlicher Fremdbestimmung freien

---

40 *GG* (Grundgesetz für die Bundesrepublik Deutschland), i.d.F. v. 23.05.1949 (BGBl., Jg. 1949, Teil I, Nr. 1 v. 23.05.1949, S. 1), zuletzt geänd. durch Art. 1 des Gesetzes v. 13.07.2017 (BGBl., Jg. 2017, Teil I, Nr. 47 v. 19.07.2017, S. 2346); zit. nach: *juris* (Hrsg.): Gesetze im Internet, hrsg. i.A. des Bundesministeriums der Justiz (BMJ); http://www.gesetze-im-internet.de/gg/BJNR000010949.html (Zugriff 02.08.2017).

41 *BVerfG* (Bundesverfassungsgericht), Beschl. v. 09.05.1973 – 1 BvR 424/71 und 325/72 – BVerfGE 35, 79 [›Hochschulurteil‹], in: *Tschentscher, Axel/Broichhagen, Sven* (Bearb.): Verfassungsrecht/Deutschland/ BVerfG: Entscheidungen 1970–1974 (Stand 12.06.2016); http://www.servat.unibe.ch/dfr/bv035079.html#Rn002 (Zugriff 02.08.2017): In der Verfassungsbeschwerde ging es um das Mitbestimmungsrecht von Hochschullehrern in der akademischen Selbstverwaltung. Die Zusammensetzung von Hochschulgremien war durch das *Vorschaltgesetz für ein Niedersächsisches Gesamthochschulgesetz* vom 26.10.1971 neu geregelt worden. Das Gericht hat diese Neuregelung teilweise für verfassungswidrig erklärt, weil sie mit der im Grundgesetz verankerten Freiheit der Wissenschaft unvereinbar sei. Zwar sei der Gesetzgeber nicht auf eine bestimmte Form der Selbstverwaltungsorganisation festgelegt, wenn er dazu Regelungen erlasse, aber das Stimmgewicht der Hochschullehrer sei durch die „strukturelle Veränderung“ dieser Organisationsform in unzulässiger Weise beschränkt worden (ebd., Rn. 116). Auf das *Hochschulurteil* aus dem Jahre 1973 wird bis heute verwiesen, wenn es um Fragen der akademischen Selbstverwaltung geht (z.B. in Bezug auf verfassungswidrige Vorschriften im Niedersächsischen Hochschulgesetz für die *Medizinische Hochschule Hannover*, s. dazu: *BVerfG*, Beschl. v. 24.06.2014 – 1 BvR 3217/07 – Rn. 57).

Bereich persönlicher und autonomer Verantwortung des einzelnen Wissenschaftlers erklärt worden."[42]

Es geht um die Frage, inwieweit die Wissenschaft sich selbst regulieren *muss*, was sie laut Gesetz tun können *soll* (gemäß dieser Auslegung von Art. 5 Abs. 3 Satz 1 GG). Eingeflochten in diese Überlegungen ist ein Zitat. Die Verfassungsrichter haben in ihrem *Hochschulurteil* auf einen ausführlichen Nachweis verzichtet und lediglich einen Namen angegeben: **Wilhelm von Humboldt**. Der Leser muss also erst recherchieren, welchem Text das Zitat entnommen ist. Dabei ist es von Vorteil, dass es sich um einen berühmten Autor handelt, dessen Schriften in Form einer Werkausgabe vorliegen, die sich in vielen Bibliotheken findet.[43] Werkausgaben enthalten oftmals ein Sachregister, das sich als Hilfsmittel verwenden lässt, um gezielt nach Textstellen zu suchen. In diesem Fall hat die *Französische Nationalbibliothek* eine digitalisierte Ausgabe der *Gesammelten Schriften* von Wilhelm von Humboldt im Internet veröffentlicht,[44] was die Recherche im Dokument vom heimischen Arbeitsplatz aus ermöglicht.

Die zitierte Textstelle findet sich in einer ›Denkschrift‹ Wilhelm von Humboldts ***Über die innere und äußere Organisation der wissenschaftlichen Anstalten in Berlin***, einem Fragment gebliebenen Text, der um 1809/1810 entstanden ist. Ein Quellennachweis dieses Textes könnte so aussehen:[45]

◎ Varianten für einen Quellennachweis des Humboldt-Zitats aus dem ›Hochschulurteil‹

- **Nachweis des Humboldt-Zitats, Variante 1:**

Vollständige Angabe im Literatur- und Quellenverzeichnis

Humboldt, Wilhelm von [Organisation, 1809/10)]: Über die innere und äußere Organisation der wissenschaftlichen Anstalten in Berlin (Denkschrift, um 1809/10, Fragm.), in: *Ders.*, Schriften, 1903, Bd. 10, S. 250–260.

– [Schriften, 1903]: Gesammelte Schriften, 17 Bde., hrsg. v. d. Königl.-Preuß. (heute: Berlin-Brandenburgischen) Akad. d. Wiss., Abt. 2: Politische Denkschriften, 3 Bde., hrsg. v. Bruno Gebhardt, Bd. 1: 1802–1810, Berlin: Behr, 1903 (= Gesamtausgabe, Bd. 10); Online-Ausg. in: *BnF* (Bibliothèque nationale de France) (Hrsg.): Gallica: Bibliothèque Numérique; http://gallica.bnf.fr/ark:/12148/bpt 6k69428v (Zugriff 02.08.2017).

Kurznachweis in Fußnote als Zitatbeleg

1 *Humboldt, W. v.*, Organisation, 1809/10, in: *Ders.*, Schriften, 1903, Bd. 10, S. 250–260: S. 253, zit. nach: *BnF* (Hrsg.), Gallica, 2015; http://gallica.bnf.fr (Zugriff 02.08.2017).

---

42 *BVerfGE* 35, 79 [›Hochschulurteil‹] (FN 41), Rn. 128 [im Orig. ohne Hervorh.].

43 S. z.B. die Trefferliste zu ›Wilhelm von Humboldt: Gesammelte Schriften‹, in: *KIT* (Hrsg.): Karlsruher Virtueller Katalog (KVK); http://kvk.bibliothek.kit.edu (Zugriff 02.08.2017).

44 S. *Humboldt, W. v.*, Organisation, 1809/10 (FN 10), in: *Ders.*, Schriften, 1903 (ebd.), Bd. 10; digital. Online-Ausg.: *BnF* (Bibliothèque Nationale de France) (Hrsg.): Gallica: Bibliothèque Numérique; http://gallica.bnf.fr/ark:/12148/bpt6k69428v (Zugriff 02.08.2017).

45 Das Beispiel vermittelt einen ersten Eindruck von den Anforderungen an das Bibliographieren und Zitieren. Ausführlich werden diese Anforderungen in Kap. 4.1 und 4.2 behandelt (Variante 1 entspricht dem wirtschafts- und sozialwissenschaftlichen Stil, Variante 2 dem rechtswissenschaftlichen Stil). – Eine Frage für den Unterricht könnte z.B. lauten: Welche Nummer hat der Band, in dem sich der Text findet?

- **Nachweis des Humboldt-Zitats, Variante 2:**

Vollständige Angabe im Literatur- und Quellenverzeichnis

Humboldt, Wilhelm von: Über die innere und äußere Organisation der wissenschaftlichen Anstalten in Berlin, in: Ders.: Gesammelte Schriften, hrsg. v. der Königl.-Preuß. Akad. der Wissenschaften, Bd. 10, Berlin 1903, S. 250 - 260; Online-Ausg.: BnF (Bibliothèque nationale de France); http://gallica.bnf.fr/ark:/12148/bpt6k69428v (Zugriff 02.08.2017).

Kurznachweis in Fußnote als Zitatbeleg

1 Humboldt, S. 250 (253), zit. nach: BnF; http://gallica.bnf.fr (Zugriff 02.08.2017).

Der Text (bzw. bibliothekarisch gesprochen: der ›Titel‹) findet sich in Band 10 der *Gesammelten Schriften*. Es handelt sich damit um **unselbständige Literatur**, d.h., der Text steht nicht für sich allein, sondern ist Teil eines Werkes, das mehrere Texte enthält (erkennbar an dem Hinweis ›**in:**‹).

Dieses Werk ist wiederum Teil eines **Gesamtwerks**, das insgesamt 17 Bände umfasst. Herausgeber dieses Gesamtwerks (bzw. Titels) ist die *Königlich-Preußische* (heute: *Berlin-Brandenburgische*) *Akademie der Wissenschaften*[46]. Deshalb kann diese Werkausgabe auch ›Akademie-Ausgabe‹ genannt werden. Der besagte zehnte Band dieses Gesamtwerkes ist zugleich der erste von insgesamt drei Bänden, die unter dem Titel ›Politische Denkschriften‹ von Bruno Gebhardt herausgegeben worden sind und innerhalb des Gesamtwerks eine eigene Abteilung bilden (Abt. 2).

Der **Band** ist im Jahre 1903 in Berlin beim ›Behr's Verlag‹ erschienen, benannt nach dem Gründer Bernhard Behr.[47] Der Text beginnt darin auf Seite 250 und endet auf Seite 260 (Seitenbereich). Die gesuchte Textstelle findet sich auf Seite 253. Diese Seitennummer steht nur beim Zitatnachweis in der Fußnote und nicht im Literaturverzeichnis, dort steht lediglich der Seitenbereich. In der Fußnote kann zzgl. zur Seitennummer, wo man die zitierte Stelle findet, entweder ebenfalls der Seitenbereich genannt werden (s. Variante 1) oder nur die Seite, auf der der Text beginnt (s. Variante 2).

Die im *Hochschulurteil* zitierte Wendung kann auch im Kontext des Satzes zitiert werden, in dem sie bei Humboldt steht (**eigene Version**). Dann lautet das Zitat folgendermaßen:

> „[B]ei der inneren Organisation der höheren wissenschaftlichen Anstalten [beruht] Alles darauf [...], das Princip [sic!] zu erhalten, die **Wissenschaft** als *etwas noch nicht ganz Gefundenes und nie ganz Aufzufindendes* zu betrachten, und unablässig sie als solche zu suchen."[48]

---

46 Vgl. *BBAW* (Berlin-Brandenburgische Akademie der Wissenschaften): Chronologie, in: *Dies.* (Hrsg.): Die Akademie: Akademiegeschichte (Stand 1995); http://www.bbaw.de/die-akademie/akademiegeschichte/chronologie (Zugriff 02.08.2017): Die *Denkschrift* stammt aus der Zeit, in der Wilhelm von Humboldt die Leitung der preußischen Unterrichtsverwaltung übernahm und die heute nach ihm benannte *Berliner Universität* gegründet wurde (1809/1810); auch an der Reorganisation der seit dem Jahr 1700 bestehenden *Akademie der Wissenschaften* war Humboldt beteiligt.

47 Vgl. *Behr's Verlag*: Verlagsgeschichte 1835–2010: 175 Jahre Behr's Verlag (Stand 2010), in: *Ders.* (Hrsg.): Der Behr's Verlag: Historie; http://www.behrs.de/verlag/175_jahre (Zugriff 02.08.2017).

48 *Humboldt, W. v.*, Organisation, 1809/10 (FN 10), in: *Ders.*, Schriften, 1903 (ebd.), Bd. 10, S. 253 [im Orig. ohne Hervorh.].

Was fällt beim **Vergleich** mit dem Wortlaut im *Hochschulurteil* auf? – Auf den ersten Blick ist die Wendung wortgleich übernommen worden: Es geht um „etwas noch nicht ganz Gefundenes und nie ganz Aufzufindendes"; auf den zweiten Blick fällt auf, dass im *Hochschulurteil* gar nicht wie bei Humboldt von der „Wissenschaft", sondern von der „Wahrheit" gesprochen wird![49] – Ist die Äußerung damit korrekt wiedergegeben? Wird nicht der Sinn durch diesen Eingriff verfälscht? Wahrheit und Wissenschaft sind doch keine Synonyme ...

Bevor diese inhaltliche Frage geklärt wird, können an dieser Stelle noch einige weitere **formale Gesichtspunkte** wörtlicher Zitation angesprochen werden. Dazu können die beiden Zitatversionen dem Originaltext direkt gegenübergestellt werden (s. Abb. 7).

Wörtliches Zitat im ›Hochschulurteil‹	**Original**
BVerfGE 35, 79 [›Hochschulurteil‹], Rn. 128. „Damit sich Forschung und Lehre ungehindert an dem Bemühen um Wahrheit als ›etwas noch nicht ganz Gefundenes und nie ganz Aufzufindendes‹ (Wilhelm von Humboldt) ausrichten können, ist die Wissenschaft zu einem von staatlicher Fremdbestimmung freien Bereich persönlicher und autonomer Verantwortung des einzelnen Wissenschaftlers erklärt worden." **Wörtliches Zitat im Text (eigene Version)** S. das Zitat oben im Text [im Orig. ohne Hervorh.]. „[B]ei der inneren Organisation der höheren wissenschaftlichen Anstalten [beruht] Alles darauf [...], das Princip [sic!] zu erhalten, die **Wissenschaft** als *etwas noch nicht ganz Gefundenes und nie ganz Aufzufindendes* zu betrachten, und unablässig sie als solche zu suchen."	*Humboldt, W. v.*, Organisation, 1809/10, in: *Ders.*, Schriften, 1903, Bd. 10, S. 253. Dies vorausgeschickt sieht man leicht, daß bei der inneren Organisation der höheren wissenschaftlichen Anstalten Alles darauf beruht, das Princip zu erhalten, die Wissenschaft als etwas noch nicht ganz Gefundenes und nie ganz Aufzufindendes zu betrachten, und unablässig sie als solche zu suchen.

Abb. 7: Humboldt-Zitat zur Unabschließbarkeit der wissenschaftlichen Forschung *(eigene Darst.)*.

Ein **wörtliches Zitat** steht in *doppelten Anführungszeichen* („..."). Da das *Hochschulurteil* im Text direkt zitiert wird, ist das darin enthaltene Humboldt-Zitat ein sogenanntes **›Zitat im Zitat‹** und steht in *einfachen* Anführungszeichen (›...‹ bzw. ‚...'). Diese Änderung von doppelten in einfache Anführungszeichen erfolgt üblicherweise ›stillschweigend‹, d.h., sie wird nicht als ein Eingriff in das Original kenntlich gemacht. Der Wortlaut wird hingegen bei direkten Zitaten immer genau so wiedergegeben, wie er im Original vorgefunden wird. Auch Rechtschreibfehler werden dabei übernommen. Um kenntlich zu machen, dass man einen Fehler nicht selbst gemacht hat, kann man dahinter **›[sic!]‹** schreiben, d.h. „so"[50] und bedeutet soviel wie: ›Ja, das steht da wirklich so!‹ Man macht den Leser also

[49] *BVerfGE* 35, 79 [›Hochschulurteil‹] (FN 41), Rn. 128; *Humboldt, W. v.*, Organisation, 1809/10 (FN 10), in: *Ders.*, Schriften, 1903 (ebd.), Bd. 10, S. 253.

[50] Vgl. *Stowasser, Joseph Maria* u.a.: Der kleine Stowasser, lat.-dt. Schulwörterbuch, bearb. v. Michael Petschenig, Einl. u. Etymologie v. Franz Skutsch, unveränd. Nachdr. d. 1. Aufl. v. 1913, überarb. u. gekürzt nach den Vorarbeiten zur 4. Aufl. des ›großen‹ Wörterbuchs v. Joseph M. Stowasser v. 1916 ([1]1894), München: Freytag, 1966, darin: Art. „sic", S. 452 [im Orig. nicht kursiv]: *„sīc (si + ce)* [...] so beschaffen [...] *sic est* so ist's, fürwahr, ja [...]."

darauf aufmerksam, dass man einen Fehler bemerkt hat. In diesem Fall handelt es sich gar nicht um einen Fehler, sondern bloß um eine veraltete Schreibweise des Wortes ›Prinzip‹ mit „c" (s. Abb. 7, Original).[51]

Eingriffe in den Text des Originals werden durch **eckige Klammern** angezeigt. Eine häufige Form des Eingriffs ist die Auslassung, die durch drei Punkte in eckigen Klammern ›[…]‹ angezeigt wird.[52] Auch Änderungen der Deklination bzw. Konjugation eines Wortes können so kenntlich gemacht werden. Im Beispiel hat sich die Groß- und Kleinschreibung verändert, weil der Konjunktionalsatz mit „daß", der im Original steht, beim Zitieren zu einen Hauptsatz umformuliert worden ist (s. Abb. 7, eigene Version i.V.m. Original). Wäre die Formulierung so belassen worden, hätte man in diesem Fall auch im Text sagen müssen, was Humboldt denn „vorausgeschickt" habe.[53] Weil es sich um einen Eingriff handelt, steht das „[B]", das im Original kleingeschrieben ist, nun am Satzbeginn aber großgeschrieben werden muss, in eckigen Klammern. Durch die Umformulierung hat sich auch die Wortstellung des Verbs „beruh[en]" verändert: Dort, wo es vorher stand, steht deshalb eine Auslassung „[…]", das Verb selbst steht in eckigen Klammern, weil es dort, wo es nun steht, vorher nicht stand. Die Änderungen im Schriftschnitt (**fett** oder *kursiv*) dienen der **Hervorhebung**, was in der Fußnote mit einem entsprechenden Hinweis angezeigt werden kann, z.B. „[im Orig. ohne Hervorh.]".

Die Frage, ob ggf. eine Sinnverfälschung vorliegt, scheint zwar weniger eine formale als vielmehr eine ***inhaltliche* Frage** zu sein; aber Form und Inhalt hängen hier zusammen! Zur Klärung muss man gleichwohl tiefer in den Text einsteigen und die Urteilsbegründung noch einige Sätze weiterlesen. Wir erinnern uns, dass die Verfassungsrichter darauf hingewiesen haben, dass sich „Forschung und Lehre ungehindert an dem Bemühen um Wahrheit […] ausrichten können" sollen; weiter heißt es im Text:

> „Damit ist zugleich gesagt, daß **Art. 5 Abs. 3 GG** nicht eine bestimmte Auffassung von der Wissenschaft oder eine bestimmte Wissenschaftstheorie schützen will. Seine Freiheitsgarantie erstreckt sich vielmehr auf jede **wissenschaftliche Tätigkeit**, d.h. auf *alles, was*

---

51 An dieser Stelle ist der Hinweis ›sic!‹ also nicht unbedingt erforderlich. Anders verhält es sich, wenn es sich tatsächlich um einen orthographischen Fehler handelt, z.B. einen fehlenden Buchstaben, s. dazu *Zimbardo, Philip G./Gerrig, Richard J.*: Psychologie, Übers. aus dem Amerik. v. Ralf Graf, Dagmar Mallett, Markus Nagler u. Brigitte Ricker, dt. Bearb. v. Ralf Graf, mit über 430 Abb., 18., aktual. Aufl., München: Pearson Studium, 2008, S. 40 [im Orig. nicht fett gedruckt]: Hier ist von einer „psychiatrischen Klink [sic!]" die Rede. Alternativ zur Verwendung von ›sic!‹ kann der fehlende Vokal ›i‹ auch in eckigen Klammern ergänzt werden: „psychiatrischen Klin[i]k".

52 Einige Verlage verwenden für **Auslassungen** auch runde Klammern ›(…)‹ oder lediglich drei Punkte ohne Klammern ›…‹. Davon ist bei wissenschaftlichen Texten abzuraten. Zum einen kann ein wörtliches Zitat seinerseits runde Klammern enthalten, sodass eine *Unterscheidung* von Klammern im Original und Eingriffen in den Text erschwert wird. Zum anderen ist die Definition der eckigen Klammer als ein Eingriff in den Originaltext nicht auf Auslassungen beschränkt, sodass eine Abweichung von dieser Regel bei Auslassungen der Forderung nach *Einheitlichkeit* widerspricht. Wird eine Aussage zitiert, die bereits Auslassungen in eckigen Klammern enthält, kann ein entsprechender **Hinweis mit den Initialen des Verfassers** gegeben werden, z.B. ›[…] [Auslassung im Orig., Anm. B. L.]‹; i.d.R. kann und sollte der eigene Text aber so gestaltet werden, dass derartige Hinweise nicht erforderlich werden.

53 Humboldt erläutert in der vorausgehenden Textpassage, weshalb sich der Staat bei Eingriffen in den Wissenschaftsbetrieb zurückhalten müsse: Ein vorgegebener Zweck würde die Forschung hemmen. Der Staat solle lediglich die Rahmenbedingungen der ›höheren Anstalten‹ so gestalten, dass sich der Wissenschaftler darin frei entfalten kann, vgl. *Humboldt, W. v.*, Organisation, 1809/10 (FN 10), in: *Ders.*, Schriften, 1903 (ebd.), Bd. 10, S. 251–253.

nach Inhalt und Form als ernsthafter planmäßiger Versuch zur Ermittlung der Wahrheit anzusehen ist. Dies folgt unmittelbar aus der prinzipiellen Unabgeschlossenheit jeglicher wissenschaftlichen Erkenntnis."[54]

Die angeführte Rechtsgrundlage ist bereits zitiert worden: Es geht um die im Grundgesetz verankerte **Freiheit von Forschung und Lehre** (s. Art. 5 Abs. 3 Satz 1 GG).[55] Der Hinweis auf die „Unabgeschlossenheit jeglicher wissenschaftlicher Erkenntnis" dient als Argument für die Auslegung, dass der Wissenschaftler damit in seiner Tätigkeit für ›autonom‹ erklärt worden sei. Nur so nämlich könne er sich an dem „Bemühen um Wahrheit" beteiligen. Dem Wissenschaftler soll nicht vorgeschrieben werden, auf welche Weise er seine Forschungen zu betreiben habe. Dadurch würde er in seiner Forschung gehemmt. Bezüglich der Lehre enthält das Gesetz eine immanente Schranke: „Die Freiheit der Lehre entbindet nicht von der Treue zur Verfassung" (Art. 5 Abs. 3 Satz 2 GG). Wird ein Wissenschaftler als Lehrer tätig, ist er ausdrücklich zur Verfassungstreue verpflichtet.

Auch in der *Denkschrift* von Wilhelm von Humboldt kann noch ein wenig weitergelesen werden, um dem Verhältnis von Wahrheit und Wissenschaft auf die Spur zu kommen:

> „Sobald man aufhört, eigentlich Wissenschaft zu *suchen*, oder sich einbildet, sie brauche nicht aus der Tiefe des Geistes heraus *geschaffen*, sondern könne durch das Sammeln extensiv aneinandergereiht werden, so ist Alles unwiederbringlich und auf ewig verloren; verloren für die *Wissenschaft*, die, wenn dies lange fortgesetzt wird, dergestalt entflieht, dass sie selbst die Sprache wie eine leere Hülse zurücklässt, und verloren für den *Staat*. Denn nur die Wissenschaft, die aus dem Innern stammt und in's Innere gepflanzt werden kann, bildet auch den Charakter um, und dem Staat ist es ebenso wenig als der Menschheit um Wissen und Reden, sondern um Charakter und Handeln zu thun [sic!]."[56]

Die **Unabschließbarkeit wissenschaftlicher Forschung** ist für den einzelnen Wissenschaftler eine Herausforderung. Wörtlich wird bei Humboldt nicht nach Wahrheit und Erkenntnis gesucht, sondern nach der „Wissenschaft" selbst. Man kann diese Aussage aber durchaus so interpretieren, dass die **Suche nach der Wissenschaft** die Suche nach einem adäquaten Verständnis von ›wissenschaftlicher Tätigkeit‹ einschließt. Dazu gehört es z.B., dass Wahrheit und Erkenntnis nicht bloß als ein zufälliges Aggregat von reproduziertem Wissen, sondern als das Produkt einer eigenständigen geistigen Tätigkeit angesehen werden. Mit anderen Worten: Wissenschaftliches Arbeiten erfordert eine synthetisierende kognitive Leistung, d.h., der Zusammenhang der Erkenntnisse muss allererst gestiftet werden. Die Lehrinhalte müssen geistig durchdrungen und verstanden werden. Ansonsten operiert man gleichsam mit bloßen ›Worthülsen‹.

Wie in der Begründung des *Hochschulurteils* geht es also bei Humboldt um die **Tätigkeit** des einzelnen Wissenschaftlers. Durch wissenschaftliche Tätigkeit wird zugleich die Persönlichkeit gebildet: Handeln ist ein bewusstes Tun, Charakter eine feste Grundhaltung. Nur wenn Bildungsinstitutionen die Charakterbildung fördern, indem sie die Freiheit der Wissenschaft garantieren, können selbstbewusst handelnde Persönlichkeiten

54 *BVerfGE* 35, 79 [›Hochschulurteil‹] (FN 41), Rn. 128.
55 S. oben, FN 40.
56 *Humboldt, W. v.*, Organisation, 1809/10 (FN 10), in: *Ders.*, Schriften, 1903 (ebd.), Bd. 10, S. 253 [im Orig. ohne Hervorh.].

daraus hervorgehen.[57] Wilhelm von Humboldt liefert damit ein weiteres Argument für die **Autonomie des Wissenschaftlers**, nämlich dass der Staat nicht nur im Interesse der Wissenschaft, sondern auch im eigenen Interesse die Selbstbestimmung in der Wissenschaft zu schützen und zu fördern habe: Von den durch ihre wissenschaftliche Tätigkeit gebildeten Persönlichkeiten, die gesellschaftliche Verantwortung übernehmen, profitiert auch der Staat.

Bemerkenswert ist nicht zuletzt die **Definition von wissenschaftlicher Tätigkeit**, die das Bundesverfassungsgericht fast beiläufig in seiner Urteilsbegründung gegeben hat. Dazu gehöre „alles, was nach Inhalt und Form als ernsthafter planmäßiger Versuch zur Ermittlung der Wahrheit anzusehen ist".[58] Wissenschaft ist kein Spiel, nicht das Ergebnis einer zufälligen Laune, ihre Aussagen sind nicht beliebig, sie verfährt nicht aufs Geratewohl, sondern sie hat ein Ziel, geht systematisch und methodisch vor. Ihre Einheit wird durch dieses gemeinsame Ziel gestiftet: die „Ermittlung der Wahrheit".[59]

Wenn also die Verfassungsrichter Wilhelm von Humboldt streng genommen inhaltlich nicht ganz sauber und formal mit einem unvollständigen Nachweis zitieren, so ist doch der Grundgedanke, um den es geht, nicht verfälscht worden, und auch das Zitat selbst ist korrekt gekennzeichnet, denn **das Wort ›Wahrheit‹ steht nicht in Anführungszeichen** und gehört damit nicht zum Wortlaut des Originals, wo von ›Wissenschaft‹ gesprochen wird. So hat die ***Form* des Zitats** auch einen Einfluss auf die inhaltliche Interpretation.

Zu beachten ist zudem immer auch die **Funktion eines Zitats**: Im *Hochschulurteil* wird eine markante Formulierung wörtlich zitiert, um die Unabschließbarkeit der wissenschaftlichen Forschung zu illustrieren, die ihrerseits ein Argument dafür ist, dass der Wissenschaftsbetrieb sich weitgehend unabhängig von staatlichen Eingriffen selbst organisieren muss und soll. Bei dem Text von Wilhelm von Humboldt handelt es sich im Grunde nicht um Forschungsliteratur, die als Beleg angeführt würde, sondern um eine **Primärquelle**[60], die ihrerseits der Interpretation fähig und bedürftig ist. Das ist neben der markanten Formulierung ein weiterer Grund dafür, die Quelle nicht indirekt, sondern wörtlich zu zitieren, etwa i.S.v.: ›Wie schon W. v. Humboldt gesagt hat, ist ...‹ oder: ›Wahrheit ist – mit W. v. Humboldt gesprochen – ...‹ oder: ›Wenn W. v. Humboldt sagt, dass ..., dann ...‹ oder: ›Für die Wahrheit gilt, was W. v. Humboldt treffend von der Wissenschaft gesagt hat, nämlich dass ...‹ etc. – Solche erläuternden Zusätze können beim Lesen mitgedacht werden, auch wenn sie nicht explizit im Text stehen.

Mit dem Humboldt-Zitat wird also nicht nur die Belesenheit der Richter, sondern vor allem das **Argument** illustriert. Dass es sich bei der herangezogenen Quelle um eine Autorität auf dem Gebiet der Bildungsphilosophie handelt, ist allerdings kein Zufall: Der große Name verleiht dem Argument größeres Gewicht und macht den grundsätzlichen Charakter der Überlegung deutlich, sowohl in historischer als auch in systematischer Hinsicht.

---

[57] S. dazu auch den Hinweis auf das *Humboldtsche Bildungsideal* oben, Kap. 1.1, FN 10; vgl. zur Interpretation des Zitats in diesem Sinne *Lenzen, D.*, Bildung, 2014 (FN 17), S. 42–45.

[58] *BVerfGE* 35, 79 [›Hochschulurteil‹] (FN 41), Rn. 128.

[59] Ebd.

[60] S. zur Unterscheidung von *Primär- und Sekundärliteratur* unten, Kap. 3.1.1.3.

2.2 BEGRIFF DER WISSENSCHAFT – EIN DEFINITIONSVERSUCH

Wer die wissenschaftliche Tätigkeit definieren will, kann **Lexika und Wörterbücher** zurate ziehen. Im folgenden Beispiel wird der Artikel unter dem Schlagwort ›Wissenschaft‹ in der von Jürgen Mittelstraß herausgegebenen ***Enzyklopädie Philosophie und Wissenschaftstheorie* (1996)** herangezogen und erläutert:

> [**1**] „[Wissenschaft ist der] Begriff für eine Lebens- und Weltorientierung, die auf eine spezielle, meist berufsmäßig ausgeübte Begründungspraxis angewiesen ist und insofern über das jedermann verfügbare Alltagswissen hinausgeht, ferner die Tätigkeit, die das wissenschaftliche Wissen produziert.
>
> [**2**] W[issenschaft] heißt auch jede aus der W[issenschaft] im genannten Sinne ausdifferenzierte Teilpraxis, sofern diese durch einen bestimmten Phänomen- oder Problembereich definiert ist.
>
> [**3**] W[issenschaft] wird schon in der Antike als ἐπιστήμη [epistêmê] und scientia abgegrenzt von der bloßen Meinung (δόξα [dóxa], opinio) einerseits und der Kunstfertigkeit (τέχνη, Technê, ars) andererseits."[61]

Diese Definition ist geeignet, einige grundsätzliche Probleme des Definitionsversuchs von Wissenschaft zu klären und begriffliche Differenzierungen vorzunehmen. Die Analyse erfolgt dabei in **drei Schritten**: Es werden erstens Grundprobleme der wissenschaftlichen Perspektive benannt, zweitens Gegenstände und Disziplinen der Wissenschaft unterschieden und drittens Geltungsansprüche von wissenschaftlichen Aussagen geprüft, was unter anderem Konsequenzen für die Ausrichtung von Studiengängen hat. Perspektive, Gegenstand und Geltungsanspruch wirken sich auf die Forschungsabsicht aus.

Die Wissenschaft wird dabei vornehmlich durch **›Abgrenzung‹** definiert: Wer sagen will, was die Wissenschaft ist und was eine wissenschaftliche Perspektive ausmacht, muss zugleich sagen, was sie nicht ist und wie sich die wissenschaftliche Perspektive von anderen Perspektiven unterscheidet.[62] Auch unausgesprochen enthält jede *Definition* immer schon eine *Negation (determinatio est negatio)*[63]. Diese Einsicht lässt sich mit einem systematischen Anspruch verbinden: Jedem Gegenstand soll gleichsam ein ›Ort‹ zugewiesen werden, wodurch er von anderen Gegenständen abgegrenzt wird. Auf diese Weise kann eine **begriffliche Ordnung** entstehen.

---

61 *Mittelstraß, J.* (Hrsg.), Wissenschaftstheorie, 1996 (FN 3), darin: Art. „Wissenschaft", Bd. 4, S. 719 [Erg. in eckigen Klammern, B. L.].

62 In den Rechtswissenschaften wird das beim sogenannten **„Abgrenzungsproblem"** deutlich, wie in dem folgenden Beispiel: *Sachverhalt*: Jemand tankt an einer Selbstbedienungstankstelle, ohne zu bezahlen; *Frage*: Ist das (a) *Diebstahl*, (b) *Unterschlagung* oder (c) *Betrug*? – In diesem strafrechtlichen Fall ist auch eine „begründet[e] Verneinung" erforderlich, d.h., welches Tatbestandsmerkmal trifft auf den Sachverhalt nicht zu und warum, vgl. *Lagodny, Otto*: Gesetzestexte suchen, verstehen und in der Klausur anwenden: Eine praxisorientierte Anleitung für rechtswissenschaftliches Arbeiten im Strafrecht, Öffentlichen Recht, Zivilrecht, 2. Aufl. ([1]2008), Heidelberg/London/New York u.a.: Springer, 2012 (= Tutorium Jura), S. 190.

63 Vgl. *Spinoza, Benedictus [Baruch] de*: Brief an Jarigh Jelles vom 2. Juli 1647, in: *Ders.*: Sämtliche Werke, Bd. 6: Briefwechsel, Übers. u. Anm. v. Carl Gebhardt, 3., erg. u. neu eingel. Aufl. mit einer Bibliogr. v. Manfred Walther, Hamburg: Meiner, 1986 (= PhB, Bd. 96a), S. 210; vgl. *Ders.*: Opera, 4 Bde., i.A. d. Heidelberger Akad. d. Wiss. hrsg. v. Carl Gebhardt, 2. Aufl., unveränd. Nachdr. d. 1. Aufl. v. 1925, Heidelberg: Winter, 1972, Bd. 4, Ep. 41.

2.2.1 Grundprobleme der wissenschaftlichen Perspektive

Im ersten Teil beschäftigt sich die Definition bei Mittelstraß mit den Grundproblemen der Wissenschaft und der wissenschaftlichen Tätigkeit. Dies betrifft im Einzelnen erstens das Verhältnis von Subjekt und Objekt (sogenannte ›Fakten‹), stellt zweitens die Wissenschaft als eine besondere Art und Weise vor, sich im Leben und in der Welt zu orientieren, und verweist drittens auf die Besonderheiten der Wissensproduktion.

Definition: Wissenschaft, Teil 1 (Mittelstraß, 1996)

„[Wissenschaft ist der] Begriff für eine **Lebens- und Weltorientierung**, die auf eine **spezielle**, meist berufsmäßig ausgeübte **Begründungspraxis** angewiesen ist und insofern über das jedermann verfügbare Alltagswissen hinausgeht, ferner die **Tätigkeit, die** das wissenschaftliche **Wissen produziert**."[64]

2.2.1.1 Das Verhältnis von Subjekt und Objekt

Dass es in der Wissenschaft um **Wissensproduktion** geht, liegt bereits im Wort: Wissenschaft schafft Wissen. – Bloße Worte können aber irreführend sein. Nicht immer enthält der Wortsinn das, was mit einem Begriff gemeint ist. Im Falle der Wissenschaft ist bereits der Wortsinn alles andere als trivial: Wenn Wissen nämlich tatsächlich „produziert" bzw. ›geschaffen‹ werden muss, dann bedarf es eines Urhebers, d.i. irgendeines Subjekts, das schaffend *tätig* ist, damit Wissen entsteht.

›**Subjekt**‹ ist im Wortsinn das Zugrundeliegende.[65] Der *subiector* ist der „Unterschieber".[66] Das Wort Subjekt ist zugleich ein Beispiel dafür, wie der Gebrauch eines Wortes sich im Laufe der Zeit wandelt: Heutzutage meint ›Subjektivität‹ das Gegenteil von ›Objektivität‹. In der Sprache der mittelalterlichen Scholastik[67] wäre diese Entgegensetzung unverständlich gewesen, denn das dem Wissen ›Zugrundeliegende‹ wurde hier noch als etwas verstanden, was gerade unabhängig vom ›Subjekt‹ im heutigen Verständnis *existiert*. – Was wäre, wenn alles Wissen abhängig wäre von dem, der es erschafft? Stimmt dann z.B. der Spruch: ›Traue keiner Statistik, die du nicht selbst gefälscht hast?‹ Wie kann das Wissen dann noch ›objektiv‹ sein? Geht es in der Wissenschaft nicht gerade darum, über die subjektive Meinung und die Willkür hinauszukommen?

---

64 *Mittelstraß, J.* (Hrsg.), Wissenschaftstheorie, 1996 (FN 3), darin: Art. „Wissenschaft", Bd. 4, S. 719 [im Orig. ohne Hervorhebung].

65 Vgl. *Stowasser, J. M.* u.a., Lat.-Wb, 1966 (1913) (FN 50), darin: Art. „subicio", S. 470 [im Orig. teilw. fett gedruckt]: „unter etw. [...] legen, setzen, stellen"; s. auch ebd., Art. „subiecto": „unterlegen".

66 Ebd., Art. „subiector", S. 470.

67 Scholastik ist der Name für die mittelalterliche Schulphilosophie im 12. und 13. Jahrhundert. Eines der Themen, die zu jener Zeit diskutiert wurden, ist die Beziehung von Glauben und Wissen. Dass Gott alles geschaffen habe, ist eine Glaubensgewissheit. Wie aber kann man mit den Widersprüchen umgehen, die entstehen, wenn der Mensch kraft seiner Vernunft zu anderen Schlüssen gelangt, z.B. dass die Welt nicht geschaffen wurde, sondern immer schon existiert hat? Denn wie sollte ein Zustand vor Erschaffung der Welt ausgesehen haben? So etwas kann man sich nicht denken! – Im Unterschied zum Verfahren der modernen Naturwissenschaften wurden derartige Fragen in der Scholastik nicht ›empirisch‹ behandelt, sondern spekulativ. An die Existenz eines aller Wahrheit und Erkenntnis Zugrundeliegenden muss geglaubt werden, ob man sich das nun durch das Denken erklären kann oder nicht. – Aber wäre es nicht auch unlogisch, wenn die Welt gar keine Ursache hätte? Und wie könnte irgendetwas als wahr erkannt werden, wenn es die Wahrheit nicht gäbe? Muss nicht gewusst werden können, was geglaubt wird?

Genau diese Aufgabe soll in der neuzeitlichen Wissenschaft das ›**Objekt**‹ übernehmen. Auch der Ausdruck ›*Tatsache*‹ verweist auf den Wandel im Wortgebrauch: Tatsachen bzw. Fakten werden heute nicht mehr so verstanden, dass sie das Ergebnis einer ›Tat‹ wären. Das wird gerade dann deutlich, wenn es heißt, dass jemand ›Fakten geschaffen‹ habe; im Wortsinn wäre damit ausgesagt, dass jemand ›Geschaffenes geschaffen‹ habe.[68] Das ist aber nicht gemeint: Die Rede von **Faktizität** soll wie die Rede von **Objektivität** ausdrücken, dass den wissenschaftlichen Erkenntnissen etwas zugrunde liegt, was sich *unabhängig* von der subjektiven Wahrnehmung feststellen und überprüfen lässt. Diese Wissenschaftsauffassung nennt man auch *Positivismus*. Bis heute ist sie sehr einflussreich. Selbst dieses Verständnis von Wissenschaft aber steht nicht ein für alle Mal fest; so gibt es z.B. in der Physik Indizien dafür, dass die Ergebnisse von Experimenten vom Beobachter und nicht vom Objekt abhängen.[69] Bereits die *Relativitätstheorie* hat in bestimmten Bereichen das Verständnis von Wissenschaft revolutioniert.[70] Objektivität ist zwar nach wie vor eine Leitidee der Wissenschaft, wird aber sehr unterschiedlich interpretiert. Man nähert sich im Grunde der ursprünglichen Wortbedeutung des ›Faktischen‹ wieder an, wenn Objektivität nicht vorgefunden wird, sondern allererst hergestellt werden muss.

In Übungsaufgaben zur *Rechtsanwendung* wird *diese* Ebene des Faktischen meist ausgeblendet: Der Sachverhalt soll unproblematisch sein und als ***gegeben*** (**positiv**) vorausgesetzt werden.[71] Würden die sogenannten Fakten als unklar angesehen, dann müssten andere Verfahren eingesetzt werden als die bloße rechtliche Prüfung, z.B. – je nach Sachverhalt – Bilanzprüfungen, medizinische Gutachten oder Zeugenbefragungen. Es würde sich dann um Untersuchungen auf einer *empirischen* Grundlage handeln. Die Grundlage der Rechtsanwendung findet sich hingegen in den gesetzlichen Normen und Vorschriften. Deshalb spricht man auch vom **›positiven Recht‹**[72]. Hier sind umgekehrt die Gesetze das ›Faktische‹, das mit fachwissenschaftlichen Methoden interpretiert und auf die Erfahrung

---

68 Vgl. *Stowasser, J. M.* u.a., Lat.-Wb, 1966 (1913) (FN 50), darin: Art. „factus", S. 209: „getan, gemacht [...] geschaffen [...], [*Subst.* factum:] Tat [...], Tatsache."

69 Der Ansatz, dass gemessene Daten nicht von einer objektiven Beschaffenheit der Gegenstände, sondern vom Beobachter abhängen, kann sich z.B. auf die *Quantenmechanik* berufen, insbesondere die sogenannte ›Kopenhagener Interpretation‹ von Niels Bohr und Werner Heisenberg. Dabei geht es auch um die Frage, ob sich physikalische Realität mittels der Mathematik beschreiben lässt, sowie um das Verhältnis von Determinismus und Zufall, vgl. *Bartelmann, Matthias/Feuerbacher, Björn/Krüger, Timm* u.a.: Theoretische Physik, Berlin/Heidelberg: Springer, 2015, S. 796 (Kap. 24.1).

70 Ob die *Relativitätstheorie* eine Revolution darstellt, wird wiederum ganz unterschiedlich beurteilt, s. dazu: *Holton, Gerald*: Themata: Zur Ideengeschichte der Physik, unveränd. Nachdr. d. Ausg. v. 1961, Wiesbaden: Springer, 1984, S. 46–55 (Kap. III,1: Kontinuität oder Revolution?): Man könnte z.B. auch sagen, dass Einsteins Relativitätstheorem lediglich die Vorarbeiten anderer Wissenschaftler in neuer Weise zur Klarheit gebracht habe bzw. eine „Diskontinuität der methodologischen Orientierung innerhalb einer historisch kontinuierlichen wissenschaftlichen Entwicklung" darstelle (ebd., S. 46).

71 Vgl. *Stowasser, J. M.* u.a., Lat.-Wb, 1966 (1913) (FN 50), darin: Art. „pono [positus]", S. 380/381: S. 380: „setzen [...], aufstellen [...], behaupten"; die *Positivität* bzw. *Faktizität* kann in der Rechtsanwendung dann problematisch werden, wenn der Sachverhalt nicht mehr hinterfragt wird.

72 S. *Linhart, Helmut* (Ersteller)/*Höfer, Frank* (Gegenreferent): Einführung in das Recht (Was ist Recht? – Rechtsquelle und Rechtssatz – Rechtsanwendung – Klausurbearbeitung), hrsg. v. d. Bayerischen Verwaltungsschule (BVS), München/Kirchheim: o.Verl., 2013 (= Schriftenreihe d. BVS), S. 99 (Kap. 2.7.1 Überpositives Recht); Leseprobe: http://www.bvs.de/fileadmin/mediapool/publikationen/Lehrbuecher/Lehrbuch_Band_1_Leseprobe.pdf (Zugriff 02.08.2017): Das *positive Recht* (von lat. *ponere* = festlegen, festsetzen, bestimmen, geben) sei das „von Menschen geschaffene Recht" (einschl. „Gewohnheitsrecht" und allgemeine Rechtsgrundsätze) im Unterschied zum *überpositiven Recht* (auch: „Naturrecht"), welches „nicht von Menschen geschaffe[n]" sei (z.B. die „Zehn Gebote"). – Daneben kann vom *dispositiven Recht* gesprochen werden, wenn die Geltung der Rechtsordnung gemeint ist.

bzw. den Sachverhalt angewendet wird. Der Sachverhalt selbst erscheint dann als etwas Zufälliges bzw. Kontingentes, was man vorfindet und feststellen kann, aber nicht seinerseits wissenschaftlich untersucht. Vielmehr muss die Anwendbarkeit des Rechts geprüft werden. Der Einzelfall kann nicht im Gesetz nachgeschlagen werden. Hier finden sich lediglich die Tatbestandsmerkmale. Gegenstand der Untersuchung sind die einschlägigen Normen, die Subsumption des Sachverhalts unter die Tatbestandsmerkmale und die Bestimmung von Rechtsfolgen. Dabei muss das Recht ausgelegt werden. So gesehen wären die Rechtswissenschaften im Unterschied zu den Naturwissenschaften keine ›exakten‹ Wissenschaften (bzw. keine ›strengen‹ oder auch ›harten‹ Wissenschaften).

In den *Sozialwissenschaften* heißt eine Bestimmung **›kontingent‹**, wenn sich ein Zusammenhang zwischen zwei Variablen auf der Grundlage empirischer Daten feststellen lässt. Auch dieser Ansatz kann ›positivistisch‹ genannt werden. Im Unterschied zu den Rechtswissenschaften orientiert er sich an den exakten Naturwissenschaften. Eine kontingente Relation wäre dann ›positiv‹, d.i. *gegeben* oder *festgestellt*. Auch hier aber hat man es meistens bloß mit **Korrelationen** zu tun, nicht mit Kausalität. Ein positiver Zusammenhang meint dann im Hinblick auf zwei Variablen ein ›Je mehr, desto mehr‹ (im Unterschied zu einem negativen Zusammenhang: Je mehr, desto weniger). Die mathematisch-statistische Methode kann zwar durchaus ›exakt‹ genannt werden, aber was die errechneten Werte *bedeuten*, muss wiederum ausgelegt und interpretiert werden. Als empirische Wissenschaften können sich die Sozialwissenschaften also durchaus am Ideal der Exaktheit orientieren, aber auch sie können es nicht erreichen. Aus anderen Gründen gilt das auch für die *Wirtschaftswissenschaften*, sofern sie vornehmlich mit Modellen arbeiten.

Ein letztes Beispiel: In der *Philosophie* ist mit ›Kontingenz‹ meist **das Zufällige** im Gegensatz zum Notwendigen gemeint. Zwar wird auch hier der Ausdruck ›positiv‹ nicht i.S.v. *gewünscht* verwendet, aber als das bloß Zufällige, was man lediglich vorfindet, ist Kontingenz nicht dasjenige, wonach der Philosoph eigentlich sucht. Philosophisch gebraucht kann also mit diesem Begriff das *Gegenteil* dessen gemeint sein, was der Sozialwissenschaftler damit ausdrücken will, wenn er etwas feststellt. Notwendigkeit lässt sich nämlich gar nicht mit den Mitteln der Empirie feststellen, sondern – wenn überhaupt – nur theoretisch-reflektierend mit den Mitteln der Logik begründen. Alles, was wir beobachten können, bleibt als Beobachtung für uns bloß zufällig. Auch die Orientierung an der *formalen Logik* hat jedoch im Rückblick auf die Geschichte der Philosophie nicht den gewünschten Erfolg gebracht. Auch die Philosophie ist keine exakte Wissenschaft.

Berücksichtigung fachspezifischer Besonderheiten

Die Begriffe der Wissenschaft unterliegen einem historischen Wandel und variieren ja nach Intention und Methode einer Disziplin. Es ist deshalb unerlässlich, **sich mit der fachspezifischen Terminologie vertraut** zu **machen**. Dafür genügt es nicht, Begriffe auswendig zu lernen und wiederzugeben; vielmehr müssen sie ›geistig durchdrungen‹[73] und in ihrer Bedeutung für den methodischen Gebrauch erklärt werden können. Die Verwendung eines Wörterbuchs genügt dazu nicht. Es ist erforderlich, sich zusätzlich in der **Fachliteratur** zu informieren, wie die Begriffe in ihrem jeweiligen Kontext verwendet werden. Die Theorie ist stets auch eine **Arbeit am Begriff**.

---

73 Vgl. *Humboldt, W. v.*, Organisation, 1809/10 (FN 10), in: *Ders.*, Schriften, 1903 (ebd.), Bd. 10, S. 253; vgl. das Zitat oben, nachgewiesen in FN 56, sowie die anschließende Erläuterung.

2.2.1.2 Wissenschaft als Lebens- und Weltorientierung

Wenn also die Definition bei Mittelstraß den Hinweis enthält, dass Wissenschaft diejenige Tätigkeit bezeichne, die das wissenschaftliche Wissen produziere,[74] dann ist damit ein weites Problemfeld eröffnet; zumal sich der Begriff der Wissenschaft nicht auf diese Tätigkeit beschränken, sondern auch der Name für „eine Lebens- und Weltorientierung"[75] sein soll. – Wissenschaft als eine **Lebens- und Weltorientierung**? Während die Rede von der Wissenschaft als einer Tätigkeit erst bei näherer Betrachtung Probleme offenbart, scheint dieser Teil der Definition bereits auf den ersten Blick erläuterungsbedürftig. Blickt man zurück auf die Methodendiskussion zu Beginn des 20. Jahrhunderts, dann wird dies klarer.

In einer Publikation des sogenannten *Wiener Kreises* aus dem Jahre 1929 ist im Titel explizit von einer „wissenschaftlichen Weltauffassung" die Rede.[76] Zu dieser Zeit konkurrierten verstärkt verschiedene **›Weltanschauungen‹** miteinander. Der unbestimmte Artikel, dass Wissenschaft der Name für ›*eine* Weltorientierung‹ sei, deutet an, dass es auch andere Weltorientierungen gibt, dass die Wissenschaft also nur eine von vielen Möglichkeiten darstellt, sich im Leben und in der Welt zu orientieren. Möglich wäre z.B. auch eine religiöse, politische oder ökonomische Weltsicht. Die Mitglieder des *Wiener Kreises* kritisierten aber vor allem das überkommene, nicht am Faktischen ausgerichtete Wissenschaftsverständnis selbst, weil es ihnen zum Teil spekulativ und willkürlich erschien, und plädierten dafür, sich stattdessen an den Naturwissenschaften zu orientieren, insbesondere an der Physik. Die ›exakte‹ Wissenschaft sollte künftig für sich beanspruchen können, das einzige gültige Welterklärungsmodell zu sein.

Max Weber erläutert die wissenschaftliche Haltung zur Welt am **Beispiel** einer Straßenbahn:[77] Ich weiß nicht genau, wie sie im Einzelnen funktioniert (im Alltag interessiert mich das auch nicht sonderlich – Hauptsache, sie kommt pünktlich und bringt mich sicher ans Ziel); aber *dass* sie funktioniert, halte ich nicht für ein unberechenbares Geschehen oder gar für eine Wirkung höherer Mächte. Ich gehe davon aus, dass es für jedes mögliche ›Verhalten‹ der Straßenbahn eine wissenschaftliche Erklärung gibt. Im Anschluss an dieses Beispiel formuliert Weber seine berühmte These von der **„Entzauberung der Welt"** durch die Wissenschaft:

> „Die zunehmende **Intellektualisierung und Rationalisierung** bedeutet also *nicht* eine zunehmende allgemeine Kenntnis der Lebensbedingungen, unter denen man steht. Sondern sie bedeutet etwas anderes: das Wissen davon oder den Glauben daran: daß man, wenn man *nur wollte*, es jederzeit erfahren *könnte*, daß es also prinzipiell keine geheimnisvollen unberechenbaren Mächte gebe, die da hineinspielen, daß man vielmehr alle Dinge – im Prinzip – durch *Berechnen beherrschen* könne. Das aber bedeutet: die **Entzauberung der Welt**."[78]

---

74 Vgl. *Mittelstraß, J.* (Hrsg.), Wissenschaftstheorie, 1996 (FN 3), darin: Art. „Wissenschaft", Bd. 4, S. 719.

75 Ebd., S. 719.

76 *Carnap, Rudolf/Hahn, Hans/Neurath, Otto* u.a.: Wissenschaftliche Weltauffassung: Der Wiener Kreis, Nachdr. d. Erstausg. v. 1929, hrsg. v. Friedrich Stadler u. Thomas Uebel, ersch. Wien: Wolf, 1929, Wien u.a.: Springer, 2012 (= Veröff. des Vereins Ernst Mach).

77 S. dazu *Weber, M.*, Wissenschaft, 1919 (FN 26), in: *Ders.*, Schriften, 2002 (ebd.), S. 474–511: S. 488.

78 Ebd., S. 488, vgl. zur ›Entzauberung‹ auch ebd., S. 501 f., 510.

Es ist in diesem Zusammenhang nicht zufällig, dass bei Mittelstraß auf eine **„spezielle [...] Begründungspraxis“**[79] hingewiesen wird, derer die Wissenschaft bedürfe. Weltauffassungen unterscheiden sich nicht nur in ihren Grundaussagen, sondern vor allem in der *Begründung* dieser Aussagen. In den Fokus rückt damit die **Methode** bzw. die Art und Weise, in der das wissenschaftliche Wissen ›produziert‹ bzw. ermittelt wird: Glaubenswahrheiten wären – wenn überhaupt – anders zu begründen, wieder anders politische Überzeugungen oder monetäre Gesichtspunkte wie die Profitmaximierung.

2.2.1.3 Besonderheiten der Wissensproduktion

Die Wissenschaft dringt in alle Bereiche des menschlichen Lebens vor. Auch die religiöse, die politische oder die ökonomische Weltorientierung lassen sich wissenschaftlich untersuchen. Die Art dieser Untersuchung „[geht] über das Alltagswissen hinau[s]“[80], d.h., man kann sich zwar auch ohne Fachwissen zu diesen Themen äußeren und sich Meinungen bilden, aber ohne die **›spezielle Begründungspraxis‹** der Wissenschaft handelt es sich nicht um gesicherte Erkenntnis, sondern um Alltagshypothesen, die zu überprüfen wären.

Es ließe sich auch umgekehrt argumentieren, dass im Grunde alles sogenannte Wissen – einschließlich des wissenschaftlichen Wissens – **bloß ›Vermutung‹** sei,[81] wie Karl Popper es sogar für die Naturwissenschaften vermutet hat. Im Unterschied zu Alltagsvermutungen aber erhebt die Wissenschaft den Anspruch, *begründete* Vermutungen anzustellen, also eine kritische Prüfung von Aussagen vorzunehmen, z.B. durch empirische Untersuchungen und Experimente oder durch begriffliche Differenzierungen und theoretische Modelle. Popper zufolge sollte der Wissenschaftler bevorzugt versuchen, die eigenen Hypothesen zu ***falsifizieren***. Es sollte sich dabei um Hypothesen handeln, die sich auch falsifizieren lassen. Solange das nicht gelingt, kann daran festgehalten werden. Dies stellt eine Abkehr von der üblichen Methode dar, wonach man versucht, seine Annahmen zu bestätigen. Eine überprüfte Vermutung würde dann so lange als glaubhaft angesehen werden können, bis sie widerlegt ist; und dass jede vorläufige Erkenntnis irgendwann einmal widerlegt oder zumindest in Zweifel gezogen werden wird, ist selbst eine begründete Vermutung (die sich übrigens nicht empirisch widerlegen lässt ...). Es ist also nicht gleichgültig, was konkret vermutet wird: Die **Begründung** ist entscheidend.

Eine weitere Frage der Wissensproduktion betrifft den Anspruch von wissenschaftlichen Aussagen: Sollen wissenschaftliche Erkenntnisse lediglich **Beschreibungen** sein, **oder** sollen sie auch **Bewertungen** abgeben? Diese Alternative fand ihren Ausdruck im sogenannten *Positivismusstreit*[82]. Auf der einen Seite steht die Forderung nach der *Wertfrei-*

---

[79] *Mittelstraß, J.* (Hrsg.), Wissenschaftstheorie, 1996 (FN 3), darin: Art. „Wissenschaft“, Bd. 4, S. 719.

[80] Ebd., wie oben, FN 64.

[81] Vgl. *Popper, Karl*: Alle Menschen sind Philosophen, hrsg. v. Heidi Bohnet u. Klaus Stadler, Sonderausgabe ([1]2002), München/Zürich: Piper, 2006, S. 188 f. [II,5 Wissen und Sprache; Ausschnitt aus einem Vortrag, gehalten in Zürich, August 1985, S. 188–196]; vgl. *Ders.*: Alles Leben ist Problemlösen – Über Erkenntnis, Geschichte und Politik, München/Zürich: Piper, 2006, S. 114–122.

[82] Der *Positivismusstreit* setzt den sogenannten *Methodenstreit* in der Soziologie fort, der wiederum auf den Dualismus von *Natur-* und *Geisteswissenschaften* verweist, der unter anderem durch Diltheys Unterscheidung von *Erklären* und *Verstehen* geprägt worden ist, s. dazu *Dilthey, Wilhelm*: Der Aufbau der geschichtlichen Welt in den Geisteswissenschaften [1910], in: *Ders.*: Gesammelte Schriften, hrsg. v. Karlfried Gründer, 26 Bde., Bd. 7, 6., unveränd. Aufl. der Ausg. Berlin 1926 ([1]1910), hrsg. v. Bernhard Groethuysen, Göttingen: Vandenhoeck & Ruprecht, 1979; s. zum Positivismus bereits bereits oben, Kap. 2.2.1.1.

heit: Nicht nur die Naturwissenschaften, sondern auch das Recht, die Wirtschaft und die Gesellschaft müssten wertneutral erforscht werden. Doch funktioniert das überhaupt? Liegt nicht in jeder Feststellung schon eine Bewertung? Und selbst gesetzt den Fall, Wertfreiheit wäre möglich und es gäbe also eine Wahl, soll dies als das Ziel von Wissenschaft ausgegeben werden? Auf der anderen Seite kann umgekehrt die Forderung erhoben werden, dass z.B. die Soziologie die gegebenen gesellschaftlichen Verhältnisse im Ganzen beurteilt, um sie verändern zu können. Die Wissenschaft würde dann einen Beitrag zur **Ideologiekritik** leisten: Die wissenschaftliche Kritik ermöglicht eine Veränderung des Bewusstseins und damit potenziell auch des Handelns. Das Ziel der Sozialwissenschaften wäre so gesehen ein ganz anderes als das der Naturwissenschaften.

Die Methodenstreitigkeiten sind bis heute nicht entschieden. Beide Glieder der Alternative sind jedoch weiterentwickelt worden: Der wertneutrale Ansatz stützt sich heute verstärkt auf **empirische Forschungen**, und der kritische Ansatz untersucht die **Diskurse**, durch die wissenschaftliche Erkenntnisse produziert und Wahrheiten konstruiert werden. Das Hauptargument für einen wertneutralen Ansatz liegt in der *Beobachterposition*: Wer einen bestimmten Zweck mit seiner Forschung verfolgt, droht die Ergebnisse zu beeinflussen. Der wertbasierte Ansatz kann dagegen halten, dass es sich auch dabei bereits um eine Wertung handelt. Wer also meint, wertneutral urteilen zu können, betrügt sich gewissermaßen selbst. Unabhängig davon, für welche Seite man sich entscheidet: Es handelt sich um ein Problem; und ein **Problem*bewusstsein*** ist die Voraussetzung dafür, über mögliche Lösungen nachdenken zu können ...

2.2.2 Gegenstände und Disziplinen der Wissenschaft

Die Wissenschaft ist auch deshalb so erfolgreich in der Deutung und Erklärung der Welt, weil sie sich in der Historie zu Einzelwissenschaften ausdifferenziert hat. Wissenschaft ist gleichsam ›arbeitsteilig‹ organisiert. In dieser Hinsicht lässt sich ihre Definition noch erweitern. Der **zweite Teil** der Definition bei Mittelstraß differenziert erstens Wissenschaften nach dem Gegenstand, mit dem sie sich beschäftigen, und verweist damit zweitens auf die Notwendigkeit eines Wissenschaftsdiskurses, durch den man sich über die Ziele und Aufgaben der wissenschaftlichen Disziplinen verständigt.

📖 **Definition: Wissenschaft, Teil 2** (Mittelstraß, 1996)

„W[issenschaft] heißt auch jede aus der W[issenschaft] im genannten Sinne ausdifferenzierte **Teilpraxis**, sofern diese durch einen bestimmten **Phänomen- oder Problembereich** definiert ist.“[83]

2.2.2.1 Phänomen- und Problembereiche

Das Verständnis der Wissenschaft als **„Teilpraxis“** kann durch den unbestimmten Artikel ausgedrückt werden, indem nicht von *der*, sondern von ***einer*** **Wissenschaft** gesprochen wird. So ist z.B. die *Volkswirtschaftslehre* eine Wissenschaft. Unter dem Titel *Rechtswissenschaften* im Plural können mehrere Einzelwissenschaften oder Disziplinen zusam-

---

83 *Mittelstraß, J.* (Hrsg.), Wissenschaftstheorie, 1996 (FN 3), darin: Art. „Wissenschaft“, Bd. 4, S. 719 [im Orig. ohne Hervorh.].

mengefasst werden, z.B. die drei Hauptgebiete *Öffentliches Recht, Privatrecht* und *Strafrecht*, aber auch *Rechtsgeschichte, Rechtssoziologie* und *Rechtsphilosophie*. Eine Möglichkeit, solche Einzelwissenschaften oder Disziplinen zu charakterisieren, besteht darin, sie durch den „Phänomen- oder Problembereich"[84] zu definieren, mit dem sie sich beschäftigen, also gewissermaßen durch ihren **Gegenstand**.

Viele Namen für **Einzelwissenschaften** sind Komposita: Sie setzen sich aus der Bezeichnung eines Gegenstands und dem griechischen Wort *›logos‹* zusammen, welches unter anderem ›das Wort‹ oder auch ›die Lehre‹ bedeutet.[85] So ist z.B. die *Psychologie* im Wortsinne die Wissenschaft von der ›Seele‹ (griech. *psychê*), wobei sich das Verständnis jedoch weiterentwickelt hat, sodass nicht länger eigentlich seelische Vorgänge, sondern „das Verhalten von Individuen und ihr[e] mentalen Prozess[e]" erforscht werden.[86] Die *Soziologie* ist die Wissenschaft von der Gesellschaft, beschäftigt sich mit sozialen Phänomenen bzw. Theorien des Sozialen und versucht, „das soziale Handeln von Menschen in Bezug auf die Gesellschaft zu erklären".[87]

Die Definition einer Wissenschaft über ihren Gegenstand birgt allerdings Probleme, denn unterschiedliche Wissenschaften können den *gleichen* Gegenstand haben. Hier muss die **Perspektive** berücksichtigt werden: die Art und Weise, in der ein Gegenstand betrachtet und problematisiert wird. In diesem Sinne ist nicht nur der wissenschaftliche Zugriff auf den Gegenstand überhaupt relevant, sondern auch die jeweils fachspezifischen Methoden. Im Grunde haben unterschiedliche Wissenschaften dann niemals *denselben* Gegenstand, denn erst die Perspektive und die eingesetzten Methoden machen ihn zu einem *bestimmten* Gegenstand. In dieser Weise können mehrere Wissenschaften gemeinsam zum Verständnis eines Phänomen- oder Problembereichs beitragen, z.B. das *Arbeits- und Beamtenrecht* i.V.m. dem *Personalmanagement* und der *Personalpsychologie* oder *Soziologie* und *Politische Wissenschaft* i.V.m. der *Volkswirtschaftslehre*, etwa bezogen auf den demographischen Wandel oder die Digitalisierung in der Arbeitswelt.

2.2.2.2 Notwendigkeit des Wissenschaftsdiskurses

Auch *innerhalb* einer Wissenschaft werden unterschiedliche Ansätze und Theorien entwickelt, die sich gegenseitig ergänzen können. Die Vielfalt der Perspektiven erfordert es

84 Ebd., S. 719.

85 Vgl. *Gemoll, W./Vretska, K.*, Griech.-Wb, 2006 (FN 7), darin: Art. „λόγος", S. 505 f.

86 Vgl. zur Wortbedeutung von ›Psyche‹ ebd., darin Art. „ψυχή", S. 873 f.: „Seele, Geist [...] Denkvermögen, Klugheit", aber auch: „Hauch, Atem, Lebenskraft, Leben"; die Definition der Psychologie ist zit. nach: *Zimbardo, Ph. G./Gerrig, R. J.*, Psychologie, 2008 (FN 51), S. 2 (1.1.1 Definitionen). – Der griechische Ausdruck für ›Seele‹ ist wiederum ein Beispiel dafür, dass die Wortbedeutung nicht immer weiterhilft, wenn man einen Begriff zu klären versucht: Die Psychologie versteht ihren Gegenstand heute ganz anders als die antike, meist rationale Psychologie, die auf metaphysischen Vorstellungen von der Seele basiert.

87 *Leiße, Olaf/Buhl, Thomas/Leiße, Utta-Kristin* u.a.: Psychologie und Soziologie: Lehr- und Lernbuch für die Verwaltung, München/Wien: Oldenbourg, 2006, S. 20, s. zur Wortbedeutung: *Stowasser, J. M.* u.a., Lat.-Wb, 1966 (1913) (FN 50), darin: Art. „societas", S. 456 f.: „Gemeinsamkeit, Teilnahme, Gemeinschaft, Verbindung"; Adorno hat das Wort ›Soziologie‹ als eine „Mißbildung" bezeichnet, weil dessen erster Teil lateinisch, der zweite griechisch sei, was darauf hindeute, dass es sich um eine relativ junge Disziplin handle, die sich als Einzelwissenschaft erst im 19. Jahrhundert herausgebildet habe; vgl. *Adorno, Theodor W./Horkheimer, Max* u.a.: Soziologische Exkurse: nach Vorträgen und Diskussionen, hrsg. v. Institut für Sozialforschung, unveränd. Nachdr. d. 1. Aufl. v. 1956, Frankfurt a.M.: Europäische Verlagsanstalt, 1991 (= eva-Tb, Bd. 14), S. 9 (Kap. 1: Begriff der Soziologie).

umso mehr, sich über das jeweilige Verständnis von Wissenschaft auszutauschen. Dies geschieht im sogenannten **Wissenschaftsdiskurs**. Jeder Wissenschaftler muss sich an diesem Diskurs beteiligen. Der Diskurs selbst muss öffentlich sein, damit eine Beteiligung daran möglich wird. Die Ergebnisse wissenschaftlicher Forschungen müssen ihrerseits veröffentlicht werden, d.h., sie werden publiziert und auf Fachkongressen vorgestellt.

Durch den ständigen Austausch im Diskurs verändert sich auch das (Selbst-)Verständnis der Wissenschaft. Die Wissenschaft entwickelt sich weiter und ist auf den **Fortschritt** ausgerichtet. Ein Studium bereitet darauf vor, die Fähigkeiten und Fertigkeiten zu entwickeln, die ihrerseits erforderlich sind, um sich an diesem Diskurs zu beteiligen.

Hinweise zur Verwendung der Lehrinhalte im beruflichen Kontext

Auch wenn man später nicht selbst als Wissenschaftler tätig wird, wird der **analytische Blick** durch das wissenschaftliche Arbeiten im Studium geschult. So lässt sich das, was gelesen wird, besser einordnen und kritisch beurteilen. Man lernt, Phänomen- und Problembereiche zu unterscheiden, und kann sich in der Vielfalt wissenschaftlicher Informationen besser orientieren.

2.2.3 Geltungsanspruch von wissenschaftlichen Aussagen

Eine zweite Erweiterung der Definition der Wissenschaft bei Mittelstraß betrifft die Unterscheidung der Wissenschaft von zwei anderen Bereichen: dem Bereich der *Meinung* und dem der *Kunstfertigkeit*. Dabei geht es insbesondere um unterschiedliche Geltungsansprüche. Dieser **dritte Teil** der Definition erlaubt damit zunächst erstens eine Reflexion auf den Unterschied von Meinen und Wissen, die zweitens mit der Frage nach der Funktion der wissenschaftlichen Skepsis zusammenhängt, um anschließend drittens das Verhältnis von Wissenschaft und Kunst anzusprechen, das viertens auch für die Ausrichtung und Gestaltung von Studiengängen relevant ist.

Definition: Wissenschaft, Teil 3 (Mittelstraß, 1996)

„W[issenschaft] wird schon in der Antike als ἐπιστήμη [epistêmê] und scientia **abgegrenzt von** der bloßen **Meinung** (δόξα [dóxa], opinio) einerseits **und** der **Kunstfertigkeit** (τέχνη, Technê, ars) andererseits."[88]

2.2.3.1 Meinen und Wissen

Auf die Unterscheidung von **Meinen und Wissen** ist bereits hingewiesen worden.[89] Die Wissenschaft soll aus bloßen Meinungen begründetes Wissen machen. Mit *›dóxa‹* können aber nicht nur private Meinungen, sondern auch ›Lehrmeinungen‹ gemeint sein.[90] Auch wissenschaftliche Aussagen können als Meinungen bezeichnet werden.

---

88 *Mittelstraß, J.* (Hrsg.), Wissenschaftstheorie, 1996 (FN 3), darin: Art. „Wissenschaft", Bd. 4, S. 719 [im Orig. nicht fett gedruckt].

89 S. oben, Kap. 2.2.1.1.

90 Vgl. *Gemoll, W./Vretska, K.*, Griech.-Wb, 2006 (FN 7), darin: Art. „δόξα ", S. 236.

In den Rechtswissenschaften spricht man z.B. vom **„Meinungsstreit“**[91]. Auf den ersten Blick scheint dies der Differenz von Meinen und Wissen zu widersprechen: Wissenschaftliche Aussagen sollen doch definitionsgemäß gerade keine Meinungen sein! Implizit drückt sich in der Bezeichnung ›Meinungsstreit‹ jedoch genau diese Unterscheidung aus: Es wird damit unterstellt, dass es mehrere Auffassungen gebe, die einander widersprächen, und dass es (noch) unklar sei, welche dieser Auffassung die richtige ist. Um die Richtigkeit festzustellen, müssen die vorhandenen Unklarheiten beseitigt werden. Dazu wiederum müssen die einander widersprechenden Aussagen geprüft werden.

Eine solche Prüfung hat nur dann einen Sinn, wenn an dem Ziel festgehalten wird, den Streit lösen zu können, was seinerseits – auch unausgesprochen – die Annahme voraussetzt, dass sich über den **Wahrheitsgehalt von Aussagen** begründet urteilen lässt, dass es also Kriterien für die Unterscheidung von wahren und falschen Aussagen gibt. Auf Lösungen für bisher ungelöste Probleme hinzuarbeiten gehört zu den Aufgaben der wissenschaftlichen Forschung. Deshalb sind z.B. auch und gerade diejenigen wissenschaftlichen Auffassungen zu berücksichtigen und ernst zu nehmen, die der eigenen Forschungsmeinung widersprechen.

2.2.3.2 Wissenschaftliche Skepsis

Wenn von ›Forschungsmeinungen‹ gesprochen wird, dann drückt sich darin eine gewisse **Skepsis** aus: Man geht damit auf Distanz zu der Auffassung, dass es sich bei den Meinungen bereits um begründetes ›Wissen‹ handeln würde. Die Anforderung an die *epistêmê*[92] wäre so gesehen erst dann erfüllt, wenn die Richtigkeit einer bestimmten Meinung erwiesen worden wäre – was aber abschließend gar nicht möglich ist![93] Es geht deshalb bei der Unterscheidung von Meinen und Wissen gar nicht so sehr um die Aussagen selbst, sondern um die **Art und Weise**, in der sie getroffen und in der mit ihnen umgegangen wird: Die Wissenschaft stellt nicht bloß Behauptungen auf, sondern hinterfragt, prüft und begründet ihre Aussagen. Sie hat ein kritisches Verhältnis zu ihrem Gegenstand und zu ihren eigenen Erkenntnissen. Sobald das Hinterfragen von Aussagen aufhört, endet auch die wissenschaftliche Auseinandersetzung.

Für den Wissenschaftler darf nichts selbstverständlich sein! Wenn also z.B. von einer **herrschenden Meinung** gesprochen wird, dann scheint zwar ein Streit (vorübergehend) eingestellt, aber zugleich wird der skeptischen Grundhaltung Ausdruck verliehen, dass nichts dauerhaft gewiss ist: Herrschaftsverhältnisse können sich ändern. Der Wissenschaftsdiskurs muss deshalb verhindern, dass sich (Forschungs-)Meinungen zu **Dogmen** verfestigen, d.i. zu solchen Lehrsätzen, deren Gültigkeit nicht mehr hinterfragt wird. Dadurch nämlich können auch solche Meinungen, die irgendwann einmal von anderen Wissenschaftlern geprüft worden sein mögen, zu **Vorurteilen** werden; und ein Vorurteil

[91] Vgl. *Schimmel, R.*, Formulieren, 2012 (FN 30), S. 66–87 (3. Teil, Abs. E, I: Entscheidung von Streitfragen und problematischen Fragen – Der ›Meinungsstreit‹): hier S. 66 (Rn. 158/159): „Oft werden Probleme erst dadurch zu Problemen, dass sie umstritten sind. [...] Zum **Sprachgebrauch**: Man bezeichnet den Gegenstand dieser Bemerkungen [in einer Hausarbeit oder Klausur, Anm., B. L.] mit *Streit/Kontroverse/Auseinandersetzung/Problem*(*atik*), weniger schön [da es sich oftmals gar nicht um wissenschaftliche Theorien, sondern um Rechtsauffassungen handelt, vgl. ebd., FN 157] mit *Meinungsstreit/Theorienstreit.*“

[92] Vgl. *Mittelstraß, J.* (Hrsg.), Wissenschaftstheorie, 1996 (FN 3), darin: Art. „Wissenschaft“, Bd. 4, S. 719.

[93] S. dazu die Ausführungen zur Unabschließbarkeit der Forschung oben, Kap. 2.2.1.3.

ist – wie Voltaire einmal festgestellt hat – ›eine Meinung ohne Urteil‹.[94] Das bedeutet aber auch, dass Forschungsmeinungen nicht beliebig sind. Die wissenschaftliche Skepsis geht darauf aus, Behauptungen zu überprüfen. Wer eine Behauptung aufstellt, ohne sie mit wissenschaftlichen Methoden zu untersuchen, kann nicht den gleichen **Anspruch auf Wahrheit** erheben wie jemand, der sich ungeprüft seine eigenen ›Wahrheiten‹ bildet.

Das **Wahrheitsverständnis** in der Wissenschaft unterscheidet sich je nach wissenschaftlicher Disziplin. Die Rechtswissenschaften z.B. sind primär Geisteswissenschaften, d.h., ihr Gegenstand ist ein gedankliches, von Menschen gemachtes Konstrukt: das (positive) Recht. Es muss interpretiert und ausgelegt werden. Das schließt zwar nicht aus, dass dabei auf Wissen Bezug genommen wird, das durch empirische Forschungen gewonnen wird. Aber dieses Wissen wird mit anderen Mitteln gewonnen, z.B. durch Beobachtung, Befragung und Interview oder durch Messungen und technische Prüfverfahren. Das Verständnis der Wahrheit, einschließlich der Methoden und Techniken, mit deren Hilfe sie gesucht wird, muss immer wieder neu geklärt werden.

2.2.3.3 Wissenschaften und Künste

Bevor sich die Einzelwissenschaften nach heutigem Verständnis ausdifferenziert hatten, war oftmals in einem Atemzug von den **›Künsten und Wissenschaften‹** die Rede.[95] Noch im *Grundgesetz* wird die Freiheit von „Kunst und Wissenschaft" in einem gemeinsamen Artikel genannt (s. Art. 5 Abs. 3 GG).[96] Auch an Universitäten und Hochschulen wird bis heute vom wissenschaftlichen *und* künstlerischen Personal gesprochen.[97] Das hat sowohl sachliche als auch historische Gründe.

Wenn heutzutage von **›Kunst‹** gesprochen wird, dann kann damit die ›schöne Kunst‹ gemeint sein (wobei deren Produkte nicht immer ›schön‹ sein müssen). Noch bis ins 19. Jahrhundert hinein ist die Kunst hingegen primär ein **›Handwerk‹** gewesen. Der griechische Ausdruck ***technê*** meint umfassender jede Form zielgerichteter Tätigkeit, d.h. nicht nur handwerkliche oder künstlerische Praktiken, sondern jegliches methodisches Vorgehen, das der Herstellung von Produkten oder der Organisation von Tätigkeiten dient.[98] So ist z.B. die *Rhetorik* eine Technik im Sinne der *technê*: Sie ist eine Kunstfertig-

---

94 *Voltaire*, d.i. *François Marie Arouet*: Dictionnaire philosophique, portatif, 3 Bde., 6., durchges. u. erw. Aufl., London: o.Verl., 1764 ff., darin: Art. *„Préjugé"*, Bd. 2 (1767), S. 434–438: S. 434: *„Le préjugé est une opinion sans jugement."*

95 S. z.B. *Grimm, Jacob/Grimm, Wilhelm* u.a.: Deutsches Wörterbuch (DWB), hrsg. v. d. Berlin-Brandenburgischen Akad. d. Wiss. u. d. Akad. d. Wiss. zu Göttingen, Neuausg. 33 Bde. (1. Aufl.: 16 Bde., ersch. Leipzig: Hirzel, 1854 ff.), Stuttgart: Hirzel, 2007; zit. nach der Online-Ausg.: *Trier Center for Digital Humanities* (Hrsg.): Deutsches Wörterbuch der Gebrüder Grimm; http://woerterbuchnetz.de/DWB (Stand 1998–2013), darin: Art. „Kritik", Bd. 11, Sp. 2334–2336: Sp. 2334: Das französische Wort *„critique"*, das im 17. Jahrhundert in die deutsche Sprache übernommen worden sei, meine eine ›Kunst‹ (ἡ κριτικὴ τέχνη ; *ars critica [iudicandi]*); nämlich *„die kunst des fachmäszigen urtheilens oder beurtheilens in sachen der künste und wissenschaften* [sic!]."

96 S. dazu oben, FN 40.

97 S. *NHG* (Niedersächsisches Hochschulgesetz), i.d.F. v. 26.02.2007 (Nds. GVBl., Jg. 2007, Nr. 5 v. 01.03.2007, S. 69), zuletzt geänd. durch Art. 1 des Gesetzes v. 15.06.2017 (Nds. GVBl., Jg. 2017, Nr. 10 v. 22.06.2017, S. 172), §§ 21–35a (Wissenschaftliches und künstlerisches Personal); zit. nach: *NI-VORIS* (Niedersächsisches Vorschrifteninformationssystem): Gesetze/Verordnungen; http://www.nds-voris.de (Zugriff 02.08.2017).

98 S. dazu *Blumenberg, Hans*: Nachahmung der Natur: Zur Vorgeschichte der Idee des schöpferischen Menschen" [erstmals in: *Studium Generale*, Bd. 10 (1957), S. 266–283], in: *Ders.*: Wirklichkeiten in denen wir leben: Aufsätze und eine Rede, unveränd. Nachdr. d. 1. Aufl. 1981, Stuttgart: Reclam, 1996 (= RUB, Nr.

keit, die erlernt und zielgerichtet eingesetzt werden kann, nämlich z.B. um das Publikum von der eigenen Meinung zu überzeugen.

Die sprichwörtlichen **›Regeln der Kunst‹** *(lege artis)* sind bis heute ein in der Wissenschaft gebräuchlicher Ausdruck.[99] Wissenschaft schließt aber i.S.v. *Epistemologie* zusätzlich eine Erkenntnistheorie ein, d.h., während ein Handwerk auch erlernt und ausgeübt werden kann, ohne dass der Handwerker dabei wissenschaftliche Forschung betreibt, geht es der Wissenschaft um die Erkenntnis selbst, die durch solche Forschung gewonnen wird. Steht nicht das Erkenntnisinteresse, sondern die praktische Anwendung einer Lehre im Vordergrund, lässt sich bevorzugt der Ausdruck ›Technik‹ verwenden. Deswegen spricht man z.B. in der Rechtsanwendung von der **Bescheidtechnik**.

Der Unterschied von Kunst und Wissenschaft lässt sich auch verdeutlichen, indem der **Praktiker** vom **Theoretiker** unterschieden wird: Den Praktiker interessiert, was er in einer konkreten Situation tun muss, damit etwas funktioniert; den Theoretiker interessiert, wie und warum etwas *überhaupt* funktioniert. Ein erfahrener Praktiker weiß nicht nur, was zu tun ist, sondern kann es auch umsetzen. Ein bloßer Theoretiker hat diese Fertigkeit nicht, kennt dafür aber allgemeine Prinzipien und Regeln, kann sie herleiten, begründen und weiterentwickeln. Sofern die Ursachen und Gründe für Phänomene und Sachverhalte primär mit dem Ziel erforscht werden, praktische Probleme zu lösen, spricht man von **›angewandter Wissenschaft‹**. Im Unterschied dazu dient die **›Grundlagenforschung‹** (zunächst) allein dem Erkenntnisinteresse, weil man (noch) gar nicht weiß, ob und wofür sie (eventuell) nützlich ist. Zwar kommen auch bei Grundlagenforschungen Techniken zum Einsatz, die einen handwerklichen Charakter haben; aber das, was alle Forschung erst wissenschaftlich macht, ist ihre theoretische Ausrichtung.

Theorie und Praxis sind in ihrer **Grundausrichtung** scheinbar entgegengesetzt: Wer immer nur auf die praktische Anwendung blickt, kann seine Kenntnisse nicht verallgemeinern, sammelt zwar Erfahrungen, erlangt aber kein theoretisches Wissen; und wer ausschließlich theoretisch an seinem Gegenstand interessiert ist, wird keine konkreten Probleme lösen, gewinnt zwar allerlei Einsichten, erwirbt aber keine praktischen Fertigkeiten. Theorie und Praxis müssen in der Bildung zusammenwirken, gerade weil sie in ihrer Ausrichtung gegensätzlich scheinen. Dabei lassen sie sich nicht aufeinander reduzieren. Auch in der **Verwaltungsausbildung** müssen Theorie und Praxis ihre relative Eigenständigkeit bewahren. Die theoretische Unterweisung kann die praktische nicht ersetzen und umgekehrt. Das Verhältnis von Theorie und Praxis darf also kein ausschließendes *Entweder-oder* bleiben, sondern muss ein *Sowohl-als-auch* werden; getreu dem Motto von Gottfried Wilhelm Leibniz: **›Theoria cum praxi‹**.[100]

7715), S. 55–103: S. 55: „Kunst" im Sinne der „τέχνη" meine den „Inbegriff für alle Fertigkeiten des Menschen, werksetzend und gestaltend wirksam zu werden, der das ›Künstliche‹ ebenso wie das ›Künstlerische‹ [...] umfaßt."

99 S. z.B. *DFG* (Deutsche Forschungsgemeinschaft): Vorschläge zur Sicherung guter wissenschaftlicher Praxis: Empfehlungen der Kommission ›Selbstkontrolle in der Wissenschaft‹ (Denkschrift), 2., erg. Aufl. ([1]1998), Weinheim: Wiley-VCH, 2013; Online-Ausg., in: *DFG* (Hrsg.): Rechtliche Rahmenbedingungen; http://www.dfg.de/foerderung/grundlagen_rahmenbedingungen/gwp/index.html (Zugriff 02.08.2017), S. 15 (Empfehlung 1) [im Orig. nicht fett gedruckt]: „[...] *allgemeine Prinzipien wissenschaftlicher Arbeit, zum Beispiel* [...] ***lege artis*** *zu arbeiten*"; s. auch die Erläuterungen zu den Vorschlägen der DFG unten, Kap. 5.1.

100 Vgl. *Leibniz, G. W.*, Gedancken, 1700, in: *Ders.*: AkadA, 2015 (FN 34), Bd. 8, S. 425–429 [Nr. 78]: S. 426.

◎ **Differenzierung von Wissen und Fertigkeiten**

Die praktische Anwendbarkeit des Wissens gehört zur Grundausrichtung von Verwaltungshochschulen. Anders als an Universitäten steht hier die **Berufsorientierung** im Vordergrund. Es kann vorkommen, dass diese Ausrichtung auch von den Studierenden eingefordert wird. Gerade deshalb ist es wichtig, dem Impuls zu widerstehen, die Theorie auf ihren ›Nutzen‹ für die Praxis zu reduzieren. Gerade weil die Theorie auch um der Theorie willen gelehrt wird, kann ein Studium etwas leisten, was in anderen Ausbildungsgängen nicht in diesem Maße möglich ist: Ein **kritisches Bewusstsein** für den Erwerb von theoretischem Wissen *und* praktischen Fertigkeiten zu befördern.

2.2.3.4 Zur Systematik von Studiengängen

Mit der Einrichtung von Studiengängen, die sowohl theoretische als auch praktische Anteile haben, wird versucht, beide Bereiche zusammenzubringen und sowohl Wissen als auch Fertigkeiten zu vermitteln. Mit dem Studienabschluss ***Bachelor of Arts*** **(B.A.)** sind dabei ebenfalls nicht allein die schönen Künste gemeint: Die Bezeichnung geht auf die ›Sieben freien Künste‹ *(artes liberalis)* im Mittelalter zurück: *Grammatik*, *Dialektik* und *Rhetorik* (Trivium: ›Dreiweg‹) sowie *Musik*, *Arithmetik*, *Geometrie* und *Astronomie* (Quadrivium: ›Vierweg‹).[101] Auch die Unterscheidung von Geistes- und Naturwissenschaften spielt dabei eine Rolle.[102]

Der akademische Grad eines *Bachelor of Arts* wird heutzutage in sozial- und geisteswissenschaftlichen Studiengängen vergeben, also z.B. für den erfolgreichen Abschluss eines Studiums der *Öffentlichen Verwaltung*, während der ***Bachelor of Science*** **(B.Sc.)** meist in den sogenannten MINT-Fächern vergeben wird, also in *Mathematik*, *Informatik*, *Naturwissenschaften* und *technischen Studiengängen* (die Bezeichnung ›MINT‹ ist ein Beispiel für ein sogenanntes ›Akronym‹).[103] Aber auch das Studienfach *Psychologie* wird bisweilen mit dem *B.Sc.* abgeschlossen. Daneben gibt es noch den ***Bachelor of Laws*** **(LL.B)**, der z.B. für den Abschluss an den Verwaltungshochschulen in Brandenburg, Bremen und Mecklenburg-Vorpommern vergeben wird.[104]

---

101 Vgl. zur Unterscheidung von **Trivium und Quadrivium** *Schmidt, Karl*: Die Geschichte der Pädagogik in weltgeschichtlicher Entwicklung und im organischen Zusammenhange mit dem Culturleben der Völker, 4 Bde., Bd. 2: Die Geschichte der Pädagogik von Christus bis zur Reformation, 2., vielfach verm. u. verb. Aufl., hrsg. v. Wichard Lange ([1]1861), Cöthen: Scheffler, 1869, S. 154–161 (Kap. 14: Unterrichtsgegenstände in der geistlich-scholastischen Erziehungsperiode); zit. nach der digital. Online-Ausg., in: *MDZ* (Münchener Digitalisierungszentrum) (Hrsg.): Digitale Bibliothek; https://www.digitale-sammlungen.de (Zugriff 02.08.2017); http://www.mdz-nbn-resolving.de/urn/resolver.pl?urn=urn:nbn:de:bvb:12-bsb11108640-0 (Permalink).

102 Vgl. *Dilthey, W.*, Geisteswissenschaften, 1926 (FN 82), S. 148 [im Orig. nicht fett gedruckt]: „Nur was der Geist geschaffen hat, versteht er. Die Natur, der Gegenstand der ***Naturwissenschaft***, umfaßt die unabhängig vom Wirken des Geistes hervorgebrachte Wirklichkeit. Alles, dem der Mensch wirkend sein Gepräge aufgedrückt hat, bildet den Gegenstand der ***Geisteswissenschaften***."

103 S. zur Ausbildungsförderung in **MINT-Fächern** *BMBF* (Bundesministerium für Bildung und Forschung) (Hrsg.): Perspektive MINT: Wegweiser für MINT-Förderung und Karrieren in Mathematik, Informatik, Naturwissenschaften und Technik; http://www.bmbf.de/pub/perspektive_mint.pdf (Stand 06/2012, Nachdr. 2013); **Akronyme** sind Wörter, die aus den Anfangsbuchstaben mehrerer Wörter gebildet werden. Sie lassen sich auch als Verarbeitungs- und Merktechnik einsetzen.

104 S. *Ministerium des Innern und für Kommunales Brandenburg* (Hrsg.): Studiengang Öffentliche Verwaltung Brandenburg (LL.B) [TH Wildau]; http://www.mik.brandenburg.de/sixcms/detail.php/bb1.c.414909.de (Zugriff 02.08.2017); *HfÖV* (Bremen) (Hrsg.): Studiengang Steuern und Recht (LL.B); http://www.hfoev.

Der Name eines Abschlusses steht implizit zugleich für die **methodische Ausrichtung** eines Studiengangs. Jura ist eine Geistes- und Sozialwissenschaft, was eher für den *B.A.* spricht, kann aber auch auf die Rechtsanwendung ausgerichtet werden, was für den *LL.B.* spricht. Psychologie ist eine Sozialwissenschaft, kann aber auch auf die klinische Psychologie oder die Hirnforschung und damit naturwissenschaftlich ausgerichtet sein, was eher für den *B.Sc.* spricht. Zudem ist die Zusammenfassung von Geistes- und Sozialwissenschaften zu einer gemeinsamen Fächergruppe problematisch, weil die Sozialwissenschaften heutzutage verstärkt empirisch arbeiten und sich dadurch z.B. von den Literaturwissenschaften oder auch von der Philosophie abgrenzen lassen. Auch die dem angelsächsischen Sprachgebrauch entlehnte Bezeichnung ›***Humanities***‹ hilft hier kaum weiter. Wo wird dann z.B. die *Medizin* verortet?

Die ›**Brotwissenschaften**‹, *Jura, Medizin* und *Theologie*, lassen sich heute nicht mehr klar von den ›schöngeistigen‹ Wissenschaften abgrenzen. Das hat mit dem Aufstieg der Naturwissenschaften und der Ausdifferenzierung der Disziplinen im 19. Jahrhundert zu tun. Einige Techniken und Praktiken haben sich seither zu Wissenschaften entwickelt, und ehemalige Wissenschaften arbeiten heute zunehmend anwendungsorientiert. Spätestens seit den *Bologna*-Refomen schwindet zudem allmählich die Grundlage für das duale Hochschulmodell mit **Universitäten und Fachhochschulen**. – Gleichwohl ist damit eine Verortung des eigenen Studiums im System der Wissenschaften nicht hinfällig geworden, sondern zu einer zwar größeren, aber gerade deshalb noch wichtigeren Herausforderung. In Zeiten des Umbruchs kann die Wissenschaft eine besondere Produktivität entfalten, weil sie neue Ideen braucht und dadurch angeregt wird, sie auch zu entwickeln.

Die Geschichte und Systematik der Wissenschaften und Künste ist seit jeher (spätestens seit Aristoteles) selbst ein Gegenstand der wissenschaftlichen Forschung. Solche Forschung dient zum einen der **Selbstvergewisserung** über die Gegenstände und Methoden der einzelnen Disziplinen und ermöglicht damit zum anderen den **wissenschaftlichen Fortschritt**. Der Wissenschaftler muss sich vergewissern, in welchem Kontext er forscht, um auf den bereits gewonnenen Erkenntnissen in einem bestimmten Wissensgebiet aufbauen zu können. Weil dieser Kontext nicht immer eindeutig ist, muss er auch dem Rezipienten seiner Forschungen darüber Rechenschaft geben.

Ü2 ›Fach-Wort-Schatz‹[105] zum Wissenschaftsbegriff

In Gruppenarbeit wird zunächst eine **Liste mit Fachbegriffen** zum Thema ›Wissenschaft‹ erstellt (z.B. *Begriff, Methode, System, Technik*). Anschließend wird ein Begriff ausgewählt. Die übrigen Gruppenmitglieder haben zwei Minuten Zeit aufzuschreiben, was ihnen zu diesem Begriff einfällt (Definition). Anschließend werden die Definitionen reihum vorgelesen und in der Gruppe diskutiert. Die Übung kann zur selbständigen **Lernkontrolle und Wissenssammlung** dienen. Außerdem kann sie die Schwierigkeit der Bewertung einer ›richtigen‹ Lösung bewusst machen.

---

bremen.de/studienangebot/studiengang_steuern_und_recht_stur-3606 (Zugriff 02.08.2017); *FHÖ-PR Güstrow* (Mecklenburg-Vorpommern) (Hrsg.): Studiengang Öffentliche Verwaltung (LL.B); http://www. fh-guestrow.de/studium/fbav/studienav (Zugriff 02.08.2017).

105 S. *Hugenschmidt, B./Technau, A.*, Methoden, 2014 (FN 30), S. 58–60 (Fach-Wort-Schatz); die Übung ist im Folgenden abgewandelt und ergänzt worden: In der bei Hugenschmidt und Technau beschriebenen Version geht es darum, zu einem bestimmten Buchstaben (an dem zufällig im Alphabet gestoppt wird) möglichst schnell möglichst viele Fachbegriffe zu finden und in ein vorgegebenes Raster einzutragen.

2.3 INTERDISZIPLINARITÄT IM VERWALTUNGSSTUDIUM

> „Ich möchte an die Forscher und Wissenschaftler appellieren, sich der Anstrengung zum ordnenden Überblick nicht zu entziehen. Das heißt dann vielleicht in einer Vorstufe: sich auch der Anstrengung um einen einordnenden Überblick des eigenen Feldes zum Zweck einer geistigen Ordnung insgesamt nicht zu entziehen."[106]
>
> *Helmut Schmidt* (1918–2015).

Sämtliche Studiengänge an Universitäten und Hochschulen haben mehrere **Bezugswissenschaften**, die meisten sogar explizit als Kombination unterschiedlicher Fächer. Das gilt z.B. auch für ein Studium der Verwaltung. Die Lehrinhalte und Kompetenzen gewinnen ihre Konsistenz aus der Relation zu ihren Bezugswissenschaften. Dies sind vor allem die Rechts-, Wirtschafts- und Sozialwissenschaften. Diese Wissenschaften umfassen wiederum mehrere Disziplinen, z.B. *Öffentliches Recht, Privatrecht* und *Strafrecht, Volkswirtschafts-* und *Betriebswirtschaftslehre* oder *Psychologie, Soziologie* und *Politische Wissenschaft*. In diesem Sinne ist ein Studium immer schon interdisziplinär.

Der Begriff der **Interdisziplinarität** hat aber auch eine spezielle Bedeutung.[107] Allein der Umstand, dass mehrere Fächer nebeneinander studiert werden, sorgt noch nicht für eine interdisziplinäre Arbeitsweise im engeren Sinne. Dazu ist es erforderlich, dass bei der Bearbeitung eines Problems bewusst unterschiedliche Disziplinen und Methoden miteinander kombiniert werden und sich wechselseitig ergänzen. Dadurch kann ein mehrperspektivisches Bild des Forschungsgegenstands entstehen. Produktiv wird ein interdisziplinärer Ansatz dadurch, dass die Disziplinen nicht als konkurrierende Lösungsansätze verstanden werden, sondern als **Grundlage für eine kooperative Lösungssuche und Synergieeffekte**. Gerade die Unterschiedlichkeit der Methoden erlaubt es, innovative Lösungen zu entwickeln, die eine einzelne Disziplin so nicht zustande gebracht hätte. Gerade dort, wo Widersprüche entstehen, liegt oftmals der Kern eines Problems. *Inter*disziplinarität setzt so gesehen die *Disziplinarität* voraus. Die Bezugswissenschaften müssen ihre relative Eigenständigkeit bewahren, um zusammenwirken zu können.

Im **Studium** ist das nicht immer leicht, insbesondere wenn interdisziplinäre Veranstaltungen im Curriculum nicht vorgesehen sind. Studierende, die das Instrument der Interdisziplinarität für die Praxis nutzbar machen wollen, stehen dann vor der Herausforderung, die disziplinär erarbeiteten Inhalte und Methoden selbständig miteinander zu verbinden. Durch fächerübergreifende Studien- und Prüfungsleistungen lässt sich dies bereits im Studium üben. Aber auch der disziplinäre Fachunterricht bietet dazu durchaus Möglichkeiten. Eine wichtige Voraussetzung für eine interdisziplinäre Arbeitsweise ist so gesehen ein Bewusstsein dafür, wie sich unterschiedliche Perspektiven auf die Bearbeitung eines Problems auswirken und welche Besonderheiten sie haben.

---

106 *Schmidt, Helmut*: Gesellschaftliche Moral des Wissenschaftlers, in: *Die Zeit*, Nr. 25 (18.06.1982); http://www.zeit.de/1982/25/gesellschaftliche-moral-des-wissenschaftlers (Zugriff 02.10.2016).

107 Vgl. hierzu ausführlicher *Lindner, B.*, Interdisziplinarität, 2015 (FN 11), in: *Koop, M./Weidemann, H.* (Hrsg.), Studium, 2015, S. 35–40.

◎ Didaktische Funktion einer Systematik von Studienfächern

Eine **Verortung** des eigenen Studienschwerpunktes im Spektrum der Studienfächer ist in didaktischer Hinsicht wichtig: Sie dient der **Selbstvergewisserung** und kann die Grundausrichtung und den Charakter der eigenen Tätigkeit im Studium bewusst machen. Im Studium der Verwaltung bedeutet das zugleich, eine Ordnung der **Bezugswissenschaften** kennenzulernen. Die ›Verwaltungswissenschaft‹ im engeren Sinne ist nur *eine* der möglichen Bezugswissenschaften, und auch diese Wissenschaft, die sich an Universitäten und Hochschulen studieren lässt, hat Bezüge zu vielen anderen wissenschaftlichen Disziplinen. Sofern die theoretische Perspektive im Hintergrund fehlt, drohen die vermittelten Kenntnisse gleichsam in der Luft zu hängen. Wenn z.B. nach den Ursachen dafür gesucht wird, dass Studierende Schwierigkeiten bei **Transferleistungen** haben, dann könnte dies (mutmaßlich) auch an einem fehlenden Überblick zum Verhältnis der Disziplinen und dem Zusammenhang von Teilgebieten liegen.

Die **„Befragung der Kartoffel"**[108] ist ein anschauliches didaktisches Mittel, um den Einfluss von wissenschaftlichen Perspektiven auf die möglichen Antworten zu verdeutlichen, die einem der befragte Gegenstand geben kann (s. Abb. 8).

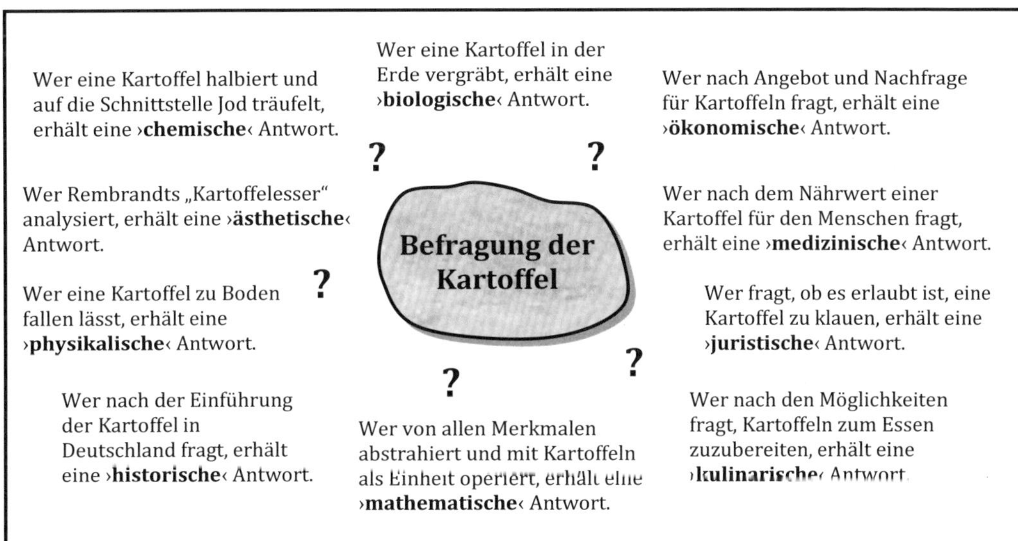

Abb. 8: Befragung der Kartoffel, erstellt nach: *Stary, J./Kretschmer, H.*, Literatur, 1998 ([1]1994) (FN 29), S. 38 [erw. nach *Memmert, W.*, Didaktik, [4]1991 ([3]1983), S. 42].

Im **Verwaltungsstudium** werden zwar keine Kartoffeln befragt, auch hier aber werden unterschiedliche Perspektiven auf die behandelten Gegenstände eingenommen, z.B. auf die ›Motivation‹. Wer danach fragt, was Motivationsdefizite bei Mitarbeitern die Wirtschaft kosten, erhält eine ökonomische Antwort, wer nach möglichen Disziplinarmaßnahmen bei ›Minderleistung‹ fragt, eine juristische Antwort, wer die Auswirkungen von Motivation auf das Verhalten untersucht, eine psychologische Antwort etc.

---

108 *Stary, J./Kretschmer, H.*, Literatur, 1998 ([1]1994) (FN 29), S. 38; erw. nach: *Memmert, Wolfgang*: Didaktik in Grafiken und Tabellen, 4. Aufl. nach d. 3., verb. u. erw. Aufl. 1983 ([1]1977), Bad Heilbrunn/Obb.: Klinkhardt, 1991, S. 42.

Ü3: Perspektiven der Wissenschaft: Befragung der Verwaltung

- *Arbeitsauftrag:* Erstellen Sie ein **Schaubild** nach dem Vorbild der „Befragung der Kartoffel" (s. Abb. 8): Befragen Sie den Gegenstand „Öffentliche Verwaltung" („Wer nach XY fragt/XY tut, erhält eine ... Antwort");
- *Bearbeitungshinweis:* Gehen Sie ggf. in umgekehrter Reihenfolge vor, und differenzieren Sie zunächst die **Bezugswissenschaften** Ihres Studiums: „Wer die Verwaltung aus der Perspektive der Wissenschaft/des Faches XY befragt [...]", und listen Sie die behandelten **Aspekte** auf: „[...] der erhält Antworten zu den Aspekten XY."
- *Reflexion:* **Vergleichen** Sie die Perspektiven und Aspekte: Wo liegen Gemeinsamkeiten und Unterschiede? Wo gibt es Überschneidungen, und wie wirken sich die Perspektiven auf die möglichen Antworten aus?

Die Ergebnisse der Übung lassen sich reflektieren, um weiter am Wissenschaftsbegriff zu arbeiten. Es könnte z.B. in der Diskussion die Ansicht vertreten werden, dass man, noch bevor man damit beginnen könne, sich einem Gegenstand in wissenschaftlicher Weise zu widmen, zunächst eine **Definition** benötige. Unabhängig vom Thema sei zunächst zu definieren, womit man es zu tun habe. Diese Forderung nach einer Definition ist selbst die Konsequenz einer bestimmten Wissenschaftsauffassung. Das Definieren kann als Teil einer **deduktiven Methodik** angesehen werden, die davon ausgeht, dass die begriffliche Klärung darüber entscheidet, wie der Gegenstand wahrgenommen und bestimmt wird. Dabei sollte beachtet werden, dass Begriffe von dem Phänomen, das sie benennen sollen, abstrahieren. *Abstraktion* meint ein ›abgezogenes Denken‹:[109] Die Deduktion geht vom Allgemeinen aus und schließt auf das Besondere. Eine **induktive Methodik** würde umgekehrt von Wahrnehmungen ausgehen, um daraus das Allgemeine abzuleiten. Wer sogleich eine Definition einfordert, überspringt also gleichsam die Analyse der Phänomene. Das sollte bedacht werden, sofern das Allgemeine auf das Besondere angewendet werden soll. Letztlich dienen auch Definitionen dazu, Phänomene begrifflich zu erfassen.

Wie Begriffsbildung funktioniert, kann begreiflich gemacht werden, indem man das Wort **›Begriff‹** als Metapher versteht: Etwas *begreifen* ist etwas anderes als über etwas reden. Ein Begriff ist nicht bloß ein Wort im Sinne eines Namens. Mit **Namen** *benennen* und *bezeichnen* wir Gegenstände. Über Wörter, die uns geläufig sind, denken wir dann meistens nicht weiter nach. Wissenschaftliche Begriffe sind Wörter, die zusätzlich eine Reflexion auf ihre Verwendung erfordern. Wissenschaftliche Begriffe sollten unter anderem klar und deutlich, zutreffend und nachvollziehbar sein. Immanuel Kant hat das Verhältnis von **Anschauung und Begriff** wie folgt beschrieben:

> „Ohne Sinnlichkeit würde uns kein Gegenstand gegeben und ohne Verstand keiner gedacht werden. **Gedanken ohne Inhalt sind leer, Anschauungen ohne Begriffe sind blind**. Daher ist es eben so nothwendig, seine Begriffe sinnlich zu machen (d.i. ihnen den Gegenstand in der Anschauung beizufügen), als seine Anschauungen sich verständlich zu machen (d.i. sie unter Begriffe zu bringen). Beide **Vermögen oder Fähigkeiten** können auch ihre Functionen nicht vertauschen. Der Verstand vermag nichts anzuschauen und die Sinne nichts zu denken. Nur daraus, daß sie sich vereinigen, kann Erkenntniß entspringen."[110]

---

[109] Vgl. *Stowasser, J. M.* u.a., Lat.-Wb, 1966 (1913) (FN 50), darin: Art. „abs-traho [-tractus]", S. 31: „wegschleppen, -führen, -ziehen, -reißen [...] entfernen, trennen."

[110] Vgl. *Kant, I.*, KrV, ²1911 (ᴬ1781/ᴮ1787) (FN 1), in: *Ders.*, AkadA, 1902 ff. (ebd.), Bd. 3, S. 75 (tr. Log., Einl. I: Von der Logik überhaupt, B75).

Die Begriffsarbeit gehört zum wissenschaftlichen Arbeitsprozess. Die Vielfalt der Formen wissenschaftlicher Tätigkeit macht eine umfassende Definition schwierig. Ein Grundverständnis von Wissenschaftlichkeit ist jedoch erforderlich, um die formalen Anforderungen an eine wissenschaftliche Tätigkeit prüfen zu können. Dabei gilt: **Die Beschäftigung mit formalen Fragen führt in die inhaltliche Auseinandersetzung**.

Wissenschaft soll kritisch sein, vor allem selbstkritisch: Der größte Kritiker der Wissenschaft ist die Wissenschaft selbst. Die **Kritik** ist selbst eine wissenschaftliche Methode. Immanuel Kant hat sie von der Dogmatik und der Skepsis unterschieden:

> „Was nun die Beobachter einer *szientifischen* Methode betrifft, so haben sie hier die Wahl, entweder *dogmatisch* oder *skeptisch*, in allen Fällen aber doch die Verbindlichkeit, *systematisch* zu verfahren. [...] Der *kritische* Weg ist allein noch offen."[111]

Zur **(Selbst-)Kritik der Wissenschaft** lassen sich im Fachunterricht Übungen durchführen. Dabei kann z.B. mit Zitaten gearbeitet werden, die eine Kritik enthalten. So kann ein Bewusstsein dafür gefördert werden, dass Kritik im engeren Sinne die kritische Prüfung in ihrer Funktion als Grundlage für ein begründetes Urteil meint.

Ü4 Zitate zur Kritik der Wissenschaften

- **Arbeitsauftrag**: Lesen Sie das unten stehende Zitat sorgfältig, arbeiten Sie die darin geübte Kritik mit eigenen Worten heraus, und nehmen Sie dazu begründet Stellung:
  - Was genau wird im Text kritisiert?
  - Welches Verständnis von Wissenschaft spricht sich darin aus? Was wird als Aufgabe der Wissenschaft angesehen? Was sagt das über den Kritiker aus?
  - Wie beurteilen Sie die Kritik (z.B. berechtigt/unberechtigt) und warum?

- **Die Nutzlosigkeit der Jurisprudenz als Wissenschaft**
  Julius H. Kirchmann, Berlin 1848

  „Dies eben ist das Klägliche der Jurisprudenz, daß sie die Politik von sich aussondert, daß sie damit sich selbst für unfähig erklärt, den Stoff, den Gang der neuen Bildungen zu beherrschen oder auch nur zu leiten, während alle anderen Wissenschaften dies als ihren wesentlichen Theil, als ihre höchste Aufgabe betrachten.

  Jene vielgerühmte Fortbildung des Rechts durch die Juristen, von der man jetzt in allen Compendien lesen kann, läuft nur auf das Spielwerk des kleinern Details hinaus. Das Fundament zu legen, den neuen Bau kräftig in die Höhe zu führen, das können die Juristen nicht. Aber wohl, wenn der Bau fertig ist, wenn die Säulen ihn tragen, dann kommen sie, wie die Raben, zu tausenden und nisten in allen Winkeln und messen die Grenzen und Dimensionen bis auf Zoll und Linie und übermalen und überschnörkeln den edlen Bau, daß Fürst und Volk kaum noch ihrer Thaten Werk darin erkennen."[112]

---

[111] *Kant, I.*, KrV, ²1911 (ᴬ1781/ᴮ1787) (FN 1), in: *Ders.*, AkadA, 1902 ff. (ebd.), Bd. 3, S. 552 [tr. Meth., H. 4: Die Geschichte der einen Vernunft, B884].

[112] *Kirchmann, Julius H. von*: Die Nutzlosigkeit der Jurisprudenz als Wissenschaft: Ein Vortrag, gehalten in der juristischen Gesellschaft zu Berlin (1847), 2. Aufl., Berlin: Springer, 1848; zit. nach der digital. Online-Ausg., in: *MDZ* (Hrsg.), Bibliothek, 2017 (FN 101); http://www.mdz-nbn-resolving.de/urn/resolver.pl?urn=urn:nbn:de:bvb:12-bsb10740367-6 (Permalink).

Auf eine Musterlösung zur Übung wird hier verzichtet, da es dabei auf die **eigenständige Stellungnahme** ankommt. Abgesehen von der Frage, ob und inwieweit der Kritik zugestimmt wird, lässt sich das Wissenschaftsverständnis herausarbeiten, das sich darin ausdrückt. Die Interpretation kann auch dabei helfen, am *eigenen* Wissenschaftsverständnis zu arbeiten, z.B. mithilfe der folgenden Fragen:

[?] **Fragen zum Wissenschaftsverständnis**

- Was sind die Hauptaufgaben von Wissenschaft?
- Welche Arbeitsweisen sind in den Bezugswissenschaften des Verwaltungsstudiums üblich?
- Worin unterscheiden sie sich?
- Welchen Beitrag leisten sie zur Bewältigung der Hauptaufgaben von Wissenschaft?
- Nach welchen spezifischen Prinzipien und Grundsätzen richten sie sich?
- Welche Methoden setzen sie ein, um ihre Gegenstände zu bearbeiten?
- Wozu dient die (Selbst-)Kritik der Wissenschaften, z.B. historisch betrachtet?
- Was sollte beim Kritiküben beachtet werden?

Ein grundlegender Text für das Verstehen der **Aufgabe von Wissenschaft** ist eine Rede von Max Weber, die im Jahr 1919 unter dem Titel ›Wissenschaft als Beruf‹ erschienen ist.[113] Darin setzt sich Weber mit den Anforderungen an die wissenschaftliche Tätigkeit auseinander. Bedeutsam ist dafür die Differenzierung von Wissenschaft und Kunst.[114] Kunstwerke können nicht veralten, sie sind zeitlos; in der Wissenschaft ist das anders. Das folgende Zitat mag ein Denkanstoß sein, um dem **Sinnproblem der Wissenschaft** weiter nachzuforschen:

> „[J]ede wissenschaftliche ›Erfüllung‹ bedeutet neue ›Fragen‹ und *will* ›überboten‹ werden und veralten. Damit hat sich jeder abzufinden, der der Wissenschaft dienen will. Wissenschaftliche Arbeiten können gewiß dauernd, als ›Genußmittel‹, ihrer künstlerischen Qualität wegen, oder als Mittel zur Schulung der Arbeit, wichtig bleiben. Wissenschaftlich aber überholt zu werden, ist – es sei wiederholt – nicht nur unser aller Schicksal, sondern unser aller Zweck. Wir können nicht arbeiten, ohne zu hoffen, daß andere weiter kommen werden als wir. Prinzipiell geht dieser Fortschritt in das Unendliche. Und damit kommen wir zu dem *Sinn*problem der Wissenschaft [...]."[115]

Den **Überblick** zu behalten, ist nicht immer leicht. Die Probleme der Wissenschaft sind so komplex, dass Arbeitsteilung erforderlich ist.[116] Eine Beschäftigung mit möglichen negativen Folgen der Forschung verweist auf die **ethische Dimension der Wissenschaft**. Helmut Schmidt hat dahingehend den folgenden Appell an die Wissenschaftler gerichtet:

> „Da bleibt das Schlupfloch, daß derjenige nicht wirklich verantwortlich und nicht wirklich moralisch haftbar gemacht werden könne, der nicht in der Lage war, den Überblick über die möglichen Folgen seines Tuns zu haben. Mir scheint dieses Schlupfloch weniger eine Entlastung, sondern vielmehr die Herausforderung zu sein [...].

---

[113] S. *Weber, M.*, Wissenschaft, 1919 (FN 26), in: *Ders.*, Schriften, 2002 (ebd.), S. 474–511.

[114] S. dazu bereits die Erläuterung zu den Wissenschaften und Künsten oben, Kap. 2.2.3.3.

[115] *Weber, M.*, Wissenschaft, 1919 (FN 26), in: *Ders.*, Schriften, 2002 (ebd.), S. 474–511: S. 487 [*Kursivierungen* im Orig. gesperrt gedruckt].

[116] S. dazu die Definition der Wissenschaft oben, Kap. 2.2.

> Ich möchte an die Forscher und Wissenschaftler appellieren, sich der Anstrengung zum ordnenden Überblick nicht zu entziehen. Das heißt dann vielleicht in einer Vorstufe: sich auch der Anstrengung um einen einordnenden Überblick des eigenen Feldes zum Zweck einer geistigen Ordnung insgesamt nicht zu entziehen."[117]

Die Erkenntnisse der Wissenschaft sind eine Grundlage für die **Entwicklung von Techniken**, die sich zum Schaden von Menschen auswirken können oder sogar die Existenz der gesamten Menschheit bedrohen. Im Atomzeitalter sind die katastrophalen Folgen des technischen Fortschritts ins öffentliche Bewusstsein getreten. Es mögen zwar vor allem naturwissenschaftliche Forschungen sein, bei denen sich die Frage nach möglichen negativen Konsequenzen stellt, z.B. bei der Entwicklung künstlicher Viren oder bei der Digitalisierung der Lebenswelt. Unabhängig von der wissenschaftlichen Disziplin aber stellt sich die Frage, ob der Fortschritt der Wissenschaft **moralische Grenzen** braucht. Auch die Erkenntnisse der Rechts-, Wirtschafts- und Sozialwissenschaften können Folgen für Mensch und Umwelt haben, z.B. wenn sie als Grundlage für politische Entscheidungen dienen. Eine **Reflexion** auf mögliche Anwendungsgebiete und ungewollte Konsequenzen sollte so gesehen jede wissenschaftliche Tätigkeit begleiten.

Zum Abschluss der Lehreinheit zum Wissenschaftsbegriff und -verständnis bietet sich die Variante **›Transfer‹** an. Die Frage könnte z.B. lauten: Wie lässt sich das erworbene Wissen in anderen Zusammenhängen anwenden? Welche Bedeutung hat die Theorie für die Praxis? Die Überlegungen zur Interdisziplinarität können dabei einen Hintergrund bilden.

Hinweise zur Verwendung der Lehrinhalte im beruflichen Kontext

Der naheliegende berufliche Kontext für die Inhalte dieses zweiten Kapitels ist **das Studium selbst** (zumal wenn man im Rahmen eines Dienstverhältnisses studiert). Die Inhalte bleiben aber auch für **die berufliche Praxis nach dem Studium** relevant, nämlich wenn die *Kompetenzen* in den Blick genommen werden, die durch eine Beschäftigung mit Theorie und Praxis der Wissenschaft erworben werden können.

Das betrifft z.B. die sogenannte **›Systemkompetenz‹**. Sie lässt sich als eine *Metakompetenz* verstehen, indem sie Kenntnisse, Fähigkeiten und Fertigkeiten aus allen vier Bereichen der Basiskompetenzen umfasst, d.i. *personale*, *sachliche*, *methodische* und *soziale* Kompetenzen. Der sprichwörtliche ›Blick über den Tellerrand‹ befördert ein Problembewusstsein, stellt Zusammenhänge her, schult das kritische Denken und die Kommunikationsfähigkeit. Die Zeit des Studiums kann zudem zur Entwicklung der **Persönlichkeit** beitragen: Die Einsichten, die sich durch das grundsätzliche Fragen und das stetige Weiterfragen gewinnen lassen, können den Prozess des **lebenslangen Lernens** begleiten. Die Fähigkeit, auf das Verhältnis von Theorie und Praxis zu reflektieren, mag dazu beitragen, dass dieser Prozess als gewinnbringend und ggf. als sinnstiftend erlebt wird.

Dieser Lernprozess hat auch eine **ethische Dimension**: Die *Verantwortlichkeit* für die eigenen Entscheidungen schließt ein Bewusstsein für die Konsequenzen ein, die das Verwaltungshandeln für die davon betroffenen Menschen hat. Sofern der Fortschritt der Wissenschaft einige *Veränderungsprozesse* wie z.B. neue Kommunikationsformen erst ermöglicht, besteht hier ein Zusammenhang. Ein kritisches Bewusstsein für Werte und Normen mag z.B. dazu beitragen, in der Praxis das Gemeinwohl im Blick zu behalten.

---

117 *Schmidt, H.*, Moral, 1982 (FN 106), in: *Die Zeit*, Nr. 25 (18.06.1982).

3. Informationsbeschaffung und -verarbeitung

›Information‹ ist zunächst ein unspezifisches und inflationär gebrauchtes Wort. Für das wissenschaftliche Arbeiten ist zur Präzisierung z.B. die Unterscheidung von *privaten* und *öffentlichen* Informationen bedeutsam: Wissenschaftliche Informationen sind öffentlich.[118] Deswegen lassen sie sich auch als ›**Publikationen**‹ bezeichnen. Öffentlichkeit wird durch mündliche oder schriftliche Kommunikation hergestellt. Dafür wird ein **Medium** benötigt. Die Wissenschaft ist geprägt durch die Schriftkultur: Wissenschaftliche Veröffentlichungen liegen in schriftlicher Form vor, entweder als Printmedium oder als digitale Publikation. Vorlesungen und Berichte sind immer häufiger auch als *Podcast* verfügbar, auch sie aber machen Erkenntnisse öffentlich, die schriftlich dokumentiert sind.

Die **Bibliotheksbenutzung** hat im Wesentlichen zwei Anforderungen: Zum einen müssen die Titel *identifiziert* werden, zum anderen müssen sie in Katalogen *recherchiert* werden. Die Identifizierung erfolgt über bibliographische Angaben. Bei der Recherche können Recherche*methoden* hilfreich sein.

Erst die Veröffentlichung wissenschaftlicher Erkenntnisse ermöglicht ihre **kritische Prüfung** durch andere. Die Möglichkeit zu einer öffentlichen Prüfung im Wissenschaftsdiskurs kann seit der Aufklärung als eine Voraussetzung für Wissenschaftlichkeit überhaupt angesehen werden.[119] Was unveröffentlicht ist, ist noch kein Beitrag zur Wissenschaft. In der Wissenschaft geht es nicht nur darum, Informationen zusammenzutragen, sondern darum, Erkenntnisse kritisch zu prüfen und weiterzudenken. Die **Informationsverarbeitung** setzt gleichwohl die **Informationsbeschaffung** voraus.

3.1 LITERATUR- UND QUELLENARTEN

3.1.1 Grundlegende Begriffe

Beim Arbeiten mit Quellen sind zunächst einige **grundlegende Begriffe** zu klären. Die folgenden Abschnitte geben dazu jeweils kurze Erläuterungen. Als Definitionen sind sie nur bedingt geeignet, weil sie im Wissenschaftsdiskurs uneinheitlich verwendet werden. Als Orientierung aber sind sie notwendig, um aufmerksam zu sein, wenn man mit solchen Begriffen konfrontiert wird.

3.1.1.1 Quellen, Literatur, Titel und Referenzen

Die Differenzierung von **Quellen**, **Literatur**, **Titeln** und **Referenzen** ist für die Bibliotheksbenutzung bedeutsam, weil nicht alle Quellen und Referenzen auch als ›Literatur‹ gelten und nicht alle Referenzen auch als ›Titel‹ in Bibliotheken verfügbar sind. Sie ist

---

[118] Vgl. die Erläuterung zur Definition der Wissenschaft oben, Kap. 2.2.2.2.

[119] Vgl. *Kant, Immanuel*: Anthropologie in pragmatischer Hinsicht (1798), in: *Ders.*, AkadA, 1902 ff. (FN 1), Bd. 7: Der Streit der Fakultäten. Anthropologie in pragmatischer Hinsicht, unveränd. photomech. Abdr. d. 2. Aufl. v. 1917 ([1]1907), Berlin: de Gruyter, 1968, S. 117–333: S. 128 f.: Kant begründet das Erfordernis zur Veröffentlichung auch damit, dass die „Richtigkeit unserer eigenen Urtheile [sic!] [am Verstande Anderer] zu prüfen" sei, also mit dem Erfordernis einer Möglichkeit zur (Selbst-)Kritik.

auch von Bedeutung für das Erstellen von Verzeichnissen sowie für die Frage nach der Funktion von Nachweisen und Belegen.

Differenzierung des Quellenbegriffs

- **Quelle:** Quelle ist zunächst ein unspezifischer Oberbegriff für den Ursprung aller Arten von Informationen. Das kann z.B. ein Buch, eine Person oder eine Beobachtung sein. In spezifischem Sinn können Quellen von Literatur unterschieden werden.

- **Literatur:** Zunächst kann Literatur ein unspezifischer Name für alle Arten von Informationen sein, die in schriftlicher Form vorliegen, z.B. ein Roman, eine Tagebuchnotiz oder eine wissenschaftliche Abhandlung. In spezifischem Sinn kann damit die sogenannte *Forschungs*literatur gemeint sein. Was als Literatur angesehen wird, hängt damit von der Perspektive ab. Wenn z.B. gesagt wird, ein Roman oder ein Zeitungsartikel sei *keine* Literatur, dann kann damit gemeint sein, dass es sich nicht um Werke mit wissenschaftlichem Anspruch handelt. Ein Literaturkritiker könnte mit demselben Ausdruck den ästhetischen Anspruch meinen und zur Unterscheidung z.B. von Trivialliteratur sprechen. Spricht der Wissenschaftler davon, was ›die Literatur‹ zu einem Thema sagt, dann ist damit i.d.R. nur die Forschungsliteratur gemeint.

- **Titel:** Titel meint zum einen die Information, die den Gegenstand eines Werkes bezeichnet und als eine Überschrift fungiert. Das kann z.B. der Titel eines Buches oder der Name einer Zeitschrift sein. Bibliothekarisch ist damit zum anderen ein systematisch erfasstes Medium gemeint. Zum Titel gehören dann alle bibliographischen Informationen, die es erlauben, eine Quelle zu identifizieren (Autor, Titel, Ort, Jahr u.a.). In einem Verzeichnis ist die Anzahl der Titel gleichbedeutend mit der Anzahl der Einträge.

- **Referenz:** Referenzen sind Quellen, die in einer wissenschaftlichen Arbeit verwendet werden. Das können direkt oder indirekt zitierte Quellen sein oder auch solche Quellen, auf die weiterführend hingewiesen wird. Im Englischen ist der Name *References* geeignet, sowohl Quellen als auch Literatur zu umfassen. Hier steht also die Funktion im Vordergrund, die eine Quelle hat, nämlich dass sie zu einem bestimmten Zweck herangezogen und verwendet wird bzw. werden kann. In wissenschaftlichen Arbeiten weisen Referenzen Aussagen nach, stützen die eigene Argumentation oder stellen einen Bezug zur Forschung her. Insofern sind Referenzen immer auch Quellen im weiten Sinne (aber nicht umgekehrt, da nicht jede Quelle eine referenzierte Quelle ist).

3.1.1.2 Selbständige und unselbständige Literatur

Für wissenschaftliche Arbeiten ist die Quellenart ›Literatur‹ die wichtigste. Dahingehend wird zwischen **selbständiger und unselbständiger Literatur** unterschieden:

Selbständige und unselbständige Literatur

- **Selbständige Literatur:** Selbständige Literatur meint Werke, die für sich stehen. Dazu gehören *Monographien* und *Bücher*, die von einem oder mehreren Autoren verfasst worden sind, ohne dass einzelne Teile des Werkes separat unterschiedlichen Autoren zugewiesen werden.

- **Unselbständige Literatur:** Zur unselbständigen Literatur gehören solche Werke, die Teil eines größeren Werkes sind, die also *nicht* für sich allein stehen, z.B. Aufsätze, Kommentare und Artikel in Sammelbänden und Zeitschriften sowie Beiträge in der Tages- und Wochenpresse.

Die Unterscheidung von *selbständiger* und *unselbständiger Literatur* ist bereits bei der **Recherche** wichtig: Wer nach einem Aufsatz aus einer Fachzeitschrift sucht, findet diesen nicht immer unter dem Namen des Autors, sondern muss nach der Zeitschrift suchen, die den Aufsatz enthält.

3.1.1.3 Primär-, Sekundär- und Tertiärliteratur

Die Unterscheidung von **Primär-, Sekundär- und Tertiärliteratur** ist nicht immer trennscharf. Wenn z.B. ein Aufsatz von Wilhelm von Humboldt über den Wissenschaftsbegriff zitiert wird, dann handelt es sich einerseits nicht um Forschungsliteratur im engeren Sinne, weil die Standards für wissenschaftliche Texte sich in den letzten 200 Jahren verändert haben; andererseits kann ein solcher Aufsatz unter Umständen durchaus als ein Beitrag zur aktuellen Forschung angesehen werden, sofern man es mit bisher ungeklärten Fragen zum Wissenschaftsverständnis zu tun hat. Ein solcher Text ließe sich damit sowohl als *Primär-* als auch als *Sekundärliteratur* verstehen. *Tertiärliteratur* meint Arbeiten über Sekundärliteratur, also z.B. Bibliographien und Handbücher, in denen die Forschungsliteratur thematisch geordnet und dargestellt wird.

Primär-, Sekundär und Tertiärliteratur

- **Primärliteratur:** Quellen im engeren Sinn, die den Untersuchungsgegenstand bilden (z.B. Rechtsnormen, Statistiken u. ›Klassiker‹).
- **Sekundärliteratur:** meint Literatur im engeren Sinne, also wissenschaftliche Arbeiten über Primärliteratur (z.B. Forschungsliteratur u. Kommentare).
- **Tertiärliteratur:** Arbeiten über Sekundärliteratur (z.B. Bibliographien u. Handbücher).

Insbesondere die Frage, was als *Primärliteratur* gilt, hängt also von der Perspektive und vom Untersuchungsgegenstand ab. Sie kann je nach wissenschaftlicher Disziplin und Forschungsabsicht sehr unterschiedlich beantwortet werden. Die Unterscheidung wird deshalb für wissenschaftliche Projekte umso bedeutsamer: Sie trägt zur **(Selbst-)Vergewisserung** über Objekt, Material und Methode eines Forschungsprojekts bei und hat damit eine systematische Funktion.

3.1.1.4 Zitate, Zitation, Zitationsstile und *Zitationsmethoden*

Neben der Differenzierung des Quellen- und Literaturbegriffs ist auch eine Klärung des **Zitatationsbegriffs** sinnvoll. Auch hier geht es nicht um eine allgemeingültige Definition, sondern um eine Orientierung, die für den praktischen Gebrauch bestimmt ist. Dahingehend lassen sich *Zitate, Zitation, Zitationsstile* und *Zitationsmethoden* unterscheiden.

Differenzierung des Zitationsbegriffs

- **Zitat:** Ein *Zitat* gibt Informationen wieder, die aus anderen Quellen stammen. Das können direkte (= wörtliche) Zitate oder indirekte (= sinngemäße) Zitate (auch: Paraphrasen) sein.
- **Zitation:** Der Ausdruck *Zitation* meint die Tätigkeit des Zitierens oder benennt die Anforderungen, die damit zusammenhängen, z.B. einen Zitatbeleg anzubringen.
- **Zitationsstil:** Ein *Zitationsstil* meint die Form, in der ein Zitat nachgewiesen wird, also z.B. ob Nachweise in Fußnoten oder im Text erfolgen, wie die bibliographischen Angaben gestaltet werden und welche Elemente ein Nachweis enthält.

- **Zitationsmethode:** Die Rede von einer *Zitationsmethode* meint umfassend die Art und Weise, in der zitiert wird, einschließlich der Tätigkeit des Zitierens *(Zitation)* und der Form, in der Zitatnachweise gestaltet werden *(Zitationsstil)*.

3.1.1.5 Zitierfähige und nicht zitierfähige Quellen

Der Ausdruck **›nicht zitierfähige Quelle‹** ist irrführend. Er suggeriert, man könne oder dürfe eine solche Quelle überhaupt nicht zitieren. Das ist nicht der Fall: Grundsätzlich lässt sich jede Quelle zitieren. Es handelt sich jedoch um eine wichtige Unterscheidung, wenn es um die Verwendbarkeit von Quellen in wissenschaftlichen Arbeiten geht.

Kriterien für die Beurteilung der Zitierfähigkeit

- Ein Kriterium, um nicht zitierfähige von zitierfähigen Quellen zu unterscheiden, kann die **Verfügbarkeit** sein: Wenn eine Quelle für andere nicht verfügbar ist, weil sie weder in Bibliotheken noch Archiven oder im Internet gefunden werden kann, dann ist sie nicht zitierfähig in dem Sinn, dass der Leser das Zitat nicht überprüfen kann. Dies ist z.B. der Fall, wenn jemand aus einem Brief oder Dokument zitiert, das nur ihm selbst oder einem begrenzten Personenkreis vorliegt oder zugänglich ist. So gesehen sind alle unveröffentlichten Quellen nicht zitierfähig.
- Ein weiteres Kriterium wäre die **Zurechenbarkeit**: Wenn eine Quelle zwar verfügbar ist, aber der Urheber unbekannt ist, dann ist sie nicht zitierfähig in dem Sinn, dass keine Person oder Organisation als verantwortlicher Autor benannt werden kann. Dies ist z.B. bei *Wikipedia*-Artikeln der Fall.
- Ein drittes Kriterium zur Prüfung der Zitierfähigkeit kann die **Wissenschaftlichkeit** sein: Wenn eine Quelle Aussagen enthält, die ohne Anwendung wissenschaftlicher Methoden zustande gekommen sind, dann ist sie nicht zitierfähig in dem Sinn, dass sie nicht zu einer wissenschaftlichen Referenz taugt. Dies ist z.B. der Fall, wenn eine Äußerung als Beleg für eine These zitiert wird, die lediglich eine private Meinung darstellt.

Es kann also **unterschiedliche Gründe** dafür geben, eine Quelle ›nicht zitierfähig‹ zu nennen. Wissenschaftlich ist eine Quelle nur dann, wenn sie veröffentlicht worden ist und sich einem Urheber zurechnen lässt. Wissenschaftliche Quellen müssen zugleich verfügbar und zurechenbar sein und auch in diesem Sinne zitierfähig, während zwar verfügbare und/oder zurechenbare Quellen unter bestimmten Umständen auch nicht zitierfähig sein können. So gesehen ist bei der Frage, ob eine Quelle zitierfähig sei oder nicht, vor allem deren **Eignung als wissenschaftliche Referenz** zu überprüfen.

Individuelle Prüfung der Zitierfähigkeit

In strenger Auslegung können z.B. auch Lehrbücher als ›nicht zitierfähig‹ angesehen werden, sofern sie dem Anspruch nach keinen **Forschungsbeitrag** darstellen. Hier ist allerdings Vorsicht geboten: Der Umstand, dass ein Beitrag in einer wissenschaftlichen Fachzeitschrift veröffentlicht worden ist, garantiert noch nicht, dass er auch wissenschaftlich gehaltvoll ist!

Pauschale Urteile über die (Un-)Wissenschaftlichkeit eines Beitrags allein aufgrund der Art des Mediums sollten vermieden werden. Jede Quelle muss einer **individuellen Prüfung** unterzogen werden. Zu beachten ist dabei insbesondere die Funktion eines Zitatbelegs: Was wird zu welchem Zweck und mit welchem Geltungsanspruch zitiert?

Gelegentlich werden auch bestimmte **Literaturarten** per se als nicht zitierfähig angesehen, z.B. Lehrbücher oder Zeitungsartikel. Die Zitierfähigkeit würde sich dann auf solche Quellen beschränken, die dem Anspruch nach Forschungsliteratur darstellen, wie z.B. Dissertationen, Habilitationen und Artikel aus renommierten Fachzeitschriften. Dieser sehr enge Begriff von zitierfähiger Literatur kann jedoch je nach Thema problematisch sein. Wer etwas über Didaktik schreibt, muss gerade auch Lehrbücher rezipieren, wer sich auf aktuelle politische Themen bezieht, wird Zeitungsartikel verwenden müssen, und die Frage, was eine zitierfähige Fachzeitschrift ist und was nicht, lässt sich nicht unabhängig von der Themenbearbeitung pauschal festlegen. Sogar *Wikipedia*-Artikel lassen sich unter bestimmen Umständen zitieren, z.B. dann wenn die öffentliche Rezeption eines Themas den Untersuchungsgegenstand darstellt.

Man lasse sich also nicht verunsichern! Die Frage, ob eine Quelle zitierfähig ist oder nicht, muss letztlich an der **Funktion** gemessen werden, die sie im Kontext einer Arbeit haben soll. Die Unterscheidung dient dazu, die wissenschaftliche Fundierung der eigenen Argumentation im Blick zu behalten. In wissenschaftlichen Arbeiten muss deshalb immer *auch* Literatur berücksichtigt werden, die den Kriterien der Zitierfähigkeit genügt.

◎ **Zum Umgang mit *Wikipedia***

- **Grundsatz: *Wikipedia* ist nicht zitierfähig**
  - keine wissenschaftliche Qualitätskontrolle, im Wissenschaftsbetrieb als seriöse Quelle nicht anerkannt
  - Artikel nicht einem Autor/einer Institution zurechenbar, Informationen nicht dauerhaft abrufbar
- **Ausnahmen:**
  - Studien, die sich mit *Wikipedia* als Medium beschäftigen
  - sofern die öffentliche Rezeption eines Themas behandelt wird
- **Empfehlung:**
  - für schriftliche Studien- und Prüfungsleistungen nicht verwenden
  - ggf. für schnelle Informationssuche zu lexikalischem Wissen (z.B. Wortbedeutungen, Lebensdaten, historische Fakten)

◎ **Zum Gebrauch des *Duden***

- **Vorbemerkung:**
  - Mit ›dem‹ *Duden* ist i.d.R. der Band „Die deutsche Rechtschreibung" gemeint, erschienen in der Schriftenreihe des Duden-Verlags.[120]
- **Grundsatz: *Duden* ist zitierfähig, aber ...**
  - keine wissenschaftliche Forschungsliteratur
  - als wissenschaftliche Referenz ungeeignet (Funktion beachten!)
- **Empfehlung**:
  - *Duden* stets am heimischen Arbeitsplatz zur Hand haben, zur Rechtschreibprüfung oder zur Suche nach dem treffenden Wort verwenden (z.B. Synonyme)
  - nur im Ausnahmefall zitieren, z.B. wenn es explizit um das Alltagsverständnis eines Wortes geht (wissenschaftliche Literatur muss dann zusätzlich verwendet werden)

---

[120] S. *Duden* (Red.): Die deutsche Rechtschreibung: Das umfassende Standardwerk auf der Grundlage der amtlichen Regeln, hrsg. v. der Dudenredaktion auf der Grundlage der aktuellen amtlichen Rechtschreibregeln, 27., völlig neu bearb. u. erw. Aufl. ([1]1880), Berlin: Dudenverlag, 2017 (= Der Duden, Bd. 1).

3.1.2 Fachliteratur und andere Referenzen

3.1.2.1 Monographien: Lehrbücher, Dissertationen und Habilitationen

Monographien sind selbständige Literatur (s. dazu Kap. 3.1.1.2). Dabei kann es sich um Forschungsliteratur handeln – insbesondere *Dissertationen* und *Habilitationen* – oder auch um *Lehrbücher*. Solche Bücher bieten die Möglichkeit, ein Themengebiet umfassend darzustellen oder einer spezifischen Frage vertiefend nachzugehen.

Zu beachten sind dabei die **Zielsetzung** und die Konzeption, weil diese nicht immer mit der Ausrichtung der eigenen Arbeit übereinstimmen. Außerdem braucht es i.d.R. mehr Zeit, ein Buch zu verfassen als einen Aufsatz. Die **Aktualität** einer Monographie sollte deshalb nicht nur am Erscheinungsjahr gemessen werden. Hinweise zum Alter des Textes bieten z.B. ein *Vorwort* oder die Jahresangaben im *Literaturverzeichnis*.

3.1.2.2 Beiträge in Sammelwerken: Werkausgaben und Schriftenreihen, Herausgeberschriften, Vorlesungen, Festschriften

Beiträge in Sammelwerken gehören zur unselbständigen Literatur. Das können *Werkausgaben* eines ›Klassikers‹ sein (z.B. Wilhelm von Humboldt), gesammelte *Vorlesungen* oder auch *Festschriften* zu Ehren eines namhaften Wissenschaftlers. Sammelwerke enthalten kleinere Abhandlungen. Deshalb wird mit dem **Hinweis „in:"** gearbeitet, wenn ein Beitrag aus einem Sammelwerk zitiert wird. Oftmals sind die Beiträge von unterschiedlichen Autoren verfasst worden. Außerdem gibt es häufig einen Herausgeber (z.B. bei Schriftenreihen), der nicht immer selbst als Autor von Beiträgen fungiert.

Sammelwerke können ggf. den Vorteil haben, dass mehrere Wissenschaftler ein Problem bearbeiten, sodass unterschiedliche **Perspektiven** oder Aspekte eines Themas in einem Buch enthalten sein können. Ein Nachteil ergibt sich für die Recherche, denn nicht immer ergibt die Suche nach dem Autor eines Beitrags einen Treffer. Stattdessen muss ggf. nach dem Herausgeber des Werkes gesucht werden, das einen bestimmten Beitrag enthält.

3.1.2.3 Aufsätze in Fachzeitschriften, Rezensionen und Beiträge aus der Tages- und Wochenpresse (Zeitungen, Zeitschriften und Magazine)

Aufsätze gehören zur unselbständigen Literatur. Auch Beiträge in Sammelbänden können Aufsätze sein. Sie erscheinen zudem in *Fachzeitschriften* sowie in der *Tages- und Wochenpresse* (Zeitungen, Zeitschriften und Magazine). Aufsätze in Fachzeitschriften sind das übliche Medium, um **Forschungsergebnisse** zu präsentieren oder sich an wissenschaftlichen Diskussionen zu beteiligen.

Dabei ist zu beachten, dass Forscher heutzutage viel publizieren müssen, um sich als Wissenschaftler einen Namen zu machen. Die **Beiträge in Fachzeitschriften** können von sehr unterschiedlicher Qualität sein. Die Kriterien für deren Auswahl zum Druck sind nicht immer transparent. In der Tendenz sind Aufsätze jedoch aktueller als Monographien und gehören zu den wichtigsten Quellen für wissenschaftliche Projekte. **Presseartikel** sind als wissenschaftliche Referenz nicht immer geeignet. Sie lassen sich bevorzugt dann heranziehen, wenn es um aktuelle Ereignisse geht oder die öffentliche Rezeption eines Themas untersucht wird. Oftmals finden sich in der Presse auch Fallbeispiele, auf die sich wissenschaftliche Erkenntnisse anwenden lassen.

3.1.2.4 Juristisches Schriftgut: Gesetze und Verordnungen, Rechtsprechung (Gerichtsentscheidungen), Kommentare, Berichte und Fallsammlungen

Juristisches Schriftgut umfasst zum einen *Gesetze und Verordnungen*. Diese sind als **Loseblattsammlungen** verfügbar, z.B. der *Schönfelder* für das Zivil- und Strafrecht (1961 ff.) oder der *Sartorius* für das Öffentliche Recht des Bundes (1968 ff.). Für das Verwaltungsstudium gibt es die Sammlung *Deutsche Verwaltungspraxis* (DVP). Mehrere Fachverlage bieten außerdem Textsammlungen für einzelne Rechtsgebiete an. Zum anderen gehört die *Rechtsprechung* (auch: *Gerichtsentscheidungen*) zum juristischen Schriftgut. Die Bundes- und Oberlandesgerichte geben eigene **Entscheidungssammlungen** heraus (z.B. BVerfGE). Gesetze und Verordnungen sowie Entscheidungen lassen sich auch im Internet auf speziellen Websites finden (z.B. *juris* und *Beck-Online*).

Juristische Fachliteratur gehört ebenfalls zum juristischen Schriftgut. Zur Unterscheidung lassen sich Gesetze und Entscheidungen ›Quellen‹ nennen. ›Literatur‹ im engeren Sinne meint dann die Forschungsliteratur, die wie in anderen Wissenschaften auch *Monographien, Beiträge in Sammelbänden* und *Aufsätze in Fachzeitschriften* umfasst. Hinzu kommen *Kommentare, Berichte, Fallsammlungen* und *Repetitorien*. Dabei handelt es sich nicht um Forschungsliteratur im engeren Sinne, sondern eher um **Hilfsmittel**. Auch die noch nicht genannte Gruppe der *Lexika und Wörterbücher* gehört dazu. Viele Quellenarten werden auch in anderen Wissenschaften genutzt. Die Rechtswissenschaften haben sich jedoch durchaus ein spezifisches Schrifttum aufgebaut.

3.1.2.5 Internetquellen und elektronische Medien

Bei **Internetquellen** lässt sich zwischen Informationen unterscheiden, die sich lediglich im *Word Wide Web* finden, und solchen, die auch in gedruckter Form vorliegen. **Elektronische Medien** können z.B. Filme oder digitalisierte Texte sein. Für den Umgang mit solchen Quellen gelten besondere Regeln. Informationen, die lediglich online verfügbar sind, eignen sich als wissenschaftliche Referenz eher nicht, weil sie zu unbeständig sind. Ohne Internetquellen als Hilfsmittel kommt aber heute keine wissenschaftliche Arbeit aus.

3.1.2.6 Sonstige Quellen: unveröffentlichtes Material, Foliensätze und Skripte

Unter den Titel **›Sonstige Quellen‹** lässt sich z.B. *unveröffentlichtes Material* subsumieren. Als wissenschaftliche Referenz ist es ungeeignet; bei der Themenbearbeitung lässt es sich aber als Hilfsmittel verwenden. Dazu gehören z.B. *Foliensätze und Skripte*.

Verwendung von unveröffentlichten Dokumenten

Bei Haus- und Abschlussarbeiten kann es vorkommen, dass **unveröffentlichte Quellen** als Beleg oder zum Verständnis herangezogen werden, z.B. eine Dienstvereinbarung oder ein Sitzungsprotokoll. Der Definition nach sind diese Quellen nicht zitierfähig (s. Kap. 3.1.1.5). Sofern die Dokumente nicht der Geheimhaltung unterliegen, können sie z.B. im **Anhang** beigefügt werden. Dabei ist ggf. ein **Sperrvermerk** erforderlich, dass die Arbeit nur den Gutachtern zum Zweck der Prüfung zugänglich gemacht werden darf.

Tipp: Um den Umfang des Anhangs nicht zu überfrachten, genügen ggf. **Auszüge** der Dokumente mit denjenigen Passagen, die in der Arbeit zitiert worden sind. Die betreffenden Dokumente könnten alternativ auch gesammelt auf einer **CD-ROM** beigefügt werden.

3.2 BIBLIOTHEKSBENUTZUNG

3.2.1 Bibliographische Angaben und Zitationsstile

Eine **bibliographische Angabe**, gibt an, *wer was wo* und *wann* veröffentlicht hat. Die Basisinformationen für jede bibliographische Angabe sind entsprechend *Autor*, *Titel*, *Ort* und *Jahr*. Mit Ort ist der Erscheinungsort bzw. der Sitz des Verlags gemeint und mit Jahr das Erscheinungsjahr des Werkes. Alle Bibliothekskataloge arbeiten mit solchen Angaben. Erst dadurch wird es möglich, im Zettelkatalog und im OPAC nach Autoren oder Titelstichwörtern zu suchen.[121] Um eine vollständige bibliographische Angabe machen zu können, müssen wir den **›Bücherschreiber‹** (griech. *bibliographos*) identifizieren, den Titel seines Werkes kennen und wissen, wo und wann dieses Werk veröffentlicht worden ist. Im Bibliotheksjargon wird die Gesamtheit dieser Angaben auch ›Titel‹ genannt.[122]

Eine Trefferliste in Suchmaschinen enthält also mehrere **Titel**, die jeweils aus mehreren Elementen bestehen. Wenn eine (Literatur-)Quelle verwendet, nachgewiesen oder danach gesucht wird, handelt es sich entsprechend um *einen* Titel, und in diesem Sinne setzt sich eine Quellenangabe aus mehreren bibliographischen Angaben im Plural zusammen, nämlich mindestens aus den Basisinformationen Autor, Titel, Ort und Jahr. Die Rede von *einer* bibliographischen Angabe im Singular lehnt sich an das bibliothekarische Verständnis des Wortes ›Titel‹ an (vgl. oben, Kap. 3.1.1.1).

Das Vorbild für bibliographische Angaben in modernen Bibliothekskatalogen sind die sogenannten **›Preußischen Instruktionen‹**[123]. Darin heißt es in Paragraf zwei:

§ 2

Beim Titelblatt oder Titel im weiteren Sinne werden unterschieden

a. der *eigentliche Titel* oder ***Titel*** schlechtweg, d.i. die Benennung der Schrift;
b. die ***Verfasser****angabe*, d.i. Name und Stand des Verfassers sowie anderer an der Abfassung der Schrift beteiligter Personen, wie Herausgeber, Übersetzer u.s.w.;
c. der *Erscheinungsvermerk* (das Impressum), d.i. **Ort**, Verleger, **Jahr** und Drucker.

Abb. 9: Preußische Instruktionen [Auszug], erstellt nach: *PI*, Kataloge, ^{2}1908 (FN 123), § 2.

Eine Publikation soll demnach auf dem Titelblatt alle wichtigen bibliographischen Angaben enthalten. In der Vergangenheit wurden auch Stand und Herkunft des Verfassers angegeben, z.B. in den Werken von Jean-Jacques Rousseau, dass dieser ein ›*Citoyen de Genève*‹ sei, also ein Bürger(licher) aus der Stadt Genf.[124] Heutzutage finden sich auf dem

[121] S. zur Benutzung des *Online Public Access Catalogue* (OPAC) unten, Kap. 3.2.2.1.

[122] Vgl. oben, Kap. 3.1.1.1.

[123] *Preußische Instruktionen* (PI): Instruktionen für die alphabetischen Kataloge der preußischen Bibliotheken v. 10.05.1899, Berlin: A. Asher & Co, 1899 (^{2}1908), verfügbar in: *MDZ* (Hrsg.), Bibliothek, 2017 (FN 101); http://www.digitale-sammlungen.de/index.html (Zugriff 02.08.2017).

[124] S. dazu die Titelblätter der Werkausgabe *Collection complete des œuvres de J. J. Rousseau, Citoyen de Geneve*, in: *BnF*, Gallica, 2016 (FN 44); http://gallica.bnf.fr [Suche: Rousseau, Jean-Jacques oeuvres].

Titelblatt im engeren Sinn meistens nur noch die Basisinformationen *Autor, Titel, Ort* und *Jahr* sowie ggf. Angaben zur Auflage, zu Mitarbeitern und zum Verlag. Die übrigen Informationen werden auf der **Rückseite des Titelblatts** und den ersten Seiten der Publikation angegeben. Gelegentlich wird dieses *Impressum* auch am Ende des Werkes platziert. Bei Aufsätzen in Sammelbänden und Zeitschriften werden Angaben gelegentlich zusätzlich in einer *Kopf- oder Fußzeile* untergebracht. Beim Arbeiten mit Quellen müssen diese Informationen zusammengetragen werden. Wenn im Studium Kopien von Texten angefertigt werden, dann empfiehlt es sich, immer auch das *Titelblatt* und das *Impressum* zu kopieren, damit alle Informationen vorliegen, die benötigt werden, um vollständige bibliographische Angaben im Literaturverzeichnis erstellen zu können.

Die **Form** bibliographischer Angaben richtet sich nach *Konventionen*, die je nach wissenschaftlicher Disziplin unterschiedlich sind. Außerdem hat jeder Verlag und jede Fachzeitschrift eigene Gestaltungsvorgaben entwickelt. Die Gründe dafür sind vielfältig. Einige Verlage sind auf bestimmte Wissenschaftsbereiche spezialisiert und richten ihre Vorgaben entsprechend aus. Zum Teil spielen auch ästhetische Gesichtspunkte eine Rolle, die wiederum teilweise Geschmackssache sind, die Lesbarkeit und Praktikabilität erhöhen sollen oder auch Marketingzwecken dienen: Wie das Layout soll auch die Gestaltung des wissenschaftlichen Apparates einen *Wiedererkennungswert* haben.

Die **Unterschiede** in der Gestaltung betreffen z.B. die aufgenommenen *Elemente* einer Angabe (z.B. die Frage, ob der Verlag angegeben wird oder nicht), die *Reihenfolge* der Elemente (z.B. Platzierung des Erscheinungsjahres nach dem Autor ›Mustermann, Max (2015): Titel ...‹ oder nach dem Ort ›Mustermann, M.: Titel ..., Hannover 2015‹), den *Schriftschnitt* und die *Typographie* (z.B. *Kursivsetzung* oder KAPITÄLCHEN), die Verwendung von *Abkürzungen* (z.B. für Vornamen ›Mustermann, M.‹, ›Aufl.‹ für Auflage, ›Verl.‹ für Verlag), den Umgang mit *unselbständiger Literatur* (z.B. Verwendung von ›in:‹) sowie die verwendeten *Satzzeichen* (z.B. Doppelpunkt oder Komma hinter dem Autor).

Die Rede von einem **Zitationsstil** schließt zudem die Art und Weise ein, in der zitiert wird:[125] Nachweise können *im Text* oder in *Fußnoten* erfolgen, gelegentlich werden sie auch als *Endnoten* gesammelt nach dem Text platziert. Ein Stil für die Gestaltung von bibliographischen Angaben verweist damit auch auf die **Zitationsmethode**, z.B. Vollbeleg- oder Kurzbelegmethode:

Bei der **Kurzbelegmethode** enthält nur das Literaturverzeichnis vollständige Angaben. Bei Zitatnachweisen findet sich dann lediglich eine Kurzversion, die erst durch die vollständigen Angaben im Literaturverzeichnis entschlüsselt werden kann. Wichtig ist es deshalb, dass sich die Kurzbelege den vollständigen Angaben eindeutig zuordnen lassen. Bei der **Vollbelegmethode** werden bei erstmaliger Zitation eines Werkes vollständige Angaben gemacht. Wird an einer späteren Stelle im Text erneut aus demselben Werk zitiert, wird mit einem Kurzbeleg und dem Hinweis gearbeitet, in welcher Fußnote sich die vollständige Angabe findet. Im vorliegenden Buch wird durchgängig die Vollbelegmethode verwendet. Der Hinweis nach dem Kurzbeleg ›(FN XY)‹ gibt die Nummer der Fußnote an, wo sich die vollständige Angabe findet.[126]

---

125 S. bereits oben, Kap. 4.1.1.1.

126 Vgl. *Theisen, M. R.*, Erfolgreich, [16]2013 (FN 31), S. 161–165; *ders.*, Technik, [15]2011 (ebd.), S. 142–147.

Der Wunsch nach einem möglichst unverwechselbaren *Erscheinungsbild* wirkt sich damit auch auf die Vielfalt der Formen von bibliographischen Angaben aus. Wissenschaften, die stark internationalisiert sind wie die Naturwissenschaften arbeiten überwiegend mit der sogenannten **Harvard-Zitation**. Auch das Standardwerk von Manuel R. Theisen zum wissenschaftlichen Arbeiten ist in der 16. Auflage auf diesen Zitationsstil umgestiegen. Gleichwohl gibt es wie gesehen **Basisinformationen**, die unabhängig vom gewählten Zitationsstil in jeder bibliographischen Angabe enthalten sein sollten.

◎ **Bibliographieren als akademische Schlüsselkompetenz**

Die Vermittlung der Gestaltungsformen bibliographischer Angaben hat eine **zweifache Intention**: Zum einen geht es darum, unterschiedliche Formvorgaben umsetzen zu können. Dazu gehört die Analyse der Elemente, aber auch die Bestimmung der Funktion solcher Angaben *im Allgemeinen*. Zum anderen sollen ganz *bestimmte* Vorgaben umgesetzt werden können, die für Studien- und Prüfungsleistungen gefordert werden.

Das kann von Studierenden als problematisch angesehen werden, sofern sie davon ausgehen können, dass die zu erlernenden Vorgaben ausschließlich während des Studiums, aber hinterher nie wieder in dieser Form benutzt werden. Für die Motivation ist deshalb der Hinweis wichtig, dass sich die **Kompetenz** zur Umsetzung von Vorgaben bevorzugt dadurch erlernen lässt, dass man exemplarisch bestimmte Vorgaben umsetzen lernt.

Die Fähigkeit zur Gestaltung bibliographischer Angaben kann als eine **akademische Schlüsselkompetenz** angesehen werden. Einzeln betrachtet mögen die Vorgaben spitzfindig und übertrieben erscheinen. In der Summe aber entscheiden sie darüber, ob ein Text in seinem wissenschaftlichen Apparat den Anforderungen genügt oder nicht. Zur **Übung** können verschiedene Zitationsstile aus Fachzeitschriften miteinander verglichen werden. Die Übung dient dazu, ein Gefühl für die Gestaltungsmöglichkeiten zu bekommen. Sie bereitet darauf vor, *bestimmte* Vorgaben umsetzen zu lernen, weil man sieht, worauf dabei überhaupt zu achten ist.

Ü5 Zitationsstile aus Fachzeitschriften: Analyse und Vergleich

- **Arbeitsauftrag:** Arbeiten sie Gemeinsamkeiten und Unterschiede unten stehenden Beispiele für Zitationsstile aus Fachzeitschriften heraus.

- **Bearbeitungshinweis:** Achten Sie dabei besonders auf …
  - die *Elemente* und deren *Reihenfolge*,
  - den *Schriftschnitt* und die *Typographie*,
  - auf *Abkürzungen*,
  - den Umgang mit *unselbständiger Literatur* (Aufsätze in Zeitschriften und Beiträge in Sammelbänden) und
  - die verwendeten *Satzzeichen* sowie auf
  - die Besonderheiten der Gestaltung von *vollständigen Angaben* im Literaturverzeichnis und *Kurzbelegen* im Text oder in Fußnoten.

- **Vertiefung:** Nennen Sie ggf. Vor- und Nachteile der Gestaltung.

***

1) **Kölner Zeitschrift für Soziologie und Sozialpsychologie (KZfSS)** (Quelle: *Citavi*)

- *Zitation im Text*:
  (Brown et al. 2007: 11-13)
- *Zeitschriftenaufsatz*:
  Brown, Charleen, James Trefil und Paul Caringella. 2007. Citing is easy. *Style Review* 24, 10-19.
- *Beitrag in Sammelwerk*:
  Twain, Ellen und Peter Singer. 2004. Structuring your knowledge. In *The art of writing*. Scientific Publishing, Bd. 14, 2. Aufl., Hrsg. Francis Frey, 88-170. Sheffield: Quickpress.
- *Buch (Monographie)*:
  Sukowski, Richard W. 2009. *Golden rules for writing well*. 2. Aufl. Toronto: University Press.

2) **Leviathan – Berliner Zeitschrift für Sozialwissenschaft** (Quelle: *Citavi*)

- *Zitation im Text*:
  (Brown/Trefil/Caringella 2007, S. 11 ff.)
- *Zeitschriftenaufsatz*:
  Brown, Charleen u. a., 2007: Citing is easy, in: Style Review 24/2, S. 10-19.
- *Beitrag in Sammelwerk*:
  Twain, Ellen und Peter Singer, 2004: Structuring your knowledge, in: Francis Frey (Hg.), The art of writing, Bd. 1, Sheffield, S. 88-170.
- *Buch (Monographie)*:
  Sukowski, Richard Wilson, 2009: Golden rules for writing well, Toronto.

3) **Zeitschrift für Berufs- und Wirtschaftspädagogik (ZBW)** (Quelle: *Citavi*)

- *Zitation im Text*:
  (BROWN/TREFIL/CARINGELLA 2007, S. 11 ff.)
- *Zeitschriftenaufsatz*:
  BROWN, C./TREFIL, J./CARINGELLA, P. (2007): Citing is easy. In: Style Review 24, H. 2, S. 10–19.
- *Beitrag in Sammelwerk*:
  TWAIN, E./SINGER, P. (^{2}2004): Structuring your knowledge. In: FREY, F. (Hrsg.): The art of writing. Sheffield: Quickpress, S. 88–170.
- *Buch (Monographie)*:
  SUKOWSKI, R. W. (^{2}2009): Golden rules for writing well. Toronto: University Press.

4) **Neue Zeitschrift für Verwaltungsrecht (NVwZ)** (Quelle: *Citavi*)

- *Zitation in der Fußnote*:
  Brown/Trefil/Caringella, Style Review 24 (2007), 10 (12–14 ff.)
- *Zeitschriftenaufsatz*:
  Brown/Trefil/Caringella, Style Review 24 (2007), 10 ff.
- *Beitrag in Sammelwerk*:
  Twain/Singer, 2004, S. 88 ff.
- *Buch (Monographie)*:
  Sukowski, Golden rules for writing well, 2009.

5) **Athenäum – Jahrbuch der Friedrich Schlegel-Gesellschaft** (Quelle: *Citavi*)

- *Zitation in der Fußnote*:
  Charleen Brown/James Trefil/Paul Caringella: „Citing is easy". In: *Style Review* 24 (2007), S. 10–19, hier: S. 11–13.
- *Zeitschriftenaufsatz*:
  Charleen Brown/James Trefil/Paul Caringella: „Citing is easy". In: *Style Review* 24 (2007), S. 10–19.
- *Beitrag in Sammelwerk*:
  Ellen Twain/Peter Singer: „Structuring your knowledge". In: Francis Frey (Hg.): *The art of writing*. Sheffield 2004 (=*Scientific Publishing* 14), S. 88–170.
- *Buch (Monographie)*:
  Richard Wilson Sukowski: *Golden rules for writing well*. 2. Aufl. Toronto 2009.

Ü5: Ansatz für die Auswertung

- *Die vergleichende Analyse der Zitationsstile könnte z.B. so beginnen:*

Kurzbelege erfolgen entweder im Text (Nr. 1–3) oder in Fußnoten (Nr. 4, 5). In allen Beispielen steht das Element ›**Autor**‹ an erster Position. Dabei kann es sich um einen Autor oder mehrere Autoren handeln. Autoren sind im Schriftschnitt normal (Nr. 1, 2, 5) oder *kursiv* (Nr. 4), oder sie werden durch KAPITÄLCHEN hervorgehoben (Nr. 3). Die *Nachnamen* werden i.d.R. zuerst genannt (Ausnahme: Nr. 5). Die *Vornamen* werden entweder vollständig angegeben (Nr. 1, 2, 5) oder abgekürzt (Nr. 3) oder weggelassen (Nr. 4). Handelt es sich um mehrere Autoren und wird der Vorname angegeben, dann wird die Reihenfolge Vor- und Nachname entweder für alle Autoren verwendet (Nr. 3), oder der Nachname steht nur bei dem erstgenannten Autor zuerst, und weitere Autoren werden in der Reihenfolge Vor- und Nachname angegeben (Nr. 1, 2).

Das **Trennzeichen** bei mehreren Autoren ist entweder ein Komma (Nr. 1, 2) oder ein Schrägstrich *(Slash)* (Nr. 3–5). Die Variante Semikolon kommt in den Beispielen nicht vor. – Nach dem Autor folgt entweder das Element ›**Erscheinungsjahr**‹ (Nr. 1–4) oder das Element ›**Titel**‹ (Nr. 5). Zwischen Autor und Erscheinungsjahr steht entweder gar kein Satzzeichen (Nr. 2, 3), ein Punkt (Nr. 1), ein Komma (Nr. 4), oder – wenn der Titel folgt – ein Doppelpunkt (Nr. 5). Folgt das Erscheinungsjahr direkt nach dem Autor, wird es entweder ohne weitere Zusätze (Nr. 1, 2, 4) oder in runden Klammern (Nr. 3) angegeben. Eine Besonderheit stellen dabei Zeitschriften dar ..., etc. pp.

- *Vor- und Nachteile könnten z.B. die folgenden sein:*

Wird der Nachname zuerst genannt, ermöglicht das im **Literaturverzeichnis** eine automatische alphabetische Sortierung bei der elektronischen Textverarbeitung. Bei Zitationsstil Nr. 5 könnte die automatische Sortierfunktion nicht genutzt werden. Dort werden allerdings in den Fußnoten vollständige Angaben gemacht, sodass ein Literaturverzeichnis gar nicht zwingend benötigt wird, wie es bei Kurznachweisen der Fall ist, die erst mithilfe der vollständigen Angaben im Literaturverzeichnis entschlüsselt werden können (Nr. 1–3). Bei Nr. 4 ist das überhaupt nicht möglich, da – zumindest im Beispiel – gar keine vollständigen Angaben gemacht werden ..., etc. pp

Bereits alle Abweichungen in diesen fünf Beispielen aufzuzählen würde einen langen Atem brauchen. Das **Literaturverwaltungsprogramm *Citavi***, dem die Beispiele entnommen sind, enthält Hunderte von Zitationsstilen.[127] Wer wissenschaftliche Texte publiziert, hat hier ein Hilfsmittel. Es bleibt jedoch unerlässlich, die automatisch erstellten bibliographischen Angaben kritisch zu prüfen und ggf. zu korrigieren und zu ergänzen (s. unten, Kap. 3.2.2.2). Bereits die Analyse der fünf ausgewählten Beispiele zeigt, dass es unumgänglich ist, sich mit den Elementen einer bibliographischen Angabe eingehender zu beschäftigen, um konkrete Gestaltungsvorgaben korrekt umsetzen zu können.

***

[127] S. das Literaturverwaltungsprogramm ***Citavi***, Version 5.3.1 für *Windows 10, 8, 7* und *Vista*; Download der Basisversion *Citavi Free* möglich unter: http://www.citavi.de/de/download.html (Stand 22.09.2016).

3.2.2 Online-Datenbanken und Hilfsmittel

Eine **Recherche** funktioniert heutzutage üblicherweise über das Internet oder durch die Nutzung der Recherche-PCs in der Bibliothek. Das hat Vor- und Nachteile: Einerseits ist die Recherche sehr viel schneller, und man erhält viele Treffer; andererseits muss man in der Wahl der Kataloge und Suchbegriffe umsichtig vorgehen, damit relevante Literatur gleichsam nicht durch das Raster fällt. Zunächst wird deshalb eine Methode zur Nutzung des **OPAC** besprochen, anschließend werden einige **Hilfsmittel** vorgestellt.

3.2.2.1 Nutzung des Online Public Access Catalogue (OPAC)

Online Public Access Catalogue (OPAC) ist der Name für Suchmaschinen in Bibliothekskatalogen. Solche Kataloge funktionieren üblicherweise über eine Stichwortsuche. Deswegen bietet es sich an, zuvor eine Liste mit möglichen Suchbegriffen zu erstellen. Wer dabei systematisch vorgeht, erstellt eine „Suchmatrix“[128] (s. Abb. 10).

Begriff aus dem Thema	Multidimensionale Skalierung	Fernsehzeitschrift
Weiter Begriff	Statistisches Verfahren	Printmedien
Enger Begriff	Ähnlichkeitsstrukturanalyse	Programmzeitschrift, TV-Zeitschrift
Synonym/Abkürzung	MDS	–
Fremdsprachlicher Begriff	*Multidimensional Scaling*	*TV-Guide*

Abb. 10: Beispiel für eine Suchmatrix zum Thema „Durchführung einer Multidimensionalen Skalierung bei Fernsehzeitschriften“, erstellt nach: *Hoffmann, S.*, Gelingen, 2008 (FN 128), S. 43.

Der Grundgedanke dieser Technik besteht darin, dass die Begriffe aus dem Thema nicht die einzigen möglichen Suchbegriffe darstellen. Es lassen sich immer **engere und weitere Begriffe** finden. Bei rechtswissenschaftlichen Themen bietet es sich z.B. an, zunächst das Rechtsgebiet zu bestimmen, aus dem das Thema stammt, um anschließend Lehrbücher aus diesem Gebiet zu recherchieren, um dann darin speziellere Hinweise zu einzelnen Aspekten zu finden. Die Suche nach **Synonymen oder Abkürzung** relevanter Begriffe erweitert die Suchmatrix. Wer z.B. nach Literatur zum „Betrieblichen Eingliederungsmanagement“ sucht, sollte es einmal mit der Abkürzung „BEM“ versuchen. Im Online-Katalog der *Deutschen Nationalbibliothek* führt dies z.B. zu mehr als doppelt so vielen Treffern, wobei dann allerdings auch viele Titel dabei sind, die nicht das gesuchte Thema behandeln (s. weiterführend die Recherchemethoden unten, Kap. 3.2.3).

Auch die **Übersetzung**, besonders ins Englische, kann helfen, mehr Titel aus der internationalen Forschung zu finden. Dies bietet sich z.B. bei Themen aus dem Gebiet der Psychologie an. Umgekehrt kann die Recherche auch weiter eingegrenzt werden, wenn es zu viele Treffer gibt, z.B. indem nach spezielleren Schlagworten zum Thema oder nur in ausgewählten Fachzeitschriften gesucht wird.

[128] S. *Hoffmann, Sascha*: So gelingen Seminar-, Bachelor- und Masterarbeiten: Ein Leitfaden für BWLer und VWLer: Von der Recherche bis zur fertigen Arbeit, Heidenau: PD-Verl., 2008.

3.2.2.2 Das Literaturverwaltungsprogramm Citavi

Ein technisches Hilfsmittel für die Bibliotheksbenutzung ist bereits bei der Übung zu den Zitationsstilen zur Anwendung gekommen (s. oben, Ü5): Das **Literaturverwaltungsprogramm *Citavi*.**[129] Dieses Programm erleichtert erheblich die Dokumentation der bei der Recherche gefundenen Titel. Mit dem Tool *Citavi Picker* lassen sich Fundstellen im OPAC direkt in eine eigene Literaturliste importieren. Alternativ kann auch die ISBN aus der Trefferliste kopiert werden, um den Titel zu identifizieren. Die Funktion ›Literaturliste speichern‹ ermöglicht anschließend das Erstellen einer *Word*-Datei, die automatisch alle importierten Titel im jeweils eingestellten Zitationsstil enthält. Allein schon für diese praktische Funktion lohnt sich die Nutzung des Programms. Wer sich intensiver damit befassen möchte, kann ganze Aufsätze damit erstellen, einschließlich Zitaten, Fußnotenapparat, Gliederung und Verzeichnissen.[130] An vielen Universitäten und Hochschulen gehört die Nutzung von *Citavi* bereits zum Standard. Man kann sich also vor Ort informieren, ob es eine **Campus-Lizenz** für die Vollversion gibt.

Allerdings ersetzt dieses Hilfsmittel nicht die **eigenständige kritische Auseinandersetzung** mit den Anforderungen an die Gestaltung bibliographischer Angaben; dazu ein Beispiel: Angenommen, Sie finden bei Ihrer Recherche den Klassiker zum Wissenschaftlichen Arbeiten von Umberto Eco. Wenn Sie in *Citavi* z.B. den Zitationsstil „Juristischer Stil (Dr. Stüber)" nutzen, dann wird mit dem Befehl ›Literaturliste speichern‹ der folgende Eintrag erstellt:

◎ **Beispiel für einen Titel in einer *Citavi*-Literaturliste im Zitationsstil „Juristischer Stil (Dr. Stüber)":**

Eco, Umberto/Schick, Walter, Wie man eine wissenschaftliche Abschlußarbeit schreibt, Doktor-, Diplom- und Magisterarbeit in den Geistes- und Sozialwissenschaften, Bd. 1512, 13. Aufl., Wien 2010.

Dieser Eintrag ist zum einen unvollständig, weil er eine Bandnummer (Bd. 1512) enthält, ohne den Namen der **Schriftenreihe** anzugeben (hier: UTB). Mit dieser Information lässt sich also nicht viel anfangen. Außerdem ist der Eintrag insofern nicht korrekt, als Walter Schick nicht der (Co-)Autor, sondern der **Übersetzer des Werkes** ist, das im Original auf Italienisch erschienen ist. Dies erfährt man, wenn man das Buch zur Hand nimmt und sich das Deckblatt sowie das Impressum sichtet:

- **Titelblatt:** Umberto Eco
  Wie man eine wissenschaftliche Abschlußarbeit schreibt
  Doktor-, Diplom- und Magisterarbeiten in den Geistes- und Sozialwissenschaften
  Ins Deutsche übersetzt von Walter Schick
  13., unveränderte Auflage der deutschen Ausgabe

[129] S. *Citavi*, Download, 2016 (FN 127); http://www.citavi.de (Stand 22.09.2016).

[130] S. für weitere Informationen *Citavi*, Kurzeinführung, 2015; http://www.citavi.com/service/de/docs/Citavi_5_Kurzeinfuehrung.pdf (Stand 01.12.2015).

- **Impressum:** © für die deutschsprachige Ausgabe 2010 Facultas AG
  facultas.wuv Universitätsverlag, Berggasse 5, 1090 Wien, Österreich

  Originaltitel: Come si fa una tesi di laurea
  © RCS Libri S.p.A. – Milano
  Bompiani 1977–2010[131]

Dieser Titel ist ein Beispiel dafür, dass der durch *Citavi* vorformatierte Eintrag der **Überarbeitung** bedarf. Bei der Gestaltung bibliographischer Angaben werden ggf. weitere Informationen erforderlich, die nicht immer im *Impressum* zu finden sind, z.B. wird nicht klar, wie alt der Text in der vorliegenden Übersetzung tatsächlich ist. Das italienischsprachige Original ist erstmals 1977 erschienen. Das lässt sich zumindest implizit aus dem Impressum erschließen („Bompiani 1977–2010"). Die erste deutschsprachige Ausgabe in der Übersetzung von Walter Schick, die hier in der 13. Auflage vorliegt, stammt jedoch nicht aus dem Jahre 2010, sondern aus dem Jahre 1988. Das findet man heraus, indem man im OPAC der Bibliothek vor Ort oder in überregionalen Metasuchmaschinen wie dem *Karlsruher Virtuellen Katalog* (KVK) nach der 1. Auflage sucht. Eine gute Adresse dafür ist auch der Katalog der *Deutschen Nationalbibliothek* (DNB).

Da es sich um die „unveränderte" (!) 13. Auflage handelt, ist das **Ersterscheinungsjahr** der Übersetzung eine wichtige Zusatzinformation. Zusätzlich sollte das Erscheinungsjahr der Originalausgabe angegeben werden, da nur so das Alter des Textes aus der bibliographischen Angabe hervorgeht. Auch der **Reihentitel** fehlt in der vorformatierten Version: erschienen in der Reihe *UTB* (= Uni-Taschenbücher), Bd. 1512. Wer den Text in einer Studienarbeit zitieren möchte, muss den Eintrag also überarbeiten. Er kann vervollständigt z.B. wie folgt gestaltet werden:

- **Literaturverzeichnis**:

  Eco, Umberto [Abschlußarbeit, 2010 (ital. 1977)]: Wie man eine wissenschaftliche Abschlußarbeit schreibt: Doktor-, Diplom- und Magisterarbeit in den Geistes- und Sozialwissenschaften (Orig.-Ausg. u.d.T. Come si fa una tesi di laurea, 1977), Übers. v. Walter Schick, 13., unveränd. Aufl. der dt. Ausg. v. 1988, Wien: Facultas, 2010 (= UTB, Bd. 1512).

In dieser Lösung des Problems wird der Übersetzer nach dem Titel genannt. Bei einem Kurznachweis in der Fußnote kann der Übersetzer ganz weggelassen werden. Das Alter des Textes kann hingegen auch hier deutlich gemacht werden:

- **Kurznachweis in Fußnote:**

  1 *Eco, U.*, Abschlußarbeit, 2010 (ital. 1977), S. XY.

Soll der Eintrag im Literaturverzeichnis weitgehend unverändert bleiben, bestünde die Minimalanforderung darin, den **Übersetzer in runden Klammern** als solchen kenntlich zu machen, wie dies z.B. auch für Herausgeber (Hrsg.) oder Bearbeiter (Bearb.) erfolgt:

- **Hinweis auf den Übersetzer in runden Klammern:**

  Eco, Umberto; Schick, Walter (Übers.): [...]

---

[131] Zit. nach dem Impressum der Ausg. *Eco, U.*, Abschlußarbeit, 2010 (ital. 1977) (FN 29).

Trotz der erforderlichen Überarbeitung spart der Einsatz des Hilfsmittels *Citavi* einiges an Zeit, da die Trefferliste nicht abgetippt werden muss. Auch kann ein Zitationsstil gewählt werden, der den Formalvorschriften der eigenen Hochschule nahekommt.

Mithilfe der von *Citavi* generierten Literaturlisten lassen sich außerdem **Übungen** für den Unterricht oder das Selbststudium erstellen. Die Aufgabe besteht darin, die Listen gemäß den gewünschten Formalvorschriften zu überarbeiten und ggf. die dazu nötigen weiteren Informationen zu beschaffen.

Ü6 Zitationsstile anpassen: Übung mit *Citavi*-Literaturlisten

Arbeitsauftrag: Überarbeiten Sie die formale Gestaltung der Titel so, dass sie den fachspezifischen Formalvorschriften Ihrer Hochschule entspricht:

1) Zitationsstil „Juristischer Stil (Dr. Stüber)" (Quelle: *Citavi*)

Berger-Grabner, Doris, Wissenschaftliches Arbeiten in den Wirtschafts- und Sozialwissenschaften, Hilfreiche Tipps und praktische Beispiele, 2., aktualisierte und erw. Aufl., Wiesbaden 2013.

Cottrell, Stella/Kopp, Katharina, Studieren – das Handbuch, Heidelberg 2010.

Eco, Umberto/Schick, Walter, Wie man eine wissenschaftliche Abschlußarbeit schreibt, Doktor-, Diplom- und Magisterarbeit in den Geistes- und Sozialwissenschaften, Bd. 1512, 13., unveränd. Aufl. der dt. Ausg, Wien 2010.

Esselborn-Krumbiegel, Helga, Richtig wissenschaftlich schreiben, Wissenschaftssprache in Regeln und Übungen, Bd. 3429, 4., unveränderte Auflage, Paderborn 2016.

2) Zitationsstil „Theisen (16. Auflage, Chicago Style)" (Quelle: *Citavi*)

Berger-Grabner, Doris (2013): Wissenschaftliches Arbeiten in den Wirtschafts- und Sozialwissenschaften: Hilfreiche Tipps und praktische Beispiele, 2., aktualisierte und erw. Aufl., Wiesbaden: Springer Gabler, 2013

Cottrell, Stella/Kopp, Katharina (2010): Studieren – das Handbuch, Heidelberg: Spektrum Akad. Verl., 2010

Eco, Umberto/Schick, Walter (2010): Wie man eine wissenschaftliche Abschlußarbeit schreibt: Doktor-, Diplom- und Magisterarbeit in den Geistes- und Sozialwissenschaften, Bd. 1512, 13., unveränd. Aufl. der dt. Ausg., Wien: Facultas Univ.-Verl., 2010

Esselborn-Krumbiegel, Helga (2016): Richtig wissenschaftlich schreiben: Wissenschaftssprache in Regeln und Übungen, Bd. 3429, 4., unveränderte Auflage, Paderborn: Ferdinand Schöningh, 2016

[Eine mögliche Auflösung dieser Übung findet sich unten, im Anschluss an Kap. 4.2].

3.2.2.3 Nützliche Links für die Recherche

Bei der Recherche können die folgenden Links nützlich sein. Für den ersten Schritt empfiehlt sich bei der Informationsrecherche die Nutzung sogenannter **Metasuchmaschinen**. Das sind Online-Kataloge, die mehrere Datenbanken nach Treffern durchsuchen. Die erste Adresse ist hier der *Karlsruher Virtuelle Katalog* (KVK). Er ermöglicht die weltweite Suche. Dadurch lässt sich ersehen, was es alles zu einem Thema gibt. Weitere Metasuchmaschinen für die regionale Suche gibt es für einzelne Bundesländer, z.B. den *Gemeinsamen Bibliotheksverbund* (GBV), dem unter anderem die wissenschaftlichen Bibliotheken in Niedersachsen angehören. Die Trefferliste in solchen Metasuchmaschinen zeigt jeweils auch die **Standorte** der recherchierten Titel an.

Als **Hilfsmittel** bei der Suche nach Titeln empfiehlt sich außerdem in jedem Fall der Katalog der *Deutschen Nationalbibliothek* (DNB). Er verzeichnet alle in Deutschland erschienen Publikationen. Die Nutzung dieses Katalogs empfiehlt sich, weil die Angaben zu den einzelnen Titeln i.d.R. sehr ausführlich sind und so die Möglichkeit bieten, die bibliographischen Angaben der recherchierten Literatur ggf. zu vervollständigen.

🕮 Online-Kataloge für die globale, nationale und regionale Recherche

- **Karlsruher Virtueller Katalog**
  Metakatalog für weltweite Recherche
  http://kvk.bibliothek.kit.edu
- **Katalog der Deutschen Nationalbibliothek**
  Katalog für sämtliche Publikationen in Deutschland
  http://www.dnb.de/kataloge
- **Gemeinsamer Bibliotheksverbund**
  Metakatalog für Bibliotheken in Niedersachsen u.a.
  http://www.gbv.de

Für die **fachspezifische Suche** gibt es weitere nützliche Hilfsmittel, z.B. *Beck-Online* und *juris* für die Rechtswissenschaften, *Statista* – wie der Name andeutet – für die Suche nach statistischem Material und *PubPsych* für psychologische Fachliteratur.

🕮 Fachspezifische Kataloge

- **Beck-Online** (Sammlung juristischer Literatur)
  https://beck-online.beck.de
- **juris – Das Rechtsportal** (Normen/Urteile)
  http://www.juris.de/jportal/index.jsp
- **Statista – Das Statistik Portal** (Statistiken)
  http://de.statista.com
- **PubPsych** (Sammlung psychologischer Literatur)
  http://www.pubpsych.eu

Falls ein Titel interessant ist, kann im nächsten Schritt geschaut werden, ob er in einer **Bibliothek vor Ort** verfügbar ist. Sollte das nicht der Fall sein, kann geprüft werden, ob die örtliche Bibliothek den Service der **Fernleihe** anbietet. Gelegentlich lassen sich auch Auszüge der Werke in Kopie bestellen, z.B. bei Gerichtsentscheidungen. Die wissenschaftlichen Bibliotheken verfügen zudem über Lizenzen für die Nutzung von Datenbanken und elektronischen Medien. Die Nutzung solcher Serviceangebote setzt die **Anmeldung in der Bibliothek** vor Ort voraus. Das sollte eine der ersten Aktionen im Studium sein.

3.2.3 Recherchemethoden

Für ein Studium ist es wichtig, einige grundlegende **Recherchemethoden** zu kennen und anzuwenden. Zwei dieser Methoden werden hier vorgestellt: Die *Schneeball-Methode* und die *Systematische Recherche*.

☝ **Vermeidung der Ausrede: ›Zu meinem Thema gab es nichts!‹**

›**Zu meinem Thema gab es nichts.**‹ Bei Studienarbeiten muss eine solche Aussage als Ausrede gelten. Sie lässt sich oft schon dadurch vermeiden, dass bei der Recherche einige methodische Ratschläge berücksichtigt werden. Wenn z.B. ein Referat über das Thema ›Akronyme und Eselsbrücken‹ gehalten wird, sollte sich die Recherche nicht nur auf diese **Suchbegriffe** beschränken. Es ist unwahrscheinlich, dass ein Buch diese Begriffe bereits im Titel trägt. Wahrscheinlich aber ist es, dass Bücher, die sich mit dem Thema ›Lerntechniken‹ beschäftigen, auch Informationen zu Akronymen und Eselsbrücken enthalten.

Es sollte also das **Themen*gebiet*** bestimmt werden, aus dem das Thema stammt, zu dem Informationen gesucht werden. In diesem Falle handelt es sich um eine spezifische Lerntechnik, die beim Lernen mit den Mitteln von Sprache und Kreativität arbeitet. Die Suchbegriffe können also erweitert und angepasst werden. Auch die gezielte **Suche in Zeitschriften** zum Themengebiet kann ein probates Mittel sein. Nicht immer sind die einzelnen Aufsätze auch in den Trefferlisten der Kataloge zu finden. Zu einer gelingenden Recherche gehört es deshalb auch, Werke in der Bibliothek zu sichten.

3.2.3.1 Schneeball-Methode

Die Metapher vom ›Schneeball‹ ist geeignet, eine Methode der Literaturrecherche zu bezeichnen. Die **Schneeball-Methode** beschreibt ein Verfahren, bei dem nach Beiträgen zu einem Thema gesucht, die in diesen Beiträgen verwendete Literatur ihrerseits recherchiert, abermals nach weiteren Quellen durchgesehen wird etc. Auf diese Weise vergrößert sich der Umfang der gefundenen Literatur wie ein Schnellball, der einen Hang hinunterrollt.

◎ **Nutzung der Schneeball-Methode**
Beispiel Betriebswirtschaftslehre nach: *Wiltinger, A./Wiltinger, K.* (2006)

- Man beginnt mit einigen wenigen neueren Quellen und arbeitet sich über die dort **referenzierten Verweise** weiter.
- Erste **Ansatzpunkte** sind:
  - Fachlexika und Handwörterbücher, z.B. Handwörterbuch des Marketing
  - Lehrbücher, z.B. der „Reichmann", „Küpper", „Horváth" (Controlling)
  - neue Jahrgänge von Fachzeitschriften, z.B. ZfB, ZfbF, JoM, JMR, ZfO
  - neuere Dissertationen in verwandten Themengebieten (Suche über elektronische Kataloge)[132]

---

[132] Vgl. *Wiltinger, Angelika/Wiltinger, Kai*: Wissenschaftliches Arbeiten: Systematische Darstellung in Übersichten, Studienausgabe, Göttingen: Cuvillier, 2007 (= Betriebswirtschaftslehre in Übersichten, Bd. 5), S. 26.

Die Nutzung der Schneeball-Methode empfiehlt sich, um einen Überblick über die relevante Literatur zu gewinnen. Die Werke, in denen nach weiterer Literatur recherchiert wird, sollten allerdings bewusst ausgewählt und kritisch beurteilt werden. Vertritt ein Autor z.B. eine bestimmte **Forschungsrichtung** oder nimmt er eine sehr spezifische **Perspektive** auf ein Thema ein, wird er ggf. bestimmte Referenzen nicht verwenden, die aber für die eigene Themenbearbeitung relevant sein könnten.

Vermeide Strukturplagiate

Auch das **Zusammentragen von Forschungsliteratur** kann unter bestimmten Umständen als eine Forschungsleistung angesehen werden. Wenn z.B. Bibliographien für die eigene Arbeit genutzt werden, dann sollte diese Leistung auch durch einen entsprechenden Hinweis auf die für die Recherche benutzten Werke gewürdigt werden.

Vorsicht ist geboten, wenn Literatur benutzt wird, auf die man durch das Literaturverzeichnis oder Zitatnachweise in einem anderen Werkes aufmerksam geworden ist, ohne aus diesem Werk selbst zu zitieren. Hier besteht die Gefahr von **Strukturplagiaten**, indem die Argumentationsschritte mit den zugehörigen Belegen übernommen werden, ohne eigentlich den Wortlaut zu übernehmen (s. Kap. 5.3.1.6). In solchen Fällen ist ein Hinweis auf die Quelle unter Umständen geboten, um diese spezielle Form des Plagiats zu vermeiden.

3.2.3.2 Systematische Recherche

Die **systematische Recherche** unterscheidet sich von der Schneeball-Methode, aber nicht unbedingt dadurch, dass Letztere im Umkehrschluss ›unsystematisch‹ wäre. Auch bei der Sichtung von Literaturverzeichnissen kann (und sollte) systematisch vorgegangen werden. ›Systematisch‹ bedeutet bei der sogenannten Methode jedoch, dass die **Kriterien und Schritte der Recherche** in eine Ordnung gebracht werden, *bevor* mit der eigentlichen Recherche begonnen wird.

◎ **Durchführung einer systematischen Recherche**

Beispiel Betriebswirtschaftslehre nach: *Wiltinger, A./Wiltinger, K.* (2006)

- Suche nach **Schlagworten** in Katalogen und Bibliographien
- **Ansatzpunkte** sind insbesondere elektronische Kataloge:
  - OPAC von lokalen Bibliotheken
  - Karlsruher Virtueller Katalog (insbesondere für Bücher)
  - elektronische Kataloge der eigenen oder anderer Universitäten
  - andere Kataloge, z.B. *McKinsey*, *Boston Consulting Group* (BCG)
  - Problem: Recherche nach Beiträgen in Fachzeitschriften oder Sammelbänden[133]

Das heißt aber wiederum nicht, dass die einmal zugrunde gelegte Ordnung nicht auch während der Recherche angepasst und erweitert werden könnte. Es ist vielmehr sinnvoll, die Suchkriterien während der Recherche stetig zu überprüfen und die Anzahl der genutzten Kataloge ggf. zu erweitern. Die Methode eignet sich also besonders für die Nutzung des **OPAC**. Dabei kann auch eine **Suchmatrix** genutzt werden (s. Abb. 10).

[133] Vgl. *Wiltinger, A./Wiltinger, K.*, Übersichten, 2006 (FN 132), S. 26.

3.2.4 Bewertungskriterien für Literatur (Checkliste)

War die erste Recherche nach Titeln erfolgreich, sollten die Werke einer **Bewertung** unterzogen werden, um deren Brauchbarkeit zu überprüfen. Diese Prüfung findet später üblicherweise gleich in der Bibliothek statt, wo das Buch dem Regal entnommen oder am Ausgabeschalter in Empfang genommen wird. Titel, die sich nach einer Prüfung nicht als brauchbar herausstellen, müssen gar nicht erst ausgeliehen oder können gleich wieder abgegeben werden. Eine solche Prüfung muss jedoch geübt werden. Dafür bietet sich die Nutzung der folgenden **Checkliste** mit möglichen Kriterien zur Beurteilung an:

Checkliste zur Beurteilung von Büchern

▪ Titel, Untertitel	▪ Vorwort, Einleitung, Nachwort
▪ Verfasser, Herausgeber	▪ Abkürzungsverzeichnis
▪ Schriftenreihe	▪ Klappentext, Deckblätter
▪ Verlag, Verlagsort	▪ Inhaltsübersicht, Gliederung, Umfang
▪ Auflage, Erscheinungsjahr	▪ Anmerkungen, Zitate
▪ Geleitwort, Motto	▪ Literaturverzeichnis
+ Zitierhäufigkeit	

Abb. 11: Checkliste zur Beurteilung von Büchern, nach: *Theisen, M. R.*, Erfolgreich, 2013 (FN 31), S. 89–103 (Kap. 5.1 Materialbewertung).

Empfehlungen können sich auf Gegenstände oder auf Handlungen beziehen. Eine *Buchempfehlung* z.B. ist nicht zugleich eine Kaufempfehlung. Das empfohlene Buch kann auch ausgeliehen werden. Die Handlung, die implizit empfohlen wird, wenn man ein Buch empfiehlt, ist die *Lektüre* dieses Buches. Im Falle der *Informationsbeschaffung und -verarbeitung* beziehen sich die Empfehlungen auf Handlungen, die geeignet sind, sich mit den Inhalten der empfohlenen Werke zu beschäftigen. Bücher, die nicht explizit empfohlen werden, müssen selbständig mithilfe der Checkliste beurteilt werden.

Ü7 Steinbeißer-Methode bei der Literaturrecherche

Bei der Bewältigung komplexer Aufgaben gibt es viele ›Stolpersteine‹. Die **„Steinbeißer-Methode“**[134] soll verhindern helfen, dass man sich daran – um im Bild zu bleiben – ›die Zähne ausbeißt‹. Die Stolpersteine müssen gleichsam aus dem Weg geräumt oder gezielt umgangen werden. Die Methode dient dazu, ein Bewusstsein für eine konstruktive Problembearbeitung zu entwickeln.

Dazu kann z.B. eine **Rechercheübung** durchgeführt werden. Die Anwendung der *Steinbeißer-Methode* besteht dann darin, anschließend im Kurs über die Recherche Bericht zu erstatten, mögliche Schwierigkeiten zu benennen und Lösungsansätze zu entwickeln. Dazu können z.B. Karten (bzw. „Steine“) eingesetzt werden, auf denen das Problem notiert wird; anschließend werden in der Gruppe Tipps oder Regeln für die Recherche erarbeitet.[135] Als Grundlage für die Durchführung kann auch die **Checkliste** zur Literaturbeurteilung genutzt werden (s. Abb. 11).

---

134 S. *Hugenschmidt, B./Technau, A.*, Methoden, 2014 (FN 30), S. 173 f. (Steinbeißer-Methode).

135 Vgl. ebd., S. 173.

3.3 EXKURS: STUDIERENDES LESEN

Das Thema ›**Studierendes Lesen**‹ gehört innerhalb der Systematik der wissenschaftlichen Propädeutik zu den *Methodischen Grundlagen*. Es lässt sich jedoch auch als eine *Studiertechnik* verstehen, die in erster Linie der Erarbeitung von Inhalten dient. Deshalb hat dieses Kapitel zum studierenden Lesen im Kontext des vorliegenden Buches lediglich den Status eines **Exkurses**. Dieser Exkurs ist dadurch gerechtfertigt, dass das Lesen zu den Haupttätigkeiten im Studium gehört und zur Vorbereitung der formalen Gestaltung einer schriftlichen Arbeit relevant ist. Deshalb ist es sinnvoll, einige grundlegende Lesestile und -techniken anzusprechen. Die **Lernziele** einer entsprechenden Unterrichtseinheit im Fachunterricht können die folgenden sein:

◎ **Mögliche Lernziele einer Lektion zum studierenden Lesen**

Die Studierenden können ...

- sich kritisch mit dem eigenen Leseverhalten auseinandersetzen,
- Fachliteratur gezielt sichten, lesen und schriftlich auswerten,
- Arten des Lesens und deren Anwendungsgebiete unterscheiden,
- Lesemethoden anwenden und effektives Lesen selbständig trainieren,
- Lesefehler analysieren, Texte schneller lesen und besser verstehen,
- Texte markieren, Randbemerkungen und sinnvolle Abkürzungen verwenden,
- Exzerpte erstellen und das Gelesene für eigene Projekte produktiv machen.

3.3.1 Lesestile und Lesemethoden

Das studierende Lesen ist ein bestimmter **Lesestil** und umfasst zugleich mehrere Arten des Lesens: Das Spektrum der Lesestile reicht vom *kursorischen Lesen* über das normale *Durchlesen* bis hin zum *exzerpierenden Lesen*, bei dem das Gelesene schriftlich ausgewertet wird. Beim studierenden Lesen werden also eigentlich *mehrere* Lesestile eingesetzt. Folglich muss man diese Stile kennen, deren Anwendung trainieren und sich darin üben, im Leseprozess den jeweils angemessenen Stil auszuwählen sowie verschiedene Tätigkeiten miteinander zu kombinieren.

Für den Einsatz der Lesestile gibt es wiederum verschiedene **Lesemethoden**. Eine Faustregel lautet: ›*Das Lesen soll zum Schreiben führen.*‹[136] Studierendes Lesen ist nicht allein rezeptiv, sondern perspektivisch immer auch produktiv. Die Aufnahme der Inhalte beim Lesen dient letztlich dem Verfassen eigener Texte. Das Lesen selbst ist **ein produktiver Vorgang**. Im Leseprozess werden eigene Gedanken gebildet, und es entstehen Notizen und Kommentare, also eine selbst erstellte Materialsammlung, die später für ein eigenes Projekt genutzt werden kann, z.B. ein Referat oder eine Hausarbeit. Mit diesem Ziel vor Augen werden Texte eben nicht bloß *gelesen*, sondern vielmehr *studiert*.

---

136 Vgl. zu diesem Grundsatz *Universität Bielefeld*: Zentrum für Lehren und Lernen (ZLL): Das Schreiblabor, 2017; http://www.uni-bielefeld.de/Universitaet/Einrichtungen/SLK/schreiblabor (Zugriff 02.08.2017).

🕮 Anwendung von Lesestilen beim studierenden Lesen

Das studierende Lesen ist ein bestimmter Lesestil (s. Nr. 10), der unterschiedliche Arten des Lesens methodisch einsetzt und miteinander kombiniert, die ihrerseits als Lesestile betrachtet werden können (s. Nr. 1–9). Studierendes Lesen schließt damit die folgenden Tätigkeiten ein:

1) **durchblättern:** die ersten und letzten Seiten des Textes aufschlagen, den Text in der Mitte aufschlagen und weiterblättern, um die *Textgestalt* zu prüfen, z.B. im Hinblick auf Umfang, Schriftbild, Struktur, wissenschaftlichen Apparat, Gestaltung von Nachweisen, Verzeichnissen und Abbildungen;

2) **sichten:** gezielt das Impressum, das Literaturverzeichnis, das Inhaltsverzeichnis, ggf. das Sachregister sowie einzelne Kapitel aufschlagen, um den Text anhand von editorischen Angaben, verwendeter Literatur und Überschriften auf seine *Aktualität und Relevanz* zu prüfen;

3) **überfliegen:** Textpassagen, die relevant erscheinen (s. Nr. 2), überfliegend mit den Augen abtasten, um nach fachlich relevanten *Signalwörtern* zu suchen;

4) **›querlesen‹:** sehr zügig lesen, im Text springen und kurz (!) an einzelnen Textstellen hängenbleiben, um sich einen *Überblick* über die Inhalte zu verschaffen;

5) **anlesen:** wenige Sätze ausgewählter Kapitel und Abschnitte durchlesen (s. Nr. 7), um den *Schreibstil* zu prüfen (Verständlichkeit und wissenschaftlicher Anspruch) und eine vorläufige *Auswahl* für die vertiefende Lektüre zu treffen;

6) **nachlesen:** gezielt nach einer bestimmten Information im Text suchen (nicht nur bei Lexika anwendbar, dort meist ›nachschlagen‹ genannt) und diesen an der Fundstelle durchlesen (s. Nr. 7), um die *gesuchte Information* aufzunehmen;

7) **durchlesen** (›normale‹ Lesegeschwindigkeit): ausgewählte Passagen abschnittsweise lesen, um die *Inhalte des Textes aufzunehmen*, dabei möglichst nicht Wort für Wort lesen, sondern sinnvolle Wortgruppen als Ganzes erfassen, nicht im Text zurückspringen (*Regression*), sondern aufmerksam, konzentriert und zügig weiterlesen;

8) **intensiv lesen:** als wichtig erachtete Passagen, die bereits durchgelesen wurden (s. Nr. 7), nun Satz für Satz und mehrfach lesen (auch Quellenangaben berücksichtigen), Unterstreichungen und Randbemerkungen machen, Querverweise anbringen, unbekannte Wörter und Fachbegriffe nachschlagen (Wörterbücher, Lexika, ggf. Glossar, s. Nr. 6), dabei Notizen machen, um die Inhalte gedanklich zu *durchdringen*, wichtige Aspekte *herauszufiltern* und deren weitere Verarbeitung zu ermöglichen;

9) **exzerpierend lesen:** eigene Überschriften für einzelne Abschnitte bilden, direkte und indirekte Zitate aus dem Text herausschreiben (mit bibliographischen Angaben, Seitenzahlen sowie ggf. Anführungszeichen versehen!), Kommentare und Notizen hinzufügen (z.B. ein Dokument in Tabellenform anlegen) und Stichwortlisten erstellen, um die Inhalte für die *Verarbeitung* in eigenen Projekten *vorzubereiten*;

10) **studierend lesen:** alle genannten Lesestile (s. Nr. 1–9) gezielt und mithilfe von *Lesemethoden* wie z.B. der SQ3R-Methode (s. Kap. 3.3.2) anwenden, um das Gelesene gedanklich zu verarbeiten, zu verstehen, zu strukturieren, kritisch zu beurteilen, in den wissenschaftlichen Kontext einzuordnen und für die Bearbeitung eines *eigenen Projektes* zu *nutzen* (z.B. ein Referat oder eine Hausarbeit).

Studierendes Lesen ist ***methodisches* Lesen**. Wer methodisch lesen will, muss verschiedene Lesestile kombinieren und weitere Tätigkeiten koordinieren, die das Lesen begleiten, z.B. das Fragen, Beurteilen und Herausschreiben. Im Folgenden werden deshalb zunächst ausgewählte *Lesemethoden* vorgestellt und anschließend zwei Tätigkeiten behandelt, die für das studierende Lesen besonders wichtig sind, nämlich das Anbringen von *Markierungen und Randbemerkungen* sowie das *Exzerpieren*, d.i. das gezielte Herausschreiben und Ordnen der gelesenen Inhalte. Zuletzt werden Anregungen zum selbständigen *Lesetraining* gegeben, mit denen sich an der Effizienz des Lesens arbeiten lässt.

Es gibt einige **›klassische Lesemethoden‹**, die beim studierenden Lesen eingesetzt werden können, z.B. die *SQ3R-Methode*, die *SQ4R-Methode* und die *Methode von Smith*.[137] Gemeinsam ist diesen Methoden, dass sie sich nicht auf das Durchlesen im engeren Sinne beschränken, sondern mehrere Tätigkeiten in einer sinnvollen Reihenfolge zu koordinieren erlauben. Die Anwendung solcher Methoden bedeutet also mehr als bloßes Lesen.

Σ **Lesemethoden für das studierende Lesen**

- *SQ3R-Methode* (auch: 5-Gang-Methode)
- Schritte beim Lesen: (engl.) *Survey, Question, Read, Recite, Review*[138]
- Lesemethode nach: *Robinson, F. P.*, Study, 1961 (FN 137)

- *SQ4R-Methode*
- Schritte beim Lesen: (engl.) *Preview, Question, Read, Reflect, Recite, Review*[139]
- Lesemethode nach: *Thomas, E. L./Robinson H. A.*, Reading, 1972 (FN 137)

- *Methode von Smith*
- Schritte beim Lesen: Text überfliegen, Text zusammenfassen, Fragen formulieren, Antworten formulieren, Antworten am Text überprüfen[140]
- Lesemethode nach: *Smith, D. E. P.*, Technology, 1977 (FN 137)

3.3.2 Die SQ3R-Methode

Exemplarisch sei hier die **SQ3R-Methode** näher erläutert. Sie funktioniert in fünf Schritten und kann deshalb auch *5-Gang-Methode* genannt werden. Auch hier ist die Einsicht wichtig, dass studierendes Lesen eine ganze Reihe von Tätigkeiten umfasst, die über das bloße Lesen hinausgehen. Im Einzelnen sind dies die folgenden:

---

137 Vgl. *Stary, J./Kretschmer, H.*, Literatur, 1998 ([1]1994) (FN 29), S. 61; die Autoren beziehen sich auf [**SQ3R**:] *Robinson, Francis P.*: Effective Study, durchges. Ausg., New York: Harper & Row, 1961 [s. dazu auch *Schräder-Naef, Regula*: Rationeller Lernen lernen: Ratschläge und Übungen für alle Wissbegierigen, 9. Aufl. ([1]1971), Weinheim/Basel: Beltz, 1977, S. 30 f.]; [**SQ4R**:] *Thomas, Ellen L./Robinson, H. A.*: Improving Reading in Every Class: A Source-book for Teachers, Boston u.a.: Allyn & Bacon, 1972 [s. dazu auch *Ballstaedt, Steffen-Peter/Mandl, Heinz*: Texte verstehen, Texte gestalten, München/Wien/Baltimore: Urban & Schwarzenberg, 1981, S. 264 f.]; [**Methode von Smith**:] *Smith, Donald E. P.*: A Technology of Reading and Writing, Bd. 3: The Adaptive Classroom, New York: Academic Press, 1977 [s. dazu auch *Keitel, Christine/Otte, Michael/Seeger, Falk*: Text – Wissen – Tätigkeit: das Schulbuch, Königstein/Ts.: Scriptor, 1980, S. 150 f.].

138 Vgl. *Stary, J./Kretschmer, H.*, Literatur, 1998 ([1]1994) (FN 29), S. 61; basierend auf *Robinson, F. P.*, Study, 1961 (FN 137); dargestellt bei *Schräder-Naef, R.*, Rationeller, 1977 (ebd.), S. 30 f.

139 Vgl. *Stary, J./Kretschmer, H.*, Literatur, 1998 ([1]1994) (FN 29), S. 61; basierend auf *Thomas, E. L./Robinson, H. A.*, Reading, 1972 (FN 137); dargestellt bei *Ballstaedt, S.-P./Mandl, H.*, Texte, 1981 (ebd.), S. 264 f.

140 Vgl. *Stary, J./Kretschmer, H.*, Literatur, 1998 ([1]1994) (FN 29), S. 61; basierend auf *Smith, D. E. P.*, Technology, 1977 (FN 137); dargestellt bei *Keitel, Chr./Otte, M./Seeger, F.*, Text, 1980 (ebd.), S. 150 f.

Die fünf Schritte der SQ3R-Methode

1)	***Survey***	=	sichten, sich orientieren und einen **Überblick** gewinnen!
2)	***Question***	=	konkrete **Fragen** an den Text richten!
3)	***Read***	=	richtig gründlich abschnittsweise **lesen** und markieren!
4)	***Recite***	=	rekapitulieren der Abschnitte, **aufsagen**, in Erinnerung rufen und schriftlich zusammenfassen!
5)	***Review***	=	repetieren: nochmals **durchsehen**, wiederholen und das Gelernte in den Gesamtzusammenhang einordnen![141]

Für das **Sichten** können verschiedene Lesestile eingesetzt werden, insbesondere der gleichnamige Lesestil „Sichten", aber auch das Überfliegen, Querlesen und Anlesen. **Fragen** an den Text zu richten, ist im Grunde bereits für das Sichten wichtig, da nur so klar wird, ob der Text für ein Studienfach oder ein eigenes Projekt relevant ist. Spätestens beim gründlichen **Lesen** begleiten Fragen die Aneignung der gelesenen Informationen. Dabei sind der Anlass für das Lesen und die eingenommene Perspektive wichtig. Außerdem kann auf das Repertoire an Lesestilen zurückgegriffen werden, um Passagen für das gründliche Lesen gezielt auszuwählen.

Spätestens beim **Rekapitulieren** wird der Lesevorgang vom Schreiben begleitet. Erst so werden die gelesenen Informationen verarbeitet. Das **Durchsehen** und Reflektieren ist zur Vorbereitung eigener Projekte wichtig, z.B. für Studienleistungen. So können Kontexte hergestellt werden und die eigenen Aufzeichnungen geordnet archiviert werden.

3.3.3 Markierungen, Randbemerkungen und Exzerpte

Beim gründlichen **Lesen** sollten **Markierungen und Randbemerkungen** angebracht werden (bitte nicht in ausgeliehenen, sondern nur in eigenen oder kopierten Texten). Die folgenden Vorschläge mögen dafür hilfreich sein (Abb. 12).

!	= besonders wichtig	**I. II. III.**	= Nummerierung Abschnitte
+	= einleuchtend, plausibel, klar	**1. 2. 3.**	= Nummerierung Unterpunkte
?	= fraglich, zweifelhaft, unklar	**a) b) c)**	= Aufzählung von Argumenten
Def.	= Definition/Fachbegriff	**vgl. S. 2**	= Querverweis auf andere Textstellen
≈	= Erläuterung		
Zit.	= Zitieren!	**↑ Bem.**	= ggf. nachschlagen + Bemerkung
X	= Merken!		
Bsp.	= Beispiel	**⇒**	= Schlussfolgerung
⇓	= Gedankengang beginnt	**Σ**	= Ergebnis/Zusammenfassung
⇑	= Gedankengang endet	**☺**	= „schöne" Formulierung

Abb. 12: Vorschläge für Abkürzungen und Symbole bei Randbemerkungen *(eigene Darst.).*

[141] Vgl. *Koeder, Kurt-Wolfgang*: Studiermethodik: Selbstmanagement für Studienanfänger, 5., überarb. Aufl. u. erw. Aufl., München: Vahlen, 2012, S. 123–131 [nach: *Robinson, F. P.*, Study, 1961 (FN 137)].

Die schriftliche **Zusammenfassung** erfolgt in Form von sogenannten ›Exzerpten‹, also Textauszügen mit direkten und indirekten Zitaten aus dem gelesenen Text. Das **Exzerpieren** meint also das gezielte Herausschreiben, Ordnen und Verarbeiten der gelesenen Informationen. Dadurch entstehen Dokumente mit komprimierten Informationen, die für die Weiterverarbeitung in eigenen Projekten genutzt werden können.

Wie sollte ein Exzerpt aufgebaut sein?

1) Bibliographische Angaben (Kopfzeile)
2) Standort des Textes und Lesedatum
3) Hauptaussagen des Textes *und* eigene Fragestellung, unter der der Text exzerpiert wurde
4) Inhalte im Hauptteil: sinngemäße und wörtliche Zitate, eigene Gedanken, Kommentare, Fragen etc.
5) Hinweise zur Weiterverarbeitung, Vernetzung mit anderen Texten, ggf. zur Organisation (bei größeren Arbeiten)[142]

Beim Exzerpieren sollten bereits vollständige bibliographische Angaben notiert werden. Auch die präzise Kennzeichnung von **direkten und indirekten Zitaten** mit Seitenangaben sollten nicht vergessen werden. Dies erleichtert die spätere Verarbeitung.

3.3.4 Anwendung der C.R.E.A.M.-Strategie

Mit der **C.R.E.A.M.-Stategie** nach Stella Cottrell lässt sich eine Übung zum studierenden Lesen durchführen. C.R.E.A.M steht für fünf Adjektive, die eine **Lernaktivität** charakterisieren: Sie soll *kreativ* (engl. *creative*), *reflektierend*, *effektiv*, *aktiv* und *motiviert* sein.[143]

Ü8 Studierendes Lesen: Anwendung der C.R.E.A.M.-Strategie

Arbeitsauftrag: Überlegen Sie, wie sie die unten beschriebene ›C.R.E.A.M.-Strategie‹ auf Ihr Leseverhalten anwenden und so Ihr Lesen für das Lernen produktiv machen können (s. Abb. 13).

Die C.R.E.A.M.-Strategie nach Stella Cottrell	
Kreativ (engl. *creative*)	individuelle Stile anwenden und mit Phantasie an das Lernen herangehen
Reflektierend	sich mit eigenen Erfahrungen auseinandersetzen, eigene Leistungen analysieren, beurteilen und daraus Lehren ziehen
Effektiv	Arbeitsplatz, Zeit, Prioritäten, eigene Einstellung und Hilfsmittel (einschl. PC) so effektiv wie möglich gestalten
Aktiv	sich engagieren, geistig und körperlich aktiv sein, um das, was man lernt, zu begreifen
Motiviert	sich im Klaren darüber sein, welche Ergebnisse man sich wünscht, am Ball bleiben, kurz- oder langfristige Ziele setzen

Abb. 13: Die C.R.E.A.M.-Strategie, nach: *Cottrell, S.*, Studieren, 2010, S. 55.

[142] Vgl. *Hoffmann, S.*, Gelingen, 2008 (FN 128), S. 166 f.

[143] S. zur Idee für diese Übung *Cottrell, S.*, Studieren, 2010 (FN 20), S. 119; s. zur C.R.E.A.M.-Strategie ebd., S. 55.

4. Die Form schriftlicher Arbeiten

Das korrekte **Bibliographieren und Zitieren** kann als *Methodenkompetenz* angesehen werden. Zu den Anforderungen an das wissenschaftliche Arbeiten gehören noch eine ganze Reihe weiterer methodischer Kompetenzen, z.B. die Bibliotheksbenutzung oder das studierende Lesen. Die Methoden des Bibliographierens und Zitierens wirken sich jedoch direkt auf die *Form* eines Textes aus. Es handelt sich also um formale Anforderungen.

Ü9 Formalvorschriften: Die Leittext-Methode[144]

- Die **Leittext-Methode** dient unter anderem dazu, dass die Lernenden „[s]elbständig Informationen aufnehmen und verarbeiten" sowie „[k]omplexe Aufgaben im Gesamtzusammenhang sehen"[145]. Grundlage für die Durchführung ist eine Zusammenstellung von *Material*, das nach vorgegebenen *Leitfragen* selbständig bearbeitet und ausgewertet wird.[146]
- Thematisch bietet es sich für die Vermittlung der *Formalia* des wissenschaftlichen Arbeitens an, **Material** zugrunde zu legen, das Gestaltungsvorgaben für wissenschaftliche Arbeiten enthält und/oder erläutert. Das können z.B. *Autorenhinweise* einer Zeitschrift und/oder Auszüge aus einem *Lehrbuch* zum wissenschaftlichen Arbeiten sein.
- **Bearbeitungshinweis für Dozenten:** Wer gerade keinen Leittext zur Hand hat, kann dafür die ›Formalvorschriften‹[147] verwenden (s. Kap. 4.1). Die wichtigsten formalen Vorgaben für Studienarbeiten sind dort zusammengefasst. Wird das vorliegende Buch nicht explizit für die Lehre genutzt, kann es selbst die Funktion eines Leittextes haben, um die formalen Anforderungen nach der *Leittext-Methode* zu vermitteln. Der obige Katalog von *Leitfragen* sollte dann erweitert und an die spezifischen Lehrbedingungen angepasst werden.

Zu den **formalen Anforderungen** gehören die Einrichtung des Manuskripts sowie die konzeptionelle Gestaltung einer wissenschaftlichen Arbeit. **Leitfragen** für die eigenständige Bearbeitung des Materials können z.B. die folgenden sein:

? Mögliche Leitfragen für die Bearbeitung des Materials

- Was versteht man unter einer ›Quelle‹?
- Was ist bei der Quellenarbeit zu beachten?
- Welche Funktion hat eine ›bibliographische Angabe‹?
- Aus welchen Elementen setzt sich eine ›bibliographische Angabe‹ zusammen?
- Welche Bestandteile hat ein Manuskript?
- Was ist bei der Manuskriptgestaltung zu beachten?

Die Hinweise in diesem Kapitel sind so gestaltet, dass sie sich als **›verbindliche‹ Vorgaben** lesen lassen. Die Darstellung ist deshalb um Eindeutigkeit bemüht. Das ist jedoch nicht so zu verstehen, dass es sich um die einzige Möglichkeit handeln würde: Vieles ließe sich in anderen Kontexten anders handhaben. Unabhängig von den konkreten *Antworten*, die hier gegeben werden, sind jedoch die *Fragen*, die sich in formaler Hinsicht stellen.

---

144 S. *Hugenschmidt, B./Technau, A.*, Methoden, 2014 (FN 30), S. 109 f. (Leittext-Methode).
145 Ebd., S. 109 (Lernziele).
146 Vgl. ebd. (Durchführung).
147 S. *NSI/HSVN*, Formalvorschriften, 2016 (FN 32).

4.1 FORMALVORSCHRIFTEN – EIN BEISPIEL

Ü10 WWW-Methode: Was wäre, wenn ...?

Die Abkürzung ›WWW‹ steht nicht für das *World Wide Web*, sondern für die Frage: **›Was wäre, wenn ...?‹** – Die so bezeichnete Methode[148] entwirft ein Szenario, das von einer bestimmten Annahme ausgeht und deren mögliche Folgen beschreibt. Der Konjunktiv II in der Formulierung der Frage deutet an, dass es dabei um spekulative Annahmen geht, d.h. um etwas, was gegenwärtig nicht der Fall ist, was man noch nicht weiß oder was als unmöglich angesehen wird.

- *Arbeitsauftrag*: In dieser Übung geht es um die WWW-Frage ...
  ›Was wäre, wenn es im Studium keine Formalvorschriften für die Manuskriptgestaltung von wissenschaftlichen Arbeiten geben würde?‹

- Stellen Sie Überlegungen zu dieser WWW-Frage an.
- Halten Sie mögliche positive und negative Konsequenzen schriftlich fest.
- *Einzelarbeit*: Sie haben zehn Minuten Zeit.
- *Auswertung im Plenum*: z.B. an der Pinnwand in Tabellenform mit anschließender Diskussion, insbesondere im Hinblick auf die Unterscheidung ›positiv – negativ‹. Welches Kriterium liegt der Bewertung einer möglichen Konsequenz jeweils zugrunde?

Die **Einrichtung des Manuskripts** nach bestimmten Vorgaben gehört zu den formalen Gestaltungsanforderungen an schriftliche Arbeiten. An den Verwaltungshochschulen gibt es unterschiedliche Vorgaben, die in unterschiedlichem Maße detailliert sind.

◎ Verzicht auf Dateivorlagen

Technisch wäre es möglich, ein Textdokument zu erstellen, das bereits nach den Vorgaben für die Manuskriptgestaltung formatiert ist (Dateivorlage). Im Interesse des Lernerfolgs der Studierenden ist davon abzuraten, ein solches Dokument zur Verfügung zu stellen: Für das Lernziel, bestimmte Vorgaben *eigenständig* umsetzen zu lernen, wäre das kontraproduktiv.

Die wissenschaftlichen Verlage haben sehr unterschiedliche Formalvorschriften, nicht nur für die Zitation.[149] Ein Manuskript nach solchen spezifischen Vorgaben formatieren zu können ist eine *Fertigkeit*, die erlernt und geübt werden muss. Der **Verzicht auf Dateivorlagen** hat damit didaktische Gründe.

Die folgenden Hinweise sind ein **Beispiel für verbindliche Formalvorschriften** bezüglich der Formatierung und Gestaltung des Manuskripts, einschließlich der bibliographischen Angaben.[150] Je nach Kontext können einige Dinge ggf. auch abweichend oder gar nicht geregelt sein. Die Ausführungen bieten jedoch unabhängig von ihrem Charakter als ›Vorschriften‹ eine Übersicht, welche Aspekte grundsätzlich bei der formalen Gestaltung schriftlicher Arbeiten zu beachten sind. Zum besseren Verständnis werden Erläuterungen hinzugefügt, die bei der Umsetzung in eine Studien- und Prüfungsordnung entfallen können. Die Ausführungen beziehen sich im Einzelnen auf die folgenden Aspekte:

---

148 S. *Hugenschmidt, B./Technau, A.*, Methoden, 2014 (FN 30), S. 191 f. (WWW-Methode).

149 S. z.B. die **Zitationsstile aus Fachzeitschriften** oben, Kap. 3.2.1 (Ü5).

150 Das Beispiel orientiert sich an *NSI/HSVN*, Formalvorschriften, 2016 (FN 32); s. dazu auch die **Leittext-Methode** oben, Kap. 4 (Ü9).

Gliederung[151]

151 In Hausarbeiten und Abschlussarbeiten sowie Kurzfassungen zu Referaten lautet die Überschrift ›*Inhaltsverzeichnis*‹. Im vorliegenden Fall steht stattdessen **„Gliederung"**, um die Funktion des Verzeichnisses anzuzeigen, nämlich eine Übersicht über den Aufbau und die Struktur des folgenden Abschnitts zu geben.

Einsatz der abgestuften Gliederung für Juristen

Die Gliederung ist in Form einer **abgestuften Gliederung für Juristen** gestaltet: Teil 1, § 1, 1., a), aa).[152] Für Kurzfassungen sowie Haus- und Abschlussarbeiten an der HSVN wird sie *nicht* verwendet.[153] Wird nichts Abweichendes vorgeschrieben, kann diese Variante jedoch für andere schriftliche Ausarbeitungen eingesetzt werden, um ihre Vorteile zu nutzen.

Eine Besonderheit ist die **durchgängige Zählung in Paragraphen**. Jede Paragraphennummer kommt nur einmal vor. Das hat den Vorteil der Eindeutigkeit. In den Unterpunkten ist diese Variante angelehnt an die *alphanumerische Gliederung* (A., I., 1., a), sodass dieser Vorteil geschmälert wird. Sollen die Nummern sämtlicher Überschriften eindeutig sein, verwendet man die *numerische (auch: dekadische) Gliederung* (1., 1.1, 1.1.1, 1.1.1.1), die wiederum den Nachteil der Unübersichtlichkeit hat.[154] Auch wenn die abgestufte Gliederung für Juristen nicht für eigene Arbeiten verwendet wird, sollte man sich im Verwaltungsstudium damit vertraut machen, da häufig mit juristischen Texten gearbeitet wird.

1. Teil: Geltungsbereich

> „Die vorliegenden Hinweise enthalten verbindliche Vorgaben zur formalen Gestaltung von schriftlichen Arbeiten in allen Studiengängen an der HSVN sowie im Angestelltenlehrgang II am NSI. Für die übrigen Lehrgänge im Institutsbereich können sie als Orientierung dienen. Mit schriftlichen Arbeiten sind Hausarbeiten und Kurzfassungen zu Referaten gemeint. Die Hinweise zur Hausarbeit sind auch für Bachelor- und Masterarbeiten anzuwenden. Für Handouts, Präsentationen o.ä. kann der sogenannte *Harvard*-Zitationsstil verwendet werden: Kurznachweise im Text bzw. auf der Folie mit (Autor, Erscheinungsjahr), zzgl. Literaturverzeichnis."[155]

Richtlinien für die formale Gestaltung von schriftlichen Arbeiten sollten zunächst den **Geltungsbereich** benennen. Dazu gehören *Studiengänge und Lehrgänge* (§ 1), *Fachbereiche und Fächer* (§ 2) sowie *Arten von Studienleistungen* (§ 3). Auf diese Weise wird geklärt, wer der Adressat der *Formalvorschriften* ist und welchen Anwendungsbereich die einzelnen Vorschriften haben.

§ 1 Studiengänge und Lehrgänge

An der *Kommunalen Hochschule für Verwaltung in Niedersachsen* (HSVN) gibt es mehrere Studiengänge, innerhalb der Studiengänge mehrere Fachbereiche mit mehreren zugehörigen Studienfächern. Am *Niedersächsischen Studieninstitut für kommunale Verwaltung* (NSI) gehört das Fach ›Wissenschaftliches Arbeiten‹ darüber hinaus zum *Curriculum* für den Angestelltenlehrgang II.

---

152 S. dazu *Möllers, Thomas M. J.*: Juristische Arbeitstechnik und wissenschaftliches Arbeiten, 5., neu bearb. Aufl., München: Vahlen, 2010, S. 55.

153 S. *NSI/HSVN*, Formalvorschriften, 2016 (FN 32), S. 2 (Kap. 2.4, Abs. 2); s. unten, Kap. 4.1 (§ 4 Nr. 4b): Dort werden lediglich die *dekadische* und die *alphanumerische Gliederung* als Möglichkeiten genannt.

154 S. dazu den Vergleich mit der *alphanumerischen Gliederung* unten, Kap. 4.2.

155 *NSI/HSVN*, Formalvorschriften, 2016 (FN 32), S. 1 (Kap. 1).

Der Geltungsbereich der Formalvorschriften sollte sich auf alle Studiengänge und Lehrgänge erstrecken, die das **Fach ›Wissenschaftliche Arbeiten‹** explizit im *Curriculum* vorsehen. Im Falle der HSVN sind dies die *Bachelorstudiengänge* ›Allgemeine Verwaltung, B.A.‹ und ›Verwaltungsbetriebswirtschaft, B.A.‹, der *Masterstudiengang* ›Kommunales Verwaltungsmanagement, M.A.‹ sowie der *Angestelltenlehrgang II*. Für die übrigen Lehrgänge können die Vorschriften als Orientierung dienen. Im Institutsbereich sind die formalen Anforderungen an die Studien- und Prüfungsleistungen niedriger. Außerdem werden dort nicht immer Haus- und Abschlussarbeiten geschrieben.

§ 2 Fachbereiche und Fächer

Neben den Studien- und Lehrgängen wird der Geltungsbereich einzelner Vorschriften nach Fachbereichen und Fächern bestimmt. An der HSVN gibt es zwei **Fachbereiche**: zum einen den Fachbereich *Rechtswissenschaften*, zum anderen einen gemeinsamen Fachbereich *Wirtschafts- und Sozialwissenschaften*.

Einige Formalvorschriften unterscheiden sich je nach dem, welchem Fachbereich ein **Fach** zugehörig ist, in dem die Studienleistung erbracht wird. Diese Zuordnung der Fächer zu einem der Fachbereiche (und nicht der Studiengang!) entscheidet darüber, welche Vorgaben jeweils angewendet werden. In jedem Studien- und Lehrgang werden Fächer aus beiden Fachbereichen unterrichtet, sodass sämtliche Vorschriften beherrscht werden und fachspezifisch umgesetzt werden müssen.

§ 3 Arten von Studienleistungen

Weiterhin ist zu klären, für welche **Arten der Studienleistung** die *Formalvorschriften* gelten sollen. Es gibt eine Vielzahl von schriftlichen Leistungen, die im Studium erbracht werden, neben der *Bachelorarbeit*, der *Hausarbeit* und dem *Referat* z.B. auch *Protokolle, Präsentationen, Seminarpapiere, Berichte, Handouts* etc.[156] Ein entsprechender Hinweis könnte also lauten, dass mit den schriftlichen Arbeiten, für die die Vorschriften gelten sollen, Haus- und Abschlussarbeiten sowie Kurzfassungen zu Referaten gemeint sind.

1. Hausarbeit und Kurzfassung eines Referats

Die Leistungsnachweise sollten definiert werden. Eine **Hausarbeit** stellt die eigenständige schriftliche Bearbeitung eines begrenzten Themas dar. Eine **Kurzfassung** fasst die wesentlichen Inhalte eines Referats vorab zusammen und soll der Lehrperson eine inhaltliche Beurteilung des Referats ermöglichen. Der Umfang dieser Arbeiten variiert je nach Studiengang und Semesterzahl.

Abgesehen von der Vorgabe für den Seitenumfang sollten die Formatierungsvorgaben für eine Hausarbeit auch auf die **Bachelor- oder Masterarbeit** anwendbar sein. Die Studienleistung ›Hausarbeit‹ kann dadurch als Vorbereitung auf die Abschlussarbeit angesehen

---

[156] Die Prüfungsformen sind i.d.R. der *Studien- und Prüfungsordnung (SPO)* zu entnehmen.

werden. Sind bei bestimmten schriftlichen Arbeiten Abweichungen vorgesehen, sollten diese kenntlich gemacht werden, damit es nicht zu Verwirrung kommt (z.B. dass der Zeilenabstand bei einer Kurzfassung zu einem Referat nicht 1,5 Zeilen betragen muss, sondern auch einzeilig formatiert werden darf).[157]

2. Andere schriftliche Studienleistungen

Wird die Anwendung eines bestimmten **Zitationsstils** erwartet, dann bietet sich auch hier ein entsprechender Hinweis für etwaige Abweichungen an, z.B. dass für alle Studienleistungen die vorrangig einer mündlichen Präsentation dienen, auch der sogenannte *Harvard*-Zitationsstil verwendet werden kann, etwa für Präsentationen und *Handouts*. In diesem Fall erfolgen dann Kurznachweise im Text bzw. auf der jeweiligen Folie mit ›(Autor, Erscheinungsjahr)‹. Ein Literaturverzeichnis ist für alle Kurzbelegmethoden notwendig (s. zu den verschiedenen Zitationsstilen ausführlich unten, Kap. 4.2).

2. Teil: Gestaltung

Die Vorgaben zur Gestaltung betreffen die Einrichtung des Textdokuments (§ 4) und die Form bibliographischer Angaben (§ 5). Gegebenenfalls können weiterführende Hinweise gegeben werden, z.B. dass eine detaillierte Besprechung im Fachunterricht erfolgt (§ 6). Außerdem sind zur Veranschaulichung Gestaltungsbeispiele sinnvoll (§§ 7 u. 8).

§ 4 Einrichtung des Manuskripts

Bei der **Einrichtung des Manuskripts** bzw. Textdokuments lassen sich Angaben machen zu *Bestandteilen und Textgestalt, Seitenrändern und Textausrichtung, Schriftart, Schriftgrad und Schriftschnitt* sowie zu *Nummerierung und Gliederungsvarianten*. Die Vorgaben für das Seitenlayout sorgen zugleich für eine Vergleichbarkeit des Umfangs von Seminararbeiten. Alternativ könnte auch eine Anzahl von Zeichen vorgegeben werden, wodurch sich allerdings kein einheitliches Erscheinungsbild erreichen ließe.

1. Bestandteile und Textgestalt

> „Schriftliche Arbeiten werden maschinenschriftlich im Format DIN A4 angefertigt, wobei jedes Blatt einseitig beschriftet wird. Der Textteil ist in ausformulierten Sätzen zu verfassen. Er enthält einen Fußnotenapparat mit Zitatbelegen, wobei die Fußnoten fortlaufend durchnummeriert werden."[158]

Das **Format DIN A4** ist das Standardformat für Dokumente. Die **einseitige Beschriftung** ermöglicht dem Korrektor, umfangreichere Notizen auf der gegenüberliegenden Seite anzubringen. Der Hinweis, dass der Text in **ausformulierten Sätzen** zu verfassen ist, soll verhindern, dass lediglich eine Stichwortsammlung abgegeben wird. Das mag für ein *Handout* legitim sein, für eine schriftliche Arbeit ist es inakzeptabel: Hier soll argumentiert werden. Bloße Aufzählungen sollten also sparsam eingesetzt und vom übrigen Text abgesetzt werden. Die Zitation soll in **Fußnoten** erfolgen. Verweise auf Gesetze gehören

---

157 S. dazu *NSI/HSVN*, Formalvorschriften, 2016 (FN 32), S. 1 (Kap. 2.2); s. unten, § 4 Nr. 2.

158 *NSI/HSVN*, Formalvorschriften, 2016 (FN 32), S. 1 (Kap. 2.1, Abs. 1).

aber in runden Klammern in den Fließtext. Die fortlaufende Nummerierung der Fußnoten ermöglicht präzise Querverweise.[159]

> „Die Arbeit enthält in dieser Reihenfolge die folgenden Bestandteile: ein Deckblatt, ein Inhalts-, ggf. ein Abkürzungs- sowie ein Abbildungs- und Tabellenverzeichnis, ein Literatur- und ggf. ein Quellenverzeichnis (bei wirtschafts- und sozialwissenschaftlichen Arbeiten hinter dem Textteil), den Textteil (bei Hausarbeiten max. 15 Seiten, bei Kurzfassungen je nach Vorgabe max. 3, 4 oder 5 Seiten) sowie ggf. einen Anhang. Abbildungen und Tabellen, die für das Verständnis wesentlich sind, werden in den Textteil integriert."[160]

Die **Bestandteile des Manuskripts** sollten sämtlich konkret genannt werden, damit die Studierenden ihre Arbeit auf Vollständigkeit prüfen können. Angaben zum Umfang des Textteils dienen der Vergleichbarkeit der Leistung und müssen deshalb unbedingt eingehalten werden. Am Ende wird eine Erklärung in die Arbeit eingebunden:

> „Eine Hausarbeit schließt mit einer schriftlichen Erklärung (Versicherung) ab, dass sie selbständig und nur unter Verwendung der angegebenen Hilfsmittel angefertigt worden ist, die den benutzten Quellen wörtlich oder inhaltlich entnommenen Stellen als solche kenntlich gemacht worden sind und die Arbeit in gleicher oder ähnlicher Form noch keiner anderen Prüfungsbehörde vorgelegen hat. Die Erklärung ist in der Druckversion eigenhändig zu unterschreiben."[161]

2. Seitenränder und Textausrichtung

> „An der rechten Blattseite des Manuskripts ist ein Rand von 5 cm Breite freizulassen (bei Kurzfassungen kann er reduziert werden auf minimal 3,5 cm Breite), links und oben 2,5 cm, unten 2 cm. Die Textausrichtung ist linksbündig oder Blocksatz mit Silbentrennung. Der Zeilenabstand ist im Fließtext 1 ½-zeilig (bei Kurzfassungen kann er reduziert werden und auch einzeilig sein), in Fußnoten einzeilig."[162]

Der **Seitenrand** gehört zu den Grundeinstellungen der Formatierung eines Manuskripts. Zwar gilt mit Theisen der Grundsatz: „Inhalt kommt vor Form."[163] Aber spätestens wenn ein Dokument für die Erstellung des Manuskripts verwendet wird, sollten die entsprechenden Einstellungen vorgenommen werden.

3. Schriftart, Schriftgrad und Schriftschnitt

> „Die Schriftart soll *Arial* oder *Helvetika* [sic!] sein. Der Schriftgrad beträgt im Fließtext 11 Punkte (pt) und in den Fußnoten 9 pt. Alternativ kann eine Serifenschrift (i.d.R. *Times New Roman*) verwendet werden, wobei der Schriftgrad im Fließtext 12 pt und in den Fußnoten 10 pt beträgt. Es sind keine ›Condensed‹-Schriftarten zugelassen."[164]

---

159 Hier besteht eine Abweichung zu Theisen, der in seinem Text die Zählung auf jeder Seite neu beginnt, s. *Theisen, M. R.*, Erfolgreich, [16]2013 (FN 31); *ders.*, Technik, [15]2011 (ebd.).

160 *NSI/HSVN*, Formalvorschriften, 2016 (FN 32), S. 1 (Kap. 2.1, Abs. 2).

161 Ebd., S. 1 (Kap. 2.1, Abs. 3).

162 Ebd., S. 1 (Kap. 2.2).

163 *Theisen, M. R.*, Erfolgreich, [16]2013 (FN 31), S. 199; *ders.*, Technik, [15]2011 (ebd.), S. 173.

164 *NSI/HSVN*, Formalvorschriften, 2016 (FN 32), S. 1 (Kap. 2.3, Abs. 1).

Bei den Schriftarten lassen sich **Serifenschriften** und **serifenlose Schriften** unterscheiden. Arial und Helvetica sind serifenlose Schriften. Times New Roman ist eine Serifenschrift. Als *Serifen* bezeichnet man die kleinen Querstriche an den Enden der Linien, aus denen die Buchstaben bestehen. Serifenschriften sind für *Fließtexte* besser geeignet, da sie sich leichter lesen lassen. Serifenlose Schriften eignen sich besonders für *Überschriften*. Mittlerweile werden jedoch auch ganze Texte mit Arial oder anderen serifenlosen Schriftarten verfasst, wie es auch für Webseiten üblich ist.[165]

Im Schriftbild nehmen serifenlose Schriften wie Arial etwas mehr Raum ein als Serifenschriften wie Times New Roman. Die Vorgabe für den **Schriftgrad** ist deshalb unterschiedlich. Auch diese Vorgabe dient dazu, dass der Textumfang bei Studienarbeiten vergleichbar ist. Das ist auch der Grund, weshalb für Hausarbeiten keine ***Condensed*-Schriftarten** zugelassen sind. Das sind Schriftarten, bei denen die Laufweite der einzelnen Buchstaben gegenüber Standardschriften verringert ist (engl. *condensed* = verkürzt/verdichtet).[166] Es ließe sich also mehr Text auf einer Seite unterbringen.

> „Überschriften können im Schriftschnitt **fett** oder *kursiv* hervorgehoben werden (hier innerhalb einer Gliederungsebene auf Einheitlichkeit achten). Der Schriftgrad für Überschriften kann auf maximal 14 pt erhöht werden. Hervorhebungen im Text können *kursiv* sein. Auf Unterstreichungen ist i.d.R. zu verzichten."[167]

Für die Foliengestaltung einer Präsentation und für *Handouts* gelten diese Einschränkungen nicht in gleichem Maße. Hier gibt es einen größeren Gestaltungsspielraum.

4. Nummerierung und Gliederungsvarianten

a) Seitenzahlen und Seitennummern

> „Mit Ausnahme des Deckblattes erhalten sämtliche Seiten der Arbeit eine Seitenzahl. Das Deckblatt erhält keine Seitenzahl, zählt aber mit. Die Seitennummer wird in der Kopfzeile oben rechts platziert. Die dem Deckblatt folgenden Seiten (Verzeichnisse) sind fortlaufend römisch zu nummerieren (beginnend mit ‚II'). Der anschließend folgende Textteil sowie sämtliche danach folgenden Seiten (auch die evtl. vorhandenen Anlagen) werden fortlaufend arabisch nummeriert."[168]

Dass die Seiten des Textteils „fortlaufend arabisch" zu nummerieren seien, ist so gemeint, dass die **Nummerierung des Textteils mit ›1‹ beginnt**.[169] Auf diese Weise wird sofort ersichtlich, welchen Umfang der Textteil hat, wenn man die letzte Seite dieses Teils aufschlägt, unabhängig davon, wie viele Seiten für Verzeichnisse davor platziert sind. Ein weiterer Vorteil besteht darin, dass sich Querverweise auf andere Seiten im Text nicht

---

165 Bei der Frage, ob Schriftarten mit oder ohne Serifen eingesetzt werden, spielt auch der Schriftgrad eine Rolle: Ist die Schriftgröße gering, kann ggf. auch eine serifenlose Schrift besser lesbar sein, vgl. *Jacobsen, Jens*: Website-Konzeption: erfolgreiche Websites planen, umsetzen und betreiben, München/Boston/San Francisco u.a.: Pearson Deutschland, 2011, S. 197 f.

166 Im Gegensatz zu *expanded* (= erweitert/gesperrt).

167 *NSI/HSVN*, Formalvorschriften, 2016 (FN 32), S. 1 (Kap. 2.3, Abs. 2).

168 Ebd., S. 2 (Kap. 2.4, Abs. 1).

169 Vgl. unten, Kap. 4.3 (Übersicht in Abs. 3.1), s. auch die zusätzlichen Seitenangaben innerhalb von Kap. 4.2.

verschieben, falls im Nachhinein noch eine weitere Seite vor dem Textteil erforderlich wird (z.B. bei einem nachträglich eingefügten Sperrvermerk, wenn der Text Informationen enthält, die nicht für die Öffentlichkeit bestimmt sind). Insbesondere bei umfangreicheren Arbeiten, die für die Veröffentlichung bestimmt sind, ist die separate Seitenzählung vor dem Textteil bedeutsam, z.B. wenn der Verlag noch ein Impressum hinzufügt.

b) Numerische (auch: dekadische) und alphanumerische Gliederung

> „Für die Gliederung kann entweder die *dekadische Gliederung* 1., 1.1, 1.1.1, 1.1.1.1 oder die *alphanumerische Gliederung* A., I., 1., a) verwendet werden. Generell gilt: Wer ‚A' sagt, muss auch ‚B' sagen (z.B. erfordert ein Unterpunkt 1.1.1 einen Unterpunkt 1.1.2). Der Text sollte mindestens zwei, aber nicht mehr als vier Gliederungsebenen haben. In rechtswissenschaftlichen Arbeiten können es bei Bedarf auch mehr sein."[170]

Für die **Gliederung** kann entweder die *dekadische Gliederung* oder die *alphanumerische Gliederung* verwendet werden.[171] Ist nichts Abweichendes vorgeschrieben, kann alternativ die abgestufte Gliederung für Juristen verwendet werden, nach der auch dieser Abschnitt gestaltet ist.[172] Die Regel: „Wer ›A‹ sagt, muss auch ›B‹ sagen", ist nicht nur formal gerechtfertigt, sondern dient der systematischen Darstellung von Inhalten. Die Beschränkung der Anzahl von Gliederungsebenen ist insbesondere für die Verwendung der numerischen Gliederungsvariante sinnvoll,[173] um die Übersicht zu bewahren.

c) Einrichtung von Verzeichnissen

> „Das Inhaltsverzeichnis enthält sämtliche Kapitelüberschriften, wobei Nummerierung und Wortlaut mit den Überschriften im Textteil identisch sein müssen (Spiegelprinzip). Das Inhaltsverzeichnis verweist auf die Seitennummer, auf der das jeweilige Kapitel beginnt (es gibt keinen Seitenbereich an). Dabei wird mit Tabstopps und Füllzeichen (gepunktete Linie) gearbeitet. Im Inhaltsverzeichnis werden auch die übrigen Verzeichnisse aufgeführt. Das Inhaltsverzeichnis verweist jedoch nicht auf sich selbst. Anhänge sollten eine eigene Inhaltsübersicht erhalten."[174]

Das **Spiegelprinzip** gilt grundsätzlich auch für die Foliengestaltung bei Präsentationen und für schriftliche Kurzfassungen zu Referaten. Die **Angabe der Seite**, auf der ein Kapitel beginnt, genügt für ein Inhaltsverzeichnis. Auch in Verkündungsblättern wird dies so gehandhabt, z.B. im *Bundesgesetzblatt* oder im *Niedersächsischen Gesetz- und Verordnungsblatt*. (In rechtswissenschaftlichen Arbeiten ist die Angabe eines Seitenbereichs, z.B. auch beim Nachweis von Gerichtsentscheidungen, nicht üblich. Bei anderen Quellenarten ist die Angabe des Seitenbereichs zumindest bei vollständigen Nachweisen sinnvoll, weil dies zugleich über den Umfang des zitierten Textes Auskunft gibt, z.B. bei Beiträgen in Sammelwerken oder Aufsätzen in Fachzeitschriften.) Die Vorgaben für die **Formatierung** dienen der Übersichtlichkeit, die Vorgaben für die **Vollständigkeit** dienen der Praktikabilität von Verzeichnissen im Allgemeinen, um die Seiten gezielt aufschlagen zu können.

---

170 *NSI/HSVN*, Formalvorschriften, 2016 (FN 32), S. 2 (Kap. 2.4, Abs. 2).

171 S. dazu das Beispiel für ein *alphanumerisch* gegliedertes Verzeichnis unten, Kap. 4.2; s. außerdem für die *numerische bzw. dekadische* Gliederung unten, Kap. 4.3.

172 S. dazu die Gliederung und Hinweise zum Einstieg oben, Kap. 4.1.

173 S. für ein Beispiel unten, Kap. 4.3.

174 *NSI/HSVN*, Formalvorschriften, 2016 (FN 32), S. 2 (Kap. 2.4, Abs. 3).

§ 5 Die Form bibliographischer Angaben

Die Hinweise zur **Form bibliographischer Angaben** sind ein zentraler Bestandteil der Formalvorschriften. Sie umfassen allgemeine Hinweise zur Form und spezielle Hinweise der Hochschule. Im Einzelnen können vollständige Angaben, Kurzbelege, Literaturarten und Zitatnachweise besprochen werden.

1. Allgemeine Hinweise zur Form

> „Eine bibliographische Angabe gibt an, *wer was wo* und *wann* veröffentlicht hat (Basisinformationen: Autor, Titel, Ort und Jahr). Der Autor kann auch eine Institution oder eine Bezeichnung sein (z.B. HSVN, NSI). Mit dem Titel ist normalerweise der Titel des zitierten Werkes gemeint, gibt es keinen Titel, muss einer vergeben werden (z.B. bei transkribierten Interviews das Thema des Gespräches). Der Ort ist bei Printmedien der Sitz des Verlages, bei Internetquellen die URL *(Uniform Resource Locator)*. Das Jahr meint das Erscheinungsjahr bzw. das Datum der Veröffentlichung, bei Internetquellen das Datum der letzten Aktualisierung bzw. des Zugriffs auf die Internetseite."[175]

Die **Funktion bibliographischer Angaben** rechtfertigt, dass Formalvorgaben in diesem Punkt besonders kleinteilig und genau sein müssen. Dabei lassen sich *Basisinformationen* und zusätzliche Angaben unterscheiden.[176] Dem Trend, die Elemente immer weiter zu reduzieren, sollte im Studium nicht gefolgt werden. Kürzen lässt sich immer noch! Wer jedoch Informationen zu Elementen angeben soll, die bei der Recherche gar nicht erst notiert worden sind, steht vor einem Problem. Beim Umgang mit **Internetquellen** gibt es unterschiedliche Möglichkeiten. Die hier gewählte Variante mit dem Datum des Zugriffs gibt Auskunft darüber, wann die zitierte Quelle in dieser Form noch verfügbar gewesen ist. Generell sollte die Arbeit mit Internetquellen eher die Ausnahme sein, ausgenommen für solche Informationen, die zusätzlich in gedruckter Form vorliegen. Für den Nachweis von Internetquellen gibt es ggf. spezielle Möglichkeiten, z.B. bei pdf-Dokumenten.

> „Für die Form der Angaben sind drei Kriterien wichtig: *formale Korrektheit, Einheitlichkeit* und *Praktikabilität*. Die Maßstäbe sind je nach Disziplin unterschiedlich. Besonders in Zweifelsfällen ist auf Einheitlichkeit zu achten. Ein Verstoß gegen die Einheitlichkeit ist auch ein Verstoß gegen die formale Korrektheit. Praktikabilität bedeutet, dass der Leser die zitierten Textstellen auffinden und überprüfen kann."[177]

Die drei **Kriterien** *formale Korrektheit, Einheitlichkeit* und *Praktikabilität* bieten gerade bei Zweifelsfällen eine Orientierung.[178] Die Maßstäbe sind je nach Disziplin unterschiedlich. Wenn es für ein bestimmtes Element keine Vorgaben gibt, kann das Kriterium der Einheitlichkeit berücksichtigt werden. Es gehört unabhängig von konkreten Vorgaben zur formalen Korrektheit, bestimmte Angaben, die einmal in einer bestimmten Form gemacht worden sind, immer in dieser Form anzugeben. Das Kriterium der Praktikabilität kann bedeuten, dass ggf. weitere Informationen erforderlich werden, die nicht explizit in den *Formalvorschriften* vorgesehen sind, z.B. zu erstmaligem Erscheinen oder Fundstellen.

---

175 *NSI/HSVN*, Formalvorschriften, 2016 (FN 32), S. 2 (Kap. 3.1, Abs. 1).
176 Vgl. oben, Kap. 2.2.1 und unten Kap. 4.2 (Abs. C,I).
177 *NSI/HSVN*, Formalvorschriften, 2016 (FN 32), S. 2 (Kap. 3.1, Abs. 2).
178 Vgl. unten, Kap. 4.2 (Abs. B,II).

2. Spezielle Hinweise der Hochschule

> „An der HSVN gibt es für die Form bibliographischer Angaben zwei unterschiedliche Vorgaben: eine Vorgabe für alle rechtswissenschaftlichen Fächer sowie eine Vorgabe für alle wirtschafts- und sozialwissenschaftlichen Fächer. Bei schriftlichen Arbeiten sind die Vorgaben des Fachbereichs zu berücksichtigen, dem das jeweilige Fach zugeordnet ist, in dem der Leistungsnachweis erbracht wird. Da im Querschnittsfach *Wissenschaftliches Arbeiten* beide Zitationsstile behandelt werden, erfolgt hier die Wahl der Zitierweise für die Kurzfassung in Absprache mit der Lehrperson."[179]

Da ein Studium **unterschiedliche Bezugswissenschaften** hat, bietet es sich an, spezifische Vorgaben für jede Fachgruppe zu entwickeln. Dadurch wird ein Bewusstsein für solche Unterschiede in der Gestaltung geweckt. Außerdem droht man keiner Disziplin wirklich gerecht zu werden, wenn eine einheitliche Vorgabe für alle rechts-, wirtschafts- und sozialwissenschaftliche Disziplinen anstrebt würde. In der wissenschaftlichen Praxis gibt es hier teilweise deutliche Unterschiede. In jedem Fall sollten Formalvorschriften sinnvollerweise **Angaben zum Anwendungsbereich** enthalten, sowohl bezogen auf die Fächer als auch die Arten von Studienleistungen.

3. Vollständige Angaben und Kurzbelege

> „Im Quellen- und Literaturverzeichnis werden vollständige Angaben gemacht, in den Fußnoten werden Kurzbelege eingesetzt. Die Kurzbelege müssen den vollständigen Angaben eindeutig zugeordnet werden können. Hat ein Autor mehrere der zitierten Werke verfasst, kann mit Zusätzen gearbeitet werden (z.B. a, b). Bei wirtschafts- und sozialwissenschaftlichen Arbeiten wird die eindeutige Zuordnung durch die Angabe des Erscheinungsjahres und eines Titelstichwortes gewährleistet."[180]

Die Unterscheidung von **vollständigen Angaben** und **Kurzbelegen** ist systematisch bedeutsam, um Verzeichnisse und den Fußnotenapparat jeweils korrekt gestalten zu können. Der Anforderung, alle Kurzbelege eindeutig den vollständigen Angaben zuordnen zu können, lässt sich je nach Zitationsstil in unterschiedlicher Weise nachkommen. Im vorliegenden Fall wird dies in den Rechtswissenschaften durch den **Hinweis „a" und „b"** gewährleistet und in den Wirtschafts- und Sozialwissenschaften durch ein eindeutiges Titelstichwort. Die Variante mit einem **Titelstichwort** ist eine Besonderheit, die Manuel R. Theisen in der 15. Auflage seines Buches zum Wissenschaftlichen Arbeiten präferiert. Sie mag ungewöhnlich sein und hat sich in der Praxis nicht durchgesetzt. Auch bei Theisen selbst ist sie in der 16. Auflage zugunsten der *Harvard*-Zitation in den Hintergrund getreten. Gleichwohl ist diese Variante interessant, denn die Definition eines Titelstichworts für den Kurzbeleg hilft dabei, den Kurztiteln eine einheitliche Gestalt zu geben.

> „In ihrer Funktion als Zitatbeleg in Fußnoten enthält die Angabe zusätzlich die Seitenzahl oder ggf. Randnummer, unter der das Zitat in dem zitierten Werk zu finden ist. Auf den Hinweis ›ff.‹ (und die folgenden Seiten) wird i.d.R. verzichtet. Stattdessen wird der genaue Seitenbereich angegeben. Angaben im Literatur- und Quellenverzeichnis sind keine Zitatbelege, deshalb werden Seitenzahlen nur angegeben, wenn es sich um *unselbständige* Literatur handelt, d.h. es wird der Seitenbereich angegeben, den der Beitrag im zitierten Werk

[179] *NSI/HSVN*, Formalvorschriften, 2016 (FN 32), S. 3 (Kap. 3.2).

[180] Ebd., S. 2 f. (Kap. 3.2.1, Abs. 1).

> umfasst (z.B. Beiträge in Sammelbänden oder Aufsätze in Fachzeitschriften). Bei Zitatbelegen werden zusätzlich die erste Seite des Beitrags und die zitierte Stelle ›S. 1 (3)‹ (rechtswissenschaftlich) bzw. der Seitenbereich und die zitierte Stelle ›S. 1–5: S. 3‹ (wirtschafts- und sozialwissenschaftlich) genannt."[181]

Die Präzisierungen in Bezug auf die Gestaltung von Zitatbelegen sind für die korrekte Umsetzung der Vorgaben relevant, weil es auch hier Unterschiede in den wissenschaftlichen Disziplinen gibt. Die Unterscheidung von **selbständiger und unselbständiger Literatur** wirkt sich auf ebenfalls auf die Gestaltung aus.

> „Ein Fußnotenzeichen bezieht sich jeweils auf den davorliegenden Ab-/Halb-/Satz. Bei der Übernahme eines Fachbegriffs steht es direkt hinter dem jeweiligen Begriff, sofern nur dieser Begriff nachgewiesen wird, es steht vor dem Punkt am Ende eines Satzes, sofern es sich lediglich auf den davor liegenden Halbsatz bezieht, und nach dem Punkt, sofern es sich auf den davorliegenden Satz und ggf. Absatz bezieht."[182]

Die **Position eines Fußnotenzeichens** ist wichtig: Der Inhalt einer Aussage kann sich ins Gegenteil verkehren, wenn sich ein Fußnotenzeichen statt auf einen bestimmten Satzteil auf den gesamten Satz bezieht, z.B. wenn eine Aussage paraphrasiert und anschließend verneint wird. Die Position des Fußnotenzeichens macht deutlich, welche Aussagen im Text aus anderen Quellen übernommen sind und welche zur eigenständigen Argumentation gehören. In wissenschaftlichen Publikationen stehen Fußnotenzeichen gelegentlich auch vor einem Satzschlusszeichen, obwohl sie sich auf den ganzen davor liegenden Satz beziehen. Dies sollte präziser gehandhabt werden, um Bezüge auf Begriffe, Halbsätze, Sätze und ggf. ganze Absätze kenntlich zu machen.

4. Literaturarten und Zitatnachweise

> „In Arbeiten der wirtschafts- und sozialwissenschaftlichen Fächer enthält das Quellen- und Literaturverzeichnis *sämtliche* Titel, die verwendet bzw. direkt oder indirekt im Text zitiert wurden. Bei rechtswissenschaftlichen Arbeiten werden Beiträge aus der Tages- und Wochenpresse sowie sonstige Materialien nur in Fußnoten nachgewiesen und nicht ins Verzeichnis aufgenommen (in Absprache mit der jeweiligen Lehrperson kann dies anders gehandhabt werden, wenn z.B. in einer Tages- oder Wochenzeitung ein Beitrag mit wissenschaftlichem Anspruch zitiert wird, dessen Autor/en namentlich genannt wird/ werden). Als Literatur im engeren Sinn gelten z.B. Lehrbücher/Monographien, Kommentare, Beiträge in Sammelwerken, Beiträge in Fachzeitschriften, weiterhin Beiträge im Internet sowie Artikel aus Enzyklopädien, Lexika und Wörterbüchern. Für Rechtsnormen, Gesetzesmaterialien, Verwaltungsvorschriften und Gerichtsentscheidungen können separate Verzeichnisse erstellt werden."[183]

Die Differenzierung von Literatur- und Quellen*arten* in den *Formalvorschriften* bedeutet nicht, dass ein Literatur- und Quellen*verzeichnis* auch in dieser Weise gegliedert wird. Die Unterscheidung von Literatur und Quellen ist aber gleichwohl bedeutsam, weil in den **Rechtswissenschaften** Gesetze und Rechtsprechung nicht als Literatur gelten und auch andere Quellenarten ggf. nicht ins Literaturverzeichnis aufgenommen werden, sofern es

---

181 *NSI/HSVN*, Formalvorschriften, 2016 (FN 32), S. 3 (Kap. 3.2.1, Abs. 2).
182 Ebd., S. 3 (Kap. 3.2.1, Abs. 3).
183 Ebd., S. 3 (Kap. 3.2.2, Abs. 1).

sich dabei nicht um ›zitierfähige‹ Literatur im Sinne wissenschaftlicher Forschungsliteratur handelt. ›Quellen‹ erhalten dann ggf. ein eigenes Verzeichnis und nicht zitierfähige Literatur wird zwar in der Fußnote vollständig nachgewiesen, aber nicht ins Literaturverzeichnis aufgenommen, z.B. ein Beitrag aus der Tages- und Wochenpresse, dessen Autor nicht namentlich genannt wird. In den **Wirtschafts- und Sozialwissenschaften** werden sämtliche verwendeten Quellen (im weiten Sinne) auch in einem Verzeichnis nachgewiesen. Das kann ein gemeinsames Literatur- und Quellenverzeichnis sein. Bei Bedarf können aber auch Untergliederungen vorgenommen oder separate Verzeichnisse erstellt werden, z.B. für Statistiken und empirisches Material.

> „Die Sortierung der einzelnen Titel erfolgt in alphabetischer Reihenfolge der Nachnamen der Verfasser bzw. der Namen von Institutionen oder Bezeichnungen. Auf die Angabe von Titeln wie ›Dr.‹, ›Prof.‹ o.ä. wird verzichtet. Der Namenszusatz ›von‹ oder Adelstitel stehen hinter dem durch Komma abgetrennten Vornamen (z.B. Arnim, Hans Herbert von; Kielmansegg, Sebastian Graf von)."[184]

Regelungen für den **Umgang mit Namen und Titeln** sind zum Zweck der alphabetischen Ordnung im Literatur- und Quellenverzeichnis sinnvoll. Der Verzicht auf die Angabe akademischer Titel erhöht darüber hinaus die Lesbarkeit.

> „Zitatbelege in den Fußnoten für *direkte Zitate* in Anführungszeichen erfolgen ohne weitere Zusätze; Zitatbelege für *indirekte Zitate* ohne Anführungszeichen (= sinngemäßes Zitat: Regelfall) können mit dem Zusatz ›vgl.‹ oder ›siehe‹ (Abk. ›s.‹) versehen werden. Fußnoten werden als vollständige Sätze behandelt, deshalb werden diese Zusätze am Satzanfang groß geschrieben. Am Ende der Fußnote steht ein Satzschlusszeichen (Punkt). Auf den Hinweis ›a.a.O.‹ (am angegebenen Ort) ist zu verzichten. Der Hinweis ›ebd.‹ (ebenda) kann bei direkt aufeinanderfolgenden Zitatbelegen aus derselben Quelle verwendet werden, sofern der Bezug eindeutig ist."[185]

Die Unterscheidung von Nachweisen für **direkte und indirekte Zitation** *mit* bzw. *ohne* die Zusätze ›vgl.‹ (für Paraphrasen) und ›siehe‹ (für Verweise) verdeutlicht die jeweilige Funktion eines Belegs. Die Formulierung „können [...] versehen werden" ist so zu verstehen, dass man sich bei indirekten Zitaten für eine Variante entscheiden muss, je nach dem, ob es sich um eine Paraphrase oder einen weiterführenden Hinweis handelt.

§ 6 Weiterführende Hinweise zur Gestaltung

> „Eine vertiefende Beschäftigung mit den formalen Vorgaben erfolgt im Fach *Wissenschaftliches Arbeiten*. Die vorliegenden Hinweise gelten als Bestandteil der offiziellen Hinweise zu den Prüfungsleistungen an der HSVN. Die Formvorgaben ersetzen nicht die eigenständige kritische Auseinandersetzung mit den Anforderungen."[186]

Nicht alle Anforderungen sind geregelt. Für nicht geregelte Aspekte (z.B. Gestaltung eines Anhangs) müssen eigenständig Lösungen gefunden werden. Auch die geregelten Aspekte müssen ggf. ausgelegt werden. Ein expliziter Hinweis auf die fachliche Unterstützung im Studium sowie auf die **eigenständige kritische Prüfung** ist deshalb sinnvoll.

---

184 *NSI/HSVN*, Formalvorschriften, 2016 (FN 32), S. 3 (Kap. 3.2.2, Abs. 2).
185 Ebd., S. 3 (Kap. 3.2.2, Abs. 3).
186 Ebd., S. 3 (Kap. 4).

3. Teil: Beispiele

§ 7 Fachspezifische Beispiele für die Zitationsstile als Parallelausgabe[187]

Die folgenden Beispiele für die Zitationsstile sind in Form einer **Parallelausgabe** dargestellt. Dadurch werden Gemeinsamkeiten und Unterschiede der Gestaltung besser deutlich. Außerdem wird nur ein Dokument benötigt. In einigen Beispielen steht ›vgl.‹. Das hat nichts mit der Quellenart zu tun, sondern würde ein indirektes Zitat anzeigen.

	Rechtswissenschaften	**Wirtschafts- und Sozialwissenschaften**
1. Lehrbücher/ Monographien (selbständige Literatur)	Literaturverzeichnis Ballwieser, Wolfgang: Unternehmensbewertung: Prozeß, Methoden und Probleme, 3. Auflage, Stuttgart 2011. Fußnote 1 Vgl. Ballwieser, S. 5.	Literaturverzeichnis *Ballwieser, Wolfgang* [Unternehmensbewertung, 2011]: Unternehmensbewertung: Prozeß, Methoden und Probleme, 3., überarb. Aufl., Stuttgart: Schäffer-Poeschel, 2011. Fußnote 1 Vgl. *Ballwieser, W.*, Unternehmensbewertung, 2011, S. 5.
2. Beiträge in Sammelwerken (unselbständige Literatur)	Literaturverzeichnis Scheffler, Eberhard: Finanzielles Konzernmanagement: Ansätze und Empfehlungen aus betriebswirtschaftlicher Sicht, in: Theisen, Manuel René (Hrsg.): Der Konzern im Umbruch, Stuttgart 1998, S. 233 - 247. Fußnote 1 Vgl. Scheffler, S. 233 (234). [auch möglich:] 1 Vgl. Scheffler in Theisen, S. 233 (234).	Literaturverzeichnis (zwei Einträge) *Scheffler, Eberhard* [Konzernmanagement, 1998]: Finanzielles Konzernmanagement: Ansätze und Empfehlungen aus betriebswirtschaftlicher Sicht, in: *Theisen, M. R.* (Hrsg.), Konzern, 1998, S. 233–247. *Theisen, Manuel René* (Hrsg.) [Konzern, 1998]: Der Konzern im Umbruch, Stuttgart: Schäffer-Poeschel, 1998. Fußnote 1 Vgl. *Scheffler, E.*, Konzernmanagement, 1998, in: *Theisen, M. R.* (Hrsg.), Konzern, 1998, S. 233–247: S. 234.
3. Kommentare	Literaturverzeichnis Säcker, Franz Jürgen; Rixecker, Roland (Hrsg.): Münchener Kommentar zum Bürgerlichen Gesetzbuch, Bd. 6: Sachenrecht (§§ 854 - 1296), WEG, ErbbauRG, 6. Auflage, München 2013. Zit.: Bearb. in MüKo. Fußnote 1 Joost in MüKo, § 1105, Rn. 8.	Literaturverzeichnis (zwei Einträge) *Joost, Detlev* [Kommentar, 2013]: Kommentar: §§ 1018–1029 BGB, in: *Säcker, F. J./Rixecker, R.* (Hrsg.), MüKo, 2013, S. 1552–1607. *Säcker, Franz Jürgen/Rixecker, Roland* (Hrsg.) [MüKo, 2013]: Münchener Kommentar zum Bürgerlichen Gesetzbuch (MüKo), Bd. 6: Sachenrecht (§§ 854–1296), WEG, ErbbauRG, 6., erw. Aufl., München: Beck, 2013. Fußnote 1 *Joost, D.*, Kommentar, 2013, in: *Säcker, F. J./Rixecker, R.* (Hrsg.), MüKo, 2013, S. 1552–1607: S. 1553 (§ 1105, Rn. 8).

187 Text und Beispiele folgen *NSI/HSVN*, Formalvorschriften, 2016 (FN 32), S. 4 f. (Kap. 5).

4. **Beiträge in Fach-zeitschriften**	<u>Literaturverzeichnis</u> Lüke, Gerhardt: Der Streitgegenstand im Verwaltungsprozeß, JuS 1967, S. 1 - 8. <u>Fußnote</u> [1] Siehe Lüke, JuS 1967, S. 1 (4).	<u>Literaturverzeichnis</u> *Lüke, Gerhardt* [Streitgegenstand, 1967]: Der Streitgegenstand im Verwaltungsprozeß, in: *JuS*, H. 1 (1967), S. 1–8. <u>Fußnote</u> [1] S. *Lüke, G.*, Streitgegenstand, 1967, in: *JuS*, H. 1 (1967), S. 1–8: S. 4.
5. **Artikel aus Enzyklopädien, Lexika, Wörterbüchern**	<u>Literaturverzeichnis</u> Mittelstraß, Jürgen: Enzyklopädie Philosophie und Wissenschaftstheorie, 4 Bde., Sonderausgabe, Darmstadt 2013. <u>Fußnote</u> [1] Vgl. Mittelstraß, Bd. 4, S. 719 (720).	<u>Literaturverzeichnis</u> *Mittelstraß, Jürgen* (Hrsg.) [Wissenschaftstheorie, 2013]: Enzyklopädie Philosophie und Wissenschaftstheorie, 4 Bde., unveränd. Nachdr. d. Sonderausg. v. 2004, Darmstadt: WBG, 2013, darin: - Art. „Wissenschaft“, Bd. 4, S. 719–721. <u>Fußnote</u> [1] Vgl. *Mittelstraß, J.* (Hrsg.), Wissenschaftstheorie, 1996, darin: Art. „Wissenschaft“, Bd. 4, S. 719–721: S. 720.
6. **Beiträge im Internet**	<u>Literaturverzeichnis</u> Dessau, Christian: Die erste Hausarbeit; http://www.rewi.hu-berlin.de/Fachschaft/hausarbeit.html (Zugriff 02.03.2000). <u>Fußnote</u> [1] Dessau, HU Berlin; http://www.rewi.hu-berlin.de (Zugriff 02.03.2000).	<u>Literaturverzeichnis</u> *Dessau, Christian* [Hausarbeit, 2000]: Die erste Hausarbeit, in: *Humboldt-Universität zu Berlin* (Hrsg.): Fachschaft Rechtswissenschaften; http://www.rewi.hu-berlin.de/Fachschaft/hausarbeit.html (Zugriff 02.03.2000). <u>Fußnote</u> [1] *Dessau, C.*, Hausarbeit, 2000, in: *HU Berlin* (Hrsg.), ReWi; http://www.rewi.hu-berlin.de (Zugriff 02.03.2000).
7. **Beiträge aus der Tages- und Wochenpresse**	<u>Literaturverzeichnis</u> kein Eintrag (In Absprache mit der jeweiligen Lehrperson kann dies anders gehandhabt werden, wenn z.B. in einer Tages- oder Wochenzeitung ein Beitrag mit wissenschaftlichem Anspruch zitiert wird, dessen Autor/en namentlich genannt wird/werden). <u>Fußnote</u> [1] Vgl. Gerlach, Julia, Der Krampf um das Tuch, *Die Zeit* vom 12.07.2007, S. 67 (68).	<u>Literaturverzeichnis</u> *Gerlach, Julia* [Tuch, 2007]: Der Krampf um das Tuch, in: *Die Zeit*, Nr. 29 (12.07.2007), S. 67/68. <u>Fußnote</u> [1] Vgl. *Gerlach, J.*, Tuch, in: *Die Zeit*, Nr. 29 (12.07.2007), S. 67/68: S. 68.
8. **Sonstige Materialien** (CD-ROM; DVD, Audiokassette etc.)	<u>Literaturverzeichnis</u> Genaue Bezeichnung des Datenträgers, des Herausgebers und des Autors der Quelle. Bei schriftlichen Dokumenten ist ggf. die entsprechende Seite als Ausdruck sowie der Datenträger insgesamt der Arbeit beizufügen (nur bei Bachelor- und Masterarbeiten). <u>Fußnote</u> [1] Hinweis auf die entsprechende Anlage.	<u>Quellenverzeichnis</u> Genaue Bezeichnung des Datenträgers, des Herausgebers und des Autors der Quelle. Bei schriftlichen Dokumenten ist ggf. die entsprechende Seite als Ausdruck sowie der Datenträger insgesamt der Arbeit beizufügen (nur bei Bachelor- und Masterarbeiten). <u>Fußnote</u> [1] Kurznachweis, ggf. Hinweis auf die entsprechende Anlage.

9. Rechtsnormen und Gesetze	Literaturverzeichnis kein Eintrag (ggf. separates Quellenverzeichnis) Angabe i.d.R. im Fließtext (ggf. in Fußnote) (Art. 23 V 2 Halbs. 2 GG). (§ 326 V Halbs. 2 BGB).	Quellenverzeichnis GG (Grundgesetz für die Bundesrepublik Deutschland) i.d.F. v. 23.05.1949 (BGBl., Teil I, Nr. 1, S. 1), zuletzt geänd. durch Art. 1 des Gesetzes v. 13.07.2017 (BGBl., Teil I, Nr. 47, S. 2346), in: *juris* (Hrsg.): Gesetze im Internet, hrsg. i.A. des Bundesministeriums der Justiz (BMJ); http://www.gesetze-im-internet.de/gg/BJNR000010949.html (Zugriff 02.08.2017). Fußnote (ggf. im Fließtext) [1] Art. 23, Abs. 5, S. 2, Halbs. 2 GG. [2] § 326, Abs. 5, Halbs. 2 BGB.
10. Verwaltungsvorschriften	Literaturverzeichnis kein Eintrag (ggf. separates Quellenverzeichnis) Fußnote [1] RdErl. d. MF v. 28.01.2015, Nds. MBl. 2015, S. 182 (184).	Quellenverzeichnis *Nds. MF* (Finanzministerium) [Runderlass, 20.05. 1998]: Runderlass vom 20.05.1998: Hinweise zu den Besoldungs- und Versorgungsanpassungen in den Jahren 2015 und 2016, in: *Nds. MBl.*, Nr. 6 (2015), S. 182–184. Fußnote [1] *Nds. MF*, Runderlass, 28.01.2015, in: *Nds. MBl.*, Nr. 6 (2015), S. 182–184: S. 184.
11. Gerichtsentscheidungen/ Rechtsprechung a) Veröffentlichte Entscheidungen aa) Sammlungen bb) Fachzeitschriften cc) Internet b) Nicht veröff. Entscheidungen	Literaturverzeichnis kein Eintrag (ggf. separates Quellenverzeichnis) Fußnote [1] BVerfGE 125, 263 (265). [2] BAG, Beschl. v. 30.04.1997 – 7 AZR 122/96, NJW 1998, S. 557 (557). [3] BAG, Urteil v. 27.04.2000 – 8 AZR 295/99 (juris), Abs.-Nr. 5. [4] BAG, Beschl. v. 05.12.1999 – AZR 345/98 (n.v.), siehe Anlage 5.	Quellenverzeichnis *BVerfG* (Bundesverfassungsgericht) [Beschluss, 30.04.2010]: Beschluss vom 30.04.2010 [1 BvR 2729/09], in: *BVerfG* (Hrsg.): Entscheidungen, 2010, S. 263–272. – (Hrsg.) [Entscheidungen, 2010]: Entscheidungen des Bundesverfassungsgerichts, Bd. 125, Tübingen: Mohr, 2010. Fußnote [1] *BVerfG*, Beschluss, 30.04.20101 [1 BvR 2729/ 09], in: *BVerfG* (Hrsg.), Entscheidungen, 2010, S. 263–272: S. 265. [2] *BAG*, Beschluss, 30.04.1997 [7 AZR 122/96], in: *NJW*, H. 8 (1998), S. 557/558: S. 557. [3] *BAG*, Urteil, 27.04.2000 [8 AZR 295/ 99], in: *juris* (Hrsg.): Entscheidungen; http://www.juris.de (Zugriff 15.06.2015), Abs.-Nr. 5. [4] *BAG*, Beschluss, 05.12.1999 [AZR 345/ 98] (n.v.), s. Anlage 5.
Trennzeichen bei mehreren Autoren	Literaturverzeichnis (Trennung mit Semikolon) Fischer, Klaus-Dieter; Prüser, Jürgen; Schmolz, Walter ... Fußnote (Trennung mit Schrägstrich) [1] Fischer/Prüser/Schmolz ...	Literaturverzeichnis (mit Schrägstrich ohne Leerzeichen) *Fischer, Klaus-Dieter/Prüser, Jürgen/Schmolz, Walter* ... Fußnote (Trennung mit Schrägstrich) [1] *Fischer, K. D./Prüser, J./Schmolz, W.* ...

Abb. 14: Tabelle mit fachspezifischen Beispielen für bibliographische Angaben als Parallelausgabe, erstellt nach: *NSI/HSVN*, Formalvorschriften, 2016 (FN 32), S. 3–5.

§ 8 Erläuterungen und Beispiele zum Literaturverzeichnis[188]

Die folgenden Beispiele für die Gestaltung des Literaturverzeichnisses machen einige der Vorgaben anschaulich. Auch die **Unterschiede** von (a) rechtswissenschaftlicher Zitation und (b) wirtschafts- und sozialwissenschaftlicher Zitation werden so nochmals verdeutlicht. Gleiches gilt für die Formatierung, z.B. was ein ›hängender Einzug‹ bedeutet.

1. Literatur- und Quellenverzeichnisse in den Rechtswissenschaften

a) Erläuterungen

- Die Titel werden in Tabellenform formatiert (Angaben zu Autoren linke Spalte, übrige Angaben rechte Spalte).
- Gibt es mehr als einen Verfasser, werden die Verfasser mit Semikolon und Leerzeichen getrennt (Achtung: in Fußnoten stehen Schrägstriche ohne Leerzeichen).
- Bei mehr als drei Verfassern steht „u.a." (und andere), alternativ: „et al." *(et alii).*
- Mehrere Verlagsorte werden mit Schrägstrich ohne Leerzeichen getrennt.
- Bei mehr als drei Verlagsorten steht „u.a." (Bem.: „et al." kann sich nur auf Personen, nicht auf Orte beziehen).
- Bei mehreren Werken eines Autors wird der Autor erneut genannt und mit einem Zusatz versehen, der eine eindeutige Zuordnung der Kurznachweise in Fußnoten erlaubt, z.B. „Zit.: (a)"; „Zit.: (b)".
- Handelt es sich um die erste Auflage, wird auf die Nennung der Auflage verzichtet.

b) Beispielverzeichnis

Leiße, Olaf; Buhl, Thomas; Leiße, Utta-Kristin u.a.:	Psychologie und Soziologie: Lehr- und Lernbuch für die Verwaltung, München/Wien 2006.
Watzlawick, Paul:	Anleitung zum Unglücklichsein, 18. Auflage, München 2010. Zit.: Watzlawick (a).
Ders.:	Die Geschichte mit dem Hammer, in: ders.: Anleitung zum Unglücklichsein, 18. Auflage, München 2010, S. 37/38. Zit.: Watzlawick (b).
Watzlawick, Paul; Beavin, Janet H.; Jackson, Don D.:	Menschliche Kommunikation: Formen, Störungen, Paradoxien, 12. Auflage, Bern 2011.
Zimbardo, Philip G.; Gerrig, Richard J.:	Psychologie, 18. Auflage, München/Boston/San Francisco u.a. 2008.

[188] Text und Beispiele folgen *NSI/HSVN*, Formalvorschriften, 2016 (FN 32), S. 6 (Kap. 6).

2. Literatur- und Quellenverzeichnisse in den Wirtschafts- und Sozialwissenschaften

a) Erläuterungen

- Die Liste wird mit hängendem Einzug formatiert, mehrere Titel eines Autors mit Aufzählungszeichen.
- Autorennamen sind im Schriftschnitt kursiv.
- Für jeden Eintrag wird ein Titelstichwort vergeben, das hinter dem Autor mit Erscheinungsjahr in eckigen Klammern angegeben wird. In Kurzbelegen in Fußnoten wird dieses Titelstichwort mit Erscheinungsjahr verwendet.
- Gibt es mehr als einen Verfasser, werden die Verfasser mit Schrägstrich ohne Leerzeichen getrennt.
- Bei mehr als drei Verfassern steht „u.a." (und andere), alternativ: „et al." *(et alii)*.
- Mehrere Verlagsorte werden mit Schrägstrich ohne Leerzeichen getrennt.
- Bei mehr als drei Verlagsorten steht „u.a." (Bem.: „et al." kann sich nur auf Personen, nicht auf Orte beziehen).
- Bei mehreren Werken eines Autors wird mit Aufzählungszeichen gearbeitet. Titel, die gemeinsam mit anderen Autoren verfasst wurden, werden dabei den Titeln, die der Autor allein verfasst hat, nachgeordnet.
- Bei unselbständiger Literatur erhält sowohl der zitierte Beitrag als auch das Werk, dem er entnommen ist, einen eigenen Eintrag (z.B. Aufsätze in Sammelbänden). Im Literaturverzeichnis gibt es dann zwei Einträge.
- Handelt es sich um die erste Auflage, wird auf die Nennung der Auflage verzichtet.
- Gibt es mehrere, unveränderte (!) Auflagen des Titels, sollte das Erscheinungsjahr der 1. Auflage bei den Angaben zur Auflage zusätzlich genannt werden (zzgl. hochgestellte Ziffer nach Titelstichwort).
- Bei Übersetzungen kann der Titel der Originalausgabe hinter dem Titel angegeben werden.
- Ein Seitenbereich, der zwei Seiten umfasst, wird nicht wie in Fußnoten mit „S. 37 f.", sondern mit Schrägstrich „S. 37/38" angegeben.

b) Beispielverzeichnis

Leiße, Olaf/Buhl, Thomas/Leiße, Utta-Kristin u.a. [Psychologie, 2006]: Psychologie und Soziologie: Lehr- und Lernbuch für die Verwaltung, München/Wien: Oldenbourg, 2006.

Watzlawick, Paul [Unglücklichsein, 2010 (^{1}1983)]: Anleitung zum Unglücklichsein, 18., unveränd. Aufl. (^{1}1983), München: Piper, 2010.

- [Hammer, 2010 (^{1}1983)]: Die Geschichte mit dem Hammer, in: *Ders.*, Unglücklichsein, 2010 (^{1}1983), S. 37/38.
- */Beavin, Janet H./Jackson, Don D.* [Kommunikation, 2011 (^{1}1969)]: Menschliche Kommunikation: Formen, Störungen, Paradoxien (zuerst u.d.T. Pragmatics of Human Communication: A Study of Interactional Patterns, Pathologies, and Paradoxes, New York: Norton & Company, 1967), 12., unveränd. Aufl. (^{1}1969), Bern: Huber, 2011.

Zimbardo, Philip G./Gerrig, Richard J. [Psychologie, 2008]: Psychologie, 18., aktual. Aufl., Übers. aus dem Amerik. v. Ralf Graf, Dagmar Mallett, Markus Nagler u. Brigitte Ricker, dt. Bearb. v. Ralf Graf, mit über 430 Abb., München/Boston/San Francisco u.a.: Pearson Studium, 2008.

§ 9 Schlussbemerkung

Sogenannte **Formalvorschriften** *können* nicht alles regeln; und *sollen* auch gar nicht alles regeln. Einige Fragen mögen offen bleiben, z.B. wie der Anhang formatiert sein soll, ob er ein eigenes Inhaltsverzeichnis benötigt und wo dieses im Manuskript platziert wird. Für solche nicht geregelten Aspekte müssen eigenständig Lösungen gefunden werden. Zur Umsetzung von Vorschriften gehört auch der Mut, begründet eigene Entscheidungen bei Zweifelsfällen zu treffen. Als Vorschriften jedoch sind derartige Dokumente verbindlich. Nicht nur Studierende, sondern auch Lehrende sollten auf die Umsetzung achten und sich daran halten; auch wenn sie persönlich andere Varianten bevorzugen mögen. Nur so werden die Vorgaben glaubwürdig und können ihren Zweck erfüllen.

Einige Regeln dienen der **Vergleichbarkeit** von Studienleistungen, z.B. in Bezug auf den Textumfang. Dazu gehören die Aspekte *Seiteneinrichtung*, *Zeilenabstand* sowie *Schriftart und Schriftgröße*. Im Unterschied zu Vorgaben, die lediglich die Anzahl von Zeichen oder Wörtern festlegen, sorgen solche Regelungen zugleich für ein einheitliches Erscheinungsbild von Studienarbeiten. Die Regelungen für bibliographische Angaben hingegen dienen neben der Vergleichbarkeit vor allem der Gewährleistung eines formalen Anspruchs an die **Wissenschaftlichkeit** von schriftlichen Studienleistungen. In ihrer konkreten Gestalt mögen einige Details lediglich auf Konvention beruhen und könnten in der Praxis auch anders aussehen; die Einhaltung von formalen Konventionen ist jedoch unabhängig von der Disziplin für jede wissenschaftliche Tätigkeit notwendig. Gerade durch die Anwendung unterschiedlicher Formen wird ein Bewusstsein für solche Konventionen geschaffen und die **Fähigkeit** gefördert, auch andere Gestaltungsvarianten korrekt umsetzen zu können. Ansonsten wüsste man gar nicht, worauf dabei überhaupt zu achten ist.

Insgesamt ermöglichen konkrete Formalvorgaben eine **Beurteilung der Arbeitsweise**: Wenn Studierende es bereits mit der Form von Zitatnachweisen und Quellenangaben nicht allzu genau nehmen, dann lassen sich auch inhaltliche Mängel in ihren Arbeiten vermuten. Eine gewissenhafte und präzise Arbeitsweise wird später auch in der beruflichen Praxis gefordert, auch wenn man gar kein Wissenschaftler werden will. Wer in einem Studium die Kompetenz erworben hat, Texte mit wissenschaftlichem Anspruch formal korrekt zu schreiben, zeigt damit auch seine Eignung für andere Aufgaben.

Zur Ausbildung **akademischer Kompetenzen** dient nicht nur der Fachunterricht im ›Wissenschaftlichen Arbeiten‹. In anderen Fächern kommen weitere formale Anforderungen hinzu: So wird z.B. in rechtswissenschaftlichen Fächern eine korrekte Schreibweise für Nachweise aus Gesetzen und Rechtsprechung erwartet, die sich nicht erschöpfend in allgemeine Formalvorschriften integrieren lässt. In Fächern mit mathematischen Anteilen wird mit Formeln gearbeitet, und auch in der empirischen Sozialforschung gibt es weitere formale Anforderungen. Die eigenständige Vertiefung der Lehrinhalte ist für den Lernprozess im Studium notwendig. Formalvorschriften können lediglich dabei unterstützen, akademische Kompetenzen auszubilden. Gewissermaßen als Nebeneffekt bedienen sie zudem ein Sicherheitsbedürfnis, nämlich bezogen auf die Frage, was bezüglich der Form vonseiten der Hochschule in Studienleistungen erwartet wird.

[Ende der Formalvorschriften]

4.2 HINWEISE ZUR FORM BIBLIOGRAPHISCHER ANGABEN UND ZU DEN ANFORDERUNGEN AN DIE ZITATION

Die folgenden **Hinweise zur Form bibliographischer Angaben** können als ein Kommentar zu ausgewählten Aspekten der *Formalvorschriften* gelesen werden (s. Kap. 4.1). Sowohl Lehrpersonen als auch Studierende können sich daran orientieren. Dies kommt dem Wunsch nach einer **möglichst *eindeutigen* Vorgabe** entgegen. Lehrbücher, die mehrere Gestaltungsvarianten vorstellen, sind dafür nur bedingt geeignet, z.B. das Buch zum *Wissenschaftlichen Arbeiten* von Manuel R. Theisen[189], dem diese Hinweise gleichsam ihr Grundgerüst verdanken. Der Hinweis: ›Gestalten Sie die bibliographischen Angaben in Studienarbeiten nach Theisen‹, würde eine solche Eindeutigkeit nicht gewährleisten, da Theisen verschiedene Versionen vorstellt. Außerdem sind selbst in der 16. Auflage noch vereinzelt Mehrdeutigkeiten zu finden, z.B. bei der Zeichensetzung oder der Gestaltung von Kurznachweisen für unselbständige Literatur. Dies schmälert nicht das Verdienst Theisens, ein Standardwerk zum Wissenschaftlichen Arbeiten vorgelegt zu haben, sondern bestätigt die Einsicht, dass die Beschäftigung mit den Formalia gewissermaßen eine **›Wissenschaft für sich‹** ist, die aufgrund der Vielzahl und Komplexität der Aspekte niemals abschließend alle Unklarheiten beseitigen kann. Dies beansprucht auch die folgende Darstellung nicht. Sie soll lediglich das Sicherheitsbedürfnis stärker berücksichtigen, indem sie sich wie gesagt um Eindeutigkeit bemüht sowie konkrete Vorschläge für Zweifelsfälle unterbreitet. Letztlich bleibt die Umsetzung von Vorgaben eine individuell zu lösende Aufgabe, die sich nicht immer nach dem sprichwörtlichen ›Schema F‹ lösen lässt. Vorgestellt wird das **Handwerkszeug** für die eigenständige Lösung von Problemen.

Die Darstellung dieses Kapitels (Kap. 4.2) hat aus didaktischen Gründen eine separate **Gliederung** (Variante: alphanumerische Gliederung), die nicht in die Kapitelzählung des Buches eingebunden ist. Sie enthält zudem die **Bestandteile eines Manuskripts**: *Deckblatt, Inhalts-, Abkürzungs- und Tabellenverzeichnis, Textteil* und *Literaturverzeichnis* (als rechtswissenschaftliche Variante *vor* dem Text und als wirtschafts- und sozialwissenschaftliche Variante *nach* dem Text). Die Darstellung ist damit zugleich ein Anschauungsbeispiel für die Ordnung der Bestandteile einer schriftlichen Arbeit. Wie das Beispiel für *Formalvorschriften* (s. Kap. 4.1) kann dieses Kapitel die **Funktion eines Leittextes** haben, der im Fachunterricht ›Wissenschaftliches Arbeiten‹ einsetzbar ist (s. Ü9). Im Anschluss findet sich die Auflösung der Übung zur Anpassung von Zitationsstilen (s. Ü6). Bei der Darstellung unberücksichtigt bleiben die Vorgaben für das Layout, z.B. für Seitenränder, Zeilenabstand und Typographie. Nähere Informationen dazu sowie zu den Bestandteilen einer schriftlichen Arbeit und weiteren formalen Gesichtspunkten bietet das nachfolgende Kapitel (Kap. 4.3).

Die Darstellung gibt aber bereits Hinweise auf die **Seitenzählung** in einem Manuskript. Bei einer schriftlichen Seminararbeit im Studium werden die Seiten nur *einseitig* beschriftet. Deshalb stehen die Seitennummern immer oben rechts. Das Deckblatt einer Arbeit erhält *keine* Seitennummer, zählt aber mit. Alle Seiten vor dem Textteil werden fortlaufend römisch nummeriert, beginnend mit dem Inhaltsverzeichnis, das i.d.R. die Nummer römisch ›II‹ erhält. Der Textteil wird fortlaufend arabisch nummeriert, beginnend mit ›1‹.

---

[189] S. *Theisen, M. R.*, Erfolgreich, [16]2013 (FN 31) sowie *ders.*, Technik, [15]2011 (ebd.).

Hier ein Beispiel für die **Gestaltung eines Deckblattes** für den folgenden Abschnitt (s. Abb. 15): Das Deckblatt erhält keine Seitennummer, wird aber in die römische Zählung der Seiten vor dem Textteil eingebunden, zählt also virtuell als Seite römisch ›I‹:

[Das Deckblatt erhält keine Seitennummer, zählt aber mit (virtuell als römisch ›I‹)]

Kommunale Hochschule für Verwaltung in Niedersachsen
– University of Applied Sciences –

Merkblatt

Hinweise zur Form bibliographischer Angaben und zu den Anforderungen an die Zitation

vorgelegt von

Max Mustermann
T4-AV-17-01
mustermann@nsi.de

Maxi Musterfrau
T4-VB-17-02
musterfrau@hsvn.de

Abgabe: 02.08.2017

Fach: Wissenschaftliches Arbeiten
Leitung: Prof. Dr. Maximilian Spitzfind

Abb. 15: Muster für ein Deckblatt *(eigene Darst.).*

Oben stehen *Angaben zur Institution*. Es folgen in der oberen Seitenhälfte die *Benennung der Studienleistung* (z.B. ›Häusliche Ausarbeitung‹ oder ›Schriftliche Kurzfassung zum Referat‹) sowie der *Titel der Arbeit*, der mit höherem Schriftgrad versehen und fett hervorgehoben wird. In der unteren Seitenhälfte stehen *Angaben zum Verfasser* (mit Vor- und Zunamen, Kursnummer und Kontaktdaten), das *Datum* (z.B. Bearbeitungszeitraum, Datum des Vortrags, Datum der Abgabe) sowie *Angaben zum Betreuer* und ggf. *Angaben zur Lehrveranstaltung*, in deren Rahmen die Prüfungsleistung erbracht wird.

Auf das Deckblatt folgt das **Inhaltsverzeichnis**. Dabei kann eine der möglichen Gliederungsvarianten gewählt werden. Im folgenden Beispiel wird die sogenannte *alphanumerische Gliederung* verwendet.

Einsatz der alphanumerischen Gliederung

Die Nummerierung ist in Form der **alphanumerischen Gliederung** gestaltet.[190] An der HSVN kann diese Variante für Kurzfassungen, Haus- und Abschlussarbeiten verwendet werden.[191] Sie stellt eine Alternative zur zweiten möglichen Variante dar, d.i. die *numerische (auch: dekadische) Gliederung* (1., 1.1, 1.1.1, 1.1.1.1).[192] Beide Varianten haben jeweils Vor- und Nachteile.

Die **numerische Gliederung** hat den Vorteil der *Eindeutigkeit*: Jede Nummer eines Kapitels kommt nur einmal vor, was z.B. bei Querverweisen nützlich ist. Dafür hat die numerische Gliederung bereit in der dritten, spätestens ab der *vierten Ebene* den Nachteil der *Unübersichtlichkeit*:

Beispiel: Numerische (auch: dekadische) Gliederung bis zur 4. Ebene
1., 2., 2.1, 2.1.1, 2.1.2, **2.1.2.1**, **2.1.2.2**, 2.2, 2.2.1, 2.2.2 etc.

Bei der **alphanumerischen Gliederung** kommen zwar die Nummern in den Unterkapiteln mehrfach vor: Jedes Unterkapitel beginnt in der Zählung neu mit I., II., III. (zweite Ebene), 1., 2., 3. (dritte Ebene) bzw. a), b), c) (vierte Ebene), sodass eindeutige Kapitelbezeichnungen und entsprechende Querverweise sehr umständlich sind, z.B.: „Siehe dazu auch Teil A, Kap. I.2, Abs. a)", o.Ä.

Dafür ist die alphanumerische Gliederung eine **klassische Form**, die dem Verzeichnis eine altehrwürdige Wirkung verleiht. Das drückt sich auch darin aus, dass die Nummerierung in der *fünften und sechsten Ebene* mit griechischen Kleinbuchstaben bzw. klein geschriebenen römischen Ziffern fortgesetzt werden kann:

Fortsetzung der alphanumerischen Gliederung in die 5. und 6. Ebene
A., I., 1., a), **α., i., ii., iii., β., i., ii., iii., γ., i., ii., iii.,** b), c), 2., 3., II., III., B., C. etc.

In der Regel sollte ein Text mit **maximal vier Gliederungsebenen** auskommen, es sei denn, es handelt sich um eine Arbeit im juristischen Gutachtenstil, bei dem auch mehr Gliederungsebenen üblich sind.[193] Unabhängig von der gewählten Variante gilt für alle Nummerierungen die Regel: „**Wer ›A‹ sagt, muss auch ›B‹ sagen**", d.h., pro Ebene werden mindestens zwei Überschriften mit entsprechender Nummerierung benötigt, z.B. erfordert ein Kapitel mit der Nummer 2.1.1 ein Kapitel mit der Nummer 2.1.2, ein Unterpunkt mit der Nummer römisch I. erfordert einen Unterpunkt römisch II. etc. pp.

---

190 S. dazu *Möllers, Th. M. J.*, Arbeitstechnik, 2010 (FN 152), S. 55.

191 Vgl. *NSI/HSVN*, Formalvorschriften, 2016 (FN 32), S. 2 (Kap. 2.4, Abs. 2); s. oben, Kap. 4.1 (§ 4 Nr. 4b).

192 Die **numerische Gliederung** wird auch im vorliegenden Buch verwendet. Die Abweichungen in Kap. 4 dienen didaktischen Zwecken. In einer Studienarbeit ist eine Gliederungsvariante durchgängig anzuwenden. Innerhalb eines Kapitels bleiben gleichwohl Aufzählungen der Form 1), 2), 3) möglich, die nicht als Kapitelüberschrift fungieren. Zur Unterscheidung können dann z.B. Klammern statt Punkten stehen.

193 Vgl. *NSI/HSVN*, Formalvorschriften, 2016 (FN 32), S. 2 (Kap. 2.4, Abs. 2); s .oben, Kap. 4.1 (§ 4 Nr. 4b).

Inhaltsverzeichnis

Auf das Inhaltsverzeichnis folgt das **Abkürzungsverzeichnis**. Das folgende Beispiel erläutert sämtliche Abkürzungen, die in diesem Kapitel (Kap. 4.2) verwendet werden:

[Seitenzählung für diesen Abschnitt:] III

Abkürzungsverzeichnis

AII	Angestelltenlehrgang II
a.a.O.	am angegebenen Ort
Abk.	Abkürzung
Abs.	Absatz/Abschnitt
Amerikan.	Amerikanischen (Dat.)
Anm.	Anmerkung(en)
Aufl.	Auflage
Art.	Artikel
B.A.	(engl.) *Bachelor of Arts*
Bd.	Band
Bearb.	Bearbeiter
Bem.	Bemerkung(en)
Beitr.	Beiträge
BGB	Bürgerliches Gesetzbuch
BVerwGE	Sammlung der Entscheidungen des Bundesverwaltungsgerichts
bzw.	beziehungsweise
Darst.	Darstellung
ders.	derselbe [direkt vorher genannter Name]
d.h.	das heißt
d.i.	das ist
dies.	dieselbe(n) [der/die direkt vorher genannte(n) Name(n)]
Diss.	Dissertation
dtv	Deutscher Taschenbuchverlag
ebd.	ebenda [bezieht sich auf den direkt vorhergehenden Nachweis]
Einl.	Einleitung
ErbbauRG	Erbbaurechtsgesetz
engl.	englisch
erg.	ergänzte(n)
Erl.	Erläuterung
erw.	erweiterte(n)
et al.	(lat.) *et alii* [und andere, nur bei Personen, vgl. u.a.]
etc.	et cetera [und so weiter]
e.V.	eingetragener Verein
f.	und die folgende Seite
ff.	und die folgenden Seiten
FN	Fußnote
geänd.	geändert
GG	Grundgesetz für die Bundesrepublik Deutschland
ggf.	gegebenenfalls
GmbH	Gesellschaft mit beschränkter Haftung
Halbs.	Halbsatz
Hervorh.	Hervorhebung
Hrsg.	Herausgeber
hrsg. v.	herausgegeben von
HSVN	Kommunale Hochschule für Verwaltung in Niedersachsen
http	*Hypertext Transfer Protocol*
i.d.F. v.	in der Fassung vom
i.d.R.	in der Regel
ISBN	(engl.) *International Standard Book Number*
Kap.	Kapitel
lat.	lateinisch
LMU	Ludwig-Maximilians-Universität München
LSVP	Lehr- und Stoffverteilungsplan
M.A.	(engl.) *Master of Arts*
Mitarb.	Mitarbeit/Mitarbeiter
MüKo	Münchener Kommentar (zum BGB)
Nr.	Nummer(n)
NSI	Niedersächsisches Studieninstitut für Kommunale Verwaltung e.V.
o.a.	oder andere
o.Ä.	oder Ähnliche(s)
Orig.	Original
o.V.	ohne Verfasser
o.Verl.	ohne Verlag
pdf	(engl.) *Portable Document Format*
pp.	(lat.) *perge, perge* [und so fort]
Reg.	Register
Rd.-Nr.	Randnummer (hier: Rn.)
rer. pol.	(lat.) *rerum politicarum* (der Staatswissenschaft, Gen. Pl.)
Rn.	Randnummer
s.	siehe (*Achtung*: wird am Satzanfang groß geschrieben)
S.	Seite(n)
sic!	so (um bei wörtlichen Zitaten anzuzeigen: Ja, das steht da wirklich so)
s.o.	siehe oben
Stud.IP	Studienbegleitender Internetsupport von Präsenzlehre
Tab.	Tabelle
u.	und/unter
u.a.	und andere
u.d.T.	unter dem Titel
überarb.	überarbeitete
übers./Übers.	übersetzt/Übersetzung
unveränd.	unveränderter
u. Mitarb. v.	unter Mitarbeit von
URL	(engl.) *Uniform Resource Locator*
v.	von/vom
Verl.	Verlag
vgl.	vergleiche
vollst.	vollständig
WEG	Wohnungseigentumsgesetz
www	(engl.) *World Wide Web*
z.B.	zum Beispiel
zit.	zitiert
zzgl.	zuzüglich

Wer eine Weile mit den Abkürzungen für bibliographische Angaben gearbeitet hat, dem werden die meisten der oben angeführten Abkürzungen geläufig sein. Einige Dozenten schätzen es nicht, wenn gängige Abkürzungen erklärt werden, d.i. z.B. Abk. wie ›Abk.‹, ›d.i.‹ und ›z.B.‹. In einer Studienarbeit wäre jeweils im Einzelfall zu entscheiden, ob eine Erläuterung erforderlich ist. Eine **kürzere Version** könnte so aussehen:

Abkürzungsverzeichnis

AII	Angestelltenlehrgang II
B.A.	(engl.) *Bachelor of Arts*
BGB	Bürgerliches Gesetzbuch
BVerwGE	Sammlung der Entscheidungen des Bundesverwaltungsgerichts
ErbbauRG	Erbbaurechtsgesetz
GG	Grundgesetz für die Bundesrepublik Deutschland
HSVN	Kommunale Hochschule für Verwaltung in Niedersachsen
LMU	Ludwig-Maximilians-Universität München
LSVP	Lehr- und Stoffverteilungsplan
M.A.	(engl.) *Master of Arts*
MüKo	Münchener Kommentar (zum BGB)
NSI	Niedersächsisches Studieninstitut für kommunale Verwaltung e.V.
Stud.IP	Studienbegleitender Internetsupport von Präsenzlehre
URL	(engl.) *Uniform Resource Locator*
WEG	Wohnungseigentumsgesetz

Ein prüfender Blick in das Abkürzungsverzeichnis macht deutlich, welche Bezugswissenschaften ein Text hat. In diesem Fall wird sogleich deutlich, dass es sich um einen Text handelt, der Bezüge zu den Rechtswissenschaften hat. In einer Studienarbeit würde der **Umfang** des Abkürzungsverzeichnisses vermutlich irgendwo zwischen dem dieser Kurzversion und dem des vorhergehenden Verzeichnisses sämtlicher Abkürzungen liegen.

Auf das Inhalts- und das Abkürzungsverzeichnis folgt das **Abbildungs- und Tabellenverzeichnis**. Das Verzeichnis beginnt üblicherweise auf einer neuen Seite (hier: S. IV). In diesem Abschnitt (Kap. 4.2) sind lediglich Tabellen zu finden. Die Überschrift eines Verzeichnisses sollte so gewählt werden, dass sie dessen Inhalt möglichst genau benennt.

Abbildungen und Tabellen erhalten jeweils eine fortlaufende **Nummerierung** und einen **Titel**. Zusätzlich erfolgt ein **Quellennachweis**. Hat man eine Abbildung oder Tabelle selbst erstellt, wird auch das kenntlich gemacht. Dafür wird er **Hinweis ›*(eigene Darst.)*‹** verwendet.[194] Auf diese Weise wird für den Leser sogleich ersichtlich, dass die Darstellung vom Autor stammt und nicht bloß ein Nachweis vergessen wurde.

[Seitenzählung für diesen Abschnitt:] IV

Tabellenverzeichnis

Gibt es sowohl Abbildungen als auch Tabellen, könnte jeweils ein separates Verzeichnis erstellt werden. Das kann aber auch problematisch sein, wenn z.B. lediglich eine Tabelle unter den Abbildungen ist und ein separates Tabellenverzeichnis also lediglich einen einzigen Eintrag hätte. Das ist zu vermeiden. Um dieses Problem zu lösen, kann durchgängig mit der Abkürzung **›Abb.‹** (**Abbildung**) gearbeitet und eine Tabellarische Darstellung im Titel der Abbildung als solche kenntlich gemacht werden, z.B. **„Abb. 1: Tabellarische Darstellung von XY.“**

Bei rechtswissenschaftlichen Arbeiten folgt auf das Abbildungs- und Tabellenverzeichnis das **Literatur- und Quellenverzeichnis**. Es wird also ***vor* dem Textteil** platziert (s. Version 1). In Arbeiten der Wirtschafts- und Sozialwissenschaften steht es stattdessen ***nach* dem Textteil** (s. Version 2).[195] Wie die übrigen Verzeichnisse beginnt das Literatur- und Quellenverzeichnis auf einer neuen Seite (hier: S. V).

---

[194] Vgl. *Theisen, M. R.*, Erfolgreich, [16]2013 (FN 31), S. 189 (Kap. 7.5.1); vgl. *ders.*, Technik, [15]2011 (ebd.), S. 163 (Kap. IV, 5a). – Darüber, ob der **Hinweis ›*(eigene Darst.)*‹** erforderlich ist, lässt sich streiten. Dem Korrektor von Studienarbeiten hilft er jedoch, sofort zu sehen, ob Studierende eine Abbildung selbst erstellt haben. Studierende wiederum disziplinieren sich darin, Quellen für Abbildungen anzugeben; s. für weitere Informationen zum Abbildungsverzeichnis unten, Kap. 4.3, Abs. 4.2.4.

[195] Vgl. *NSI/HSVN*, Formalvorschriten, 2016 (FN 32), S. 1 (Kap. 2.1, Abs. 2); s. oben, Kap. 4.1 (§ 4 Nr. 4b); s. auch die **Übersicht der Bestandteile** unten, Kap. 4.3, Abs. 4.1.

[Seitenzählung für diesen Abschnitt:] V

Literatur- und Quellenverzeichnis
(Version 1: Rechtswissenschaften)

Eicker, Thomas:	Kleines! Lexikon des Internet (Stand 20.10.2016); http://www.kleines-lexikon.de/w/u/url.shtml (Zugriff 02.08.2017).
Frank, Andrea; Haacke, Stefanie; Lahm, Swantje:	Schlüsselkompetenzen: Schreiben in Beruf und Studium, Stuttgart 2007.
NSI (Niedersächsisches Studieninstitut für kommunale Verwaltung e.V.):	LSVP-AII: Lehr- und Stoffverteilungsplan für den Angestelltenlehrgang II – Stundenverteilungsplan mit Vorbemerkungen (Stand 06.01.2016); http://www.nsi-hannover.de/pics/medien/1_1308657054/AII.pdf (Zugriff 02.08.2017). Zit.: NSI (a).
NSI (Niedersächsisches Studieninstitut für kommunale Verwaltung e.V.); HSVN (Kommunale Hochschule für Verwaltung in Niedersachsen):	Hinweise zur formalen Gestaltung von schriftlichen Arbeiten: Formalvorschriften (Stand 10.06.2016); https://studip.nds-sti.de (Zugriff 02.08.2017). Zit.: NSI (b).
Schimmel, Roland:	Juristische Klausuren und Hausarbeiten richtig formulieren, 10. Auflage, München 2012.
Theisen, Manuel René:	Wissenschaftliches Arbeiten: Erfolgreich bei Bachelor- und Masterarbeit, 16. Auflage, München 2013. Zit.: Theisen (a).
Ders.:	Wissenschaftliches Arbeiten: Technik – Methodik – Form, 15. Auflage, München 2011. Zit.: Theisen (b).

Da im folgenden Abschnitt die gleiche Zitationsmethode wie im übrigen Buch verwendet wird, kommen die in obiger Version definierten **Abkürzungen (Zit.:)** nicht zum Einsatz. Sie wären bei einer Anwendung dieser Zitationsmethode für eine eindeutige Zuordnung der Kurznachweise in den Fußnoten erforderlich, sofern dort nur der Name und die Seite angegeben würden, z.B. ›NSI (b), S. 3‹ oder ›Theisen (a), S. 198‹.[196] Auf eine Unterscheidung von ›Literatur‹ und ›Quellen‹ ist hier verzichtet worden. Dies bietet sich bevorzugt dann an, wenn die Anzahl der Titel wie hier überschaubar ist. Eine Differenzierung nach Literatur- und Quellen*arten* (z.B. Monographien, Lexika und Internetquellen) ist dann ebenfalls nicht sinnvoll.

[196] Vgl. unten, Bem. zu Tab. 2.

[Die Seitenzählung des Textteils **beginnt mit arabisch ›1‹** und wird fortgesetzt. Auch Verzeichnisse und der Anhang nach dem Text werden fortlaufend arabisch nummeriert.]

A. Einleitung

I. Hinweise zum Gebrauch

Das vorliegende **Merkblatt** enthält Hinweise zur Form bibliographischer Angaben und zu den Anforderungen an die Zitation in schriftlichen Arbeiten. Es erläutert die Zitationsstile, die in den ›Hinweisen zur formalen Gestaltung von schriftlichen Arbeiten (**Formalvorschriften**)‹[197] enthalten sind, und soll eine Orientierungshilfe sein, die im Fachunterricht ›Wissenschaftliches Arbeiten‹ eingesetzt wird. Das betrifft die folgenden Lehr- und Studiengänge:

- Grund- und Abschlusslehrgang im **Angestelltenlehrgang II**
- Bachelorstudiengänge **Allgemeine Verwaltung B.A.** und **Verwaltungsbetriebswirtschaft B.A.**
- Masterstudiengang **Kommunales Verwaltungsmanagement M.A.**

Für die rechtswissenschaftlichen sowie für die wirtschafts- und sozialwissenschaftlichen Fächer gibt es unterschiedliche **Zitationsstile**.[198] Die Vorgaben der beiden Fachgruppen sind den *Formalvorschriften* zu entnehmen. Die Vorgaben der Fachgruppe Wirtschafts- und Sozialwissenschaften basieren auf dem Standardwerk **›Wissenschaftliches Arbeiten‹ von Manuel R. Theisen**[199]. Darin wiederum werden unterschiedliche Zitationsstile besprochen: Relevant sind der *Chicago Style* mit Kurzbelegen in Fußnoten sowie der *Harvard Style* mit Zitatbelegen im Text. Abweichungen zu den *Formalvorschriften* werden in diesem Merkblatt erläutert.

Die **Wahl des Zitationsstils** erfolgt nach den Vorgaben der Fachgruppe, dem ein Fach zugeordnet ist, in dem die Studienleistung erbracht wird, sowie nach der Art dieser Studienleistung. Bei schriftlichen Ausarbeitungen wird (1) in den rechtswissenschaftlichen Fächern die *rechtswissenschaftliche Methode* verwendet, (2) in wirtschafts- und sozialwissenschaftlichen Fächern die *Chicago-Methode*. Mit schriftlichen Ausarbeitungen sind gemeint: schriftliche Kurzfassung zu einem Referat, Projektbericht, Protokoll, Hausarbeit sowie Bachelor- und Masterarbeit. – Für die Kurzfassung zum Referat im Fach ›Wissenschaftliches Arbeiten‹ erfolgt die Wahl des Zitationsstils in Absprache mit der Lehrperson, da hier beide Zitationsstile erlernt werden sollen.[200] – (3) Bei Texten, die der Präsentation dienen, kann in Fächern beider Fachgruppen alternativ die *Harvard-*

---

[197] S. *NSI/HSVN*, Formalvorschriften, 2016 (FN 32). – Wenn künftig von den **›Formalvorschriften‹** gesprochen wird, dann ist dieses Dokument gemeint. Die Fußnoten enthalten jeweils Verweise auf die betreffenden Textstellen; s. zum vollständigen Wortlaut der Vorschriften oben, Kap. 4.1.

[198] S. *NSI/HSVN*, Formalvorschriften, 2016 (FN 32), S. 2 (Kap. 3.2); s. oben, Kap. 4.1 (§ 5 Nr. 2).

[199] S. *Theisen, M. R.*, Erfolgreich, [16]2013 (FN 31): Die 16. Aufl. von 2013 mit dem Untertitel „Erfolgreich bei Bachelor- und Masterarbeit" ist vollständig überarbeitet worden; bei Zitatbelegen nach dieser Ausgabe wird zusätzlich auf die 15. Aufl. von 2011 mit dem Untertitel „Technik – Methodik – Form" verwiesen, s. *ders.*, Technik, [15]2011 (ebd.). – Wenn künftig von **›Theisen‹** gesprochen wird, dann sind diese beiden Auflagen des Werkes „Wissenschaftliches Arbeiten" gemeint.

[200] Vgl. *NSI/HSVN*, Formalvorschriften, 2016 (FN 32), S. 2 (Kap. 3.2); s. oben, Kap. 4.1 (§ 5 Nr. 2).

Methode verwendet werden (*Handout* und Präsentation mit *PowerPoint* o.a.).[201] Insgesamt werden also drei Zitationsstile erlernt und angewendet (s. Abb. 16 [Tab. 1]):

<table>
<tr><th>Zitationsstile</th><th>Textgrundlage</th><th>Anwendungsbereiche</th></tr>
<tr><td>Zitationsstil 1:
Rechtswissenschaften mit Zitatbelegen in Fußnoten</td><td>NSI/HSVN, Formalvorschriften, 2016 und vorliegendes Merkblatt</td><td rowspan="2">Jeweils fachspezifisch: schriftliche Kurzfassungen zu Referaten, Projektberichte, Protokolle, Hausarbeiten sowie Bachelor- und Masterarbeit
(Bei der schriftlichen Kurzfassung zum Probereferat im Fach ›Wissenschaftliches Arbeiten‹ erfolgt die Wahl des Zitationsstils in Absprache mit der Lehrperson, da beide Zitationsstile behandelt werden).</td></tr>
<tr><td>Zitationsstil 2:
Wirtschafts- und Sozialwissenschaften mit Zitatbelegen in Fußnoten (Chicago Style)</td><td>NSI/HSVN, Formalvorschriften, 2016 und vorliegendes Merkblatt
(entwickelt auf der Grundlage von Theisen, M. R., Erfolgreich, 2013; ders.: Technik, 2011)</td></tr>
<tr><td>Zitationsstil 3:
Fächer beider Fachgruppen mit Zitatbelegen im Text (Harvard Style)</td><td>Vorliegendes Merkblatt
(entwickelt auf der Grundlage von Theisen, M. R., Erfolgreich, 2013; ders.: Technik, 2011)</td><td>Handouts und Präsentationen mit PowerPoint o.a.</td></tr>
</table>

Abb. 16 [Tab. 1]: Übersicht der Zitationsstile, ihrer Textgrundlagen und Anwendungsbereiche *(eigene Darst.)* [Bem.: Die Zählung für Tabellen wird nur in diesem Abschnitt (Kap. 4.2) verwendet].

II. Leitfragen und Aufbau

Für die Darstellung lassen sich **drei Leitfragen** formulieren, die zugleich den **Aufbau** des vorliegenden Merkblatts strukturieren: *Was heißt: mit Quellen arbeiten? Wie wird eine bibliographische Angabe gestaltet? Was ist beim Zitieren zu beachten?* Bei der Beantwortung dieser Fragen werden fachspezifische Besonderheiten berücksichtigt. Um den Vorgaben in den *Formalvorschriften* für die Anwendung der Zitationsstile zu entsprechen, werden insbesondere die Abweichungen zu Theisen an den entsprechenden Stellen kenntlich gemacht. Es werden Zweifelsfälle besprochen und Empfehlungen gegeben. Indem die Zitationsmethoden für alle rechts-, wirtschafts- und sozialwissenschaftlichen Fächer und für alle Arten von Studien- und Prüfungsleistungen hier gemeinsam behandelt werden, lassen sich die Gemeinsamkeiten und Unterschiede verdeutlichen. Dadurch kann eine **größere Sicherheit** in der korrekten Umsetzung der Vorgaben für bibliographische Angaben und die Zitation gewonnen werden.

Ausgangspunkt ist die Frage, weshalb überhaupt mit Quellen gearbeitet wird, welche Funktion ein Zitatnachweis hat und welche Basisinformationen eine bibliographische Angabe enthält. Da laut *Formalvorschriften* beim Zitieren in schriftlichen Arbeiten mit Kurzbelegen gearbeitet wird, ist die Form von Zitatnachweisen im Zusammenhang mit den vollständigen Angaben zu betrachten, die im Literatur- und Quellenverzeichnis gemacht werden. Dies sind bibliographische Angaben im engeren Sinn. Die Elemente

201 Vgl. ebd., S. 1 (Kap. 1); s. oben, Kap. 4.1 (1. Teil).

solcher Angaben werden anschließend im Einzelnen erläutert (Autor, Titel, Ort, Jahr u.a.). Für die fachspezifischen Besonderheiten der Zitationsstile werden Beispiele gegeben. Die Kenntnis der Zitations*stile* ist eine Voraussetzung für die Anwendung der zugehörigen Zitations*methoden* (s. dazu auch Kap. 3.1.1.4). Beim Zitieren sind darüber hinaus unterschiedliche Arten der Zitation zu unterscheiden, d.i. direkte und indirekte Zitation.

Die Darstellung beschränkt sich also auf die formale Gestaltung von bibliographischen Angaben und Zitatbelegen, was nur einen Teil der Form schriftlicher Arbeiten ausmacht. Die *Formalvorschriften* enthalten darüber hinaus Hinweise zu den Bestandteilen einer Arbeit und zur Formatierung des Manuskripts, die in diesem Merkblatt nicht besprochen werden. Wissenschaftliches Arbeiten wiederum umfasst noch sehr viel mehr als solche formalen Anforderungen, nämlich vor allem **inhaltliche, methodische und konzeptionelle Fragen**. Dass dieses weite Feld gelegentlich zu Unrecht auf die formalen Anforderungen reduziert wird, mag daran liegen, dass die Inhalte der Rechts-, Wirtschafts- und Sozialwissenschaften Gegenstand des jeweiligen Fachunterrichts sind. Es ist durchaus sinnvoll, sich separat mit den formalen Anforderungen auseinanderzusetzen, und zwar möglichst früh, da bereits die Informationsbeschaffung und -verarbeitung davon begleitet wird. Im Grunde aber gehört die Umsetzung formaler Anforderungen zum wissenschaftlichen Arbeitsprozess: Erst durch die Verbindung von Inhalt und Form kann ein wissenschaftlicher Text entstehen. Gelernt werden die formalen Anforderungen entsprechend am besten, wenn man sie bei der Bearbeitung eines eigenen wissenschaftlichen Projekts anwendet.

B. Was heißt: mit Quellen arbeiten?

I. Die Funktion von Quellennachweisen

Das Arbeiten mit Quellen gehört zu den Grundlagen beim Erstellen von wissenschaftlichen Texten. **›Quelle‹** ist ein Oberbegriff für alle Arten von Informationen, die verarbeitet werden.[202] Ein Studium dient unabhängig von der Fachrichtung immer auch dazu, selbständig Informationen beschaffen und verarbeiten zu können. Dabei ist korrektes Bibliographieren und Zitieren unerlässlich.

Fremde Gedanken zu verwenden, sich auf diese zu beziehen, mit ihnen zu arbeiten, das ist nicht nur erlaubt, sondern für einen wissenschaftlichen Diskurs notwendig. Dabei sind von anderen übernommene Formulierungen und Gedanken stets als solche **kenntlich** zu **machen**, d.h., es muss deutlich werden, welche Informationen im Text ein Produkt seines Verfassers sind und welche wörtlich oder sinngemäß zitiert worden sind. Wer sich gleichsam ›mit fremden Federn schmückt‹, handelt wissenschaftlich unredlich und ggf.

[202] Man kann den Namen ›Quelle‹ auch spezifisch gebrauchen, um Quellen von Literatur zu unterscheiden, s. dazu *Theisen, M. R.*, Erfolgreich, [16]2013 (FN 31), S. 103; *ders.*, Technik, [15]2011 (ebd.), S. 87: „Als **Quellen** sollen nur solche Materialien bezeichnet werden, die – möglicherweise bearbeitet – aber noch nicht für wissenschaftliche Zwecke verarbeitet worden sind, die deshalb als ›Original‹ angesehen werden können." – In diesem Sinne wären z.B. Gesetze und Gerichtsurteile oder auch transkribierte Interviews keine Literatur, sondern Quellen und würden ein separates ›Quellenverzeichnis‹ erhalten. In diesem Merkblatt wird der Ausdruck ›Quelle‹ gelegentlich auch in einem weiten Sinne gebraucht, etwa i.S.v. *Referenz*, s. zur Begrifflichkeit oben, Kap. 3.1.1.1.

sogar gesetzwidrig. **Plagiate**, d.i. „nicht gekennzeichnete" bzw. „nicht ausgewiesen[e] Zitat[e]",[203] sind bereits aus rechtlichen Gründen zu **vermeiden**. Darüber hinaus widerstreiten sie dem Zweck von Wissenschaft, nämlich „*Wissen bzw. Erkenntnisse* [zu produzieren], *und zwar so, dass andere Wissenschaftler oder Praktiker sie nutzen, weiterentwickeln und anwenden können*"[204]. Dazu gehört es, für den Leser nachvollziehbar zu machen, wie die Erkenntnisse zustande gekommen sind und worauf sie sich stützen.

Die Regel, alle **Quellen** nachzuweisen, gilt unabhängig von der Art der Information, die verarbeitet wird: ob es sich dabei um Bücher, Statistiken, Zeitungsartikel oder Gesetzestexte handelt. Bilder und Graphiken müssen ebenfalls nachgewiesen werden und ein eigenes Verzeichnis erhalten. Dabei sind die Urheberrechte besonders zu beachten. Auch das Arbeiten mit Internetquellen sollte präzise sein: Diese Informationen sind oftmals unzuverlässig und nicht dauerhaft abrufbar. Sogar unveröffentlichte Quellen – die zu den sogenannten ›nicht zitierfähigen‹ Quellen gehören – lassen sich jedoch formal präzise nachweisen, z.B. ein Telefonat oder ein Sitzungsprotokoll. Dabei geht es nicht bloß um formale Gesichtspunkte, sondern vor allem um ein Bewusstsein dafür, mit allen verwendeten Quellen gewissenhaft und sorgfältig zu arbeiten.

Die äußere Gestalt von Quellenangaben beruht zu einem großen Teil auf **Konvention**, teilweise ist sie auch Geschmackssache.[205] Für die Auswahl der Elemente, die zu einem Nachweis gehören, gibt es jedoch auch **sachliche Argumente**. Mit der korrekten Umsetzung von Formalvorschriften kann man zeigen, dass man sich mit den Anforderungen an eine wissenschaftliche Arbeit in den unterschiedlichen wissenschaftlichen Disziplinen auseinandergesetzt hat.

II. Kriterien für die Gestaltung von Quellennachweisen

Die Fähigkeit, bibliographische Angaben **korrekt**, **einheitlich** und **praktikabel** zu gestalten, gehört zu den methodischen Kompetenzen, die beim wissenschaftlichen Arbeiten ausgebildet werden. Durch bibliographische Angaben und Zitatnachweise soll gewährleistet werden, dass sich die in einer Arbeit verwendeten Informationen vom Leser kritisch überprüfen lassen. Für die Gestaltung sind vor allem die drei genannten Kriterien wichtig: Korrektheit, Einheitlichkeit und Praktikabilität.

1. Korrektheit

Bibliographische Angaben müssen den Anforderungen an die formale Korrektheit genügen. Dazu gehört unter anderem die **Vollständigkeit**. Die wissenschaftlichen Disziplinen setzen dafür unterschiedliche Maßstäbe und Kriterien an, die auch innerhalb der Disziplinen variieren. Deshalb ist es unerlässlich, sich mit den spezifischen **fachlichen Anforderungen** an die Form einer bibliographischen Angabe vertraut zu machen. Als Basisinformationen gelten Autor, Titel, Erscheinungsort und Erscheinungsjahr. Laut *Formalvorschriften* gehört auch die Auflage und in den Wirtschafts- und Sozialwissenschaften zusätzlich der Verlag dazu.

---

203 *Schimmel, R.*, Formulieren, 2012 (FN 30), S. 161 (Rn. 408), 248 (Rn. 562).
204 *Frank, A./Haacke, S./Lahm, S.*, Schreiben, 2007 (FN 29), S. 5; s. dazu bereits oben, Kap. 2.1.1.
205 S. dazu ausführlicher oben, Kap. 3.2.1.

2. Einheitlichkeit

Das Kriterium der Einheitlichkeit bedeutet, dass alle einmal angeführten Bestandteile einer bibliographischen Angabe in allen Angaben desselben Textes **dieselbe Form** haben. Ein Verstoß gegen diese Einheitlichkeit innerhalb einer Arbeit ist zugleich ein Verstoß gegen die formale Korrektheit.

Wenn z.B. bei Buchpublikationen der Verlag angegeben wird, muss dieser in allen Angaben zu Buchpublikationen enthalten sein. Gibt es keinen Verlag, muss dies durch einen Hinweis kenntlich gemacht werden: ›o.Verl.‹ (ohne Verlag).[206] Auch auf die Einheitlichkeit der **Zeichensetzung** zwischen den einzelnen Bestandteilen der bibliographischen Angabe ist zu achten, z.B. bei der Verwendung von Doppelpunkten und Kommata oder bei der Formatierung von Gedankenstrichen (lang: ›–‹ oder kurz: › - ‹). Schreibe ich Worte aus oder verwende ich **Abkürzungen** (›i.d.F. v.‹)? Mache ich Leerzeichen oder nicht (›idF vom‹)? Solche Fragen mögen spitzfindig erscheinen, tatsächlich sind sie aber ein Gebot der Genauigkeit und Gründlichkeit; und das sind Tugenden, an denen sich nicht nur Wissenschaftler, sondern auch Verwaltungsmitarbeiter messen lassen müssen.

3. Praktikabilität

Praktikabilität bedeutet, dass sich mit den bibliographischen Angaben möglichst problemlos arbeiten lässt. Dazu gehört es z.B., die **Auffindbarkeit** der verwendeten Quellen sicherzustellen, d.h., die Form des Nachweises muss es dem Leser erlauben, die Quelle in der Bibliothek oder im Internet zu finden. Eine weitere Anforderung ist die **Lesbarkeit**; so ist es z.B. nicht sinnvoll (und auch nicht korrekt, da unvollständig), eine Internetquelle dadurch nachzuweisen, dass einfach die URL[207] in die Fußnote kopiert wird, erst recht dann nicht, wenn diese sich über mehrere Zeilen erstreckt. Solche Angaben müssen aus Gründen besserer Handhabung überarbeitet und ergänzt werden. Dazu können z.B. die Hauptseite und die Rubrik und/oder ein Suchwort mit angegeben werden, mit deren Hilfe sich die Information besser wiederfinden lässt.

Wenn **Abkürzungen** verwendet werden, deren Bekanntheit nicht vorausgesetzt werden kann (was zunächst für alle Abkürzungen gilt), dann ist ein separates Abkürzungsverzeichnis erforderlich. Die Abkürzungen: ›i.d.F. v.‹ (in der Fassung vom), oder ›f. (und die folgende Seite)‹ mögen dem verständigen Leser geläufig sein; dass die Abkürzung ›URL‹ für den *Uniform Resource Locator* steht und was das bedeutet, kann hingegen eine sinnvolle Zusatzinformation für den Leser sein.[208] Zur Praktikabilität gehört es außerdem, die **Kurzbelege** eindeutig den **vollständigen Angaben** im Literatur- und Quellenverzeichnis zuordnen zu können. Die Kriterien Korrektheit, einschließlich Vollstän-

---

[206] Die Abkürzung „o.V." ist bei Theisen für den Hinweis „ohne Verfasser" reserviert; beim Hinweis ›ohne Verlag‹ kürzt Theisen nur das Wort ›ohne‹ ab: „o. Verlag"; vgl. *Theisen, M. R.*, Erfolgreich, [16]2013 (FN 31), S. 222; *ders.*, Technik, [15]2011 (ebd.), S. 193.

[207] Theisen verwendet die maskuline Form (= der Locator), vgl. *Theisen, M. R.*, Erfolgreich, [16]2013 (FN 31), S. 229; *ders.*, Technik, [15]2011 (ebd.), S. 198; entsprechend müsste hier im Akkusativ „den URL" stehen. Abweichend wird hier an ›die‹ Ortsbezeichnung gedacht.

[208] **URL** *(Uniform Resource Locator)* ist die „eindeutige Bezeichnung [...] einer [...] Ressource des Internet"; zit. nach: *Eicker, Th.*, Lexikon, 2016; http://www.kleines-lexikon.de (Stand 20.10.2016), darin: Art. „URL" (Zugriff 02.08.2017).

digkeit, sowie Einheitlichkeit erhöhen auch die Praktikabilität einer bibliographischen Angabe. Nicht zu unterschätzen ist dabei der **ästhetische Aspekt**, d.h., eine schriftliche Arbeit sollte auch im wissenschaftlichen Apparat übersichtlich und ansprechend formatiert sein.

C. Wie wird eine bibliographische Angabe gestaltet?

I. Die Basisinformationen einer bibliographischen Angabe

Eine bibliographische Angabe gibt an, **wer**, **was**, **wo** und **wann** veröffentlicht hat. Jede bibliographische Angabe enthält entsprechend vier **Basisinformationen**:

1) **Autor** (Verfasser/Herausgeber/Institution/Bearbeiter/Gericht/Redaktion o.Ä.);
2) **Titel** (Ober- und Untertitel eines Buches oder Aufsatzes, Name einer Internetseite, bei Interviews das Thema des Gesprächs o.Ä.);
3) **Ort** (Erscheinungsort als Sitz eines Verlages bei Printmedien, Sitz einer Institution, bei Gerichtsurteilen die Fundstelle, bei Internetquellen die URL o.Ä.);
4) **Jahr** (Erscheinungsjahr, bei Zeitungsartikeln das Datum der Ausgabe, bei Internetquellen Datum des Zugriffs auf die Seite o.Ä.).[209]

Auf diese Weise kann im Grunde für **jede Art von Quelle** eine Quellenangabe erstellt und auf ihre Vollständigkeit geprüft werden. Wird z.B. eine Internetquelle nur mit der URL nachgewiesen, fehlen noch Autor, Titel und Jahr. Der Autor lässt sich im Impressum finden, der Titel kann z.B. die Rubrik sein und das Jahr das Datum der letzten Aktualisierung. Auch für eine Vorlesungsmitschrift, das Protokoll einer Diskussionsrunde oder eine TV-Dokumentation lassen sich mithilfe der vier Basisinformationen korrekte, einheitliche und praktikable Quellenangaben erstellen.

Eine bibliographische Angabe im engeren Sinne bezieht sich aber normalerweise auf Printmedien, die sich in Bibliotheken beziehen lassen. Für die korrekte Umsetzung der *Formalvorschriften* sind dabei einige Besonderheiten zu beachten. Grundsätzlich optional sind z.B. Angaben zu Verlag, Auflage, erstmaligem Erscheinen, Register, Mitarbeitern und Übersetzern, Reihentitel etc. pp. Auf eine Angabe der ISBN wird bei wissenschaftlichen Arbeiten verzichtet. Laut *Formalvorschriften* ist die Angabe der **Auflage** jedoch eine Pflichtangabe, es sei denn, es handelt sich um die 1. Auflage.[210] Entfällt also bei bibliographischen Angaben der Hinweis auf die Auflage, dann wird stillschweigend davon ausgegangen, dass es sich um die 1. Auflage handelt. In den Wirtschafts- und Sozialwissenschaften ist außerdem der **Verlag** eine Pflichtangabe.[211]

Anders als in den Rechtswissenschaften enthält das Literatur- und Quellenverzeichnis in den Wirtschafts- und Sozialwissenschaften **sämtliche Quellen**, die „berücksichtigt und

---

209 Vgl. *NSI/HSVN*, Formalvorschriften, 2016 (FN 32), S. 2 (Kap. 3.1); s. oben, Kap. 4.1 (§ 5 Nr. 1); vgl. zu den Elementen einer bibliographischen Angabe auch oben, Kap. 3.2.1.

210 Vgl. *NSI/HSVN*, Formalvorschriften, 2016 (FN 32), S. 6 (Kap. 6.1/6.2); s. oben, Kap. 4.1 (§ 8).

211 S. die Beispiele *NSI/HSVN*, Formalvorschriften, 2016 (FN 32), S. 4–6 (Kap. 5/6); s. oben, Kap. 4.1 (§ 7).

zitiert worden sind"[212], also auch Artikel in Zeitungen, Rechtsprechung u.a. Auch stehen die Verzeichnisse nicht am Anfang, sondern **am Ende der Arbeit**.[213] Ausgenommen sind davon das Darstellungs- und Abkürzungsverzeichnis, die in beiden Fachgruppen direkt nach dem Inhaltsverzeichnis vor dem Text stehen.

Theisen verwendet den Ausdruck „**Quelle**" sehr spezifisch.[214] Das wirkt sich auf viele Hinweise aus, die Theisen zu Aufbau und Inhalt von Verzeichnissen gibt. Abweichend dazu kann das Verzeichnis der verwendeten Quellen, aber auch ›Literatur- und Quellenverzeichnis‹ genannt oder nach geeigneten Überschriften gegliedert werden. Je nach Umfang und Art der verwendeten Quellen können auch separate Verzeichnisse von **Literatur** (z.B. Bücher und Aufsätze) und **Quellen** (z.B. Gesetze und Rechtsprechung) sinnvoll sein.

II. Selbständige und unselbständige Literatur

Bei bibliographischen Angaben kann zwischen *selbständiger* und *unselbständiger Literatur* unterschieden werden. Diese Bezeichnungen werden jedoch nicht als Überschriften in Literaturverzeichnissen verwendet. **Selbständige Literatur** bedeutet, dass das zitierte Werk nicht Teil eines größeren Werkes ist. Es handelt es sich dabei meist um Monographien, d.h. Bücher, die ein einzelner Autor verfasst hat. **Unselbständige Literatur** bedeutet, dass ein Werk mehrere Texte enthält, z.B. Artikel in einem Lexikon, Beiträge in einem Sammelband oder Aufsätze in einer Fachzeitschrift. Deshalb müssen die Nummern der ersten und letzten Seite angegeben werden, auf denen der Beitrag in dem Werk zu finden ist (Seitenbereich).

Die Einträge im Literaturverzeichnis werden in den Rechtswissenschaften mit Tabstopps bzw. als Tabelle formatiert, sodass die Autoren links und die übrigen Informationen davon abgesetzt rechts stehen.[215] In den Wirtschafts- und Sozialwissenschaften werden die Einträge im Literaturverzeichnis mit **hängendem Einzug** formatiert.[216] (›Hängend‹ bedeutet, dass der Einzug der ersten Zeile eines Absatzes dem Seitenrand links entspricht und der Text dieses Absatzes ab der zweiten Zeile eingerückt wird, z.B. um 0,5 cm). Die Unterscheidung von *Chicago Style* und *Harvard Style* für Kurzbelege wirkt sich auch auf die Gestaltung der vollständigen Angaben im Literaturverzeichnis aus.[217] Die Angaben zu **selbständiger Literatur** werden wie folgt gestaltet (s. Abb. 17 [Tab. 2]):

---

[212] *Theisen, M. R.*, Erfolgreich, [16]2013 (FN 31), S. 218; *ders.*, Technik, [15]2011 (ebd.), S. 189.

[213] *Theisen, M. R.*, Erfolgreich, [16]2013 (FN 31), S. 218; *ders.*, Technik, [15]2011 (ebd.), S. 189: „Das Literaturverzeichnis hat nur einen Platz: Es steht im Anschluss an den Text (einschließlich eines Anhangs) einer Arbeit." – Laut *Formalvorschriften* gilt dies nur für wirtschafts- und sozialwissenschaftlichen Arbeiten (aber vor dem Anhang). In rechtswissenschaftlichen Arbeiten steht das Literaturverzeichnis *vor* dem Text, vgl. *NSI/HSVN*, Formalvorschriften, 2016 (FN 32), S. 1 (Kap. 2.1); s. oben, Kap. 4.1 (§ 4 Nr. 1).

[214] S. *Theisen, M. R.*, Erfolgreich, [16]2013 (FN 31), S. 103; *ders.*, Technik, [15]2011 (ebd.), S. 87; s. zum Begriff ›Quelle‹ auch oben, Kap. 3.1.1.1.

[215] S. *NSI/HSVN*, Formalvorschriften, 2016 (FN 32), S. 6 (Kap. 6.1); s. oben, Kap. 4.1 (§ 8 Nr. 1); vgl. zu dem Vorschlag, das Literaturverzeichnis in Tabellenform zu formatieren, auch *Schimmel, R.*, Formulieren, 2012 (FN 30), S. 208 (Rn. 497).

[216] S. *NSI/HSVN*, Formalvorschriften, 2016 (FN 32), S. 6 (Kap. 6.2); s. oben, Kap. 4.1 (§ 8 Nr. 2).

[217] Vgl. *Theisen, M. R.*, Erfolgreich, [16]2013 (FN 31), S. 220.

Selbständige Literatur (z.B. Monographien)		
Zitationsstil	Eintrag im Literaturverzeichnis	Kurznachweis als Zitatbeleg
Zitationsstil 1 Fächer der Rechtwissenschaften	Name, Vorname: Titel: Untertitel, Auflage, Ort(e) Jahr. [ggf.:] Zit.: Name (a).	1 Name, S. XY. Name (a), S. XY.
Zitationsstil 2 Fächer der Wirtschafts- und Sozialwissenschaften *(Chicago Style)*	*Name, Vorname* [Titelstichwort, Jahr]: Titel: Untertitel, Auflage, Ort(e): Verlag(e), Jahr.	2 *Name, V.*, Titelstichwort, Jahr, S. XY.
Zitationsstil 3 Fächer beider Fachgruppen *(Harvard Style)* [*Handouts* und Präsentationen mit *PowerPoint* o.a.]	*Name, Vorname* (Jahr): Titel: Untertitel, Auflage, Ort(e): Verlag(e), Jahr. [Falls mehrere Werke eines Autors aus demselben Jahr verwendet werden, mit „a" und „b" arbeiten:] *Name, Vorname* (2015a): Titel: Untertitel, Auflage, Ort(e): Verlag(e), Jahr.	(*Name*, Jahr, S. XY) (*Name*, 2015a, S. XY)

Abb. 17 [Tab. 2]: Selbständige Literatur am Beispiel einer Monographie *(eigene Darst.)* [Bem.: Die Zählung für Tabellen wird nur in diesem Abschnitt (Kap. 4.2) verwendet].

Besonderheiten der drei Zitationsstile: Der rechtswissenschaftliche Zitationsstil und der *Chicago Style* erfordern **Zitatnachweise in Fußnoten**. Bei Verwendung des *Chicago Style* wird im Literatur- und Quellenverzeichnis ein Titelstichwort definiert, das bei Kurzbelegen in Fußnoten genannt wird. Beim rechtswissenschaftlichen Zitationsstil steht in den Fußnoten lediglich der Name des Autors. Hier sind Zusätze nur dann erforderlich, wenn Verwechslungsgefahr besteht. Sie können in der Form „zit.: Name (a)" und „zit.: Name (b)" definiert werden. Beim *Harvard Style* erfolgen **Zitatnachweise im Text** ohne Titelstichwort, sodass bei Einträgen im Literaturverzeichnis nur das Jahr nach dem Titel angegeben wird. Auch hier aber kann es erforderlich werden, Zusätze zu machen, wenn ein Autor mehrere zitierte Werke verfasst hat, die im selben Jahr erschienen sind. Sie haben dann die Form „(2015a)" und „(2015b)".

Neuerung bei Theisen gegenüber der 15. Auflage: Die Unterscheidung von ***Chicago Style*** und ***Harvard Style*** ist eine Neuerung der 16. Auflage. In der 15. Auflage empfiehlt Theisen die Chicago-Methode, ohne diesen Namen zu verwenden.[218] Das **Titelstichwort** nach dem nun sogenannten „Chicago Style" wird in der 16. Auflage mal in runden, mal in eckigen Klammern angegeben, in der 15. Auflage sind eckige Klammern verwendet worden. Abweichend zur Form einiger seiner Beispiele schreibt Theisen jedoch auch in der 16. Auflage ausdrücklich: „[D]em voll ausgeschriebenen Zu- und Vornamen [folgen] zunächst **Stichwort** und **Jahr** in **eckigen Klammern**."[219] Dies entspricht den *Formalvorschriften*.[220]

218 S. die Bemerkung in der 15. Aufl. von *Theisen, M. R.*, Technik, [15]2011 (FN 31), S. 146: Der „Harvard-Style" eigne sich eher für Arbeiten, „bei denen das verarbeitete Material begrenzt ist". – So gesehen ist es ein Ausdruck der verminderten Komplexität des Buches, dass in der 16. Auflage mit Ausnahme des 8. Kapitels die Harvard-Methode verwendet wird.

219 S. *Theisen, M. R.*, Erfolgreich, [16]2013 (FN 31), S. 178 [Hervorh. auch im Orig.].

220 S. *NSI/HSVN*, Formalvorschriften, 2016 (FN 32), S. 6 (Kap. 6.2); s. oben, Kap. 4.1 (§ 8 Nr. 2).

Die Unterscheidung von selbständiger und unselbständiger Literatur ist bereits bei der **Recherche** wichtig, weil man unselbständige Literatur in den Katalogen von Bibliotheken oftmals nicht unter dem Namen des Verfassers, sondern dem Namen des Herausgebers des Werkes findet, das den Text enthält. Bei Beiträgen in Sammelwerken z.B. lässt sich das an dem Hinweis **›in:‹** erkennen. Die bibliographischen Angaben für **unselbständige Literatur** (hier: Sammelbände) werden wie folgt gestaltet (s. Abb. 18 [Tab. 3]).

Unselbständige Literatur am Beispiel eines Beitrags in einem Sammelband		
Zitationsstil	Eintrag im Literaturverzeichnis	Kurznachweis als Zitatbeleg
Zitationsstil 1 Fächer der Rechtwissen-schaften	Name, Vorname: Titel: Untertitel, Auflage, Ort(e) Jahr, in: Name, Vorname; Name, Vorname (Hrsg.): Titel: Untertitel, Auflage, Ort(e) Jahr, S. XX - YY.	[1] Name, S. XX (XY).
Zitationsstil 2 Fächer der Wirtschafts- und Sozialwissen-schaften *(Chicago Style)*	*Name, Vorname* [Titelstichwort, Jahr]: Titel: Untertitel, in: *Name, V./ Name, V.* (Hrsg.), Titelstichwort, Jahr, S. XX–YY. [Zusätzlicher Eintrag für den Sammelband]: *Name, Vorname/Name, Vorname* (Hrsg.) [Titelstichwort, Jahr]: Titel: Untertitel, Auflage, Ort(e): Verlag(e), Jahr.	[2] *Name, V.*, Titelstichwort, in: *Name, V./Name, V.* (Hrsg.), Titelstichwort, Jahr, S. XX–YY: S. XY.
Zitationsstil 3 Fächer beider Fachgruppen *(Harvard Style)* [*Handouts* und Präsentationen mit *PowerPoint* o.a.]	*Name, Vorname* (Jahr): Titel: Untertitel, in: *Name, Vorname/Name, Vorname* (Hrsg.): Titel: Untertitel, Auflage, Ort(e): Verlag(e), Jahr, S. XX–YY.	(*Name*, Jahr, S. XY) [alternativ, mit Angabe des Sammelwerks]: (*Name*, in: *Name/Name* (Hrsg.), Jahr, S. XY)

Abb. 18 [Tab. 3]: Unselbständige Literatur am Beispiel eines Beitrags in einem Sammelband *(eigene Darst.)* [Bem.: Die Zählung für Tabellen wird nur in diesem Abschnitt (Kap. 4.2) verwendet].

Abweichungen bei Theisen zu den *Formalvorschriften*: Bei Herausgeberschriften und Sammelbänden nennt Theisen abweichend den Vornamen des Herausgebers zuerst. Laut *Formalvorschriften* wird **zuerst der Nachname** genannt.[221] Außerdem steht bei Theisen nach dem Herausgeber ein Komma. Laut *Formalvorschriften* steht **vor dem Titel ein Doppelpunkt** (*Achtung*: **Bei Kurzbelegen** steht – Theisen entsprechend – stattdessen **ein Komma**). Am Ende der Angaben wird bei Theisen auf ein Satzschlusszeichen (Punkt) verzichtet. Laut *Formalvorschriften* steht **am Ende ein Punkt.**[222]

[221] Vgl. *NSI/HSVN*, Formalvorschriften, 2016 (FN 32), S. 3 (Kap. 3.2.2); s. oben, Kap. 4.1 (§ 5 Nr. 4).
[222] Vgl. *NSI/HSVN*, Formalvorschriften, 2016 (FN 32), S. 3 sowie die Beispiele, S. 4–6 (Kap. 5/6); s. dazu auch oben, Kap. 4.1 (§§ 7, 8).

Besonderheiten von Aufsätzen in Fachzeitschriften und Beiträgen aus der Tages- und Wochenpresse

Handelt es sich bei der verwendeten unselbständigen Literatur um Beiträge in Fachzeitschriften und Beiträge aus der Tages- und Wochenpresse, sind einige Besonderheiten zu beachten. Zunächst zu den **rechtswissenschaftlichen** Besonderheiten:[223]

Literaturverzeichnis (Rechtswissenschaften)		Kurzbeleg in Fußnote bei Zitation
Name, Vorname:	Titel: Untertitel, Name der Zeitschrift Jahr, S. XX - YY.	1 Name, Name der Zeitschrift Jahr, S. XX (XY).
Name, Vorname:	Titel: Untertitel, Name der Zeitung Nr., Datum, S. XX - YY.	2 Name, Name der Zeitung, Nr., Datum, S. XX (XY).

<u>Rechtswissenschaften: Beiträge in Fachzeitschriften/Beiträge aus der Tages- und Wochenpresse</u>: Wie in den Beispielen und den *Formalvorschriften* ersichtlich, wird gemäß der rechtswissenschaftlichen Zitation **auf den Hinweis ›in:‹ verzichtet**. Man geht also davon aus, dass die Angabe des Namens der Zeitschrift oder Zeitung genügt, um erkennbar werden zu lassen, dass es sich um unselbständige Literatur handelt.

<u>Rechtswissenschaften: Beiträge aus der Tages- und Wochenpresse</u>: Im Unterschied zu Beiträgen in Fachzeitschriften werden **Beiträge aus der Tages- und Wochenpresse** in rechtswissenschaftlichen Arbeiten i.d.R. nur bei Zitatbelegen in Fußnoten genannt und nicht ins Literaturverzeichnis aufgenommen. Wird das so gehandhabt, steht in der Fußnote kein Kurznachweis, sondern eine vollständige bibliographische Angabe. Allerdings ist der folgende Hinweis in den *Formalvorschriften* zu beachten: „In Absprache mit der jeweiligen Lehrperson kann dies anders gehandhabt werden, wenn z.B. in einer Tages- oder Wochenzeitung ein Beitrag mit wissenschaftlichem Anspruch zitiert wird, dessen Autor/en namentlich genannt wird/werden."[224] – In diesem Fall wird ein Beitrag aus der Tages- und Wochenpresse wie ein Beitrag in einer Fachzeitschrift behandelt, ins Literaturverzeichnis aufgenommen und bei Zitation mit einem Kurznachweis versehen.

<u>Rechtswissenschaften: Angabe des Seitenbereichs</u>: Im Literaturverzeichnis wird bei unselbständiger Literatur der Seitenbereich angegeben (S. 144 - 156). Im Unterschied zum wirtschafts- und sozialwissenschaftlichen Zitationsstil (S. 144–156) ist der **Bindestrich** nicht lang gezogen, und es werden **Leerzeichen** gesetzt. **Bei Zitation** wird nicht der Seitenbereich, sondern **nur die erste Seite** des Beitrags genannt, zzgl. der Seite, von der zitiert wird. Diese Praxis ist der üblichen Zitation bei Gerichtsentscheidungen entlehnt. Auch dort steht nicht der Seitenbereich, den das Urteil in dem verwendeten Band umfasst, sondern nur die Seite, auf der das Urteil beginnt, zzgl. der zitierten Stelle, z.B. „BVerwGE 13, 60 (63)"[225] [d.h., die zitierte Entscheidung des Bundesverwaltungsgerichts befindet sich in Band 13 der veröffentlichten Sammlung, beginnt darin auf Seite 60, und die zitierte Textstelle ist auf Seite 63 zu finden].

---

223 S. dazu *NSI/HSVN*, Formalvorschriften, 2016 (FN 32), S. 4 (Kap. 5, Beitr. in Fachzeitschriften), 5 (Kap. 5, Abs.: Beitr. aus der Tages- u. Wochenpresse); s. oben, Kap. 4.1 (§ 7 Nr. 4, 7).

224 *NSI/HSVN*, Formalvorschriften, 2016 (FN 32), S. 3 (Kap. 3.2.2), wortgleich ebd., S. 5 (Kap. 5, Abs.: Beitr. aus der Tages- u. Wochenpresse); s. oben, Kap. 4.1 (§ 5 Nr. 4), wortgleich ebd. (§ 7 Nr. 7).

225 S. ebd., S. 5 (Kap. 5, Abs.: Gerichtsentscheidungen/Rechtsprechung); s. oben, Kap 4.1 (§ 7 Nr. 11).

Auch in den **Wirtschafts- und Sozialwissenschaften** sind bei Beiträgen in Zeitschriften und Zeitungen einige Besonderheiten zu beachten. Laut Formalvorschriften werden auch hier der Name der Zeitschrift bzw. der Zeitung zzgl. Nummer und Erscheinungsjahr angegeben.[226]

Abweichungen zu Theisen: Theisen setzt den Namen von Zeitungen und Zeitschriften nicht kursiv.[227] Laut *Formalvorschriften* gilt: Wie Autorennamen werden auch Namen von Zeitungen und Zeitschriften im **Schriftschnitt kursiv** gesetzt, um sie optisch hervorzuheben. Bei Zeitungen wird von Theisen die Ausgabennummer mit dem Kürzel „Nr." genannt, bei Zeitschriften nicht (z.B. ... in: *Die Zeit* Nr. 1 v. 30.12.1988, S. 58; ... in: *Soziale Welt* 35 (1984), S. 372–377). Auch das sollte abweichend von Theisen einheitlich gehandhabt werden, zumal er das „vom" mal ausschreibt, mal mit „v." abkürzt. Eine **Vereinheitlichung** kann wie folgt aussehen:

... in: *Soziale Welt*, Nr. 35 (1984), S. 372–377.

... in: *Die Zeit*, Nr. 1 (30.12.1988), S. 58/59.

Einheitlich wird auch die **Angabe eines Datums** gehandhabt. In der 15. Auflage finden sich bei Theisen z.B. bei den Angaben zu Gesetzestexten unterschiedliche Versionen: *Version 1*: Gesetz [...] idF vom 08.10.2009 [...] zuletzt geändert durch Art. 1 des Gesetzes vom 05. April 2011; *Version 2*: Gesetz [...] idF vom 15.12.1989 [...] zuletzt geändert durch das [...] [G]esetz vom 19.07.2002.[228] Diesen Mangel hat Theisen in der 16. Auflage behoben: Nun wird das **Datum** immer in der Form mit acht Stellen **„05.04.2011"** angegeben.[229] Andere mögliche Angaben ohne zweistellige Tages- und Monatsangabe wie ›5.4.2011‹ oder ›5. April 2011‹ sollen also nicht verwendet werden.

Im folgenden Abschnitt werden die **Elemente** einer bibliographischen Angabe **im Einzelnen** durchgegangen und erläutert:

- **Selbständige Literatur**: Autor; Titelstichwort und Jahr *(Chicago Style)* bzw. nur das Erscheinungsjahr *(Harvard Style)* bzw. [dann aber nicht an dieser Stelle, sondern ganz am Ende] der Hinweis ›zit.: Name (a)‹, wenn ein Autor mehrere Einträge erhält (Rechtswissenschaften); Titel und Untertitel; Angaben zur Auflage; Erscheinungsort; Name des Verlags [in den Rechtswissenschaften nicht]; Erscheinungsjahr.

- **Unselbständige Literatur**: Autor; Titelstichwort und Jahr *(Chicago Style)* bzw. nur das Erscheinungsjahr *(Harvard Style)* bzw. [dann aber nicht an dieser Stelle, sondern ganz am Ende] der Hinweis ›zit.: Name (a)‹, wenn ein Autor mehrere Einträge erhält (Rechtswissenschaften); Titel und Untertitel; **in:** Autor bzw. Herausgeber; Titel und Untertitel; Angaben zur Auflage; Erscheinungsort; Name des Verlags [in den Rechtswissenschaften nicht]; Erscheinungsjahr; Seitenbereich [für Beiträge in Zeitungen und Zeitschriften gelten die oben dargestellten Besonderheiten][230]

---

[226] S. *NSI/HSVN*, Formalvorschriften, 2016 (FN 32), S. 4 f., hier: Tabellenspalte Wirtschafts- u. Sozialwiss.; s. dazu Kap. 4.1 (§ 7 Nr. 4, 7).

[227] S. *Theisen, M. R.*, Erfolgreich, [16]2013 (FN 31), S. 227 f.

[228] *Theisen, M. R.*, Technik, [15]2011 (FN 31), S. 295. – Das „[G]" steht bei diesem Zitat in eckigen Klammern, um kenntlich zu machen, dass in den Originaltext der 15. Auflage eingegriffen worden ist: Wörtlich steht dort „Schadensersatzrechts-Änderungsgesetz". Drei Punkte in eckigen Klammern „[...]" zeigen Auslassungen an; vgl. auch die Erl. zum Humboldt-Zitat oben, Kap. 2.1.3.

[229] Vgl. *Theisen, M. R.*, Erfolgreich, [16]2013 (FN 31), S. 299; vgl. FN 228, Version 2 im Text.

[230] S. oben im Text, S. 109 f.

III. Die Elemente einer bibliographischen Angabe im Einzelnen

1. Der Autor

a) *Personen als Autor*

Die bibliographische Angabe beginnt mit der Nennung des **Autors**, also i.d.R. mit dem *Zunamen* und dem davon durch Komma abgetrennten *Vornamen* des Verfassers. Dies erlaubt das automatische alphabetische Sortieren im Literaturverzeichnis mit den gängigen Textverarbeitungsprogrammen. In wirtschafts- und sozialwissenschaftlichen Arbeiten ist der **Schriftschnitt** von Vor- und Zunamen von Autoren und Herausgebern ***kursiv***.

> *Achtung*:
> **Das Komma** zwischen Name und Vorname wird **nicht kursiv** gesetzt! Bei Theisen ist das im Schriftbild der 16. Auflage aufgrund der verwendeten Schriftart nicht gut zu erkennen.

Ein Werk der selbständigen Literatur ist i.d.R. eine *Monographie*, also ein Buch, das diesem Namen nach von einem einzelnen Autor verfasst wurde. Gelegentlich haben aber auch **mehrere Autoren** ein Buch verfasst, ohne dass einzelne Teile dieses Buches einem Autor zugeordnet werden. In solchen Fällen wird das Werk ebenfalls als selbständige Literatur behandelt.

- **Beispiel: Mehrere Verfasser eines Buches**

1) Rechtswissenschaften

- **Vollständige Angabe im Literaturverzeichnis:**

Watzlawick, Paul; Beavin, Janet H.; Jackson, Don D.:	Menschliche Kommunikation: Formen, Störungen, Paradoxien, 12. Auflage, Bern 2011.

- **Kurzbeleg in Fußnote bei Zitation:**

  1 Watzlawick/Beavin/Jackson, S. XY.

> *Achtung*: Im Literaturverzeichnis werden mehrere Autoren jeweils **mit Semikolon** getrennt, in den Fußnoten **mit Schrägstrich** *(Slash)*.

2) Wirtschafts- und Sozialwissenschaften (Chicago Style)

- **Vollständige Angabe im Literaturverzeichnis:**

  Watzlawick, Paul/Beavin, Janet H./Jackson, Don D. [Kommunikation, 2011]: Menschliche Kommunikation: Formen, Störungen, Paradoxien, 12., unveränd. Aufl., Bern: Huber, 2011.

- **Kurzbeleg bei Zitation in Fußnote:**

  2 *Watzlawick, P./Beavin, J. H./Jackson, D. D.*, Kommunikation, 2011, S. XY.

3) Bei Handouts und Präsentationen mit PowerPoint u.a. (Harvard Style)

- **Vollständige Angabe im Literaturverzeichnis:**

  Watzlawick, Paul/Beavin, Janet H./Jackson, Don D. (2011): Menschliche Kommunikation: Formen, Störungen, Paradoxien, 12., unveränd. Aufl., Bern: Huber, 2011.

- **Kurzbeleg bei Zitation im Text:**

  (Watzlawick/Beavin/Jackson, 2011, S. XY)

[Wirtschafts-/Sozialwissenschaften:] Mehrere Verfasser oder Herausgeber werden sowohl im Literaturverzeichnis als auch in Fußnoten ohne Leerzeichen durch einen **Schrägstrich** *(Slash)* getrennt. Bei Kurznachweisen werden die Vornamen abgekürzt. Vor dem Titelstichwort steht dann ein **Komma** statt eines **Doppelpunkts**.

Es werden maximal drei Autoren bzw. Herausgeber genannt. Sind es **mehr als drei Autoren** bzw. Herausgeber, wird dies mit **›u.a.‹** (und andere) kenntlich gemacht; alternativ kann auch die lateinische Variante **›et al.‹** *(et alii)* verwendet werden.[231]

Abweichend zu Theisen kann empfohlen werden, bei Abkürzungen wie **›u.a.‹** oder ›s.o.‹ **kein Leerzeichen** zu setzen, da Probleme vermieden werden, die bei Zeilenumbrüchen **›u. a.‹** entstehen können, und das Schriftbild ausgeglichener erscheint. Abweichend zur 15. Auflage wird *›u.a.‹* in der 16. Auflage wie die Autoren kursiv gesetzt. Die ältere Variante ›u.a.‹ bleibt aber ebenfalls korrekt (Hauptsache: einheitlich).

b) Institutionen als Autor

Nicht immer kann als Autor eine Person namentlich angegeben werden, z.B. wenn ein Text von einer Institution herausgegeben worden ist, ohne dass die Autorschaft kenntlich gemacht wird.[232] In solchen Fällen wird die **Institution als Autor** behandelt (s. Abb. 19 [Tab. 4]):

Eine Institution als Autor am Beispiel einer Internetquelle		
Zitationsstil	Eintrag im Literaturverzeichnis	Kurznachweis als Zitatbeleg
Zitationsstil 1 Fächer der Rechtswissenschaften	NSI (Niedersächsisches Studieninstitut für kommunale Verwaltung e.V.): LSVP-AII: Lehr- und Stoffverteilungsplan für den Angestelltenlehrgang II – Stundenverteilungsplan mit Vorbemerkungen, (Stand 15.06.2011); http://www.nsi-hannover.de/pics/medien/1_1308657054/AII.pdf (Zugriff 02.08.2017).	1 NSI, LSVP-AII 15.06.2001; http://www.nds-sti.de (Zugriff 02.08.2017), Abs. 3.1.
Zitationsstil 2 Fächer der Wirtschafts- und Sozialwissenschaften *(Chicago Style)*	*NSI* (Niedersächsisches Studieninstitut für kommunale Verwaltung e.V.) [LSVP-AII, 15.06.2011]: LSVP-AII: Lehr- und Stoffverteilungsplan für den Angestelltenlehrgang II – Stundenverteilungsplan mit Vorbemerkungen (Stand 15.06.2011), in: *NSI* (Hrsg.): Homepage: Ausbildung/Lehrgänge/Angestelltenlehrgang II; http://www.nsi-hannover.de/pics/medien/1_1308657054/AII.pdf (Zugriff 02.08.2017). [Die Internetquelle wird hier wie unselbständige Literatur (z.B. Sammelwerk) behandelt: Ort = URL; Jahr = Zugriff].	2 *NSI*, LSVP-AII, 15.06.2011, in: *NSI* (Hrsg.): Ausbildung; http://www.nsi-hannover.de (Zugriff 02.08.2017), Abs. 3.1.

231 Vgl. *Theisen, M. R.*, Erfolgreich, 16 2013 (FN 31), S. 220; *ders.*, Technik, 15 2011 (ebd.), S. 191. – Die Abkürzung **„u.a."** wird auch bei mehr als drei **Verlagsorten** verwendet. In diesem Fall darf die Alternative „et al." nicht verwendet werden, da sich diese Abkürzung nur auf Personen und nicht auf Orte beziehen kann, vgl. *NSI/HSVN*, Formalvorschriften, 2016 (FN 32), S. 6 (Kap. 6); s. oben, Kap 4.1 (§ 8).

232 Vgl. *Theisen, M. R.*, Erfolgreich, 16 2013 (FN 31), S. 222; *ders.*, Technik, 15 2011 (ebd.), S. 193.

Zitationsstil 3 Fächer beider Fachgruppen *(Harvard Style)* [*Handouts* und Präsentationen mit *PowerPoint*]	*NSI* (Niedersächsisches Studieninstitut für kommunale Verwaltung e.V.) (2011): Lehr- und Stoffverteilungsplan für den Angestelltenlehrgang II – Stundenverteilungsplan mit Vorbemerkungen (Stand 15.06.2011), in: *NSI* (Hrsg.): Homepage: Ausbildung/Lehrgänge/Angestelltenlehrgang II; http://www.nsi-hannover. de/pics/medien/1_130865 7054/AII.pdf (Zugriff 02.08.2017).	(*NSI*, 2011, Abs. 3.1) [alternativ mit Internetadresse]: (*NSI*, 2011; www. nsi-hannover.de, Abs. 3.1)

Abb. 19 [Tab. 4]: Eine Institution als Autor am Beispiel einer Internetquelle *(eigene Darst.)* [Bem.: Die Zählung für Tabellen wird nur in diesem Abschnitt (Kap. 4.2) verwendet].

Vor der URL steht bei Theisen mal ein Semikolon „ ; ", mal ein Komma „ , ", mal nur ein Leerzeichen. Gelegentlich wird die URL auch in runden Klammern angegeben. – *Empfehlung*: Die Zeichensetzung sollte einheitlich gehandhabt werden: Laut *Formalvorschriften* steht sowohl in rechtswissenschaftlichen als auch in wirtschafts- und sozialwissenschaftlichen Arbeiten **ein Semikolon** vor der URL.[233]

Das Literaturverzeichnis enthält immer die vollständige bibliographische Angabe. In obigem Beispiel handelt es sich um eine Internetquelle (s. Tab. 4), die auch das Datum des Zugriffs auf die Seite bzw. das Dokument sowie die Angabe der URL *(Uniform Resource Locator)*[234] enthält. Grundsätzlich gelten die Regeln zur Zitation auch für Internetquellen, d.h., die bloße Angabe der URL genügt nicht. Auch in diesem Beispiel sind die Basisinformationen Autor, Titel, Ort und Jahr enthalten.[235] Falls ein namentlich genannter **Autor** fehlt, kann auch ein Herausgeber, der Betreiber der Seite, eine Institution oder eine Firma eingesetzt werden (im Impressum der Seite nachschauen). Falls es keinen expliziten **Titel** gibt, muss ein solcher vergeben werden (z.B. die Rubrik unter der ein Text oder Dokument zu finden ist), dem **Ort** entspricht die URL und dem **Jahr** die Angaben zum Stand des verwendeten Dokuments und/oder zur letzten Aktualisierung der Internetseite, zzgl. Datum des Zugriffs auf das Dokument bzw. die Seite. Fehlen Angaben zum Herausgeber auf der Internetseite, deutet dies auf mangelnde Seriosität hin. Die Informationen auf der Seite sollten dann für die eigene Arbeit nicht verwendet werden.

Auf den in den Rechtswissenschaften üblichen Hinweis **„Zit.: Bearb. in:"** (Zitiert: Bearbeiter in:) im Literaturverzeichnis wird in Arbeiten der Wirtschafts- und Sozialwissenschaften verzichtet. Stattdessen werden Autoren, sofern sie bekannt sind, immer namentlich genannt und erhalten einen eigenen Eintrag im Verzeichnis. (*Achtung*: In Fußnoten wird auch in den Rechtswissenschaften der Autor namentlich genannt, sofern er bekannt ist, lediglich im Literaturverzeichnis wird er dann nicht separat ausgewiesen). Ein namentlich genannter Autor kann in runden Klammern hinter dem Namen als „Bearb." (Bearbeiter) kenntlich gemacht werden (s. unten, Beispiel, Nr. 2):

233 S. *NSI/HSVN*, Formalvorschriften, 2016 (FN 32), S. 4 (Kap. 5, Abs.: Beitr. im Internet); s. dazu oben, Kap. 4.1 (§ 7 Nr. 6).
234 Vgl. *Eicker, Th.*, Lexikon, 2016 (FN 208), darin: Art. „URL".
235 S. dazu auch oben, Kap. 4.2, Abs. C,I.

- **Beispiel: Ein Bearbeiter als Autor**
  Die Hervorhebung (**fett**) in den Beispielen dient zur Hervorhebung in diesem Merkblatt. Bei der Umsetzung dieser Vorlage in einer schriftlichen Arbeit würde sie unterbleiben.

1) Rechtswissenschaften

- **Vollständige Angabe im Literaturverzeichnis:**

Säcker, Franz Jürgen; Rixecker, Roland (Hrsg.):	Münchener Kommentar zum Bürgerlichen Gesetzbuch, Bd. 6, Sachenrecht (§§ 854 - 1296), 6. Auflage, München 2013. **Zit.: Bearb. in MüKo.**

- **Kurzbeleg in Fußnote bei Zitation:**

  1 **Joost in MüKo**, § 1105, Rn. 8.

Der Münchener Kommentar wird nur mit dem Kürzel „MüKo" angegeben. Der Bearbeiter **Detlev Joost** erhält keinen eigenen Eintrag im Literaturverzeichnis, sondern wird lediglich bei der Zitation in der Fußnote angegeben. *Wichtig*: **In** der **Fußnote** wird er dann aber **namentlich genannt**! Das Kürzel ›Zit.: Bearb. in‹ wird lediglich im Literaturverzeichnis verwendet. - Abweichend zu der kürzeren Version in den *Formalvorschriften*[236] werden die Herausgeber des Kommentars in diesem Beispiel genannt.

In den Wirtschafts- und Sozialwissenschaften erhalten Beiträge in Sammelbänden und Herausgeberschriften **zwei Einträge** im Literaturverzeichnis, d.h., es wird zum einen der verwendete Beitrag und zum anderen das Sammelwerk angegeben.

2) Wirtschafts- und Sozialwissenschaften (Chicago Style):

- **Vollständige Angabe im Literaturverzeichnis:**

  Joost, Detlev (**Bearb.**) [Kommentar, 2013]: Kommentar: §§ 1018–1029 BGB, in: *Säcker, F. J./ Rixecker, R.* (Hrsg.), MüKo, 2013, S. 1552–1607.

  Säcker, Franz Jürgen/Rixecker, Roland (Hrsg.) [MüKo, 2013]: Münchener Kommentar zum Bürgerlichen Gesetzbuch (MüKo), Bd. 6: Sachenrecht (§§ 854–1296), WEG, ErbbauRG, 6., erw. Aufl., München: Beck, 2013.

- **Kurzbeleg in Fußnote bei Zitation:**

  2 *Joost, D.* (**Bearb.**), Kommentar, 2013, in: *Säcker, F. J./Rixecker, R.* (Hrsg.), MüKo, 2013, Bd. 6, S. 1560 (§ 1022, Rn. 8–30).

Achtung: In den *Formalvorschriften* ist lediglich eine Kurzversion mit „MüKo" angegeben.[237] Wird der Kommentar wie ein Beitrag in einem Sammelband behandelt, sind die **Herausgeber** auch im Kurzbeleg zu **nennen**. Außerdem kann die Seite, von der zitiert wird, ergänzt werden. Der Sammelband erhält einen separaten Eintrag im Literaturverzeichnis. Dadurch wird es möglich, diesen Band bei Erwähnung des Beitrags, der daraus entnommen wurde, auch im Literaturverzeichnis in Form eines Kurznachweises zu gestalten (... in: *Säcker, F. J./ Rixecker, R.* (Hrsg.), MüKo, 2013). In diesem Beispiel wird der **Hinweis ›(Bearb.)‹** hinzugefügt. Außerdem wird der Hinweis **›Kommentar:‹** ergänzt, um ein einzelnes markantes Titelstichwort vergeben zu können.

---

236 Vgl. *NSI/HSVN*: Formalvorschriften, 2016 (FN 32), S. 4 (Kap. 5, Abs.: Kommentare); s. dazu oben, Kap. 4.1 (§ 7 Nr. 3).

237 Vgl. *NSI/HSVN*: Formalvorschriften, 2016 (FN 32), S. 4 (Kap. 5, Abs.: Kommentare, Tabellenspalte Wirtschafts- u. Sozialwissenschaften); s. dazu oben, Kap. 4.1 (§ 7 Nr. 3).

3) Bei Handouts und Präsentationen mit PowerPoint u.a. (Harvard Style)

- **Vollständige Angabe im Literaturverzeichnis:**

  Joost, Detlev (2013): Kommentar: §§ 1018–1029 BGB, in: *Säcker, Franz Jürgen/Rixecker, Roland* (Hrsg.): Münchener Kommentar zum Bürgerlichen Gesetzbuch (MüKo), Bd. 6: Sachenrecht (§§ 854–1296), WEG, ErbbauRG, 6., erw. Aufl., München: Beck, 2013, S. 1552–1607.

- **Kurzbeleg im Text bei Zitation:**

  (Joost, 2013, § 1022, Rn. 8–30)

Da die **Nachweise** bei Verwendung des *Harvard Style* **möglichst kurz** sein sollen, sollte auf den Zusatz ›(Bearb.)‹ verzichtet werden. Auch muss der Band, dem der Kommentar entnommen ist, nicht unbedingt einen separaten Eintrag im Literaturverzeichnis erhalten.

2. Titelstichwörter und andere definierte Abkürzungen

Kurznachweise in Fußnoten müssen sich den vollständigen Angaben im Literatur- und Quellenverzeichnis eindeutig zuordnen lassen. In den Wirtschafts- und Sozialwissenschaften wird bei bibliographischen Angaben nach der **Chicago-Methode** mit einem **Titelstichwort** gearbeitet, das in eckigen Klammern hinter dem Autor steht und durch das mit Komma abgetrennte Erscheinungsjahr ergänzt wird.[238] Dabei wird ein einziges markantes Wort aus dem Titel oder Untertitel verwendet (z.B. für die 16. Aufl. von Theisen: ›Erfolgreich‹ und für die 15. Aufl. ›Technik‹).

In den **Rechtswissenschaften** wird kein Titelstichwort verwendet. Auch hier aber kann ein Kurznachweis näher definiert werden, z.B. wenn unterschiedliche Beiträge eines Autors zitiert werden und entsprechend unter dem Namen dieses Autors mehrere Einträge im Literaturverzeichnis zu finden sind. In solchen Fällen erfolgt der Hinweis **›Zit.: Name (a)‹**. Dieser Hinweis steht allerdings erst ganz am Ende der bibliographischen Angabe. Bei wirtschafts- und sozialwissenschaftlichen Arbeiten braucht es diesen Hinweis nicht. Hier wird die eindeutige Zuordnung durch das Titelstichwort gewährleistet, das bei Kurzbelegen verwendet wird.

Das **Titelstichwort** (von Theisen auch „Kurztitel" genannt) stellt eine Besonderheit der Zitation nach Theisen dar. In der 15. Auflage wird sie durchgängig verwendet, in der 16. Auflage nur exemplarisch im 8. Kapitel. Diese Methode hat den Vorteil, dass der Umfang der Angabe eines Titels bei Kurzbelegen in Fußnoten sich auf ein einziges Stichwort reduziert. Außerdem sind keine Zusätze wie „zit: Name (a)" oder „2015a" erforderlich.[239] Das Titelstichwort muss jedoch die eindeutige Identifikation des entsprechenden Titels im Literaturverzeichnis erlauben. Falls mehrere Arbeiten desselben Autors ähnlich lautende Titel haben, darf das Titelstichwort nicht zweimal dasselbe sein. Bei unterschiedlichen Autoren ist ein identisches Stichwort unproblematisch, da der Autor auch in Kurzbelegen mitgenannt wird.

Bei Verwendung der **Harvard-Methode** steht bei den Einträgen im Literatur- und Quellenverzeichnis hinter dem Namen des Verfassers nur das Erscheinungsjahr in runden Klammern. Ansonsten sind die bibliographischen Angaben mit denen nach der Chicago-Methode identisch.

---

[238] In dem obigen Beispiel (s. Tab. 4) steht die Abkürzung „[LSVP-AII, 2011]" für den „Lehr- und Stoffverteilungsplan für den Angestelltenlehrgang II" aus dem Jahre 2011.

[239] S. dazu oben, Erl. zu Tab. 2.

3. Titel und Untertitel

Anschließend an die Angaben zu Autor [und Titelstichwort mit Erscheinungsjahr] folgen der **Titel** und ggf. **Untertitel** des Werkes. Bei Zitatbelegen in den Fußnoten steht zwischen Autor und Titel ein Komma, bei den vollständigen Angaben im Literaturverzeichnis ein Doppelpunkt. Beim *Chicago Style* werden Vornamen in Kurzangaben abgekürzt, bei den anderen beiden Zitationsstilen stehen in Fußnoten nur die Nachnamen, im Literaturverzeichnis werden bei allen drei Zitationsstilen Vor- und Nachnamen angegeben. Der Titel- und der Untertitel des Werkes werden durch Doppelpunkt (alternativ: Gedankenstrich) getrennt. Hinter dem Titel- und Untertitel steht ein Komma.

> Bei Theisen steht zwischen Titel und Untertitel mal ein Doppelpunkt, mal ein Gedankenstrich. Um eine praktikable Lösung zu finden, sei empfohlen, immer dann einen **Gedankenstrich** zu setzen, wenn ein solcher auch im Titel des zitierten Werkes vorkommt. Ist das nicht der Fall, kann zwischen Titel und Untertitel ein **Doppelpunkt** gesetzt werden. Das betrifft nur die Einträge im Literatur- und Quellenverzeichnis und nicht die Kurznachweise, da hier bei der rechtswissenschaftlichen Zitierweise sowie bei der Harvard-Methode gar keine Angaben zum Titel gemacht werden und bei Anwendung der Chicago-Methode lediglich das im Literaturverzeichnis definierte Titelstichwort genannt wird.

4. Der Hinweis ›in:‹ und andere Besonderheiten unselbständiger Literatur

Im Literaturverzeichnis folgt bei **Beiträgen in Sammelwerken** nach dem Titel des Beitrags der mit Komma abgetrennte Hinweis **›in:‹**. Anschließend wird der Herausgeber des Sammelwerkes genannt, in dem der Beitrag, dessen Autor und Titel zuvor genannt worden sind, zu finden ist. Ein Herausgeber wird mit dem in runden Klammern nachgestellten Hinweis **›(Hrsg.)‹** kenntlich gemacht. Jetzt werden Titel und Untertitel des Werkes genannt, aus dem ein Beitrag zitiert worden ist. Sowohl der Beitrag, aus dem zitiert worden ist, als auch die Herausgeberschrift, die den Beitrag enthält, erhalten nach Theisen einen Eintrag im Literaturverzeichnis.

- **Rechtswissenschaften: Beiträge in Sammelwerken**

– **Vollständige Angabe im Literaturverzeichnis:**

Name, Vorname: Titel: Untertitel, in: Name, Vorname (Hrsg.): Titel: Untertitel, Auflage, Ort Jahr, S. XX - YY.

– **Kurzbeleg in Fußnote bei Zitation:**

1 Name, S. XY (XY).

> Dass es sich um unselbständige Literatur handelt, lässt sich in den Kurzbelegen daraus ersehen, dass zusätzlich zur zitierten Seite die **erste Seite des Beitrags** angegeben wird.

- **Wirtschafts- und Sozialwissenschaften: Beiträge in Sammelwerken**

– **Vollständige Angabe im Literaturverzeichnis (zwei Einträge):**

Name, Vorname [Titelstichwort, Jahr]: Titel: Untertitel, in: *Name, V.* (Hrsg.), Titelstichwort, Jahr, S. XX–YY.

Name, Vorname (Hrsg.) [Titelstichwort, Jahr]: Titel: Untertitel, Auflage, Ort: Verlag, Jahr.

- **Kurzbeleg in Fußnote bei Zitation:**

  1 *Name, V.*, Titelstichwort, Jahr, in: *Name, V.* (Hrsg.), Titelstichwort, Jahr, S. XX–YY: S. XY.

Bei **Kurzbelegen** verzichtet Theisen darauf, kenntlich zu machen, dass es sich um einen Beitrag in einer Herausgeberschrift handelt, und verwendet also nur Titelstichwort (des Beitrags) und Erscheinungsjahr (des Sammelwerks).[240] Für den *Chicago Style* wird dies laut *Formalvorschriften* anders gehandhabt: Auch in der Fußnote wird mit dem **Hinweis „in:"** gearbeitet.[241] Diese Variante findet sich also bei Theisen nicht explizit. Die *Formalvorschriften* sind hier abweichend gestaltet, um den Unterschied von selbständiger und unselbständiger Literatur auch in den Kurzbelegen kenntlich zu machen.

Beiträge in Zeitschriften und Zeitungen lassen sich ebenfalls präziser nachweisen, indem der Hinweis ›in:‹ verwendet wird. Bei der rechtswissenschaftlichen Zitierweise wird je nach verwendeter Quelle in anderer Weise ersichtlich, dass es sich um unselbständige Literatur handelt:

- **Rechtswissenschaften: Beiträge in Fachzeitschriften**

  1 Ableiter, S. 372 (375 f.).

- **Rechtswissenschaften: Beiträge aus der Tages- und Wochenpresse**

  2 Vgl. Barthel, S. 57 (58).

Beiträge in Fachzeitschriften erhalten immer einen Eintrag im Literaturverzeichnis. In diesem Beispiel müsste das auch für den Beitrag aus der Tages- und Wochenpresse so gehandhabt werden, da die Fußnote lediglich einen Kurznachweis enthält.[242] Dass es sich um unselbständige Literatur handelt, wird wie bei Sammelwerken durch die **zwei Seitenangaben** ersichtlich: Die erste Angabe bezieht sich auf die Seite, auf der der Beitrag beginnt, die zweite Angabe in Klammern gibt die Seite an, von der zitiert wird. Diese Variante verhindert Verwechslungen, wenn der Beleg sich auf mehrere Seite bezieht, z.B. ›Vgl. Ableiter, S. 372 (372, 374 f.)‹.

Bei Verwendung der **Chicago-Methode** kann auch in den Fußnoten der Seitenbereich des Beitrags zzgl. der zitierten Seite angegeben werden:

- **Wirtschafts- und Sozialwissenschaften: Beiträge in Fachzeitschriften**

  1 *Ableiter, G.*, Festrede, 1984, in: *Soziale Welt*, Nr. 35 (1984), S. 372–377: S. 375 f.

- **Wirtschafts- und Sozialwissenschaften: Beiträge aus der Tages- und Wochenpresse**

  2 Vgl. *Barthel, A.*, Verurteilt, 1988, in: *Die Zeit*, Nr. 1 (30.12.1988), S. 57/58: S. 58.

---

240 S. für ein **Beispiel** *Theisen, M. R.*, Erfolgreich, [16]2013 (FN 31), S. 226, FN 1: „*Geck, W. K.*, Kommentatoren, 1987, S. 870". Wer im Literaturverzeichnis nachschlägt, erfährt erst dort, dass es sich um einen Beitrag in einer Zeitschrift handelt: „in: JZ 42 (1987)".

241 S. *NSI/HSVN*: Formalvorschriften, 2016 (FN 32), S. 4 (Kap. 5: Beitr. in Sammelwerken); s. oben, Kap. 4.1 (§ 7 Nr. 2).

242 S. dazu den Hinweis in *NSI/HSVN*, Formalvorschriften, 2016 (FN 32), S. 3 (Kap. 3.2.2), 5 (Kap. 5, Abs.: Beitr. aus der Tages- u. Wochenpresse); s. oben, Kap. 4.1 (§ 5 Nr. 4), ebd. (§ 7 Nr. 7).

Bei Verwendung der **Harvard-Methode** enthalten die Kurznachweise keine Angaben zum Titel. Auch hier aber kann unselbständige Literatur als solche kenntlich gemacht werden:

- **Harvard-Methode: Beiträge in Fachzeitschriften**

  (*Ableiter*, in: *Soziale Welt*, Nr. 35, 1984, S. 375)

- **Harvard-Methode: Beiträge aus der Tages und Wochenpresse**

  (*Barthel*, in: *Die Zeit*, 30.12.1988, S. 58)

Umfasst ein zitiertes Werk **mehrere Bände**, dann wird die Nummer des verwendeten Bandes nach dem Titel genannt. Die Bandnummer kann auch bei Zitatbelegen angegeben werden, z.B.

- **Angabe der Bandnummer bei mehrbändigen Werken**

  Säcker, Franz Jürgen/Rixecker, Roland (Hrsg.) [MüKo, 2013]: Münchener Kommentar zum Bürgerlichen Gesetzbuch (MüKo), **Bd. 6: Sachenrecht (§§ 854–1296), WEG, ErbbauRG**, 6., erw. Aufl., München: Beck, 2013.

  1 *Joost, D.* (Bearb.), Kommentar, 2013, in: *Säcker, F. J./Rixecker, R.* (Hrsg.): MüKo, **Bd. 6**, 2013, S. 1560.

Im Literaturverzeichnis werden die Informationen zum **Inhalt des Bandes** nach der Bandnummer und einem Doppelpunkt angegeben. Die Angabe des Bandes ist wichtig; vor allem, wenn in der eigenen Arbeit aus mehreren Bänden eines Sammelwerks zitiert wird. So lässt sich auch im Literaturverzeichnis zeigen, welche Bände benutzt wurden.

5. Angaben zur Auflage

Hinter dem Titel (und ggf. den Angaben zur Bandnummer) folgen die Angaben zur **Auflage** eines Werkes. In den Rechtswissenschaften wird i.d.R. nur die Nummer der Auflage ohne weitere Zusätze genannt. ›Auflage‹ wird dabei ausgeschrieben. Bei der Chicago-Methode und der Harvard-Methode kann die Abkürzung ›Aufl.‹ verwendet werden. Außerdem werden ggf. nähere Angaben zur Auflage gemacht, z.B. ›erg. Aufl.‹ (ergänzte Auflage, d.h., gegenüber älteren Auflagen sind Ergänzungen vorgenommen worden). Diese Zusätze werden jeweils durch Komma voneinander getrennt:

- **Beispiel: Nähere Angaben zur Auflage**

  5. Aufl., unveränd. Nachdr. d. 4., erg. Aufl. v. 1999

> Es handelt sich also um die insgesamt 5. Auflage, die einen unveränderten Nachdruck der 4. Auflage aus dem Jahre 1999 darstellt, wobei diese 4. Auflage gegenüber älteren Auflagen ergänzt worden ist.

Wenn die Chicago-Methode verwendet worden ist, dann kennt der Leser an dieser Stelle der bibliographischen Angabe bereits das **Erscheinungsjahr** der verwendeten Auflage, weil es hinter dem Namen des Autors gemeinsam mit dem Titelstichwort angegeben wird (in diesem Beispiel wäre es das Erscheinungsjahr der 5. Auflage). Das (im Beispiel unbekannte) Erscheinungsjahr der 5. Auflage stünde dann erneut ganz am Ende der bibliographischen Angabe nach Ort und Verlag, also nicht direkt bei den Informationen zur Auflage nach dem Titel. Es wird sich in diesem Beispiel um ein Jahr *nach* 1999 handeln, da dies das Erscheinungsjahr der (älteren) 4. Auflage ist. Die (hier nicht genannte) Jahresangabe nach dem Titelstichwort ist insofern ein Vorgriff und taucht in der vollständigen Angabe zweimal auf. Der vorliegende Text jedenfalls ist seit 1999 unverändert.

Die zusätzlichen Angaben zur Auflage sind besonders dann sinnvoll, wenn ein Text **mehrfach neu aufgelegt** worden ist und das Erscheinungsjahr entsprechend nichts über das Alter des Textes aussagt. Das kann bei Klassikern der Fall sein oder wenn es sich um die Übersetzung eines bereits früher in einer anderen Sprache erschienenen Werkes handelt. Solche Informationen sind wichtig, um den Text einordnen und bewerten zu können. Wenn es sich z.B. um die 15., unveränderte Auflage eines Werkes handelt, dann können schon einmal Jahre oder gar Jahrzehnte zwischen dem Ersterscheinungsdatum der verwendeten Ausgabe und dem Erscheinungsjahr der aktuellen Auflage liegen. In solchen Fällen ist das Erscheinungsjahr der aktuellen Auflage allein nicht aussagekräftig. Das Erscheinungsjahr der ersten Auflage dieser **Ausgabe** und ggf. Titel, Ort, Verlag und Jahr der (fremdsprachigen) Originalausgabe werden in solchen Fällen mit dem Zusatz **›u.d.T.‹** (unter dem Titel) zusätzlich in runden Klammern angegeben:

- **Beispiel: Mehrfach unverändert neu aufgelegtes Werk**

Watzlawick, Paul/Beavin, Janet H./Jackson, Don D. [Kommunikation, 2011]: Menschliche Kommunikation: Formen, Störungen, Paradoxien **(zuerst u.d.T. Pragmatics of Human Communication: A Study of Interactional Patterns, Pathologies, and Paradoxes, New York: Norton & Company, 1967)**, 12., unveränd. Aufl., Bern: Huber, 2011.[243]

Abweichend zu Theisen sei empfohlen, in solchen Fällen das **Erscheinungsjahr der ersten Auflage** sowohl bei den Angaben zur Auflage also auch beim Titelstichwort mit zu nennen, z.B. in runden Klammern nach den Angaben zur Auflage sowie zusätzlich nach dem Titelstichwort, z.B. mit hochgestellter Nummer der ersten Auflage und Jahreszahl in Klammern, also:

- **Beispiel: Mehrfach unverändert neu aufgelegtes Werk** (empfohlene Variante)

– Chicago Style (Eintrag im Literaturverzeichnis):

Watzlawick, Paul/Beavin, Janet H./Jackson, Don D. [Kommunikation, 2011 **(^{1}1969)**]: Menschliche Kommunikation: Formen, Störungen, Paradoxien (zuerst u.d.T. Pragmatics of Human Communication: A Study of Interactional Patterns, Pathologies, and Paradoxes, New York: Norton & Company, 1967), 12., unveränd. Aufl. **(^{1}1969)**, Bern: Huber, 2011.

In diesem Fall wird das **Ersterscheinungsjahr der Übersetzung** als maßgeblich betrachtet. Man könnte aber auch das Erscheinungsjahr der englischsprachigen Originalausgabe angeben. Um **›Klammersalat‹** zu vermeiden, kann bei Verwendung des *Harvard Style* mit eckigen Klammern gearbeitet werden, also:

243 *NSI/HSVN*, Formalvorschriften, 2016 (FN 32), S. 6 (Kap. 6.2); s. oben, Kap. 4.1 (§ 8, Nr. 2).

- Harvard Style (Eintrag im Literaturverzeichnis):

  Watzlawick, Paul/Beavin, Janet H./Jackson, Don D. (2011 **[[1]1969]**): Menschliche Kommunikation: Formen, Störungen, Paradoxien (zuerst u.d.T. Pragmatics of Human Communication: A Study of Interactional Patterns, Pathologies, and Paradoxes, New York: Norton & Company, 1967), 12., unveränd. Aufl. ([1]1969), Bern: Huber, 2011.

Diese Variante **mit Ersterscheinungsjahr** der Ausgabe ermöglicht die folgenden Kurzbelege bei Verwendung der Chicago- und Harvard-Methode:

- *Chicago-Fußnote mit Kurzbeleg*:

  1 *Watzlawick, P./Beavin, J. H./Jackson, D. D.*, Kommunikation, 2011 ([1]1969), S. 54.

- *Harvard-Zitatnachweis im Text*:

  (*Watzlawick* u.a., 2011 [[1]1969], S. 54).

Für alle drei Zitationsmethoden gilt: Handelt es sich um eine **Erstauflage**, erfolgt **keine Nennung** der Auflage.[244] Bibliographische Angaben, die keine Angaben zur Nummer der Auflage enthalten, bezeichnen also immer Erstauflagen. **Ansonsten** ist die Auflagennummer eine **Pflichtangabe**.[245] In den Wirtschafts- und Sozialwissenschaften sind außerdem nähere Informationen zur Auflage zu geben.[246] Hinter den Angaben zur Auflage steht ein Komma.

Hinter dem Titel stehen zusätzlich zu den Angaben zur Auflage ggf. auch Angaben zu **Übersetzern** mit ›übers. v.‹ (übersetzt von) bzw. mit ›Übers. aus dem Amerikan. v.‹ (Übersetzung aus dem Amerikanischen von) oder zu **Mitarbeitern** mit ›u. Mitarb. v.‹ (unter Mitarbeit von) sowie sonstige Hinweise zu den an der Ausgabe beteiligten Personen und ihren Leistungen, z.B. ›mit Einl. u. Reg. hrsg. v.‹ (mit einer Einleitung und einem Register herausgegeben von) o.Ä., zzgl. Angabe der Vor- und Nachnamen. Wenn es sich um **Dissertationen oder Habilitationen** handelt, sollte dies ebenfalls angegeben werden, z.B. ›zugl. Diss. rer. pol. LMU München 1998‹[247]. Dieser Zusatz steht bei den Angaben zur Auflage, alternativ auch in runden Klammern ganz am Ende der bibliographischen Angabe. In dem angeführten Beispiel macht der Hinweis kenntlich, dass es sich bei dem verwendeten Buch zugleich um eine von der Ludwig-Maximilians-Universität München im Jahre 1998 genehmigte Dissertation aus dem Fachgebiet der Politischen Wissenschaft handelt.

6. Ort, Verlag und Jahr

Nach den Angaben zu Name, Titel und Auflage folgen Angaben zu **Ort**, **Verlag** und **Jahr**. In den Rechtswissenschaften wird der Verlag nicht angegeben. Gemäß Chicago- und Harvard-Methode ist der Verlag eine Pflichtangabe. Zwischen Erscheinungsort und Verlag steht ein Doppelpunkt, zwischen Verlag und Erscheinungsjahr ein Komma. Mehrere Verlage und Orte werden – wie Verfasser und Herausgeber – durch einen Schrägstrich

244 Vgl. *NSI/HSVN*, Formalvorschriften, 2016 (FN 32), S. 6 (Kap. 6.1/6.2); s. oben, Kap. 4.1 (§ 8 Nr. 1, 2).

245 Vgl. die Beispiele in Parallelausgabe *NSI/HSVN*, Formalvorschriften, 2016 (FN 32), S. 4–6 (Kap. 5/6); s. oben, Kap. 4.1 (§§ 7, 8).

246 S. oben in diesem Abs. das Beispiel: Nähere Angaben zur Auflage.

247 *Theisen, M. R.*, Erfolgreich, [16]2013 (FN 31), S. 223.

(Slash) ohne Leerzeichen getrennt. Durch die vorherigen Zusätze zur Auflage kann nachvollzogen werden, wie alt der nachgewiesene Text tatsächlich ist. Die Jahresangabe am Ende entspricht der Jahresangabe nach dem Titelstichwort.

Theisen verwendet nur einen Kurznamen für den Verlag, würde also nicht **›Verlag Hans Huber‹** schreiben, sondern nur **›Huber‹**. Wer das ausführlicher handhaben möchte, sollte das Wort ›Verlag‹ mit ›Verl.‹ abkürzen, sofern auch die Auflage mit ›Aufl.‹ abgekürzt wird. Gleiches gilt für die Verwendung von ›und‹ wie bei ›5., erg. u. erw. Aufl.‹. Theisen schreibt das ›und‹ meistens aus. Auch hier ist auf Einheitlichkeit zu achten. **Auf Zusätze wie GmbH** o.Ä. wird bei Angabe des Verlags **verzichtet**.

7. Werkausgaben und Schriftenreihen

Besonders bei Monographien und Sammelwerken kann es vorkommen, dass diese Werke Teil einer **Schriftenreihe** sind, z.B. der Schriftenreihe der *Kommunalen Hochschule für Verwaltung in Niedersachsen*. Schriftenreihen haben oftmals einen Herausgeber, der mit dem nachgestellten Hinweis ›hrsg. v.‹ genannt wird. Außerdem sind die Bände der Reihe i.d.R. durchnummeriert. Die Hinweise zur Schriftenreihe können hinter den Angaben zu Ort, Verlag und Jahr in runden Klammern hinzugefügt werden. Zusätzlich kann dann ein Gleichheitszeichen gesetzt werden, um zu verdeutlichen, dass das verwendete Werk ›zugleich‹ Teil einer Schriftenreihe oder einer mehrbändigen Gesamtausgabe ist.

- **Beispiel für die Angaben bei einer Schriftenreihe**
  ... Hamburg: Maximilian, 2017 (= Schriftenreihe der Kommunalen Hochschule für Verwaltung in Niedersachen, hrsg. v. Michael Koop und Holger Weidemann, Bd. 19).

8. Angabe des Seitenbereichs bei unselbständiger Literatur

Bei unselbständiger Literatur werden im Literaturverzeichnis die **erste und letzte Seite** angegeben, auf denen der Beitrag zu finden ist: rechtswissenschaftlich mit kurzem Bindestrich und Leerzeichen (S. XX - YY), wirtschafts- und sozialwissenschaftlich mit langem Bindestrich ohne Leerzeichen (XX–YY). Beim *Harvard-Style* gilt: Hauptsache einheitlich.

9. Satzschlusszeichen

Jede bibliographische Angabe und jeder Zitatbeleg in einer Fußnote gilt grammatisch als ein vollständiger Satz. Deshalb steht am Ende ein Satzschlusszeichen (i.d.R. ein **Punkt**).

Theisen setzt Punkte am Ende von Fußnoten,[248] nicht aber am Ende von Angaben im Literaturverzeichnis. **Laut *Formalvorschriften*** wird dies abweichend zu Theisen einheitlich gehandhabt, indem am Ende **immer ein Punkt** steht.[249] (Achtung: Bei Angaben wie ›f.‹ am Ende einer Fußnote steht *kein* zweiter Punkt).

---

[248] S. *Theisen, M. R.*, Erfolgreich, [16]2013 (FN 31), S. 199–243 (Kap. 8: Ergebnisgestaltung).

[249] Vgl. *NSI/HSVN*, Formalvorschriften, 2016 (FN 32), S. 3 (Kap. 3.2.2); s. oben, Kap. 4.1 (§ 5 Nr. 4).

Viele Hinweise zur Form bibliographischer Angaben in diesem Kapitel sind bereits ein Vorgriff auf die besonderen Anforderungen bei der Zitation gewesen. Das liegt daran, dass die verwendeten Zitationsmethoden sämtlich Kurzbelegmethoden sind und die Kurzbelege entsprechend erst durch die vollständigen Angaben im Literatur- und Quellenverzeichnis ›entschlüsselt‹ werden können.

D. Belegarten und Zitationsregeln

Die Unterscheidung von vollständigen Angaben im Literatur- und Quellenverzeichnis und Kurzangaben als Zitatbeleg bleibt auch für die folgenden Kapitel wichtig. Im Zentrum der Betrachtung stehen jedoch Hinweise und Empfehlungen zu den unterschiedlichen Möglichkeiten der Gestaltung von solchen bibliographischen Angaben, die eben die **Funktion eines Zitatbelegs** haben. Entsprechend lautet die Leitfrage für die weitere Darstellung: *Was ist beim Zitieren zu beachten?*

I. Bibliographische Angaben und Zitatbelege

1. Vollbelege und Kurzbelege

Grundsätzlich lassen sich bei Zitatbelegen **Vollbelege und Kurzbelege** unterscheiden. Im Literatur- und Quellenverzeichnis werden immer vollständige bibliographische Angaben gemacht. Diese Angaben sind aber *keine* Zitatbelege, sondern listen die in der Arbeit zitierten Werke vollständig auf. Zitatbelege geben außerdem die **Seite(n)** an, auf denen das Zitat in dem verwendeten Werk zu finden ist. Im Literatur- und Quellenverzeichnis stehen hingegen Seitenangaben nur dann, wenn es sich um unselbständige Literatur handelt, d.h., wenn der Seitenbereich angegeben wird, den ein Beitrag in dem verwendeten Werk umfasst.[250]

In *rechtswissenschaftlichen Arbeiten* wird das Literatur- und Quellenverzeichnis **vor dem Textteil** platziert. Es enthält **ggf. nicht alle Titel**, die zitiert werden. Hier sind die besonderen Hinweise für die einzelnen Quellenarten zu beachten. In *wirtschafts- und sozialwissenschaftlichen Arbeiten* enthält das Literatur- und Quellenverzeichnis **sämtliche Titel**, die im Text direkt oder indirekt zitiert worden sind (also auch Gesetze, Entscheidungen, Zeitungsartikel u.a.), und es steht **am Ende der Arbeit**.[251]

Zitatbelege stehen **direkt auf der Seite**, auf der sich das Zitat im eigenen Text befindet (keine Endnoten!), entweder als Kurzbelege in Fußnoten (Rechtswissenschaften und Chicago-Methode) oder als Kurzbelege in runden Klammern im Text (Harvard-Methode).

> Bei Theisen beginnt die **Zählung der Fußnoten** im beispielhaften 8. Kapitel der 16. Auflage auf jeder Seite neu. Dies wird laut *Formalvorschriften* ausdrücklich anders gehandhabt, also **mit fortlaufender Nummerierung** im Dokument.[252] Dadurch werden auch präzise Querverweise möglich, die sich auf die dann eindeutige Nummer einer Fußnote beziehen können.

---

250 Vgl. oben, Tab. 3.
251 Vgl. *Theisen, M. R.*, Erfolgreich, [16]2013 (FN 31), S. 218; *ders.*, Technik, [15]2011 (ebd.), S. 189.
252 *NSI/HSVN*, Formalvorschriften, 2016 (FN 32), S. 1 (Kap. 2.1); s. oben, Kap. 4.1 (§ 4 Nr. 1).

Theisen unterscheidet zwischen Zitatbelegen nach der *Vollbelegmethode* und Zitatbelegen nach der *Kurzbelegmethode*.[253] Die Vollbelegmethode stellt eine Ergänzung der Chicago-Methode dar. Für die Harvard-Methode hat sie keine Bedeutung, da diese Methode nur Kurzbelege und keine Fußnoten vorsieht.

Die Zitation nach der **Vollbelegmethode** bedeutet, dass ein Werk bei erstmaliger Zitation vollständig in der Fußnote nachgewiesen wird. Bei künftiger Zitation aus demselben Werk erfolgt dann ein Kurzbeleg, der auf die Nummer derjenigen Fußnote verweist, die den vollständigen Beleg des zitierten Werkes enthält. Die Zitation nach der **Kurzbelegmethode** bedeutet, dass Nachweise ausschließlich die Form von Kurzbelegen haben.

Es gibt also innerhalb einer Arbeit entweder Kurz- und Vollbelege nach der Vollbelegmethode *oder* Kurzbelege nach der Kurzbelegmethode. Vollbelege nach der Kurzbelegmethode gibt es streng genommen nicht, da die vollständigen Angaben im Literatur- und Quellenverzeichnis *keine* Zitatbelege sind. Die Vollbelege in den Fußnoten nach der Vollbelegmethode entsprechen jedoch mit geringfügigen Abweichungen den Angaben im Literatur- und Quellenverzeichnis, welche bei Voll- *und* Kurzbelegmethode weitgehend identisch gestaltet werden, sodass auch bei der Kurzbelegmethode vollständige Angaben gemacht werden und also beide Methoden sowohl Kurzangaben als auch vollständige bibliographische Angaben enthalten.

Theisen empfiehlt die Verwendung der Kurzbelegmethode.[254] Dies entspricht den *Formalvorschriften*. Auch die Vollbelegmethode hat aber Vorteile, weil die Fußnoten dann bei Ersterwähnung eines Werkes vollständige Angaben enthalten, sodass der Leser nicht erst im Literaturverzeichnis nachschlagen muss. Einmal gewählt allerdings, „[muss] die jeweils gewählte **Zitiertechnik** [...] in einer Arbeit **konsequent** und ausnahmslos **durchgehalten** werden".[255]

a) Exkurs: Zitation nach der Vollbelegmethode

Im vorliegenden Buch wird die **Vollbelegmethode** verwendet. Diese Methode ist nicht nur aus didaktischen Gründen interessant (hier: um auch im Textteil Beispiele für vollständige Angaben zu haben). Sie kann eine sinnvolle Alternative zur Kurzbelegmethode sein, sofern nichts Abweichendes vorgeschrieben wird, denn sie macht die Referenzen bereits am Text für den Leser nachvollziehbar, ohne im Literatur- und Quellenverzeichnis die vollständigen Angaben nachschlagen zu müssen.

> 1 Vgl. *Dichtl, Erwin* (Hrsg.) [Binnenmarkt, 1992]: Schritte zum Europäischen Binnenmarkt, 2., völlig überarb. Aufl. ([1]1990), München: dtv/Beck, 1992, S. 175 f.

Theisen setzt vor dem Titel ein Komma statt eines Doppelpunkts und verzichtet bei seiner Darstellung der Vollbelege nach der Vollbelegmethode auf die Angabe von Titelstichwort und Jahr sowie auf nähere Angaben zur Auflage, schreibt also nur:

> 1 Vgl. *Dichtl, Erwin* (Hrsg.), Schritte zum Europäischen Binnenmarkt, 2. Aufl., München: dtv/Beck, 1992, S. 175 f.[256]

---

253 S. *Theisen, M. R.*, Erfolgreich, [16]2013 (FN 31), S. 161–165; *ders.*, Technik, [15]2011 (ebd.), S. 142–147.
254 Vgl. *Theisen, M. R.*, Erfolgreich (FN 31), [16]2013, S. 167; *ders.*, Technik, [15]2011 (ebd.), S. 146.
255 *Theisen, M. R.*, Erfolgreich, [16]2013 (FN 31), S. 168; *ders.*, Technik, [15]2011 (ebd.), S. 147.
256 *Theisen, M. R.*, Erfolgreich, [16]2013 (FN 31), S. 163; *ders.*, Technik, [15]2011 (ebd.), S. 144.

Bei weiteren Zitatbelegen nach der Vollbelegmethode, die sich auf dasselbe Werk beziehen, erfolgt ein **Kurzbeleg**, der **mit dem Kürzel ›FN‹ (Fußnote)** auf die Nummer der Fußnote mit dem Vollbeleg verweist. Der Vorname des Autors wird dabei abgekürzt, z.B.:

2 Vgl. *Ballwieser, W.*, Rechnungslegung (**FN 1**), S. 22–24.[257]

Es ist möglich, bei Verwendung der Vollbelegmethode eine **zweite Variante mit Erscheinungsjahr** zu verwenden, da die Kurzbelege (abgesehen von dem zusätzlichen Verweis auf die Nummer der Fußnote mit dem Vollbeleg) dann für die Voll- und Kurzbelegmethode identisch sind. Die folgende Variante für einen Kurzbeleg nach der Vollbelegmethode wäre deshalb zu empfehlen:

2 Vgl. *Dichtl, E.*, Binnenmarkt, **1992** (FN 1), S. 175 f.

Dieser kleine **Exkurs** zur Vollbelegmethode verdeutlicht nicht nur, dass es andere Gestaltungsmöglichkeiten gibt, sondern auch weshalb die drei Zitationsmethoden aus den *Formalvorschriften* im Unterschied dazu ›Kurzbelegmethoden‹ heißen. Darüber hinaus kann die Vollbelegmethode durchaus eine Alternative sein, sofern nichts Abweichendes vorgeschrieben ist, z.B. bei Seminarpapieren, denn für ihre Anwendung ist kein Literatur- und Quellenverzeichnis erforderlich, wenngleich es zusätzlich sinnvoll ist.

b) Zitation nach der Kurzbelegmethode

Die Zitation nach der **Kurzbelegmethode** bedeutet, dass die Zitatnachweise ausschließlich Kurzbelege enthalten. Bei indirekten Zitaten kann mit den Zusätzen ›vergleiche‹ und ›siehe‹ gearbeitet werden. Bei direkten Zitaten stehen keine solchen Zusätze. Bei Verweisen auf mehrere Textstellen eines Werkes steht ein Komma zwischen den Seitenangaben, bei Nachweisen aus mehreren unterschiedlichen Werken steht ein Semikolon zwischen den Werken, z.B.:

- **Beispiele für Kurzbelege nach der Kurzbelegmethode**

1) *Rechtswissenschaftliche Kurzbelege in Fußnoten:*
   1 Vgl. Dichtl, S. 175 f.
   2 Dichtl, S. 173, 210.
   3 S. dazu Watzlawick (a), S. 54–56; Watzlawick (b), S. 37 f.

2) *Chicago-Fußnoten mit Kurzbelegen*:
   1 Vgl. *Dichtl, E.* (Hrsg.), Binnenmarkt, 1992, S. 175 f.
   2 *Dichtl, E.* (Hrsg.), Binnenmarkt, 1992, S. 173, 210.
   3 S. dazu *Watzlawick, P./Beavin, J. H./Jackson, D. D.*, Kommunikation, 2011 ([1]1969), S. 54–56; *Watzlawick, P.*, Hammer, 2010 ([1]1983), S. 37 f.

3) *Harvard-Zitatnachweise im Text*:
   (vgl. *Dichtl*, 1992, S. 175 f.).
   (*Dichtl*, 1992, S. 173, 210).
   (s. dazu *Watzlawick* u.a., 2011, S. 54–56; *Watzlawick*, 2010, S. 37 f.).

---

[257] *Theisen, M. R.*, Erfolgreich, [16]2013 (FN 31), S. 161; Bem.: Einige Varianten für Kurzbelege in der 15. Auflage sind in der 16. Auflage nicht mehr zu finden, z.B. die kürzere Variante „*Dichtl, E.* (FN 1), S. 175 f.", zit. nach: *ders.*, Technik, [15]2011 (FN 31), S. 144.

Erneuter Hinweis zum Gebrauch: Die **rechtswissenschaftliche Methode** sowie die **wirtschafts- und sozialwissenschaftliche Methode** (Chicago-Methode) werden jeweils fachspezifisch für schriftliche Studienleistungen verwendet; die **Harvard-Methode** kann alternativ in Texten verwendet werden, die vorrangig der Präsentation dienen.[258] Die Erstellung eines **Literatur- und Quellenverzeichnisses** ist in allen Fällen **obligatorisch**, da es sich bei allen drei Methoden um Kurzbelegmethoden handelt.

Bei Zitatbelegen machen die Hinweise **›vgl.‹** (vergleiche) und **›s.‹** (siehe) deutlich, dass es sich um ein **indirektes Zitat** handelt. Der Hinweis ›vgl.‹ bedeutet, dass ein Text nicht wörtlich, sondern mit eigenen Worten wiedergegeben wird (s. in obigen Beispielen jeweils FN 1). Der Hinweis ›siehe‹ wird gemäß *Chicago-* und *Harvard-Methode* mit einem kleinen ›s.‹ abgekürzt. Sofern vergleiche und siehe am Beginn einer Fußnote – also am Satzanfang – stehen, werden sie großgeschrieben. Der Hinweis „siehe" ist laut Theisen zu verwenden „bei einem hinweisenden bzw. weiterführenden Vermerk"[259] (s. in obigen Beispielen jeweils FN 3). Im Unterschied zu ›vgl.‹ macht ›siehe‹ also eigentlich kein Zitat kenntlich, sondern einen (Quer-)Verweis.

Bei **direkten Zitaten** entfallen derartige Hinweise: Hier werden die Zitatbelege ohne weitere Zusätze angegeben (s. in obigen Beispielen jeweils FN 2). ›Direkt‹ zitieren heißt, ›wörtlich‹ zitieren. Im Text steht dann die entsprechende Passage (oder auch ein einzelnes Wort) in doppelten Anführungszeichen.

Mehrere Werke werden durch Semikolon getrennt (s. in obigen Beispielen jeweils FN 3). Bei **mehreren Textstellen** im selben Werk werden die Seitenangaben durch Komma getrennt, wobei die Abkürzung ›S.‹ (Seite) dann nur bei der ersten Textstelle angegeben wird (s. in obigen Beispielen jeweils FN 2). Der Hinweis: ›S. *Dichtl, E.* (Hrsg.), Binnenmarkt, 1992, **S. 173, 210**‹, bedeutet also, dass auf zwei nicht zusammenhängende Textstellen verwiesen wird.

Im eigenen Text, dem ein Beleg mit **zwei Textstellen** (S. 173, 210) zugeordnet wird, könnte z.B. stehen: ›Beim wissenschaftlichen Arbeiten können Probleme auftreten, die sich aber mit geeigneten Lösungsstrategien bewältigen lassen.[1]‹ – Da die Fußnotennummer ›[1]‹ *hinter* dem Punkt steht, bezieht sie sich auf den ganzen Satz. Schreibe ich nun ›vergleiche‹ oder ›siehe‹?

Nehmen wir an, hier wird indirekt ein Text von *Max Mustermann* zitiert. Die Frage lautet: Handelt es sich um einen „vergleichende Gegenüberstellung" oder um einen „weiterführenden Vermerk"?[260] In der Fußnote sollte **›vgl.‹** stehen, falls *Mustermann* an zwei Stellen seines Textes vergleichbare Aussagen macht, also zweimal darauf hinweist, dass sich Probleme lösen lassen. Wenn in der Fußnote **›s.‹** steht, kann das bedeuten, dass *Mustermann* an der ersten Stelle Probleme benennt und an der zweiten Stelle Lösungen vorstellt. Das wird aber mit dem Hinweis nicht ganz klar. Soll z.B. auf zwei Stellen hingewiesen werden, an denen *Mustermann* Lösungen vorschlägt, dann müsste die Fußnotennummer ›[1]‹ *vor* dem Punkt stehen, weil sie sich dann nur auf den zweiten Halbsatz im eigenen Text bezieht, in dem die „Lösungsstrategien" angesprochen werden. Es ist deshalb bei der Gestaltung der Fußnote zu prüfen, ob ausführlichere Hinweise sinnvoll sind, z.B.:

---

258 S. zu den betreffen Studienleistungen oben im Text, Tab. 1.

259 *Theisen, M. R.*, Erfolgreich, [16]2013 (FN 31), S. 174; *ders.*, Technik, [15]2011 (ebd.), S. 152.

260 Vgl. hierzu *Theisen, M. R.*, Erfolgreich, [16]2013 (FN 31), S. 174; *ders.*, Technik, [15]2011 (ebd.), S. 151 f.

1 Vgl. *Mustermann, M.* ..., S. 173 sowie ähnlich ebd., S. 210.
[Wird so zitiert, dann müssten an beiden Textstellen Probleme *und* Lösungen angesprochen werden].

2 Vgl. hierzu *Mustermann, M.* ..., S. 173 (Probleme), 210 (Lösungen).
[Wird so zitiert, dann müssten auf S. 173 Probleme und auf S. 210 Lösungen angesprochen werden].

3 S. zu möglichen Lösungsstrategien *Mustermann, M.* ..., S. 173, 210.
[Wird so zitiert, dann wird nicht die Aussage, dass sich auftretende Probleme lösen lassen, belegt, sondern ein weiterführender Hinweis auf Lösungsstrategien gegeben].

Theisen nutzt bevorzugt **›vgl.‹ bei indirekten Zitaten** und **›s.‹ bei (Quer-)Verweisen**, z.B. auf Abbildungen (s. Abb. XY). Jedenfalls werden vgl. und siehe nicht synonym verwendet.

Der Hinweis **›f.‹** (und die folgende Seite) wird verwendet, wenn das direkte oder indirekte Zitat im zitierten Werk einen Seitenumbruch hat. Der Hinweis ›S. 8 f.‹ bedeutet also, dass die zitierte Stelle auf Seite 8 beginnt und auf Seite 9 endet. Auf den Hinweis **›ff.‹** (und die folgenden Seiten) soll nach Theisen ganz verzichtet werden, weil dies „als korrekter Nachweis zu unpräzise" sei.[261] Bezieht sich der Beleg auf mehrere Seiten im zitierten Werk, dann sollte also der genaue Bereich der Textstelle angegeben werden, z.B. **›S. 21–23‹**. Ebenso zu verzichten ist auf den Hinweis **›a.a.O.‹** (am angegebenen Ort). Hinweise wie **›ebd.‹** (ebenda) oder, **›ders./dies.‹** (derselbe/dieselbe[n]) können hingegen – abweichend zu Theisen – verwendet werden, sofern der Bezug eindeutig ist.[262] Sie sollten sich i.d.R. nur auf den **direkt vorhergehenden Nachweis bzw. Namen** beziehen.

Im **Literatur- und Quellenverzeichnis** entfallen Zusätze wie ›vgl.‹ oder ›s.‹, die bei Zitatbelegen erforderlich sind, wenn es sich um ein indirektes Zitat handelt. Auch die Angabe der Seitennummern, auf denen sich eine zitierte Stelle im Original befindet, entfällt. Handelt es sich allerdings um einen Beitrag in einem Sammelwerk, einer Zeitschrift, Zeitung o.Ä. (unselbständige Literatur), dann müssen die erste und letzte Seite des Beitrags auch im Literaturverzeichnis genannt werden (**Seitenbereich**). Bei unselbständiger Literatur sind der verwendete Beitrag und der Sammelband anzugeben, in dem sich dieser Beitrag befindet. Umfasst ein Beitrag nur zwei Seiten, steht im Literaturverzeichnis nicht **›S. 37 f.‹** (Zitatbeleg), sondern ein Schrägstrich **›S. 37/38‹** (Seitenbereich).[263]

Bei **mehreren Werken eines Autors** wird in den Wirtschafts- und Sozialwissenschaften mit **Aufzählungszeichen** ›–‹ gearbeitet. In den Rechtswissenschaften kann man stattdessen **›Ders./Dies.‹** schreiben. Maßgeblich für die **alphabetische Ordnung** sollte das Titelstichwort sein (Empfehlung), also nicht das erste Wort des Titels (abweichend zu Bibliotheken: Dort werden z.B. bestimmte und unbestimmte Artikel zu Beginn eines

261 *Theisen, M. R.*, Erfolgreich, [16]2013 (FN 31), S. 202; *ders.*, Technik, [15]2011 (ebd.), S. 175.
262 Vgl. *NSI/HSVN*, Formalvorschriften, 2016 (FN 32), S. 3 (Kap. 3.2.2); s. oben, Kap. 4.1 (§ 5 Nr. 4). – Bei aufeinanderfolgenden Fußnoten mit Zitatbelegen aus derselben Quelle wird bei Theisen der komplette Kurznachweis wiederholt. Wenn der Verfasser eines Beitrags in einem Sammelband und dessen Herausgeber identisch sind, wird trotzdem der Name wiederholt. Solange auf eindeutige Bezüge geachtet wird, gibt es jedoch keinen Grund, auf die Hinweise ›ebd.‹ oder ›ders./dies.‹ zu verzichten. Bei der Verwendung von ›a.a.O.‹ ist die Gefahr hingegen groß, dass unklar bleibt, worauf sich dieser Hinweis bezieht.
263 Vgl. *NSI/HSVN*, Formalvorschriften, 2016 (FN 32), S. 6 (Kap. 6); s. oben, Kap. 4.1 (§ 8 Nr. 2a).

Titels i.d.R. ignoriert). Alternativ könnten die Beiträge eines Autors auch chronologisch nach Erscheinungsjahr geordnet werden (dies ist z.B. bei Anwendung der Harvard-Methode üblich). Hat ein Autor Texte gemeinsam mit anderen Autoren verfasst, werden diese Texte den Beiträgen, die er alleine verfasst hat, nachgeordnet.[264]

c) Zitation im Text

Die Zitation im Text ist als Belegmethode i.d.R. nur für die **Harvard-Methode** relevant. Auch bei **Gesetzeswiedergabe** aber erfolgen die Zitatnachweise üblicherweise im Text (z.B. Art. 23 Abs. 5 Satz 2 Halbs. 2 GG bzw. [kürzer] Art. 23 V 2 Halbs. 2 GG).[265] Zudem bleibt es auch bei Belegmethoden mit Fußnoten möglich, zusätzlich **Hinweise im Text** zu geben, z.B. bei Hinweisen auf Abbildungen und Tabellen, z.B. ›(s. Abb. XY)‹.

Die Zitation im Text ist international üblich und mittlerweile auch in deutschsprachigen Publikationen verbreitet. Ein Lernziel der wissenschaftlichen Propädeutik muss es deshalb sein, dass diese Methode beherrscht wird. Ihre Verwendung hat aber auch Nachteile und wirkt sich negativ auf den Stil und die Lesbarkeit aus, z.B. wenn in der Forschung (siehe Müller, 2017, S. 116 sowie ähnlich Meyer, 2017, S. 286) etwas Neues herausgefunden worden ist (vgl. zu dieser Feststellung Schulze, 2016, S. 18–25), was von früheren Arbeiten (Meyer, 1986; Schulze 1988) abweicht. Die Anwendung der Zitation im Text macht es so gesehen schwieriger, stilistisch ansprechend zu schreiben.

2. Fächerübergreifende Hinweise zur Zitation

Es gibt noch eine Reihe von Anforderungen, die unabhängig von der gewählten Belegmethode zu beachten sind. Hierzu gibt Theisen ausführliche Hinweise.[266] Im Folgenden sollen einige häufig vorkommende Anforderungen kurz angesprochen werden.

a) Direkte und indirekte Zitate

Direkte und indirekte Zitate: Direkt (wörtlich) zitierte Passagen und Wörter stehen in doppelten Anführungszeichen: „…“, eigene Zusatze in eckigen Klammern, z.B. „[Hervorhebung nicht im Original]“.[267] **Auslassungen** werden durch drei Punkte in eckigen Klammern „[…]“ kenntlich gemacht (abweichend zu Theisen mit Klammern). Zu Beginn und am Ende eines direkten Zitats können die Auslassungspunkte weggelassen werden.[268]

> Theisen verzichtet bei der Kennzeichnung von Auslassungen auf **eckige Klammern**. Es wird davon abweichend empfohlen, diese zu verwenden, da dadurch der Eingriff in den Text deutlicher wird.

---

264 S. hierzu *Theisen, M. R.*, Erfolgreich, [16]2013 (FN 31), S. 227; *ders.*, Technik, [15]2011 (ebd.), S. 196 f.

265 Vgl. *NSI/HSVN*, Formalvorschriften, 2016 (FN 32), S. 5 (Kap. 5, Abs.: Rechtsnormen u. Gesetze); s. oben, Kap. 4.1 (§ 7 Nr. 9).

266 S. *Theisen, M. R.*, Erfolgreich, [16]2013 (FN 31), bes. S. 159–184 (Kap. 7.3 Zitate), 185–187 (Kap. 7.4 Anm.); *ders.*, Technik, [15]2011 (ebd.), S. 139–159 (Kap. VI,3 Zitate), 159–161 (Kap. VI,4 Anm.).

267 *Theisen, M. R.*, Erfolgreich, [16]2013 (FN 31), S. 170; *ders.*, Technik, [15]2011 (ebd.), S. 148.

268 Vgl. *Theisen, M. R.*, Erfolgreich, [16]2013 (FN 31), S. 171; *ders.*, Technik, [15]2011 (ebd.), S. 149.

Im Regelfall wird indirekt (sinngemäß) zitiert.[269] Dies wird auch **„Paraphrase"** genannt.[270] Es genügt dabei nicht, einige Worte im Text auszutauschen oder umzustellen: **Verschleierung** (s. Kap. 5.3.1.3)! Auch darf nicht der Eindruck erweckt werden, es würde sinngemäß zitiert, obwohl Formulierungen nahezu wörtlich übernommen werden. Der Text muss stattdessen tatsächlich mit eigenen Worten wiedergegeben werden, indem er z.B. zusammengefasst, interpretiert, kommentiert oder als Grundlage für die eigene Argumentation verwendet wird, z.B.:

- **Variante 1 (direktes Zitat)**:

  Max Mustermann stellt fest: „Die Beschäftigunk [sic![271]] mit den Grundlagen der Quellenarbeit ist – auch in zeitlicher Hinsicht – eine [Seitenumbruch][272] sehr aufwändige Tätigkeit, aber Quellenarbeit ist für wissenschaftliches Arbeiten unerlässlich."[1]

  Fußnote (rechtswissenschaftlich)
  1 Mustermann, S. 3 f.

  Fußnote (wirtschafts- und sozialwissenschaftlich)
  1 *Mustermann, M.*, Beispiel, 2017, S. 3 f.

- **Variante 2 (indirektes Zitat)**:

  Wer lernen will, wissenschaftlich zu arbeiten, sieht sich Max Mustermann zufolge mit einem Problem konfrontiert.[1] Einerseits sei dafür Quellenarbeit unerlässlich, andererseits sei es bereits eine „sehr aufwändige Tätigkeit"[2], sich deren Grundlagen anzueignen. Bevor wir also überhaupt damit beginnen können, wissenschaftlich zu arbeiten, müssen wir viel Zeit investieren[3]. Lernen jedoch lassen sich die Grundlagen am besten, indem man sie bei der Bearbeitung eines wissenschaftlichen Projekts anwendet.

  Fußnoten (rechtswissenschaftlich)
  1 Siehe Mustermann, S. 3 f.
  2 Mustermann, S. 4.
  3 Vgl. Mustermann, S. 3.

  Fußnoten (wirtschafts- und sozialwissenschaftlich)
  1 S. *Mustermann, M.*, Beispiel, 2017, S. 3 f.
  2 *Mustermann, M.*, Beispiel, 2017, S. 4.
  3 Vgl. *Mustermann, M.*, Beispiel, 2017, S. 3.

Es gibt **Grenzfälle**, bei denen auf das direkte Zitieren verzichtet werden kann, z.B. historische Fakten oder lexikalisches Wissen (s. dazu Kap. 5.3.2.2). Hier kann ein Hinweis auf die Quelle genügen; als indirektes Zitat mit ›vgl.‹ oder ›s.‹. Auch bei der Wiedergabe von **Gesetzestexten** werden Zitate i.d.R. als indirekte Zitate gekennzeichnet, obwohl streng genommen wörtlich zitiert wird. Prinzipiell müssten sämtliche wörtlich übernommenen Formulierungen und sogar einzelne Wörter in Anführungszeichen stehen. Damit nicht einfach nur aus anderen Werken abgeschrieben wird, ist eine eigene Fragestellung notwendig. Bei wissenschaftlichen Arbeiten werden Beziehungen und Kontexte hergestellt. Es soll eigenständig argumentiert werden. Was diesen Punkt angeht, lässt sich die Form nicht vom Inhalt trennen.

---

269 Vgl. *NSI/HSVN*, Formalvorschriften, 2016 (FN 32), S. 3 (Kap. 3.2.2); s. oben, Kap. 4.1 (§ 5 Nr. 4).

270 *Theisen, M. R.*, Erfolgreich, [16]2013 (FN 31), S. 174; *ders.*, Technik, [15]2011 (ebd.), S. 151 [im Orig. ohne Hervorh.]

271 S. zur Verwendung von ›sic!‹ unten, Kap. 4.2, Teil D,Kap. I, Abs. 2d; vgl. auch *Theisen, M. R.*, Erfolgreich, [16]2013 (FN 31), S. 172; *ders.*, Technik, [15]2011 (ebd.), S. 149.

272 In diesem fiktiven Beispiel ist an dieser Stelle ein **Seitenumbruch** eingebaut, d.h., im Original würde hier eine neue Seite beginnen. Bei der Zitation würde das i.d.R. nicht gekennzeichnet. – *Achtung*: Wer bei den eigenen Vorarbeiten für ein wissenschaftliches Projekt eine Zitatsammlung erstellt, sollte nicht vergessen, sich die Seitenumbrüche zu notieren, damit das Zitat später korrekt nachgewiesen werden kann. Wer einen Seitenumbruch auch im Text kenntlich machen möchte, kann an der entsprechenden Stelle einen **senkrechten Strich › | ‹** einfügen.

b) Längere wörtliche Zitate

Um im Text deutlich zu machen, wer spricht, sollten **längere wörtliche Zitate** (z.B. ab drei Zeilen) abgesetzt und eingerückt werden. Außerdem sollte dann der zitierte Autor im Text erwähnt werden, z.B. ›Mustermann stellt fest: / Absatz / Zitat in doppelten Anführungszeichen / Zitatnachweis‹. Der **Zitatnachweis** steht direkt **hinter dem Zitat**. Steht ein Nachweis am Ende des (Ab-/Halb-/)Satzes bezieht er sich auf den ganzen davor liegenden (Ab-/Halb-/)Satz.[273] Es muss stets deutlich werden, worauf sich ein Nachweis bezieht, ggf. nicht allein durch die Zitiertechnik, sondern auch durch die Formulierung.

In **Überschriften** sollen laut Theisen keine Fußnoten und Nachweise angebracht werden.[274] Gleichwohl kann es gelegentlich sinnvoll sein, z.B. wenn auf die Grundlage des nachfolgenden Textes in einem anderen Werk hingewiesen werden soll. Auch im Fließtext lässt sich ggf. ein **vorgreifender Zitatnachweis** anbringen, z.B. um nähere Informationen zu einem nachfolgend zitierten Text zu geben. In solchen Fällen könnte also ein *zusätzlicher* (!) Nachweis auch *vor* dem zitierten Text stehen. Das ist insbesondere bei längeren Absätzen mit Seitenumbruch sinnvoll, in dem indirekt aus einem bestimmten Text zitiert wird. Ansonsten kann es vorkommen, dass es für den Leser bis zum Ende eines langen Absatzes unklar bleibt, ob und inwieweit es sich um eine Textwiedergabe handelt. Der eigene Text muss so formuliert und interpunktiert werden, dass deutlich wird, auf welche Informationen im Text sich ein Nachweis bezieht. In solchen Fällen ist es also besser, nicht nur in der Fußnote, sondern auch im Text deutlich zu machen, wer spricht. Falls kein Beleg oder Hinweis erfolgt, spricht immer der ›Erzähler‹.[275]

c) Zitat im Zitat und Sekundärzitate

Wenn innerhalb eines wörtlichen Zitats andere Quellen zitiert werden, dann wird ein solches **Zitat im Zitat** durch einfache Anführungszeichen (‚…‘) kenntlich gemacht.[276] Alternativ können Sonderzeichen verwendet werden (›…‹). Die Werke, aus denen der Autor im Original zitiert hat, sollten dann in der Fußnote zusätzlich angegeben werden.[277]

Bei **Sekundärzitaten** zitiert man aus einem Text, der von einem anderen Autor zitiert wird, ohne dass einem das Original vorliegt. Sekundärzitate werden mit dem Hinweis ›zit. nach‹ versehen. Problematisch ist hier, dass Sekundärzitate ggf. als unwissenschaftlich gelten.[278] Zitiert man jedoch ohne den Hinweis ›zit. nach‹, so als hätte man aus dem Original zitiert, obwohl einem das Original gar nicht vorliegt, ist das noch weit schlimmer, weil man sich dann dem Plagiatsvorwurf ausgesetzt sehen kann. Besser ist es, wenn man die Fundstelle für das Zitat angibt, sich das Original beschafft und dieses ebenfalls angibt. Bereits bei den Vorarbeiten sollten Fundstellen archiviert werden (s. zum Sekundärzitat auch unten, Kap. 5.3.2.1).

---

273 Vgl. *NSI/HSVN*, Formalvorschriften, 2016 (FN 32), S. 3 (Kap. 3.2.1); s. oben, Kap. 4.1 (§ 5 Nr. 3); vgl. *Theisen, M. R.*, Erfolgreich, [16]2013 (FN 31), S. 175; *ders.*, Technik, [15]2011 (ebd.), S. 152.

274 Vgl. *Theisen, M. R.*, Erfolgreich, [16]2013 (FN 31), S. 175; *ders.*, Technik, [15]2011 (ebd.), S. 152.

275 S. dazu auch die Faustregeln zur *Plagiatsvermeidung* unten, Kap. 5.2.2.5.

276 Vgl. *Theisen, M. R.*, Erfolgreich, [16]2013 (FN 31), S. 179; *ders.*, Technik, [15]2011 (ebd.), S. 155; s. für ein Beispiel oben, S. 134 (Variante 1).

277 Wie das funktioniert, ist bei Theisen erläutert, s. *Theisen, M. R.*, Erfolgreich, [16]2013 (FN 31), S. 179; *ders.*, Technik, [15]2011 (ebd.), S. 155.

278 S. zum Umgang mit *Sekundärzitaten* auch unten, Kap. 5.3.2.1.

d) *Zur Verwendung von ›[sic!]‹*

Zur Verwendung von ›[sic!]‹: Findet sich im zitierten Text ein (Rechtschreib-)Fehler, so ist dieser bei direkter Zitation zu übernehmen: Zitiert wird exakt so, wie der Text vorgefunden wird. Im Falle des Wortes „aufwändig“[279] wären zudem ggf. die Abweichungen von der alten zur neuen Rechtschreibung zu prüfen, da ›aufwendig‹ weiterhin zu bevorzugen ist. Um kenntlich zu machen, dass man einen Fehler bemerkt hat, schreibt man dahinter in eckige Klammer „[sic!]“ (= so), was so viel bedeutet wie: Ja, das steht da „wirklich so“.[280] Man kann diesen Hinweis auch verwenden, um dem Leser anzuzeigen, dass man eine Aussage inhaltlich für bemerkenswert und/oder fragwürdig hält.

e) *Eingriffe in den Text*

Bei **Eingriffen in das Originalzitat** werden **eckige Klammern** verwendet. Das gilt auch für einzelne Buchstaben. Dies kommt häufiger vor, wenn keine vollständigen Sätze zitiert werden und sich dadurch z.B. die Groß- und Kleinschreibung und die Deklination verändern oder wenn ein Wort eingefügt bzw. ausgelassen wird.[281] Bei eingefügten Ergänzungen oder Erläuterungen können zur Kennzeichnung die Initialen des eigenen Namens hinzugefügt werden, z.B. ›[**Anm., B. L.**]‹.

II. Kontext und Ausblick

Zum Abschluss dieses Abschnitts sei an die Kriterien *Korrektheit*, *Einheitlichkeit* und *Praktikabilität* erinnert.[282] Eine Beschäftigung mit der Form bibliographischer Angaben und den Anforderungen an die Zitation dient dazu, Unklarheiten und Probleme, die diesbezüglich im Arbeitsprozess auftreten mögen, eigenständig im Sinne dieser Kriterien lösen zu können, und zwar so, wie es nach einer **kritischen Prüfung** möglich und sinnvoll erscheint, damit den *Formalvorschriften* entsprochen wird. Dazu bedarf es einer vertiefenden selbständigen Beschäftigung mit den Anforderungen an das wissenschaftliche Arbeiten, die sich nicht auf die Formalia beschränkt, sondern auch fachliche, methodische und konzeptionelle Anforderungen in eigenen Projekten umsetzt.

---

279 S. das Beispiel zum „[d]irekte[n] und indirekte[n] Zita[t]“ oben, S. 134 (Variante 1). – Da aktuell die sogenannte **›Neue Rechtschreibung‹** anzuwenden ist, nach der auch „aufwändig“ zulässig ist, steht dort der Hinweis ›[sic!]‹ nicht. Wenn der gesamte Text, aus dem ein Zitat stammt, in alter Rechtschreibung verfasst worden ist, dann kann bei erstmaliger Zitation aus einem solchen Text darauf hingewiesen werden, dass dieser der alten (bzw. bei noch älteren Texte einer altertümlichen) Rechtschreibung folgt, z.B. so: *Mustermann, M.* ..., S. 173 [Der Text folgt der ›alten‹ Rechtschreibung: Künftig wird bei Zitatbelegen nach dieser Ausgabe darauf verzichtet, Abweichungen zur ›neuen‹ Rechtschreibung kenntlich zu machen].

280 *Theisen, M. R.*, Erfolgreich, [16]2013 (FN 31), S. 172; *ders.*, Technik, [15]2011 (ebd.), S. 149.

281 S. zur veränderten Groß- und Kleinschreibung und zur Änderung der Deklination oben, FN 279 i.V.m. mit der Überschrift **„Direkte und indirekte Zitate“** oben, S. 127: In FN 279 ist diese Überschrift direkt zitiert worden, wobei sich die Deklination geändert hat: Beispiel zum **„[d]irekte[n] und indirekte[n] Zita[t]“**. – Ein Beispiel für Auslassungen bei direkten Zitaten findet sich oben, S. 128 („Variante 2“ i.V.m. „Variante 1“). Sofern Variante 2 in einem vollständigen Satz zitiert werden sollte, müsste das direkte Zitat lauten: „Quellenarbeit **[ist]** unerlässlich“, weil im fiktiven Original das Verb „ist“ an dieser Stelle nicht steht. Die eckigen Klammern machen also deutlich, dass in den Originaltext eingegriffen worden ist. *Achtung:* Solche Eingriffe in das Original dürfen **nicht sinnentstellend** sein!

282 Vgl. oben, Teil B, Kap. II; vgl. außerdem die *Formalvorschriften* oben, Kap. 4.1 (§ 5 Abs. 1).

E. Weiterführende Hinweise

Die Hinweise in diesem *Merkblatt* (Kap. 4.2) können als Erläuterung der Vorgaben für bibliographische Angaben in den *Formalvorschriften* gelesen werden (s. Kap. 4.1). Ergänzend sind **Anforderungen an die direkte und indirekte Zitation** besprochen worden. Diese Anforderungen sind auch für die *Plagiatsvermeidung* relevant (s. Kap. 5). Weitere Hinweise zu Quellennachweisen in den Rechtswissenschaften finden sich bei der Vorstellung des juristischen Schriftguts (s. Kap. 3.1.2.4). Weitere formale Anforderungen an die **Manuskriptgestaltung** werden im folgenden Kapitel behandelt (s. Kap. 4.3).

[Seitenumbruch einfügen und Seitenzählung aus dem Textteil mit arabischen Ziffern fortsetzen]

Literatur- und Quellenverzeichnis

(Version 2: Wirtschafts- und Sozialwissenschaften)[283]

Eicker, Thomas [Lexikon, 2016]: Kleines! Lexikon des Internet; http://www.kleines-lexikon.de (Stand 20.10.2016), darin:

- Art. „URL“; http://www.kleines-lexikon.de/w/u/url.shtml (Zugriff 02.08.2017).

Frank, Andrea/Haacke, Stefanie/Lahm, Swantje [Schreiben, 2007]: Schlüsselkompetenzen: Schreiben in Beruf und Studium, Stuttgart: Metzler, 2007.

NSI (Niedersächsisches Studieninstitut für kommunale Verwaltung e.V.) [LSVP-AII, 2011]: LSVP-AII: Lehr- und Stoffverteilungsplan für den Angestelltenlehrgang II – Stundenverteilungsplan mit Vorbemerkungen (Stand 15.06.2011), in: *NSI* (Hrsg.): Homepage: Ausbildung/Lehrgänge/Angestelltenlehrgang II; http://www.nsi-hannover.de/pics/medien/1_1308657054/AII.pdf (Zugriff 02.08.2017).

- */HSVN* (Kommunale Hochschule für Verwaltung in Niedersachsen) [Formalvorschriften, 2016]: Hinweise zur formalen Gestaltung von schriftlichen Arbeiten: Formalvorschriften (Stand 10.06.2016), in: *Dies.* (Hrsg.): Stud.IP: Info-Center/Dateien/Hochschule/Bachelorstudiengänge/Prüfungsorganisation/Bachelorarbeit; https://studip.nds-sti.de (Zugriff 02.08.2017).

Schimmel, Roland [Formulieren, 2012]: Juristische Klausuren und Hausarbeiten richtig formulieren, 10., überarb. u. erw. Aufl., München: Vahlen, 2012.

Theisen, Manuel René [Erfolgreich, 2013]: Wissenschaftliches Arbeiten: Erfolgreich bei Bachelor- und Masterarbeit (ehemals u.d.T. Wissenschaftliches Arbeiten: Technik – Methodik – Form), 16., u. Mitarb. v. Martin Theisen vollst. überarb. Aufl., München: Vahlen, 2013.

- [Technik, 2011]: Wissenschaftliches Arbeiten: Technik – Methodik – Form, 15., u. Mitarb. v. Martin Theisen aktual. u. erg. Aufl., München: Vahlen, 2011.

[Ende der Hinweise zur Form bibliographischer Angaben und zu den Anforderungen an die Zitation]

Es folgt die Auflösung von Ü6: Übung mit *Citavi*-Literaturlisten (s. oben, Kap. 3.2.2.1).

[283] S. auch **Version 1: Rechtswissenschaften** oben, S. 99; zu beachten ist die Position vor dem Text, s. dazu auch die Hinweise zu den *Bestandteilen eines Manuskripts* unten, Kap. 4.3.

1. Citavi-Literaturliste: „Juristischer Stil (Dr. Stüber)" (s. Ü6) Überarbeitung: rechtswissenschaftlicher Zitationsstil

Berger-Grabner, Doris, Wissenschaftliches Arbeiten in den Wirtschafts- und Sozialwissenschaften, Hilfreiche Tipps und praktische Beispiele, 2., aktualisierte und erw. Aufl., Wiesbaden 2013.
Cottrell, Stella/Kopp, Katharina, Studieren – das Handbuch, Heidelberg 2010.
Eco, Umberto/Schick, Walter, Wie man eine wissenschaftliche Abschlußarbeit schreibt, Doktor-, Diplom- und Magisterarbeit in den Geistes- und Sozialwissenschaften, Bd. 1512, 13., unveränd. Aufl. der dt. Ausg, Wien 2010.
Esselborn-Krumbiegel, Helga, Richtig wissenschaftlich schreiben, Wissenschaftssprache in Regeln und Übungen, Bd. 3429, 4., unveränderte Auflage, Paderborn 2016.

- Schriftart, Schriftgrad und Schriftschnitt anpassen (z.B. Times 12 Pkt., Standard)
- nach dem Autor sowie zwischen Ober- und Untertitel einen Doppelpunkt setzen
- mehrere Autoren mit Semikolon trennen
- weitere Überprüfungen vornehmen (Hinweis „Übersetzer" in Klammern hinzufügen; zusätzliche Angaben zur Auflage streichen; Reihentitel ans Ende bzw. ergänzen)

Berger-Grabner, Doris**:** Wissenschaftliches Arbeiten in den Wirtschafts- und Sozialwissenschaften**:** Hilfreiche Tipps und praktische Beispiele, 2.~~, aktualisierte und erw. Aufl.~~ Auflage, Wiesbaden 2013.
Cottrell, Stella**;** Kopp, Katharina **(Übers.):** Studieren – das Handbuch, Heidelberg 2010.
Eco, Umberto**;** Schick, Walter **(Übers.):** Wie man eine wissenschaftliche Abschlußarbeit schreibt**:** Doktor-, Diplom- und Magisterarbeit in den Geistes- und Sozialwissenschaften, ~~Bd. 1512~~, 13.~~, unveränd. Aufl. der dt. Ausg~~ **Auflage**, Wien 2010 **(UTB 1512)**.
Esselborn-Krumbiegel, Helga**:** Richtig wissenschaftlich schreiben**:** Wissenschaftssprache in Regeln und Übungen, ~~Bd. 3429~~, 4.~~, unveränderte~~ Auflage, Paderborn 2016 (**UTB 3429**).

- Tabelle mit zwei Spalten generieren: Autoren links, übrige Angaben rechts
- Blocksatz und Silbentrennung, jeweils Leerzeile zwischen den Einträgen

Ergebnis:

Berger-Grabner, Doris:	Wissenschaftliches Arbeiten in den Wirtschafts- und Sozialwissenschaften: Hilfreiche Tipps und praktische Beispiele, 2. Auflage, Wiesbaden 2013.
Cottrell, Stella; Kopp, Katharina (Übers.):	Studieren – das Handbuch, Heidelberg 2010.
Eco, Umberto; Schick, Walter (Übers.):	Wie man eine wissenschaftliche Abschlußarbeit schreibt, Doktor-, Diplom- und Magisterarbeit in den Geistes- und Sozialwissenschaften, 13. Auflage, Heidelberg 2010 (UTB 1512).
Esselborn-Krumbiegel, Helga:	Richtig wissenschaftlich schreiben: Wissenschaftssprache in Regeln und Übungen, 4. Auflage, Paderborn 2016 (UTB 3429).

2. Citavi-Literaturliste: „Theisen (16. Aufl., Chicago-Style)" (s. Ü6)
Überarbeitung: wirtschafts- und sozialwissenschaftlicher Zitationsstil

Berger-Grabner, Doris (2013): Wissenschaftliches Arbeiten in den Wirtschafts- und Sozialwissenschaften: Hilfreiche Tipps und praktische Beispiele, 2., aktualisierte und erw. Aufl., Wiesbaden: Springer Gabler, 2013

Cottrell, Stella/Kopp, Katharina (2010): Studieren – das Handbuch, Heidelberg: Spektrum Akad. Verl., 2010

Eco, Umberto/Schick, Walter (2010): Wie man eine wissenschaftliche Abschlußarbeit schreibt: Doktor-, Diplom- und Magisterarbeit in den Geistes- und Sozialwissenschaften, Bd. 1512, 13., unveränd. Aufl. der dt. Ausg, Wien: Facultas Univ.-Verl., 2010

Esselborn-Krumbiegel, Helga (2016): Richtig wissenschaftlich schreiben: Wissenschaftssprache in Regeln und Übungen, Bd. 3429, 4., unveränderte Auflage, Paderborn: Ferdinand Schöningh, 2016

- Schriftart und Schriftgrad anpassen (z.B. Times 12 Pkt.)
- am Ende jeweils einen Punkt setzen, Titelstichwort in eckigen Klammern ergänzen
- Übersetzer statt Autor, Angaben zur Originalausgabe, ggf. mit Abkürzungen arbeiten, Angaben zum Verlag vereinheitlichen, Reihentitel ans Ende stellen bzw. ergänzen

Berger-Grabner, Doris **[Tipps**, 2013**]**: Wissenschaftliches Arbeiten in den Wirtschafts- und Sozialwissenschaften: Hilfreiche Tipps und praktische Beispiele, 2., aktual.~~isierte~~ u.~~nd~~ erw. Aufl., Wiesbaden: ~~Springer~~ Gabler, 2013**.**

Cottrell, Stella~~/Kopp, Katharina~~ **[Handbuch**, 2010**]**: Studieren – das Handbuch **(Orig.-Aug. u.d.T. The study skills handbook, 1999 [^{3}2008]), Übers. v. Katharina Kopp**, Heidelberg: Spektrum ~~Akad. Verl.~~, 2010**.**

Eco, Umberto~~/Schick, Walter~~ **[Abschlußarbeit**, 2010**]**: Wie man eine wissenschaftliche Abschlußarbeit schreibt: Doktor-, Diplom- und Magisterarbeit in den Geistes- und Sozialwissenschaften **(Orig.-Ausg. u.d.T. Come si fa una tesi di laurea, 1977), Übers. v. Walter Schick**, 13., unveränd. Aufl. d~~er~~ dt. Ausg**. v. 1988**, ~~Bd. 1512~~, Wien: Facultas ~~Univ.-Verl.~~, 2010 **(= UTB, Bd. 1512).**

Esselborn-Krumbiegel, Helga **[Richtig,** 2016**]**: Richtig wissenschaftlich schreiben: Wissenschaftssprache in Regeln und Übungen, ~~Bd. 3429~~, 4., unveränd~~erte~~ Aufl~~age~~, **nach d. 3., durchges. Aufl. v. 2014**, Paderborn: ~~Ferdinand~~ Schöningh, 2016 **(= UTB, Bd. 3429).**

- Blocksatz und Silbentrennung
- Absatz formatieren (hier: hängender Einzug 0,5 cm)

Ergebnis:

Berger-Grabner, Doris [Tipps, 2013]: Wissenschaftliches Arbeiten in den Wirtschafts- und Sozialwissenschaften: Hilfreiche Tipps und praktische Beispiele, 2., aktual. u. erw. Aufl., Wiesbaden: Gabler, 2013.

Cottrell, Stella [Studieren, 2010]: Studieren – das Handbuch (Orig.-Aug. u.d.T. The study skills handbook, 1999 [^{3}2008]), Übers. v. Katharina Kopp, Heidelberg: Spektrum, 2010.

Eco, Umberto [Abschlußarbeit, 2010 (ital. 1977)]: Wie man eine wissenschaftliche Abschlußarbeit schreibt: Doktor-, Diplom- und Magisterarbeit in den Geistes- und Sozialwissenschaften (Orig.-Ausg. u.d.T. Come si fa una tesi di laurea, 1977), Übers. v. Walter Schick, 13., unveränd. Aufl. d. dt. Ausg. v. 1988, Wien: Facultas, 2010 (= UTB, Bd. 1512).

Esselborn-Krumbiegel, Helga [Richtig, 2016]: Richtig wissenschaftlich schreiben: Wissenschaftssprache in Regeln und Übungen, 4., unveränd. Aufl., nach d. 3., durchges. Aufl. v. 2014, Paderborn: Schöningh, 2016 (= UTB, Bd. 3429).

4.3 HINWEISE ZUR FORMALEN GESTALTUNG DES MANUSKRIPTS

Einsatz der numerischen (auch: dekadischen) Gliederung

Die Nummerierung dieses Kapitels (Kap. 4.3) ist in Form der **numerischen (auch: dekadischen) Gliederung** gestaltet.[284] Damit wird neben der abgestuften Gliederung für Juristen (Kap. 4.1) und der alphanumerischen Gliederung (Kap. 4.2) eine dritte Gliederungsvariante angewendet. Auch hier dient dies didaktischen Zwecken. In einer Studienarbeit müsste die einmal gewählte Variante durchgängig verwendet werden.

Inhaltsverzeichnis

---

[284] S. dazu *Möllers, Th. M. J.*, Arbeitstechnik, 2010 (FN 152), S. 55.

***

1. Einleitung

Die folgenden Ausführungen enthalten **Hinweise zur formalen Gestaltung eines Manuskripts**, die auch Fragen der Seiteneinrichtung und Formatierung mit einbeziehen. Die Hinweise zur Form sind bewusst so formuliert, dass sie möglichst eindeutig sind, damit sie auch i.S.v. ›Vorgaben‹ benutzt werden können. Wie bei der Darstellung der Form bibliographischer Angaben soll dadurch eine Orientierung für die Planung, Durchführung und Beurteilung von schriftlichen Arbeiten im Studium möglich werden.

Bisweilen mag der Eindruck entstehen, es sollten sämtliche Details konkret geregelt sein. Einen gewissen **Gestaltungsspielraum** *hat* man jedoch immer und *soll* ihn auch haben. Die Ausführungen zielen vor allem darauf, diejenigen Aspekte anzusprechen, die in Fragen der Manuskriptgestaltung eine Rolle spielen *können*. Dadurch entsteht zugleich ein Überblick, worauf dabei geachtet werden sollte. Neben den Anforderungen an die Formatierung für das Seitenlayout und die Typographie betrifft dies auch den Aufbau und die Struktur einer schriftlichen Arbeit, die konkrete Gestaltung der einzelnen Bestandteile eines Manuskripts sowie die Besonderheiten der sprachlichen Gestaltung in der Schreibpraxis. Insgesamt entsteht damit ein Repertoire an Kriterien für die **differenzierte Beurteilung** einer wissenschaftlichen Studienarbeit in formaler Hinsicht.

2. Seitenlayout und Typographie

2.1 ALLGEMEINE HINWEISE ZUR TEXTGESTALTUNG

Im Studium dienen verbindliche Vorgaben für **Seitenlayout und Absatzformatierung** der *Vergleichbarkeit des Textumfangs*. Außerdem sorgen sie für ein *einheitliches Erscheinungsbild*. Der ästhetische Aspekt der Gestaltung sollte dabei nicht unterschätzt werden: Eine ansprechende Formatierung wirkt sich positiv auf den Gesamteindruck aus.

2.2 SEITENEINRICHTUNG

Die **Seiteneinrichtung** spielt für das Layout und den Textumfang eine wichtige Rolle. Es empfiehlt sich, das Dokument bereits zu Beginn der Bearbeitung des Manuskripts entsprechend einzurichten. Auf diese Weise lässt sich auch der Umfang des fertigen Textes besser abschätzen. Das heißt jedoch nicht, dass im Arbeitsprozess bereits alles ins Reine geschrieben werden müsste, sobald mit dem Schreiben begonnen wird. Spätestens jedoch bei der Textüberarbeitung sind die Vorgaben für die Formatierung zu überprüfen.

2.2.1 Seitenränder

Zunächst können die **Seitenränder** festgelegt werden. Bei schriftlichen Studienarbeiten wird auf der *rechten* Blattseite ein Korrekturrand benötigt. Bei Kurzfassungen zu Referaten kann er geringer ausfallen als bei Hausarbeiten: 3,5 cm für Kurzfassungen, 5 cm für Hausarbeiten. Auf der *linken* Seite beträgt der Seitenabstand 2,5 cm, damit noch Platz für die Bindung des ausgedruckten Manuskripts bleibt. Hinzu kommen am *oberen* Seitenrand 2,5 cm und am *unteren* Seitenrand 2 cm.

Bei der elektronischen Textverarbeitung mit *Word* können diese Einstellungen unter der Rubrik *Seitenlayout* vorgenommen werden. Dort lassen sich **benutzerdefinierte Seitenränder** festlegen. Auch Layouteinstellungen für Kopf- und Fußzeile sind hier möglich.

2.2.2 Kopfzeile und Seitenzahlen

In der **Kopfzeile** werden die **Seitenzahlen** untergebracht. Sie stehen auf der Seite oben rechts. Da das Deckblatt zwar mitgezählt wird, aber keine Seitennummer erhält und die Bestandteile des Manuskripts vor dem Textteil mit römischen Ziffern, der Textteil hingegen mit arabischen Ziffern nummeriert wird, sind einige Einstellungen erforderlich:

Die Einstellungen für die Seitenzahlen finden sich in *Word* unter der Rubrik **›Einfügen‹**. Zur Differenzierung von römischer und arabischer Zählung müssen im Text Abschnitte definiert werden. Auch das Deckblatt bildet einen eigenen Abschnitt, da hier die Seitennummer nicht erscheinen soll. Dafür wird die Schaltfläche **›Umbrüche‹** unter der Rubrik *Seitenlayout* genutzt. Unter der Rubrik *Kopf- und Fußnotentools* muss die Schaltfläche ›mit vorheriger verknüpfen‹ deaktiviert sein. So kann die Zählung für einzelne Abschnitte separat formatiert werden, ohne dass sich auch die Seitennummern anderer Textabschnitte automatisch mit ändern. Die Einstellungen für das *Zahlenformat* (römisch oder arabisch) und die *Seitennummerierung* (fortsetzen vom vorherigen Abschnitt oder neu beginnen) lassen unter ›Seitenzahlen formatieren‹ vornehmen (entweder unter ›Einfügen/Seitenzahlen‹ oder mit Rechtsklick auf die bereits eingefügte Seitennummer).

2.3 TEXTGESTALT

Die **Textgestalt** ergibt sich aus der Formatierung von *Schriftart, Schriftgrad* und *Schriftschnitt* sowie von *Textausrichtung, Absätzen* und *Zeilenabständen.* Auch diese Aspekte wirken sich auf den Seitenumfang und das Erscheinungsbild einer Arbeit aus. Gibt es im Studium konkrete Vorgaben, sollten diese deshalb in jedem Fall beachtet werden.

2.3.1 Schriftformatierung

2.3.1.1 Schriftart

Als **Schriftart** wird eine Standardschriftart verwendet, entweder die Serifenschriftart Times New Roman oder die serifenlose Schriftart Arial bzw. Helvetica. Das ist letztlich Geschmackssache: Eine serifenlose Schrift kann z.B. moderner wirken. Schriftarten mit Serifen lassen sich ggf. besser lesen.

2.3.1.2 Schriftgrad

Der **Schriftgrad** meint die Punktgröße der Lettern: bei der Verwendung von Times New Roman im Fließtext 12 und in den Fußnoten 10 Punkt, bei der Verwendung von Arial im Fließtext 11 und in den Fußnoten 9 Punkt. Für Überschriften kann der Schriftgrad auf bis zu 14 Punkt erhöht werden.

2.3.1.3 Schriftschnitt

Beim **Schriftschnitt** lassen sich die Einstellungen ›normal, *kursiv* und **fett**‹ unterscheiden. Hervorhebungen lassen sich durch Kursivierung oder Fettdruck erreichen. Bei der Anwendung des *Chicago Style* z.B. werden Autorennamen im Schriftschnitt *kursiv* gesetzt. Auch fremdsprachige Ausdrücke können so kenntlich gemacht werden. Der Schriftschnitt **fett** wird in Studienarbeiten i.d.R. nur für Hauptüberschriften verwendet.

2.3.2 Absatzformatierung

2.3.2.1 Textausrichtung und Silbentrennung

Im Regelfall sollte ein Text als **Blocksatz mit Silbentrennung** formatiert werden. Davon ausgenommen sind *Überschriften,* die stattdessen ohne Silbentrennung und linksbündig formatiert werden. Auch für *Aufzählungen* ist ggf. ein ›Flattersatz‹ besser geeignet. Wird die automatische Silbentrennung genutzt, müssen ggf. manuell Korrekturen vorgenommen werden. Eine manuelle Silbentrennung kann dazu führen, dass sich durch spätere Änderungen im Text ungewollt Trennzeichen finden. Das sollte deshalb bei der Textüberarbeitung noch einmal geprüft und ggf. korrigiert werden.

2.3.2.2 Texteinzüge und Zeilenabstände

Auf den **Texteinzug** ist z.B. bei Überschriften zu achten: Diese sollten am linken Texteinzug ausgerichtet sein (gelegentlich sorgt die Voreinstellung im Dokument dafür, dass dies nachträglich korrigiert werden muss). Längere Zitate sollten hingegen eingerückt werden, z.B. um 1 cm. Auch im Literaturverzeichnis kommt die Formatierung des Texteinzugs zum Einsatz, z.B. bei ›hängenden‹ Einzügen. Der **Zeilenabstand** lässt sich unter der Schaltfläche ›Absatz‹ festlegen. Er beträgt bei Haus- und Abschlussarbeiten 1,5 Zeilen.

3. Aufbau und Struktur

3.1 ZUR BEDEUTUNG VON STRUKTUREN

Die *formale* Gestaltung des Manuskripts hängt mit *inhaltlichen* und *konzeptionellen* Fragen zusammen. Wenn z.B. bei der Suche nach einem Betreuer zur Vorbereitung auf eine Abschlussarbeit eine *Gliederung* entworfen wird, dann sollten nicht lediglich einzelne Aspekte aufgelistet und mit Nummern versehen werden. Die **Struktur einer Arbeit** lässt sich im Grunde erst dann in eine Gliederung übersetzen, wenn bereits Überlegungen zur Frage- und Problemstellung vorausgegangen sind.

Bei der **Konzeption** einer Aufbaustruktur geht es nicht nur darum, welche Gegenstände des Themas untersucht werden sollen, sondern zunächst darum zu klären, in welcher wissenschaftlichen *Perspektive*, mit welchem *Ziel* und unter Einsatz welcher *Methoden* die Untersuchung erfolgen soll. Die Wahl der Methode ergibt sich wiederum aus der Fragestellung etc. Erst aus solchen Vorüberlegungen lässt sich eine Gliederung ableiten.

☝ **Achtung: Gliederung als Nummerierung vs. Aufbau und Struktur**

Eine begriffliche Differenzierung ist nötig, wenn unter **Gliederung** lediglich die Nummerierungsvariante eines Textes verstanden wird, z.B. alphanumerisch oder dekadisch. Mit Gliederung kann nämlich auch die Struktur eines Textes gemeint sein. Zur Unterscheidung ließe sich von **Schemata für den Aufbau** sprechen. Wenn im Studium eine Gliederung entworfen wird, schließt dies beides ein: die Wahl einer Variante für die Nummerierung und einen systematischen Aufbau der Arbeit. Ein **Inhaltsverzeichnis** wird aus einer Gliederung erst dann, wenn die Seitenangaben hinzugefügt werden.

Die Struktur einer wissenschaftlichen Arbeit kann sich an unterschiedlichen **Aufbauschemata** orientieren. Für wissenschaftliche Arbeiten ist die Strukturbildung wichtig, weil die einzelnen Kapitel logisch aufeinander aufbauen sollen. Strukturen sind ein Mittel, um der Systematik des Gedankengangs Ausdruck zu verleihen. Keine wissenschaftliche Arbeit kommt ohne Überlegungen zur Strukturbildung aus. Dabei lohnt es sich, verschiedene Möglichkeiten kennenzulernen, die sich dann je nach Bedarf der spezifischen Ausrichtung der eigenen Themenbearbeitung anpassen lassen.

3.2 AUFBAUSCHEMATA

Der Aufbau einer Arbeit wird auch **›Gliederung‹** genannt. Diese Bezeichnung ist jedoch nicht identisch mit den Gliederungsvarianten, die lediglich die Zählweise betreffen (z.B. alphanumerische oder dekadische Gliederung). Zur Unterscheidung könnte deshalb von **Aufbauschemata** gesprochen werden. Der Ausdruck ›Gliederung‹ lässt sich aber auch in dieser systematischen Bedeutung verwenden. Auch im Sinne einer Aufbaustruktur handelt es sich um einen *formalen* Gesichtspunkt der Gestaltung. Die folgende Auswahl der Schemata bzw. Gliederungen orientiert sich weitgehend an einer **Zusammenstellung von Helga Esselborn-Krumbiegel.**[285] Die Varianten sind jeweils um ein Beispiel zum Thema ›Datenschutz‹ ergänzt und kurz erläutert worden.

---

[285] S. *Esselborn-Krumbiegel, H.*, Idee, 2012 (FN 29).

3.2.1 Chronologische Gliederung

- Die Ergebnisse in zeitlicher Reihenfolge in ihrem **Nacheinander** darstellen (z.B. Abfolge von Phasen),
- unterstellt eine **fortlaufende Entwicklung** (das Material muss eine solche Ordnung gestatten), z.B. „Die spanische Herrschaft in Portugal 1580–1640" oder „Die Transformation einer Nomadengesellschaft am Beispiel der Tuareg 1915–1995",
- **Nachzeichnen** von [historischen] Ereignisfolgen, [strukturellen] Transformationen, [sachlogischen] Gründen und Ursachen einer Entwicklung.[286]

Beispiel:
Kleine Geschichte des Datenschutzes in der BRD
1. Einleitung
2. Vorgeschichte des Datenschutzes in Deutschland
   2.1 Gründe für die Entwicklung von Datenschutzrichtlinien
   2.2 Historische Hintergründe in der Situation nach 1945
3. Weiterentwicklung der Datenschutzbestimmungen in der BRD
   3.1 Phase 1: Datenschutzbestimmungen der 70er-Jahre
   3.2 Phase 2: Datenschutzbestimmungen der 80er-Jahre
   3.3 Phase 3: Datenschutzbestimmungen der 90er-Jahre
   3.4 Zwischenfazit: Zur aktuellen Situation des Datenschutzes
4. Die Neuregelung des Datenschutzes auf europäischer Ebene
5. Ausblick: *Quo vadis*, Datenschutz?

Abb. 20: Beispiel: Chronologische Gliederung *(eigene Darst.).*

Die **chronologische Gliederung** findet ihren deutlichsten Ausdruck in der Darstellung *historischer* Ereignisfolgen. Sie ist aber nicht auf die Geschichte beschränkt, sondern findet sich auch in *strukturellen* Transformationen oder *sachlogischen* Folgen einzelner Schritte bzw. Phasen. Immer dann, wenn es darum geht, Phänomene oder Sachverhalte in ihrem zeitlichen Nacheinander zu beschreiben, bietet sich diese Gliederungsvariante an.

3.2.2 Systematische Gliederung

- Ergebnisse werden „wie Perlen auf einer Kette" in ihrem **Nebeneinander** aufgereiht (die Konzeption muss eine solche Ordnung gestatten), *entweder*

a) **als Beiordnung**, wenn die Aspekte ungefähr gleich wichtig sind, z.B. „Soziale Indikatoren für das Wachstum der Volkswirtschaft": Zielorientierte Indikatoren, Leistungsindikatoren, Output- versus Inputindikatoren, Verteilungsindikatoren, Objektive/subjektive Indikatoren; *oder*

b) **als Hierarchie**, wenn die Wichtigkeit steigt bzw. fällt, z.B. „Formen der Unternehmenskonzentration" nach dem Grad ihrer Verbindung: Interessengemeinschaft, Kartell, Syndikat, Konzern, Fusion/Trust.[287]

---

[286] Vgl. *Esselborn-Krumbiegel, H.*, Idee, 2012 (FN 29), 118 f. (chronologische Gliederung).

[287] Vgl. ebd., S. 119 f. (systematische Gliederung); der Ausdruck ›Beiordnung‹ wurde ergänzt, um den Unterschied zu einer Hierarchie zu verdeutlichen. Wird dieser Unterschied räumlich interpretiert, kann man auch von einer *vertikalen* oder *horizontalen* Gliederungsvariante sprechen, je nachdem, ob die behandelten Gegenstände als gleichrangig oder als Ausdruck eines Über-/Unterordnungsverhältnisses angesehen werden.

Beispiel:
Analyse der Prinzipien des Datenschutzes in der Bundesrepublik Deutschland
1. Einleitung
2. Bildung eines Kategoriensystems
3. Die Elemente des Datenschutzes im Einzelnen
   3.1 Schutz der Persönlichkeit
   3.2 Recht auf informationelle Selbstbestimmung
   3.3 Schutz der Privatsphäre
   3.4 Technische Möglichkeiten der Partizipation
   3.5 Transparenz der Datenverarbeitung
4. Bemerkungen zur Gewichtung der Elemente
5. Fazit

Abb. 21: Beispiel: Systematische Gliederung *(eigene Darst.).*

Die **systematische Gliederung** strukturiert die Bestandteile eines Textes nach *inhaltlichen* Gesichtspunkten. Verglichen mit der chronologischen Gliederung, die das Nacheinander einer zeitlichen Abfolge zugrunde legt, sind die Ordnungskriterien für eine systematische Gliederung variabel.

Im Grunde sollte jede wissenschaftliche Arbeit immer auch systematisch gegliedert sein. Die **Systematik** kann sich an vorgegebenen Schemata orientieren oder aber eigenständig entwickelt werden. Um überhaupt systematisch vorgehen zu können, braucht es ein verbindendes Moment. Im Beispiel handelt es sich um verschiedene Elemente des Datenschutzes. Die Elemente sind hier einander beigeordnet, d.h., es gibt keine differenzierte Struktur nach Ober- und Unterpunkten. Bei komplexen Themen bietet sich eine systematische Gliederung an, um dem Leser eine Orientierung zu ermöglichen.

3.2.3 Deduktive Gliederung

- **Vom Allgemeinen zum Besonderen:** zuerst Hypothesen darstellen, dann entsprechende Belege anbringen bzw. zuerst Prinzipien nennen, dann Anwendungsbereiche oder Konsequenzen aufzeigen,
- z.B. „Chancen und Risiken des Euro“: (1) *Chancen*: Export, Arbeitsplatzsicherung, wirtschaftliche Dynamik, (2) *Risiken*: Wettbewerbseinschränkung, Verlust monetärer Souveränität, Steigende Inflation, (3) *Folgerungen*.[288]

Die **deduktive Gliederung** bietet sich an, wenn die Grundsätze, von denen die Argumentation ausgeht, bekannt sind und auf ein Phänomen oder einen Fall angewendet werden sollen. Arbeiten, die mit einer Definition beginnen, sind deduktiv, weil hier zunächst das ›Allgemeine‹ vorgestellt wird. Dabei ist zu bedenken, dass eine Definition zu Beginn bereits einen ganz **bestimmten Blickwinkel** vorgibt und die nachfolgende Untersuchung entsprechend einengt. Das kann sinnvoll sein, aber auch Probleme bereiten, z.B. wenn die Definition ungeeignet ist, die nachfolgend behandelten Phänomene zu beurteilen. In jedem Fall sollte beim Einsatz einer deduktiven Gliederung darauf geachtet werden, dass die Definitionen, Hypothesen oder Grundsätze auch konsequent angewendet werden.

---

[288] Vgl. *Esselborn-Krumbiegel, H.*, Idee, 2012 (FN 29), S. 121 f. (deduktive Gliederung).

Beispiel:

Die rechtlichen Grundlagen des Datenschutzes in der Europäischen Union und ihre Auswirkungen auf die Gesetzgebung in der Bundesrepublik Deutschland im Spiegel aktueller öffentlicher Debatten

1. Einleitung
2. Allgemeine Grundlagen des Datenschutzes
   - 2.1 Zweck und Definitionen des Datenschutzes
   - 2.2 Richtlinien der EU zum Datenschutz
     - 2.2.1 Die Europäische Datenschutzrichtlinie
     - 2.2.2 Die Datenschutzrichtlinie für elektronische Kommunikation
     - 2.2.3 Die Erarbeitung einer Datenschutzverordnung
   - 2.3 Datenschutzrelevante Normen und Richtlinien in der BRD
3. Auswirkungen auf aktuelle öffentliche Debatten zum Datenschutz
   - 3.1 Argumente für einen wirkungsvolleren Datenschutz
   - 3.2 Argumente für eine gemeinsame europäische Datenschutzverordnung
   - 3.3 Argumente für eine neue rechtliche Grundlage in der BRD
4. Mögliche Eckpunkte der künftigen Diskussion
5. Schlussfolgerung

Abb. 22: Beispiel: Deduktive Gliederung *(eigene Darst.).*

3.2.4 Induktive Gliederung

- **Vom Besonderen zum Allgemeinen**: Zunächst Phänomene darstellen und interpretieren, dann mögliche Gründe oder Prinzipien nennen bzw. zunächst die Auswirkungen einer Situation aufzeigen und erörtern, dann Lösungsvorschläge unterbreiten,
- z.B. „Chancen und Risiken des Euro": (1) *Folgen* für Export, Arbeitsplatzsicherung, Wettbewerbsdynamik *und* Ableitung von *Chancen*, (2) *Folgen* für Wettbewerb, monetäre Souveränität, Inflation *und* Ableitung von *Risiken*, (3) *Zusammenführung* der abgeleiteten Thesen.[289]

Die deduktive Gliederung kommt den Denkgewohnheiten entgegen, weil wir zunächst zu erfahren verlangen, womit wir es zu tun haben. Es mag aber gelegentlich lohnend sein, sich das Gegenstück zur Deduktion als mögliche Alternative bewusst zu machen, nämlich die **induktive Gliederung**. Bei bestimmten Themen, die noch nicht gut erschlossen sind, könnte eine Definition auch an das Ende der Bearbeitung gestellt werden. Sofern das Besondere, z.B. ein Phänomen oder ein Fall, den Ausgangspunkt der Untersuchung bildet, ist das Vorgehen induktiv: Aus dem Besonderen wird auf das Allgemeine geschlossen.

Das folgende Beispiel für eine **induktive Gliederung** arbeitet mit Fallbeispielen. Denkbar wären hier z.B. Interviews oder Fälle, die in der Presse diskutiert worden sind. Aus der Analyse dieser Fälle werden Schlüsse gezogen, um abschließend Denkanstöße zu geben. Zusätzlich gibt es einen Epilog, was sich anbietet, wenn die Untersuchung grundsätzliche Überlegungen veranlasst, die über das behandelte Thema hinausgehen. Die Überschrift dieses Epilogs ist angelehnt an einen bekannten Buchtitel von Sigmund Freud.[290]

---

289 Vgl. *Esselborn-Krumbiegel, H.*, Idee, 2012 (FN 29), S. 121 f. (induktive Gliederung).

290 *Freud, Sigmund*: Das Unbehagen in der Kultur (1930), in: *Ders.*: Studienausgabe (StudA), 10 Bde. u. 1 Ergänzungsband, hrsg. v. Alexander Mitscherlich u.a., limitierte Sonderausgabe, Frankfurt a.M.: Fischer, 2000, Bd. 9: Fragen der Gesellschaft/Ursprünge der Religion, S. 191–270.

Beispiel:
Vom sorglosen Umgang mit unseren persönlichen Daten – Ein Plädoyer für eine neue Debatte zum Datenschutz

1. Einleitung
2. Das Phänomen der Sorglosigkeit im Umgang mit persönlichen Daten
   - 2.1 Freiwillige Preisgabe von Daten beim Konsumverhalten
     - 2.1.1 Fallbeispiel 1: Der Fall des Franz M.
     - 2.1.2 Fallbeispiel 2: Der Fall der Margarethe F.
   - 2.2 Freiwillige Preisgabe von Daten in sozialen Netzwerken
     - 2.2.1 Fallbeispiel 3: Der Fall der Frieda S.
     - 2.2.2 Fallbeispiel 4: Der Fall des Wolfgang G.
3. Die Wirkungslosigkeit des Datenschutzrechts
   - 3.1 Der Schutz der Persönlichkeit ist nicht gewährleistet
   - 3.2 Der Schutz der Privatsphäre wird nicht gewollt
   - 3.3 Die geltende Rechtslage garantiert keinen Schutz
4. Denkanstöße für eine öffentliche Debatte
5. Epilog: ›Das Unbehagen in der Informationskultur‹

Abb. 23: Beispiel: Induktive Gliederung *(eigene Darst.).*

3.2.5 Ursache-Wirkungs-Gliederungen

- Versuch, „Konsequenzen [...] mit Hilfe eines adäquaten theoretischen Modells zu erklären", von **Ursachen** ausgehen und deren **Folgen**, **Wirkungen oder Konsequenzen** untersuchen, *entweder*

a) **monokausale Erklärung:** *eine* Ursache und deren Wirkung(en), z.B. „Die Folgen der Privatisierung von Unternehmen in Osteuropa nach der Wende"; *oder*

b) **multikausale Erklärung:** *mehrere* Ursachen und deren Wirkung(en), z.B. „Die Ursachen der Verelendung von Vorstadtvierteln europäischer Großstädte".[291]

Beispiel (monokausal):
Auswirkungen der ›Informationstechnologischen Revolution‹ auf das Datenschutzrecht

1. Einleitung
2. Grundzüge der informationstechnologischen Revolution
3. Folgen für den Datenschutz
   - 3.1 Einrichtung von Datenbanken
   - 3.2 Zunehmende Vernetzung
   - 3.3 Die Gefahr von ›Big Data‹
4. Diskussion der Ergebnisse
5. Empfehlungen

Beispiel (multikausal):
Das neue Datenschutzrecht als Reaktion auf zwei gesellschaftliche Wandlungsprozesse

1. Einleitung
2. Informationstechnologische Revolution
   - 2.1 Einrichtung von Datenbanken
   - 2.2 Zunehmende Vernetzung
3. Europäischer Integrationsprozess
   - 3.1 Inter- und Transnationalität
   - 3.2 Datenschutzrichtlinien
   - 3.3 Zwischenfazit
4. Diskussion der Ergebnisse
5. Empfehlungen

Abb. 24: Beispiel: Ursache-Wirkungs-Gliederung *(eigene Darst.).*

[291] Vgl. *Esselborn-Krumbiegel, H.*, Idee, 2012 (FN 29), S. 124–126 (Ursache-Wirkungs-Gliederung); die Bezeichnungen ›monokausal‹ und ›multikausal‹ wurden hier ergänzt.

Die **Ursache-Wirkungs-Gliederung** eignet sich zur Darstellung einer Kausalbeziehung. Dabei wird die Ursache für ein Problem gesucht, z.B. um Lösungsansätze zu entwickeln. Eine mögliche Präzisierung wäre es, neben *Ursache und Wirkung* von *Grund und Folge* zu sprechen. Der Begriff **›Ursache‹** wird insbesondere in den Naturwissenschaften verwendet und beschreibt den *Zusammenhang* mit einer Wirkung, der nach bestimmten Gesetzmäßigkeiten funktioniert. Im Unterschied dazu kann ein **›Grund‹** auch im Sinne einer *Absicht* verstanden werden. Es macht also einen Unterschied, ob nach Ursachen oder nach Gründen, z.B. für politische Entscheidungen, gesucht wird. So ist z.B. der Klimawandel durch Menschen *verursacht*, aber daraus folgt nicht unmittelbar, dass auch politische Maßnahmen ergriffen werden. Die Gründe dafür sind vielfältig, aber eben keine Ursachen im naturwissenschaftlichen Verständnis. Gleichwohl wird dies Folgen haben.

3.2.6 Relationsgliederungen (Vergleich)

- Anwendung bei „**vergleichenden Aufgaben**“ (Theorien, Modelle, Quellen, Befunde), z.B. „Interkonfessioneller Religionsunterricht in Deutschland und England“, *entweder*

a) **„Blockgliederung“:** untersucht Phänomene und Sachverhalte zunächst unabhängig voneinander und führt die Einzelergebnisse anschließend in einem Vergleich zusammen (bevorzugt, wenn das zu vergleichende Material sehr unterschiedlich ist), *oder*

b) **„alternierende Gliederung“:** einzelne Aspekte, die sich bei beiden Phänomenen und Sachverhalten finden, werden nacheinander verglichen (bevorzugt, wenn das zu vergleichende Material ähnlich ist).[292]

<u>Beispiel (Blockgliederung)</u>:
Kooperation ist möglich –
Das Datenschutzrecht in der Europäischen Union und den USA

1. Einleitung
2. Rechtliche Grundlagen des Datenschutzes
   - 2.1 Das Datenschutzrecht in den Vereinigten Staaten von Amerika
   - 2.2 Das Datenschutzrecht in der Europäischen Union
3. Unterschiede und Gemeinsamkeiten
   - 3.1 Trennendes
   - 3.2 Verbindendes
4. Chancen für die transatlantische Zusammenarbeit
5. Fazit

<u>Beispiel (alternierende Gliederung)</u>:
Das Datenschutzrecht und seine Anwendung in der Europäischen Union und in den USA

1. Einleitung
2. Rechtliche Grundlagen
   - 2.1 Definitionen und Ziele
   - 2.2 Bindungswirkung der Gesetze
   - 2.3 Geltungsbereich der Gesetze
3. Anwendung in der Rechtsprechung
   - 3.1 Praxis in der Rechtsprechung
   - 3.2 Klagearten und Verfahrensdauer
   - 3.3 Erfolgsaussichten
4. Bedingungen für eine transatlantische Zusammenarbeit
5. Fazit

Abb. 25: Beispiel: Relationsgliederung (Vergleich) als Blockgliederung und alternierende Gliederung *(eigene Darst.)*.

Die **Relationsgliederung** setzt die behandelten Phänomene bzw. Sachverhalte in ein Verhältnis zueinander. Die häufigste Form ist der **Vergleich**. Ein Vergleich kann wiederum in

[292] Vgl. *Esselborn-Krumbiegel, H.*, Idee, 2012 (FN 29), S. 126–129 (Relationsgliederung).

unterschiedlichen Formen dargestellt werden: entweder in der Form einer *Blockgliederung* oder in der Form einer *alternierenden Gliederung*[293].

Die unterschiedlichen Möglichkeiten, einen Vergleich zu strukturieren, werden in der Schule im Deutschunterricht behandelt. An dieses Wissen lässt sich anknüpfen. In der *Abi-Box* für die Oberstufe zum Thema ›Literatur und Sprache um 1800‹[294] werden z.B. drei Möglichkeiten wie folgt visualisiert (s. Abb. 26):

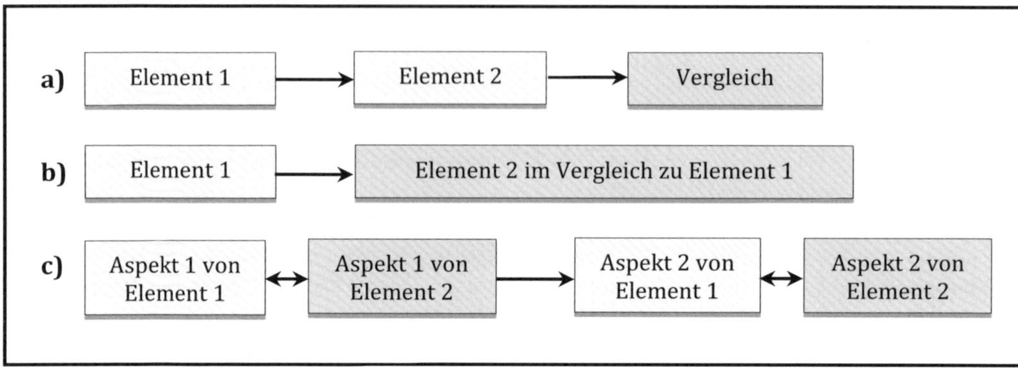

Abb. 26: Gliederungsmöglichkeiten bei Vergleichen, modifiziert nach: *Hockmann, Th./Holthaus, M./Klaholz, Chr.*, Abi-Box, 2012 (FN 294), S. 140.

Die Blockgliederung im Beispiel entspricht *Variante a)*, die alternierende Gliederung *Variante c)*. *Variante b)* wäre also eine zusätzliche Möglichkeit, wenn der Gegenstand nicht zu komplex ist. In den Erläuterungen zum Schema in der *Abi-Box* wird gesagt, dass immer zunächst die Gemeinsamkeiten und erst anschließend die Unterschiede erarbeitet werden sollten.[295] Als Faustregel ist das sinnvoll, da es der psychologischen Vorgehensweise entspricht. Das obige **Beispiel zur Blockgliederung** (s. Abb. 25) erarbeitet gleichwohl umgekehrt zunächst das Trennende und dann das Verbindende im Hinblick auf die Datenschutzrichtlinien in den USA und der EU. Im Ergebnis des Vergleichs in diesem fiktiven Beispiel hat sich nämlich offenbar gezeigt, dass es Möglichkeiten der Zusammenarbeit gibt. Es ist deshalb in diesem Fall sinnvoller, die Kooperationsmöglichkeiten direkt an die Erörterung der *Gemeinsamkeiten*, nicht der Unterschiede anzuschließen.

Es lohnt sich also, die unterschiedlichen Darstellungsformen eines Vergleichs durchzuspielen, um zu sehen, welche dem Gegenstand und der Intention am besten gerecht wird. Auch ist zu bedenken, dass der Vergleich zwar die häufigste, aber keineswegs die einzige Möglichkeit darstellt, zwei Elemente in ›Relation‹ zu setzen. Die *systematische Gliederung* oder die *Ursache-Wirkungs-Gliederung* sind ebenfalls Ausdruck einer Relation. Auch die **Wechselwirkung** zwischen mehreren Faktoren kann ein Verhältnis zweier oder mehrerer Elemente sein. Ein Vorteil der Variante *Vergleich* liegt darin, dass die Art des Verhält-

293 Vgl. *Esselborn-Krumbiegel, H.*, Idee, 2012 (FN 29), S. 126.

294 S. *Hockmann, Theo/Holthaus, Matthias/Klaholz, Christina* u.a.: ABI-Box Deutsch: Literatur und Sprache um 1800 – Drama und Kommunikation: Rahmenthemen 1 und 2 zum Kerncurriculum (Abitur 2012), hrsg. v. Johanna van Loo, Hannover: Brinkmann/Meyhöfer, 2012, S. 140.

295 Ebd., S. 140.

nisses nicht festgelegt ist und in vielfältiger Weise entwickelt werden kann. Sobald der Wirkungs*zusammenhang* geklärt ist, lassen sich z.B. auch Wirk*richtungen* aufzeigen.

3.2.6 Gliederung in empirischen Arbeiten

- Empirische Arbeiten „**folgen** [...] **in der Regel einer einheitlichen Gliederung**, die nur wenige Varianten zulässt“ (in größeren Arbeiten und innerhalb der Kapitel sind Varianten möglich),
- **Abfolge der Arbeitsschritte**: (1) Wissensstand/Literaturbericht, (2) Problem/Fragestellung, (3) Lösungsweg/Untersuchungsdesign, (4) Ergebnisse, (5) Lösung/Diskussion, (6) erweiterter Wissensstand/Zusammenfassung.[296]

Die Gestaltungsfreiheit für die **Gliederung in empirischen Arbeiten** ist geringer als bei Themenarbeiten. So ist z.B. ein eigenes Methodenkapitel Pflicht, weil davon die Auswertung der Ergebnisse wesentlich abhängt. In konzeptionellen Arbeiten kann die Methode z.B. auch in der Einleitung vorgestellt und/oder in einzelnen Abschnitten ggf. angepasst werden. Auch empirische Arbeiten können aber durchaus unterschiedliche Ausrichtungen haben, z.B. je nachdem, ob ein Problem in erster Linie analysiert oder aber am Ende eine Handlungsempfehlung gegeben werden soll.

Das folgende Beispiel enthält einen *plakativen Obertitel*, der Interesse wecken soll, sowie einen eher *technischen Untertitel*, um die Textgattung (Ergebnisbericht) und die Methode (Befragung) zu bezeichnen. Der Obertitel ist angelehnt an die ›Gretchenfrage‹ aus Goethes Faust.[297] Dieses paraphrasierte Zitat eines Klassikers kann durch einfache Anführungszeichen kenntlich gemacht werden.

Beispiel:

›Sag, wie hältst Du's mit dem Datenschutz?‹ – Ergebnisbericht einer anonymisierten Befragung zum Umgang mit personenbezogenen Daten in der Kommunalverwaltung

1. Einleitung
2. Hintergrund und Ziele der Studie
   2.1 Forschungsstand zur Wirksamkeit von Datenschutzbestimmungen
   2.2 Aufgaben der Studie und Hypothesen
3. Methodik und Durchführung der Studie
4. Deskriptive Ergebnisse der Studie
   4.1 Auswertung der quantitativen Daten
   4.2 Auswertung der qualitativen Daten
5. Hypothesentestung
6. Kritische Diskussion der Ergebnisse
7. Impulse für die weitere Forschung

Abb. 27: Beispiel: Gliederung in empirischen Arbeiten *(eigene Darst.)*.

---

296 Vgl. *Esselborn-Krumbiegel, H.*, Idee, 2012 (FN 29), S. 126–129 (Empirische Arbeiten).

297 S. zur **Gretchenfrage** *Goethe, Johann Wolfgang*: Faust: Der Tragödie erster und zweiter Teil [Teil I: 1808; Teil II: 1833 (posthum)], in: *Ders.*: Sämtliche Werke, Briefe, Tagebücher und Gespräche, 40 Bde., hrsg. v. Hendrik Birus, Frankfurter Ausgabe (FrankfA), Bd. 7.1: Faust: Texte, hrsg. v. Albrecht Schöne, 4., überarb. Aufl. ([1]1994), Frankfurt a.M.: Dt. Klassiker Verl., 1999 (= Bibl. dt. Klassiker, Bd. 114), V. 3415–3417: [Margarethe:] „Nun sag, wie hast Du's mit der Religion? / Du bist ein herzlich guter Mann. / Allein ich glaub', du hältst nicht viel davon.“

3.2.8 Juristische Gliederungen in Gutachten und Entscheidungen

Wie bei der Gliederung empirischer Arbeiten sind auch bei **juristischen Gliederungen** einige Besonderheiten zu beachten. In den Rechtswissenschaften unterscheidet man insbesondere zwischen **Gutachtenstil und Urteilsstil**. Die folgende Darstellung dieser Gliederungsvarianten fasst Ausführungen von Roland Schimmel zusammen.[298]

- Juristische Studienarbeiten folgen i.d.R. einem **vorgegebenen Schema**, *entweder*

a) Gutachtenstil: Ergebnis kommt *nach* der Subsumption: zunächst Rechtsgrundlage nennen, anschließend die Tatbestandsmerkmale prüfen und abschließend ein Urteil abgeben („..., sodass Ja/Nein"), z.B.

Frage: Hat A einen Anspruch gegen B?

1. *Voraussetzung (Prämisse)*: A kann gegen B einen Anspruch haben, wenn die gesetzlichen Voraussetzungen dafür gegeben sind (Tatbestand führt zu Rechtsfolge: „Wenn ..., dann ...").
2. *Zuordnung (Subsumption)*: Die im Sachverhalt mitgeteilten Informationen erfüllen die gesetzlichen Voraussetzungen (Sachverhaltsinformation entspricht Tatbestandsmerkmal).
3. *Folgerung (Konklusion)*: A hat daher einen Anspruch gegen B (Sachverhalt führt zu Rechtsfolge),[299] *oder*

b) Urteilsstil: Ergebnis kommt *vor* der Subsumption: zunächst das Urteil abgeben, dann die Sachverhaltsinformationen unter die Tatbestandsmerkmale subsumieren („Ja/Nein, weil ..."), z.B.

Frage: Hat A einen Anspruch gegen B?

Antwort: Ja, denn ... (die im Gesetz genannten Voraussetzungen für einen solchen Anspruch liegen vor).[300]

Innerhalb einzelner Abschnitte lässt sich je nach Fall und Bearbeitungsmethode ggf. **auf andere Gliederungsmodelle zurückgreifen**, z.B. beim Darstellen eines Sachverhalts auf die *historische, induktive* oder auch die *empirische Gliederung* (Nr. 1, 4, 7), beim Prüfen von Rechtsfolgen auf die *deduktive* oder die *Ursache-Wirkungs-Gliederung* (Nr. 3, 5), beim Darstellen von Streitständen auf eine Variante der *Relationsgliederung* (Nr. 6), beim Anwenden der ›teleologischen Methode‹, die nach dem Zweck einer Norm fragt, auf die *systematische*, die *deduktive* oder die *Ursache-Wirkungs-Gliederung* (Nr. 2, 4, 5) etc.

3.3 HINWEISE ZUM GEBRAUCH DER SCHEMATA

Die Schemata können eine Hilfestellung sein. Sie ersetzen jedoch nicht die **eigenständige Suche** nach einer geeigneten Systematik. Im Laufe der Themenbearbeitung kann die Struktur ggf. auch noch angepasst werden. Das gehört zum wissenschaftlichen Arbeitsprozess dazu. Für die formale Bewertung der Gliederung ist es außerdem förderlich, wenn in der Einleitung der Aufbau und die Struktur der Arbeit erläutert und *begründet* werden. Es geht also nicht darum, das Inhaltsverzeichnis gleichsam ›nachzuerzählen‹ und die behandelten Punkte bloß aufzulisten, sondern um den Zusammenhang und den logischen Aufbau der Arbeit: Was wird warum in welcher Systematik dargestellt?

---

[298] S. dazu *Schimmel, R.*, Formulieren, 2012 (FN 30), S. 9–13.
[299] Vgl. ebd., S. 10.
[300] Vgl. ebd., S. 9.

4. Gestaltung der Bestandteile eines Manuskripts

4.1 ÜBERSICHT DER BESTANDTEILE

Ein **Manuskript** besteht aus mehreren Teilen. Bei schriftlichen Arbeiten im Studium umfasst das Manuskript i.d.R. bis zu **acht Bestandteile**: das *Deckblatt*, das *Inhaltsverzeichnis*, ggf. ein *Abkürzungs-* sowie ein *Abbildungs- und Tabellenverzeichnis*, das *Literaturverzeichnis* sowie ggf. ein separates *Quellenverzeichnis*, den *Textteil*, ggf. *Anhang* sowie eine unterschriebene *Erklärung*. Diese Bestandteile des Manuskripts werden hier in Form einer Graphik zusammengestellt, damit nichts vergessen wird (s. Abb. 28).

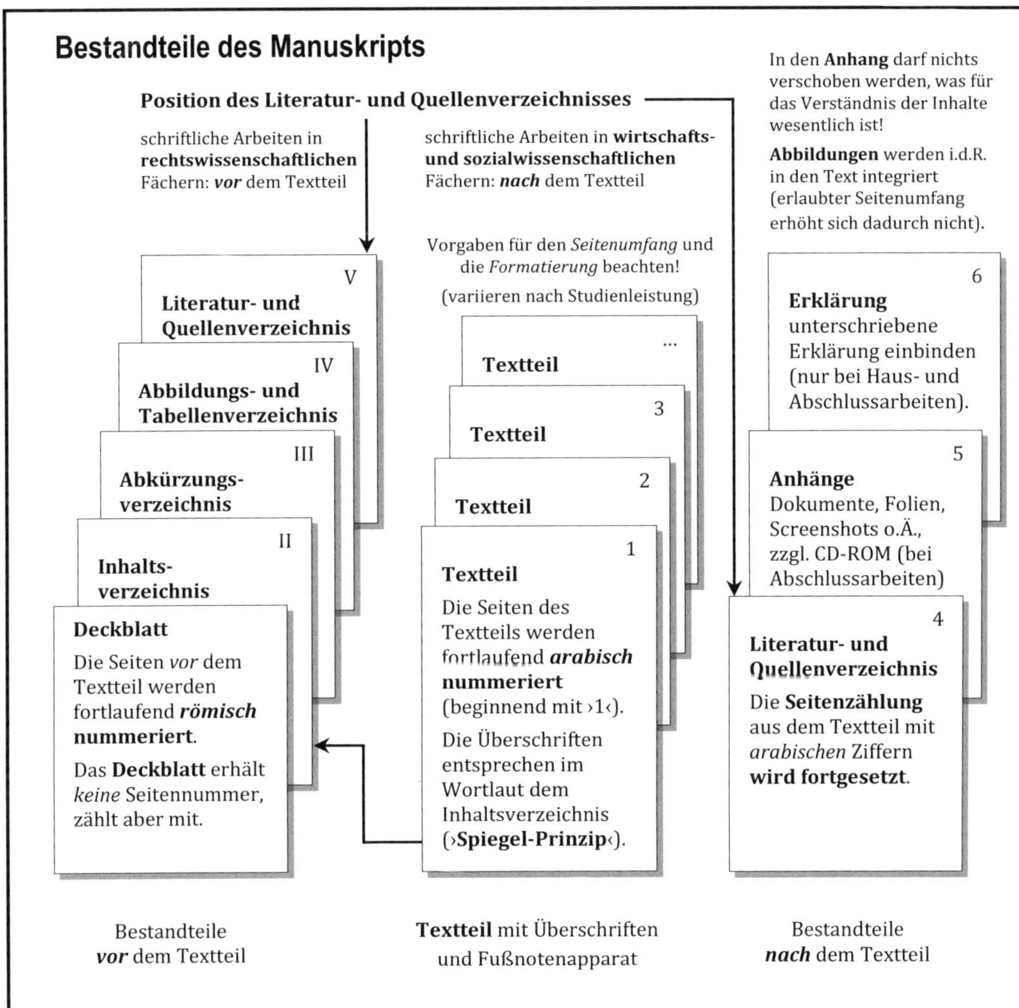

Abb. 28: Bestandteile des Manuskripts *(eigene Darst.)*.

Weitere mögliche Bestandteile einer schriftlichen Arbeit spielen im Studium i.d.R. *keine* Rolle, z.B. *Vorwort*, *Widmung*, *Motto* und *Register*. Deren Funktion zu kennen ist für die

Rezeption von Texten wichtig,[301] wird aber für die *Produktion* von Texten erst dann benötigt, wenn man eigene Bücher schreibt. Im Einzelfall kann es erforderlich werden, hier nicht genannte Bestandteile hinzuzufügen, z.B. einen *Verwendungshinweis*, wenn eine Abschlussarbeit Informationen enthält, die nicht für die Öffentlichkeit bestimmt sind, oder eine *Danksagung*, wenn eine Institution ein Projekt gefördert hat. Grundsätzlich kommt man aber mit den genannten bis zu acht Bestandteilen aus.

4.2 GESTALTUNG DER BESTANDTEILE VOR DEM TEXT

4.2.1 Deckblatt

4.2.1.1 Kopfzeile und obere Blatthälfte

Das **Deckblatt**[302] enthält oben zentriert die *Angaben zur Institution* (z.B. Kommunale Hochschule für Verwaltung in Niedersachsen – *University of Applied Sciences*). Es folgen in der oberen Hälfte der Seite ebenfalls zentriert *Angaben zum Anlass* bzw. zur Studienleistung (z.B. Hausarbeit oder Schriftliche Kurzfassung zum Referat) sowie der vollständige *Titel und ggf. Untertitel* der Arbeit. Titel und Untertitel werden mit einem **höheren Schriftgrad** versehen und im **Schriftschnitt fett** hervorgehoben (s. Abb. 29):

Kommunale Hochschule für Verwaltung in Niedersachsen
– University of Applied Sciences –

Schriftliche Kurzfassung zum Referat

Bestandteile des Manuskripts

Ein Beitrag zur formalen Gestaltung von wissenschaftlichen Arbeiten

Abb. 29: Deckblatt: Kopfzeile, Anlass und Titel *(eigene Darst.).*

Bei einem (Unter-)Titel, der einen Zeilenumbruch enthält, sollte durch die **Absatzformatierung** möglichst eine ›V-Form‹ entstehen, d.h., die vorhergehende Zeile sollte jeweils länger sein als die folgende Zeile. Im Titel sollte möglichst **keine Silbentrennung** eingesetzt werden. Auch ist es nicht nötig, den Titel in Anführungszeichen zu stellen.

4.2.1.2 Untere Blatthälfte

In der unteren Hälfte des Deckblatts werden *Angaben zum Verfasser* sowie zu *Fach und Dozent* (Studienarbeit) bzw. zu *Betreuer und Zweitgutachter* (Abschlussarbeit) gemacht. Die Angaben zum Verfasser beinhalten Vor- und Nachname, Studiengruppe (enthält Angaben zu Trimester und Studiengang) und Kontaktdaten (Postanschrift und E-Mail-Adresse). Bei den Angaben zum Dozenten bzw. Betreuer den (korrekten!) akademischen Titel nicht vergessen! (s. Abb. 30).

---

301 S. dazu die Checkliste zur Beurteilung für Literatur oben, Kap. 3.2.4, Abb. 11.

302 S. auch das Beispieldeckblatt oben, Kap. 4.2.

Verfasser:	Max Mustermann T4-AV-16-1-01	Maxi Musterfrau T4-VB-16-1-02
	Musterstraße 10 30167 Hannover Mustermann@email.de	Musterstraße 11 30167 Hannover Musterfrau@email.de
Fach:	Wissenschaftliches Arbeiten	
Dozent:	Prof. Dr. Erwin Spitzfind	

Abb. 30: Deckblatt: Verfasser, Fach und Lehrperson *(eigene Darst.).*

Außerdem enthält das Deckblatt *immer* ein **Datum**. Bei Haus- und Abschlussarbeiten wird der *Bearbeitungszeitraum* angegeben, bei schriftlichen Kurzfassungen zu Referaten das *Abgabedatum* und/oder (falls bereits bekannt) das *Datum des Vortrags*, bei Protokollen das Datum der protokollierten Veranstaltung etc. Das Datum wird dabei in der Form von acht Stellen angegeben (s. Abb. 31).

Bearbeitungszeitraum:	01.12.2017 bis 28.02.2018	[bei Haus- und Abschlussarbeiten]
Abgabedatum:	15.11.2017	[bei Kurzfassungen zu Referaten]
Datum des Vortrags:	30.11.2017	

Abb. 31: Deckblatt: Bearbeitungszeitraum bzw. Datum *(eigene Darst.).*

4.2.2 Inhaltsverzeichnis

Auf das Deckblatt folgt direkt das **Inhaltsverzeichnis**. Nur bei umfangreicheren Arbeiten würden dem Inhaltsverzeichnis eventuell noch andere Bestandteile vorhergehen, z.B. ein *Abstract*, ein *Motto* oder ein *Vorwort*. In solchen Fällen sollte dann jedoch eine *Inhaltsübersicht* (mit der groben Kapitelstruktur ohne Unterpunkte) direkt auf das Deckblatt folgen, die auch solche Bestandteile ausweist sowie auf das später folgende vollständige Inhaltsverzeichnis verweist. Bei Studienarbeiten ist das i.d.R. nicht der Fall. Weder das Inhaltsverzeichnis noch eine eventuell vorausgehende Übersicht verweist auf sich selbst. Im Inhaltsverzeichnis kommt die Überschrift ›Inhaltsverzeichnis‹ also nicht vor.

Das Inhaltsverzeichnis enthält grundsätzlich alle *Überschriften*, die in der Arbeit vorkommen, einschließlich der Titel von Verzeichnissen und weiteren Bestandteilen. Ausgenommen sind Aufzählungen innerhalb der Kapitel im Textteil, die nicht in die Kapitelstruktur eingebunden sind. Dabei muss der Wortlaut der Überschriften mit dem Wortlaut im Inhaltsverzeichnis identisch sein (**›Spiegel-Prinzip‹**).

Bei der Gestaltung der *Seitenangaben* im Inhaltsverzeichnis ist zu beachten, dass weder ein Seitenbereich angegeben noch das Kürzel ›S.‹ (= Seite) verwendet wird. Man schreibt also z.B. *nicht* ›S. 3–5‹, *sondern* lediglich ›3‹, nennt also ohne weitere Zusätze die Nummer der Seite, auf der das Kapitel beginnt. Dabei werden *Tabstopps* und eine gepunktete Linie als *Füllzeichen* verwendet. Oberkapitel können **fett** hervorgehoben und Unterkapitel können *eingerückt* werden, um die Übersichtlichkeit zu erhöhen (s. Abb. 32).

Inhaltsverzeichnis

Abb. 32: Nummerierung im Inhaltsverzeichnis I *(eigene Darst.).*

Für die **Nummerierung** sind die gängigen Gliederungsvarianten zu verwenden: entweder die *alphanumerische Gliederung* oder die *dekadische (auch: numerische) Gliederung* (andere Varianten sind möglich, soweit nichts Abweichendes vorgeschrieben wird, z.B. bei *Handouts* und Seminarpapieren).[303] Die Zählung bei der Verwendung von arabischen Ziffern beginnt mit ›1.‹, nicht mit ›0.‹.[304]

Lediglich die Überschriften im Textteil werden in die **Kapitelzählung** einbezogen. Die Überschriften der Bestandteile *vor* und *nach* dem Text erhalten also keine Nummer. Die Einleitung erhält die Nummer ›1.‹. Die Verzeichnisse und weiteren Bestandteile nach dem Text erhalten dann wieder keine Nummer (s. Abb. 33).

Abb. 33: Nummerierung im Inhaltsverzeichnis II *(eigene Darst.).*

Würde die Einleitung keine Nummer erhalten, müsste dies konsequenterweise auch für den Schluss gelten. Eine Einbindung in die Zählung von Einleitung und Schluss ermöglicht hingegen Unterkapitel und strukturiert den gesamten Textteil. Sie sei deshalb empfohlen.

---

303 S. die **Beispiele** oben, Kap. 4.1 (abgestufte Gliederung für Juristen); Kap. 4.2 (alphanumerische Gliederung) sowie Kap. 4.3 (numerische Gliederung).

304 Eine Aufzählung, Gliederung oder Nummerierung sollte ***nicht* mit ›null‹ beginnen**: Man stelle sich einen Redner vor, der seine Gliederung wie folgt erläutert: ›*Sehr geehrte Damen und Herren, mein Vortrag umfasst drei Teile: Ich beginne nulltens mit der Einleitung, es folgt erstens der Hauptteil, und ich schließe zweitens mit einem Fazit* ...‹ – Anders verhält es mit der Frage, ob die Einleitung eine Nummer benötigt: Darüber lässt sich streiten. Sofern jedoch der *Schluss* in die Nummerierung eingebunden wird, sollte dies aus dem Grund der Einheitlichkeit auch für die *Einleitung* so gehandhabt werden.

4.2.3 Abkürzungsverzeichnis

Das **Abkürzungsverzeichnis** enthält fachlich relevante und nicht allgemein geläufige Abkürzungen. Kommen im Text juristische Abkürzungen vor, sollten diese in das Verzeichnis aufgenommen werden, z.B. Bezeichnungen für *Gesetze* (GG, BGB, StGB) und *Gerichte* (BFH, BVerfG, BVerwG), ebenso Abkürzungen für *Institutionen und Organisationen* (DFG, HSVN, KGSt, LMU, NSI, UNESCO); außerdem solche Abkürzungen, die nur in einem bestimmten Kontext verwendet werden, z.B. BEM für *Betriebliches Eingliederungsmanagement*, LOB für *Leistungsorientierte Bezahlung* oder MA für *Mitarbeiter* (nicht zu verwechseln mit M.A. für *Magister Artium*, dieser wiederum nicht identisch mit dem gleichlautend abgekürzten *Master of Arts*), und Namen von Zeitschriften (NVwZ, ZfBF).

Nicht aufgenommen werden i.d.R. allgemein geläufige Abkürzungen (ggf., i.d.R., z.B.). Was eine **›allgemein geläufige‹ Abkürzung** ist, lässt sich allerdings nicht pauschal sagen. Der Hinweis, dass Abkürzungen nicht in das Verzeichnis aufgenommen werden müssten, wenn sie sich im *Duden* fänden,[305] genügt nicht. Der *Duden* verzeichnet viele Abkürzungen, die alles andere als geläufig sind. Was bedeuten z.B. die Abkürzungen ›g.g.T.‹ und ›LPG‹?[306] Und selbst wenn ein Wort in Form seiner Abkürzung bekannt sein mag, bedeutet das nicht, dass man auch weiß, wofür es steht. Dass ›LSD‹ ein Rauschgift ist, mag bekannt sein, aber wie lautet der Name vollständig?[307] Auch bei geläufigen Abkürzungen aus dem technischen Bereich (CD-ROM, http, Stud.IP) kann es sein, dass die vollständige Wortbedeutung nicht allgemein geläufig ist.

Hinweise zur Verwendung der Lehrinhalte im beruflichen Kontext

In der Sprache der öffentlichen Verwaltung gibt es eine Fülle von Abkürzungen. Institutionen und Abteilungen, Gesetze und Verwaltungsvorschriften, Sicht- und Arbeitsvermerke oder in der *Elektronischen Datenverarbeitung* (EDV) – überall wird abgekürzt. Ein bewusster Umgang mit Abkürzungen ist im **beruflichen Kontext** relevant, um möglichen negativen Auswirkungen vorzubeugen, vor allem in zweierlei Hinsicht:

Erstens sollte immer dann, wenn man mit einer unbekannten Abkürzung konfrontiert wird, umgehend **recherchiert** werden, was sie bedeutet. Ansonsten kann es vorkommen, dass man jahrelang mit allerlei Kürzeln hantiert, ohne deren Bedeutung zu kennen. *Zweitens* ist beim Bürgerkontakt darauf zu achten, dass der Bürger mit den Abkürzungen, die einem als Verwaltungsmitarbeiter geläufig sein mögen, i.d.R. nicht vertraut ist. Deshalb sollten Abkürzungen nicht nur in der Wissenschaft, sondern auch in amtlichen Schreiben **erläutert** werden, z.B. indem eine Bezeichnung bei erstmaliger Verwendung vollständig genannt und die Abkürzung in Klammern hinzugefügt wird.

Sowohl bei der **internen Bearbeitung** als auch **gegenüber dem Bürger** wird dadurch eine größere Transparenz geschaffen, ein bewusster Umgang mit Sprache wird gefördert, Missverständnissen wird vorgebeugt, Rückfragen sind seltener erforderlich, der Arbeitsaufwand wird letztlich verringert.

---

305 Dieser Auffassung ist *Theisen, M. R.*, Erfolgreich, ^{16}2013 (FN 31), S. 212; *ders.*, Technik, ^{15}2011 (ebd.), S. 183. Man achte auf die Platzierung des Fußnotenzeichens im Text: Sie ist ein Beispiel dafür, wie sich der Inhalt der Aussage ins Gegenteil verkehren würde, wenn das Zeichen am Ende des Satzes stünde.

306 Die Auflösung findet sich sowohl im *Duden*, s. *Duden* (Red.), Rechtschreibung, 2012 (FN 120), darin: Art. „g.g.T.“, S. 498; Art. „LPG“, S. 714, als auch im *Abkürzungsverzeichnis* des vorliegenden Buches.

307 S. dazu *Duden* (Red.), Rechtschreibung, 2012 (FN 120), darin: Art. „LSD“, S. 714 sowie das *Abkürzungsverzeichnis* oben, S. XIX.

Abkürzungsverzeichnisse haben damit eine **doppelte Funktion**: Zum einen sind sie ein *Service für den Leser*, der nicht jedes Mal ein Nachschlagewerk bemühen muss, sobald er auf eine Abkürzung stößt. Zum anderen sorgt das Verzeichnis auch beim Schreiben für einen *bewussten Umgang* mit den verwendeten Abkürzungen und hilft bei der Vermeidung von Fehlern. Bei der Erstellung eines Abkürzungsverzeichnisses sollte der *Duden* benutzt werden: So lautet z.B. die Abkürzung für *gegebenenfalls* ›ggf.‹ und nicht ›ggfs.‹.[308] Bei der Definition von **eigenen Abkürzungen** sollte auf eigenwillige Konstruktionen verzichtet werden. Die Abkürzung ›Darst.‹ (Darstellung) findet sich z.B. nicht im *Duden*, ist aber in der wissenschaftlichen Literatur gebräuchlich, während eine Arbeit über nicht-autorisierte Mitarbeiterbefragungen in einer Non-Profit-Organisation, die im Text mit ›naut. MAarBs in der NoPrO‹ operiert, nicht akzeptabel ist, selbst wenn man eine solche Abkürzung definiert hätte. Die Verwendung von Abkürzungen ist auch eine **Stilfrage**.[309]

Das Abkürzungsverzeichnis wird im Manuskript *vor* dem Textteil platziert. Formal gesehen ist damit jede Abkürzung, die im Text verwendet wird, zuvor bereits erläutert worden. Dennoch empfiehlt es sich, **bei Ersterwähnung** im Text einmalig den vollständigen Namen auszuschreiben, sofern es sich um Institutionen, Organisationen oder Konzepte handelt. Die Abkürzung kann **in runden Klammern** hinzugefügt werden, z.B. *Kommunale Hochschule für Verwaltung in Niedersachsen* (HSVN). Künftig wird dann lediglich die Abkürzung verwendet. Dies entspricht auch dem Grundsatz, alle Ausdrücke, die nicht selbsterklärend, aber für das Verständnis des Textes erforderlich sind, bei erstmaliger Verwendung zu erläutern (das gilt übrigens auch für Fachbegriffe).

Bei der **Gestaltung** des Abkürzungsverzeichnisses können zwei (bzw. vier) Spalten gebildet werden, um Platz zu sparen und die Übersichtlichkeit zu erhöhen. Dazu kann eine Tabelle erstellt werden (ohne Rand) oder die Funktion ›Spalten/Zwei‹ unter der Rubrik ›Seitenlayout/Seite einrichten‹ genutzt werden, wobei zusätzlich Abschnittswechsel bzw. Textumbrüche eingefügt werden müssen (s. dazu auch oben, Kap. 2.2.2), damit lediglich der gewünschte Abschnitt dieses Format erhält (s. Abb. 34).

Abkürzungsverzeichnis

AII	Angestelltenlehrgang II	GmbH	Gesellschaft mit beschränkter Haftung
B.A.	*Bachelor of Arts*		
BGB	Bürgerliches Gesetzbuch	Halbs.	Halbsatz
BVerwGE	Sammlung der Entscheidungen des Bundesverwaltungsgerichts	Hervorh.	Hervorhebung
		Hrsg.	Herausgeber
Darst.	Darstellung	HSVN	Kommunale Hochschule für Verwaltung in Niedersachsen
dtv	Deutscher Taschenbuchverlag		
ErbbauRG	Erbbaurechtsgesetz		
geänd.	geändert	[...]	
GG	Grundgesetz für die Bundesrepublik Deutschland		

Abb. 34: Abkürzungsverzeichnis mit zwei Spalten *(eigene Darst.)*.

[308] S. für weitere gängige Abkürzungen das Beispielverzeichnis zu Beginn von Kap. 4.2.

[309] S. dazu auch unten, Kap. 4.2, Abs. 5.2.

In der Regel genügt bei Studienarbeiten alternativ eine linksbündige **Formatierung mit lediglich einer (geteilten) Spalte** (s. Abb. 35):

Abkürzungsverzeichnis

AII	Angestelltenlehrgang II
B.A.	*Bachelor of Arts*
BGB	Bürgerliches Gesetzbuch
BVerwGE	Sammlung der Entscheidungen des Bundesverwaltungsgerichts
ErbbauRG	Erbbaurechtsgesetz
GG	Grundgesetz für die Bundesrepublik Deutschland
HSVN	Kommunale Hochschule für Verwaltung in Niedersachsen
[...]	

Abb. 35: Abkürzungsverzeichnis mit einer Spalte *(eigene Darst.)*.

4.2.4 Abbildungs- und Tabellenverzeichnis

Auf das Abkürzungsverzeichnis folgt ggf. ein **Abbildungsverzeichnis**. Es empfiehlt sich, eine Überschrift zu verwenden, die dem Inhalt des Verzeichnisses entspricht: Wenn es z.B. im Text nur Tabellen gibt, dann sollte das Verzeichnis also stattdessen ›Tabellenverzeichnis‹ heißen; gibt es sowohl Abbildungen als auch Tabellen kann es ›Abbildungs- und Tabellenverzeichnis‹ genannt werden. Unter diesem Titel können dann Unterteilungen vorgenommen und entsprechende Überschriften eingefügt werden (Abbildungen, Tabellen). Je nach Anzahl können im Einzelfall auch zwei separate Verzeichnisse sinnvoll sein, also sowohl ein ›Abbildungsverzeichnis‹ als auch ein ›Tabellenverzeichnis‹.[310] Gibt es mehrere Abbildungen und lediglich eine Tabelle, sollte diese in das Abbildungsverzeichnis integriert werden.[311]

Sämtliche Darstellungen benötigen eine **Nummer** und einen **Titel**. Die Nummerierung erfolgt fortlaufend nach der Position im Text. Der Titel sollte bei Darstellungen, die aus anderen Quellen stammen, im Wortlaut übernommen werden. Bei eigenen Darstellungen kann er so gewählt werden, dass er den Inhalt der Darstellung genau bezeichnet.

---

310 Im vorliegenden Buch wird die einheitliche Bezeichnung ›Abb.‹ verwendet; *Ausnahme*: das ›Merkblatt‹ zur Gestaltung von bibliographischen Angaben in Kap. 4.2, das nur Tabellen und entsprechend zu Anschauungszwecken ein Tabellenverzeichnis enthält. Auch diese Tabellen sind jedoch zusätzlich in die fortlaufende Nummerierung der Abbildungen eingebunden. Für eine Studienarbeit ist diese Variante nicht geeignet. Alternativ wäre aber eine **Beschriftung** möglich, die das Problem der doppelten Bezeichnung anders löst, z.B. ›Abb. 1: Tabellarische Darstellung eines wichtigen Zusammenhangs *(eigene Darst.)*‹.

311 Vgl. *Theisen, M. R.*, Erfolgreich, [16]2013 (FN 31), S. 189 (Kap. 7.5.1); vgl. *ders.*, Technik, [15]2011 (ebd.), S. 163 (Kap. IV, 5a); s. dazu auch den Vorschlag, Tabellen als Abbildungen zu behandeln, oben, Kap. 4.2, S. 98.

Außerdem wird immer die **Quelle** angegeben, der die Darstellung entnommen ist. Dabei werden nähere Hinweise gegeben, die möglichst präzise Auskunft darüber geben, wie mit der Quelle verfahren worden ist, z.B. ›entnommen aus: ...‹ bzw. ›erstellt nach: ...‹ oder ›modifiziert nach: ...‹ bzw. ›erweitert nach: ...‹. – Hat man eine Abbildung oder Tabelle selbständig und ohne Vorlage erstellt, wird der Hinweis ›***(eigene Darst.)***‹[312] verwendet.

Für die Gestaltung der **Form des Quellennachweises** gibt es mehrere Möglichkeiten: Der vollständige Nachweis kann ›vor Ort‹ erfolgen, also an der Stelle im Text, wo sich die Abbildung befindet, dort entweder direkt unter der Abbildung oder in einer Fußnote. Alternativ kann der vollständige Nachweis im Abbildungsverzeichnis stehen, wobei dann ›vor Ort‹ mit einem Kurznachweis gearbeitet wird. Möglich wäre es auch, an beiden Stellen mit Kurznachweisen zu arbeiten und die vollständige Angabe in das Literatur- und Quellenverzeichnis aufzunehmen, sodass sich die Kurznachweise entschlüsseln lassen, wenn man dort nachsieht. Entscheidend ist, dass immer deutlich wird, ob eine Abbildung einer fremden Quelle entstammt oder selbst erstellt worden ist (das gilt sowohl für das Verzeichnis als auch ›vor Ort‹), *und* dass es irgendwo in der Arbeit zusätzlich einen vollständigen Nachweis der Quelle gibt.

Bei der **Gestaltung** des Abbildungsverzeichnisses wird mit hängendem Texteinzug und mit Tabstopps gearbeitet, um die Übersichtlichkeit zu erhöhen. Außerdem werden die Seiten angegeben, auf denen sich die Abbildungen im Text befinden (s. Abb. 36).

Abbildungsverzeichnis

Abb. 1: Kosmos des wissenschaftlichen Arbeitens *(eigene Darst.)*. VI

Abb. 2: Musterlösung: Merkmale wissenschaftlichen Schreibens (Ü1), modifiziert nach: *Frank, A./Haacke, S./Lahm, S.*, Schlüsselkompetenzen, 2007, S. 5 [Text leicht abgewandelt, B. L.]. 19

Abb. 3: Befragung der Kartoffel, erstellt nach: *Stary, J./Kretschmer, H.*, Arbeitshilfe, 1998, S. 38 [erw. nach: *Memmert, Wolfgang*: Didaktik in Grafiken und Tabellen, 4. Aufl. nach d. 3., verb. u. erw. Aufl. 1983 (^{1}1977), Bad Heilbrunn/Obb.: Klinkhardt, 1991, S. 42]. 43

[...]

Abb. 36: Abbildungsverzeichnis mit Nummerierung und Nachweisen *(eigene Darst.)*.

Auf die Bestimmungen des **Urheberrechtsgesetzes** (UrhG)[313] ist bei der Verwendung von Abbildungen besonders zu achten. Für Abbildungen gibt es strengere Vorschriften als für Textzitate.[314] Es empfiehlt sich, Darstellungen aus fremden Quellen, die man im

312 Vgl. oben, Kap. 4.2 (Bemerkung zum Tabellenverzeichnis).

313 *UrhG* (Urheberrechtsgesetz: Gesetz über Urheberrecht und verwandte Schutzreche), i.d.F. v. 09.09.1965 (BGBl., Jg. 1965, Teil I, Nr. 51 v. 16.09.1965, S. 1273), zuletzt geänd. durch Art. 13 des Gesetzes v. 17.07.2017 (BGBl., Jg. 2017, Teil I, Nr. 49 v. 17.07.2017, S. 2541), in: *Juris* (Hrsg.): Gesetze im Internet, hrsg. i.A. des Bundesministeriums der Justiz (BMJ); http://www.gesetze-im-internet.de/urhg/BJNR012730965.html (Zugriff 02.08.2017).

314 Teile aus veröffentlichten Schriftwerken dürfen „zum Zweck des Zitats" in eigene Texte übernommen werden, insbesondere wenn sie in wissenschaftlichen Arbeiten kommentiert werden (§ 53, insbesondere

eigenen Text verwenden möchte, nicht einfach digital zu kopieren *(Copy & Paste)*, sondern eigenständig zu konstruieren und zu modifizieren. Auch dann muss die Quelle zwar angegeben werden, aber die Gefahr von Urheberrechtsverletzungen wird vermieden.

4.2.5 Literatur- und Quellenverzeichnis (rechtswissenschaftlich)

Das **Literatur- und Quellenverzeichnis** gehört zu den wichtigsten Bestandteilen einer wissenschaftlichen Arbeit. In englischsprachigen Publikationen kann es den Titel *References* erhalten. Hier werden also die Quellen bzw. die Referenzen aufgelistet, die bei der Erstellung der Arbeit verwendet worden sind. Die Unterscheidung von *Literatur* und *Quellen* rührt daher, dass z.B. Gesetze und Gerichtsurteile nicht als ›Literatur‹, sondern als Quellen aufgefasst werden.[315] Lautet die Überschrift lediglich *Literaturverzeichnis*, werden also in **rechtswissenschaftlichen Arbeiten** keine gesetzlichen Normen und richterlichen Entscheidungen unter diese Überschrift subsumiert. Für solche ›Quellen‹ kann ein separates Verzeichnis erstellt werden, das dann auch *Quellenverzeichnis* heißen kann. Es empfiehlt sich jedoch, solche Überschriften zu wählen, die den Inhalt möglichst genau bezeichnen, z.B. ›Gesetze und Verwaltungsvorschriften‹. Bei juristischen Studienarbeiten ist allerdings Vorsicht geboten, weil Verzeichnisse von Normen und Rechtsprechung ggf. vom Korrektor als überflüssig angesehen werden können.

In **wirtschafts- und sozialwissenschaftlichen Arbeiten** ist dieser Punkt weniger problematisch: Hier kann grundsätzlich alles als eine ›Referenz‹ gelten, was in schriftlicher Form vorliegt. Auch hier aber kann es sinnvoll sein, zwischen *Literatur* und *Quellen* zu unterscheiden, z.B. wenn man sich auf transkribierte Interviews bezieht, die noch nicht wissenschaftlich aufgearbeitet worden sind:[316] Solche ›Quellen‹ sollten ggf. ein separates Verzeichnis erhalten.

Was wird ins Literaturverzeichnis aufgenommen? Während die engere Definition von ›Literatur‹ in **rechtswissenschaftlichen Arbeiten** dazu führt, dass z.B. Artikel in Zeitungen und Zeitschriften i.d.R. nur in den Fußnoten angegeben und nicht im Literaturverzeichnis aufgelistet werden (weil sie meist keinen wissenschaftlichen Anspruch haben und entsprechend keine *Forschungs*literatur darstellen,[317]) müssen in **wirtschafts- und sozialwissenschaftlichen Arbeiten** *sämtliche* Referenzen aufgenommen werden; deswegen bietet sich ein gemeinsames *Literatur- und Quellenverzeichnis* an. Dabei ist für beide Fachbereiche zu beachten, dass nur die in der Arbeit tatsächlich zitierte oder erwähnte Literatur in das Verzeichnis gehört. Schriftgut, das weder direkt noch indirekt zitiert worden ist, wird nicht aufgenommen. Es ist dann eben in der Arbeit nicht verwendet worden, auch wenn man es bei der Erarbeitung des Themas gelesen haben mag. Es gibt also keine Rubrik: ›Was ich sonst noch gelesen habe‹. Anders liegt der Fall, wenn ›weiterführende Literaturhinweise‹ gegeben werden: Hier ist es nicht zwingend erforder-

Nr. 1 *UrhG*). Die Übernahme von Bildern und Graphiken kann hingegen zu Urheberrechtsverletzungen führen, insbesondere wenn sie technisch reproduziert werden. In beiden Fällen ist die verwendete Quelle „stets […] deutlich anzugeben" (§ 63 Abs. 1 *UrhG*).

315 S zur Begrifflichkeit oben, Kap. 3.1.1.1.

316 So handhabt das *Theisen, M. R.*, Erfolgreich, [16]2013 (FN 31), S. 103; *ders.*, Technik, [15]2011 (ebd.), S. 87.

317 Vgl. zu diesem spezifischen Begriff von Literatur *Theisen, M. R.*, Erfolgreich, [16]2013 (FN 31), S. 103; *ders.*, Technik, [15]2011 (ebd.), S. 87.

lich, dass diese auch für die Erstellung des Textes verwendet worden sind. Eine solche Rubrik kann z.B. bei einem *Handout* zu einem Referat sinnvoll sein.

Die **Position** des Literatur- und Quellenverzeichnisses im Manuskript ist je nach Fach unterschiedlich: Bei Arbeiten in rechtswissenschaftlichen Fächern wird es *vor* dem Textteil, bei Arbeiten in wirtschafts- und sozialwissenschaftlichen Fächern dahinter platziert. Das hat mit Lesegewohnheiten zu tun. Traditionell schlägt man ein Werk hinten auf, wenn man die Referenzen sichten will. In den Rechtswissenschaften hat es sich abweichend dazu etabliert, dass man seine Referenzen nennt, bevor man den Text präsentiert. Das mag mit dem Gutachten- bzw. Urteilsstil zusammenhängen, die in der juristischen Ausbildung erlernt werden: Bevor eine Subsumtion durchgeführt oder ein Urteil begründet wird, werden die Rechtsgrundlagen und Bezugsquellen genannt. Wissenschaftler anderer Fächer erwarten das Verzeichnis hingegen am Ende der Arbeit. Als Student muss man diese Gepflogenheiten kennen und bei der Manuskriptgestaltung berücksichtigen, um den jeweils fachspezifischen Lesegewohnheiten des Korrektors zu entsprechen. Ein **Quellenverzeichnis** kann z.B. die Überschrift ›Gesetze und Verwaltungsvorschriften‹ erhalten oder ›Verzeichnis der Interviews‹. In beiden Fällen handelt es sich dann nicht um (Forschungs-)Literatur im engeren Sinne, sondern um ›Quellen‹.

4.3 GESTALTUNG DER BESTANDTEILE DES TEXTTEILS

Der **Textteil** gliedert sich grob in *Einleitung*, *Hauptteil* und *Schluss*. Die Einleitung wird üblicherweise auch mit ›Einleitung‹ betitelt, der Hauptteil heißt *nicht* ›Hauptteil‹, sondern wird nach geeigneten Überschriften gegliedert, und der Schluss kann auch anders heißen, z.B. Fazit oder Ausblick. Der Textteil wird **in vollständigen Sätzen** formuliert. Das gilt auch für Kurzfassungen zu Referaten! Der Text darf durchaus auch Aufzählungen mit Spiegelstrichen enthalten, aber nicht überwiegend aus Stichwörtern bestehen. Letzteres wäre z.B. bei einem *Handout* möglich, wenngleich auch hier die Regel gilt: Nur vollständige Sätze enthalten Aussagen!

4.3.1 Einleitung

Die **Einleitung** macht in einer Haus- oder Abschlussarbeit ca. 10 bis 15 Prozent des Textumfangs aus. Bei Kurzfassungen zu Referaten kann der Anteil am Textumfang auch etwas höher sein. Die Einleitung erfüllt eine wichtige Funktion für wissenschaftliche Arbeiten, weil hier der Plan für die Untersuchung vorgestellt wird.

Zu Beginn der Einleitung ist eine **Hinführung zum Thema** sinnvoll. Dadurch lassen sich z.B. die Aktualität und die Relevanz der Themenbearbeitung herausstellen. Außerdem kann durch eine solche Hinführung der Gegenstand der Untersuchung benannt und die Problemstellung vorbereitet werden. Die Einleitung sollte in jedem Fall den **Kontext** verdeutlichen, in dem die Untersuchung steht. Das schließt die Nennung der Bezugswissenschaften und des Forschungsgebiets ein. Die **Intention** und das **Ziel** der Untersuchung sind ein zentraler Bestandteil der Einleitung. Die eigene Forschungsabsicht muss dargelegt und begründet werden, weil nur so ein Beitrag zur Forschung ersichtlich wird (z.B. Darstellung, Prognose, Prüfung, Kritik, Empfehlung). Durch eine **Fragestellung** lässt sich die Forschungsabsicht konkretisieren. Erst eine Fragestellung ermöglicht es, den sprichwörtlichen ›roten Faden‹ zu entwickeln, denn jeder Abschnitt der Arbeit sollte eine Funktion für die Beantwortung der Ausgangsfrage haben. In empirischen Arbeiten sind darüber hinaus **Hypothesen** in Bezug auf das vermutete Ergebnis wichtig, denn sie entscheiden darüber, welche Instrumente bei der Untersuchung eingesetzt werden. In sogenannten ›Themenarbeiten‹ (auch: ›konzeptionelle‹ Arbeiten) lässt sich treffender von **›Thesen‹** sprechen, da es in solchen Arbeiten darum geht, Behauptungen argumentativ zu begründen. Durch Zielsetzung, Fragestellung und (Hypo-)Thesen wird außerdem am Ende der Arbeit eine *Ergebnissicherung* möglich.

Ein weiterer wichtiger Bestandteil der Einleitung ist die Festlegung und Erläuterung der **Methode**. Insbesondere in empirischen Arbeiten ist dafür ein separates Kapitel üblich. Die Methode lässt sich aber auch bei Themenarbeiten festlegen, z.B. *Analyse*, *Beschreibung*, *Erklärung*, *Erörterung* oder *Vergleich*. Dabei sollte ein Aspekt im Zentrum stehen: Man kann nicht alles machen! Insofern dient auch die Methode einer Eingrenzung und Präzisierung des Themas. Zuletzt werden **Aufbau und Struktur** der Untersuchung verdeutlicht. Dabei sollten nicht lediglich die Gegenstände der einzelnen Kapitel aufgezählt werden. Vielmehr soll für den Leser logisch nachvollziehbar werden, *warum* die Untersuchung in welchen Schritten erfolgt, damit eine Orientierung möglich wird.

4.3.2 Hauptteil

Die Überschrift ›Hauptteil‹ wird *nicht* verwendet, stattdessen wird der **Hauptteil** nach den behandelten Themen gegliedert. In der Regel sind es mindestens zwei und höchstens vier Gliederungsebenen (bei juristischen Arbeiten ggf. auch mehr). Im Hauptteil wird das Thema bearbeitet. Der Text wird nach Überschriften und Unterpunkten gegliedert. Ein systematisches Vorgehen erfordert einen **nachvollziehbaren Aufbau**. Eine Grundentscheidung ist z.B. die zwischen einem *deduktiven* oder einem *induktiven Vorgehen*:

Grundmuster für den Aufbau: Induktion und Deduktion

- **induktiv**: vom Besonderen zum Allgemeinen (z.B. Problembeschreibung, Analyse und Differenzierung, Entwicklung von Kriterien/Grundsätzen, Urteilsbildung)
- **deduktiv**: vom Allgemeinen zum Besonderen (z.B. Definition, Anwendungsgebiete, Fallanalysen, Probleme, Urteilsbildung)

Ein *deduktiver Aufbau* geht von Definitionen, Modellen und Begriffen aus, die anschließend auf Sachverhalte oder Fälle angewendet werden. Ein *induktiver Aufbau* bietet sich an, wenn aus der Untersuchung von Phänomenen allgemeine Bestimmungen abgeleitet werden sollen (vgl. Kap. 3.2.3 u. 3.2.4).

Inhaltlich wird im Hauptteil mit einem Wechsel von **Information und Argumentation** gearbeitet, d.h., Informationen werden herangezogen, um Fragen zu beantworten und Thesen zu begründen. So wird auch der ›rote Faden‹ entwickelt, nämlich in Bezug auf die Problemstellung der Arbeit, die in der *Einleitung* dargelegt worden ist. Die einzelnen Kapitel sollten ggf. durch **Überleitungen** miteinander verbunden werden *(Advance Organizer)*. Das kann entweder am Ende eines Kapitels oder zu Beginn des folgenden Kapitels erfolgen. So wird der Leser durch den Text geführt, und die Funktion der Teile einer Arbeit lässt sich verdeutlichen. Studienarbeiten sollen zwar dem Anspruch nach keine neuen Erkenntnisse liefern, letztlich aber kommt es auch im Studium vor allem auf die **eigenständige Themenbearbeitung** an.

4.3.3 Schluss

Ein **Schluss** kann auch ›Schluss‹ heißen. Es gibt jedoch unterschiedliche Varianten, z.B. *Fazit, Appell, Ergebnissicherung, Diskussion, Kritik* und *Ausblick*. Mit einem präzisieren Titel kann so zum Ausdruck gebracht werden, welchen Charakter der Schluss hat.

Varianten für den Schluss

- *Fazit, Zusammenfassung, Resümee*

  Diese Gruppe von Schlussvarianten dient dazu, die **Ergebnisse der Untersuchung** knapp im Lichte der Ausgangsfrage zusammenzufassen. Inhaltlich werden keine neuen Aspekte genannt. Ein *Fazit* kann ggf. auch eine Bewertung enthalten. Bei einer *Zusammenfassung* hingegen wird lediglich eine komprimierte Darstellung der Ergebnisse erwartet. Das *Resümee* ist eine Alternative, die ggf. weniger technisch klingt.

- *Appell, Empfehlungen, Schlussfolgerungen*

  Ein Appell meint eine **Aufforderung zum Handeln**. Heißt der Schluss *Appell*, sollte die Aufforderung klar formuliert werden, z.B. wenn ein dringender Handlungsbedarf gesehen wird. *Empfehlungen* sind etwas zurückhaltender und unterbreiten lediglich begründete Vorschläge. Der Titel *Schlussfolgerungen* suggeriert einen engeren Bezug zum Hauptteil und muss sich nicht explizit auf Handlungen beziehen.

- *Checkliste, Ergebnissicherung, Kontrollfragen*

  Diese Schlussvarianten können eingesetzt werden, wenn mit einem didaktischen Anspruch geschrieben wird und der **Lernerfolg des Lesers** ein Ziel der Untersuchung bildet. Eine *Ergebnissicherung* reflektiert den Lernfortschritt im Rückblick auf die Ausgangssituation. Eine *Checkliste* kann z.B. der Prüfungsvorbereitung dienen. *Kontrollfragen* können zum Nachdenken über das Gelernte anregen.

- *Diskussion, Kontextualisierung, Transfer*

  Diese Gruppe von Schlussvarianten stellt **Zusammenhänge** her. Im Unterschied zu einem Fazit werden dafür unter Umständen neue Informationen benötigt. So können in einer *Diskussion* z.B. Gegenmeinungen referiert werden. Eine *Kontextualisierung* ordnet die Ergebnisse in einen größeren Zusammenhang ein und stellt Bezüge her. Ein *Transfer* kann z.B. die Relevanz der Ergebnisse für andere Bereiche aufzeigen.

- *Kritik, Schlussbemerkung, Urteilsbildung*

  Soll ein Schluss die Ergebnisse bewerten, dann bietet sich z.B. der Titel *Kritik* oder *Schlussbemerkung* an. Eine sachgerechte Kritik dient der **Urteilsbildung**, d.h., es werden sowohl positive als auch negative Aspekte genannt und die für eine differenzierte Beurteilung erforderlichen Kriterien erörtert. Je nach Ausgestaltung kann es sich um eine kritische Prüfung oder lediglich um einige Bemerkungen handeln.

- *Ausblick, Anregungen, weiterführende Hinweise*

  Verweisen die Ergebnisse der Untersuchung auf **weitere relevante Aspekte**, ist ein *Ausblick* sinnvoll. Ein solcher Schluss kann z.B. *Anregungen* für weitere Forschungen enthalten oder *weiterführende Hinweise* zur Problembearbeitung geben. Diese Varianten bieten sich z.B. an, wenn bei der Themenbearbeitung neue Fragen aufgekommen und weitere Schritte zur Lösung erforderlich sind.

Nicht immer ist ein bestimmter Titel hinreichend, um den **Charakter eines Schlusses** zu verdeutlichen. So lassen sich auch unterschiedliche Varianten kombinieren, z.B. *Diskussion und Ausblick, Kritik und Empfehlungen* oder *Ergebnissicherung und Transfer*. Eine Reflexion auf die Möglichkeiten für die Gestaltung eines Schlusses mag im Studium auch die Chance bieten, sich der Ziele und Ergebnisse der eigenen Arbeit zu vergewissern.

4.4 GESTALTUNG DER BESTANDTEILE NACH DEM TEXT

4.4.1 Literatur- und Quellenverzeichnis (wirtschafts- und sozialwissenschaftlich)

Bei der **Gestaltung des Literatur- und Quellenverzeichnisses** sind die fachspezifischen Besonderheiten zu berücksichtigen. Je nachdem, welches Verständnis von Quellen zugrunde gelegt wird, kann ein separates *Quellenverzeichnis* erforderlich sein.[318] In wirtschafts- und sozialwissenschaftlichen Arbeiten steht das Verzeichnis *nach* dem Text und enthält sämtliche Referenzen, die verwendet worden sind. Deshalb bietet sich ein gemeinsames *Literatur- und Quellenverzeichnis* an, das ggf. weiter untergliedert wird.

4.4.2 Anhang

Die Bezeichnung für den Anhang kann variieren. Die Überschrift ›Anlage‹ oder ›Anlagen‹ ist eher bei amtlichen Schreiben gebräuchlich. In wissenschaftlichen Arbeiten kann über diesem Abschnitt entweder ›Anhang‹ oder ›Anhänge‹ stehen. Empfohlen sei die Überschrift **›Anhang‹**, wobei dieser dann mehrere **›Anlagen‹** enthält. Diese Anlagen werden fortlaufend nummeriert. Auch sollte der Anhang eine separate **Inhaltsübersicht** mit den durchnummerierten Anlagen erhalten. Diese Übersicht kann wahlweise in das Inhaltsverzeichnis aufgenommen oder dem Anhang direkt vorangestellt werden.

Bei der Frage, was in den Anhang gehört und was nicht, ist z.B. der Umgang mit **unveröffentlichten Dokumenten** zu klären.[319] Es kann außerdem vorkommen, dass Dozenten *Screenshots* von allen verwendeten **Internetquellen** verlangen. Was **Graphiken und Tabellen** angeht: In den Anhang darf nichts verschoben werden, was für das Verständnis wesentlich ist.[320] Wer allerdings z.B. in einer empirischen Arbeit umfangreiche Auswertungen vorgenommen hat, die nicht sämtlich im Detail in der Arbeit besprochen werden, kann durchaus den Anhang nutzen, um weitere Graphiken und Tabellen sowie den verwendeten Fragebogen oder transkribierte Interviews anzufügen. In Text und Fußnoten kann auf die Nummer der Anlage verwiesen werden, z.B. mit **„Siehe Anhang, Anl. 1"**. Die in der Arbeit besprochenen Auswertungen werden jedoch in den Text integriert. Der in den Richtlinien vorgegebene Seitenumfang erhöht sich dadurch nicht.

Texte im Anhang müssen nicht unbedingt den **Formatierungsvorgaben** für das übrige Manuskript mit Seiten- und Zeilenabstand entsprechen. Bei digital reproduzierten Dokumenten wäre dies ohnehin nicht möglich. Damit der Anhang in der gedruckten Version nicht zu umfangreich wird, können die Anlagen alternativ oder zusätzlich auch auf einer

---

318 S. zur Begrifflichkeit oben, Kap. 3.1.1.1.

319 S. den Hinweis zu nicht zitierfähigen Quellen oben, Kap. 3.1.1.5.

320 Vgl. die *Formalvorschriften* oben, Kap. 4.1, § 4 Abs. 1.

CD-ROM beigefügt werden. Das Manuskript sollte aber auch dann eine Inhaltsübersicht mit allen beigefügten Anlagen enthalten.

4.4.3 Erklärung/Versicherung

Bei Haus und Abschlussarbeiten wird eine (eidesstattliche) **Erklärung** bzw. Versicherung in die Arbeit eingebunden (s. Abb. 37):

> **Erklärung/Versicherung**
>
> „Ich versichere, dass ich die vorliegende Arbeit selbständig und nur unter Verwendung der angegebenen Hilfsmittel angefertigt und die den benutzten Quellen wörtlich oder inhaltlich entnommenen Stellen als solche kenntlich gemacht habe. Die Arbeit hat in gleicher oder ähnlicher Form noch keiner anderen Prüfungsbehörde vorgelegen."
>
> *Max Mustermann*
>
> Hannover, 02.08.2017

Abb. 37: Eingebundene Erklärung bei Haus- und Abschlussarbeiten *(eigene Darst.).*

4.5 GESTALTUNG DES FUSSNOTENAPPARATS

Fußnoten sollten in der Formatierung übersichtlich gestaltet werden. Deswegen wird mit *Tabstopps* und hängenden Einzügen gearbeitet. In einer Fußnote werden *keine* Absätze verwendet. Im Text stehen *niemals* zwei Fußnotenzeichen hintereinander ›[1, 2]‹, stattdessen werden mehrere Belege in der Fußnote mit Semikolon getrennt. Die Position des Fußnotenzeichens im Text entscheidet darüber, ob es sich auf einen davorliegenden Begriff, Halbsatz, Satz oder Absatz bezieht. In Studienarbeiten werden Fußnoten und *keine End*noten verwendet. Die Fußnoten werden fortlaufend nummeriert.

5. Sprachliche Gestaltung

5.1 HERAUSFORDERUNGEN DES WISSENSCHAFTLICHEN STILS

Über **Geschmack** lässt sich *streiten* – aber nicht *disputieren*.[321] Sofern ein guter Stil bloße Geschmackssache wäre, ließen sich keine Regeln aufstellen, erst recht keine *verbindlichen* Regeln: Man kann anderen nicht vorschreiben, was sie gut und ansprechend zu finden hätten. Wer sich aber in theoretischer Weise mit Fragen der **Stilistik** auseinandersetzt, kann durchaus etwas finden, was *keine* reine Geschmackssache ist, sondern ein gewisses

---

[321] Vgl. *Kant, Immanuel*: Kritik der Urteilskraft [1790 (A), ²1792/93 (B)], in: *Ders.*, AkadA, 1911 ff. (FN 1), Bd. 5: Kritik der praktischen Vernunft, Kritik der Urteilskraft, unveränd. photomech. Abdr. d. 2. Aufl. 1913 (¹1908), Berlin: de Gruyter, 1968, S. 165–485: S. 338 (§ 56: Vorstellung der Antinomie des Geschmacks, B233): Bei einem **Streit** treffen unterschiedliche subjektive Meinungen aufeinander; im Unterschied dazu wird bei einem **Disput** vorausgesetzt, dass sich über eine Streitfrage auch aus objektiven Gründen entscheiden lässt. So gesehen ist zwar jeder Disput zugleich ein Streit, aber nicht jeder Streit ein Disput. In Geschmacksfragen kann es Kant zufolge keinen Disput, sondern bloß einen Streit geben, da der Bestimmungsgrund von Geschmacksurteilen subjektiv ist. – Daher rührt die Negation des bekannten Satzes: ›Über Geschmack lässt sich *nicht* streiten‹, nämlich i.S.v. disputieren.

Maß an Objektivität hat. Es gibt so etwas wie einen ›wissenschaftlichen Stil‹. Ansonsten ließen sich wissenschaftliche Texte gar nicht von anderen **Textsorten** unterscheiden, wie z.B. einem *Roman*, einem *Leserbrief*, einem *Kochrezept* oder einer *Tagebuchnotiz*.

Ü11 Textarten und Darstellungsformen

- Die Übung basiert auf: *Frank, Andrea/Haacke, Stefanie/Lahm, Swanje*: Schlüsselkompetenzen: Schreiben in Beruf und Studium, Stuttgart: Metzler, 2007, S. 115 [Einl. leicht abgewandelt; Aufgabe vollst. überarb., Hinweise zur Auswertung erg.].

- **Einleitung** (mod. nach: *Frank, A./Haacke, S./Lahm, S.*, Schreiben, 2007, S. 115):

  „Anhand der folgenden Übung können Sie ausprobieren, wie Sie intuitiv auf Ihr **Musterwissen für unterschiedliche Darstellungsformen** zurückgreifen. ›Musterwissen‹ bedeutet, dass man sich merkt, wie ein Text gegliedert ist, was der angemessene Ton ist etc., ohne dass man sich die Merkmale der Textart im Einzelnen bewusst macht. Bei Bedarf wird dieses Wissen später abgerufen: In der Zeitung ist ein Artikel erschienen, über den sich ein Leser ärgert. Er schreibt einen *Leserbrief*, um seine Position zum Thema darzulegen. Die Ergebnisse einer Arbeitsbesprechung sollen dokumentiert werden, die Praktikantin schreibt daraufhin ein *Protokoll* etc.

  Es gibt also für bestimmte Anlässe etablierte **Formen und Muster**, auf die man zurückgreifen kann. Wir alle verfügen mehr oder weniger bewusst über einen reichen Fundus an **Erfahrungswissen** im Umgang mit unterschiedlichen Darstellungsformen, und zwar schlicht deshalb, weil wir alle mit Texten leben."

- **Aufgabe** (vollst. überarb. nach: *Frank, A./Haacke, S./Lahm, S.*, Schreiben, 2007, S. 115):

  Erinnern Sie sich an **ein Ereignis** in der letzten Woche und schreiben Sie dazu **drei kurze Texte**. Entscheiden Sie sich zunächst für **zwei Darstellungsformen** aus verschiedenen Bereichen und schreiben Sie einige Sätze zu dem Ereignis im Stil ...

  Bereich I:
  1. einer persönlichen Tagebuchaufzeichnung
  2. eines Blogs in einem sozialen Netzwerk im Internet

  Bereich II:
  3. eines verärgerten Leserbriefs in einer Illustrierten
  4. eines Werbetextes, der ein Produkt anpreist

  Bereich III:
  5. eines Verlaufsprotokolls für eine polizeiliche Beweisaufnahme
  6. eines richterlichen Urteils in einem Strafprozess

  Bereich IV:
  7. eines schnulzigen Liebesgedichts
  8. eines spannenden Abenteuerromans

  Schreiben Sie anschließend zum selben Ereignis einige Sätze im **Stil eines wissenschaftlichen Textes**. Denken Sie nicht zu lange nach, maximal sollten Sie **pro Text 10 Min.** Zeit aufwenden.

- **Hinweise zur Auswertung:**

– sich die entstandenen Texte in Kleingruppen gegenseitig vorlesen
– Meinungen darüber austauschen, ob die jeweilige Darstellungsform zum Ereignis passt oder nicht, und darüber, woran das liegen könnte
– die Probleme beim Schreiben der Texte im wissenschaftlichen Stil benennen

Eine mögliche **Ausgangsthese** für die Beschäftigung mit der wissenschaftlichen Sprache lautet also, dass Unterschiede nicht bloß den Inhalt, sondern auch die *Form* von Texten betreffen.[322] Die wissenschaftliche Prosa unterscheidet sich von der Belletristik. Umgekehrt ist damit aber nicht gesagt, dass die Merkmale des wissenschaftlichen Stils zugleich Kennzeichen eines *guten* Stils wären.

Wenn nach **Regeln für einen guten *wissenschaftlichen* Stil** gesucht wird, dann müssen stilistische Ratschläge auch den spezifischen Anforderungen an einen wissenschaftlichen Stil im Allgemeinen genügen. Im Fachunterricht lassen sich stilistische Fragen im Kontext der *Schreibpraxis* behandeln: Nach welchen Kriterien kann der Stil eines wissenschaftlichen Textes beurteilt werden? Gibt es Grundsätze und Regeln für einen guten wissenschaftlichen Stil? Gibt es hier Unterschiede zwischen den wissenschaftlichen Disziplinen? Welche Werkzeuge werden benötigt, um an seinem eigenen Stil zu arbeiten?

Wenn es um Merkmale eines ›guten‹ Stils geht, lohnt ein Blick auf die Ausbildung von Journalisten. Wolf Schneider rät, ***„korrekt, verständlich, gut*** **und** ***interessant"*** zu schreiben; wobei *gut* zugleich *korrekt* sei, aber nicht umgekehrt; *verständlich* nicht zugleich gut; *interessant* nicht zugleich gut, korrekt und verständlich.[323] Die vier Ratschläge lassen sich also nicht aufeinander reduzieren. Auch ein formal betrachtet gutes Deutsch kann langweilig sein. Verständlichkeit darf es nicht um jeden Preis geben: Einige Dinge *sind* kompliziert und dürfen nicht über Gebühr vereinfacht werden. Werden die genannten vier Aspekte voneinander isoliert betrachtet, sind sie also keine hinreichenden Kriterien für einen guten Stil. Erst das Zusammenwirken von unterschiedlichen, teilweise auch einander widerstreitenden Faktoren macht einen guten Stil aus. Es kommt auf die *Synthese* der Elemente an, die zuvor analysiert worden sind; dazu Schneider:

> „Jede der folgenden Empfehlungen betrifft zwar nur ein Detail, von dem sich achselzuckend sagen ließe: Als käme es ausgerechnet darauf an! In Ihrer Summe jedoch bewirken diese hundert Winzigkeiten den Unterschied zwischen gutem und schlechtem, fadem und schmackhaftem, offenem und versperrtem Deutsch."[324]

Ähnliches gilt für die *Formalia* bei der Gestaltung eines Manuskripts: Einzeln betrachtet erscheinen manche Vorgaben übertrieben und spitzfindig, in der Summe jedoch entscheiden sie darüber, ob ein wissenschaftlicher Text formal *korrekt*, *einheitlich* und *praktikabel* gestaltet ist oder aber fehlerhaft, willkürlich und irreführend.[325]

Es gibt auch Wissenschaftler, die schreiben können. Was Ausdruck und Stil angeht, kann z.B. Sigmund Freud zum Vorbild genommen werden: Neben der Provokation, die Freuds Thesen zur Sexualität seinerzeit dargestellt hatten, mag nämlich seine Sprache ein Grund dafür sein, das die *Psychoanalyse* überhaupt berühmt geworden ist, dass sie unser Denken geprägt hat und in unsere Alltagssprache eingegangen ist. Neben Satzbau und Text-

[322] Dies kann eine mögliche Einsicht sein, die aus der Übung zu den *Darstellungsformen* (Ü11) gewonnen wird.

[323] *Schneider, Wolf*: Deutsch für Profis: Wege zum guten Stil, illustriert von Luis Murschetz, 17. Aufl., überarb. Taschenbuchausg. (Orig.-Ausg., hrsg. v. Victor Schuller, ersch. Hamburg: Gruner + Jahr, 1984), München: Mosaik [bei Goldmann], 2001 (= Goldmann-Tb, Bd. 11536), S. 34 (Kap. 6: Was also sollten wir tun?) [im Orig. nicht fett gedruckt].

[324] *Schneider, W.*, Profis, 2001 (1984) (FN 323), S. 36 f.

[325] Vgl. oben, Kap. 4.2, Teil B, Abs. II.

struktur betrifft das die Wortwahl: Freud spricht von *Trieben*, *Verdrängung*, *Widerstand* und vom *Über-Ich*. Er erzeugt eine präzise wissenschaftliche Fachsprache auch dort, wo er keine Fremdwörter verwendet. Allerdings sollte bei dieser Empfehlung bedacht werden, dass ein solcher Stil für eine wissenschaftliche Karriere auch hinderlich sein kann. Dazu ein Beispiel aus der *Pädagogik*: Hartmut von Hentig fragt sich hier, weshalb die Beiträge von Martin Wagenschein zur Didaktik nicht die ihnen gebührende Beachtung im Wissenschaftsdiskurs erfahren haben, und stellt fest:

> „Würde er statt ›ursprüngliches Verstehen‹ ›Kongruenz von cognitiven und affektiven Prozessen‹ sagen, statt ›ungebrochener Anschauung‹ ›integrale Apperzeption‹, statt ›Aufgaben aus der Schulwirklichkeit‹ ›Projektmethoden‹, statt ›Lernen-Wollen‹ ›Motivation‹ – er hätte heute seinen festen Platz unter den internationalen Curriculum-Größen."[326]

Eine zweite mögliche These lautet also, dass es zwar kein ›Schema F‹ für einen guten Stil geben kann, dass es aber durchaus Kriterien für die Beurteilung gibt. **Fachbegriffe** z.B., die im Wissenschaftsdiskurs bereits etabliert sind, sollten auch verwendet werden. Wer umgangssprachlich schreibt, verfehlt eine formale Anforderung an die wissenschaftliche Sprache, zumal bei Studienleistungen, weil diese unter anderem dem Nachweis dienen, dass der Umgang mit der Fachsprache beherrscht wird.

5.2 ZUR VERWENDUNG VON ABKÜRZUNGEN

Die Verwendung von **Abkürzungen** ist bereits im Zusammenhang mit der Gestaltung von bibliographischen Angaben und Verzeichnissen angesprochen worden.[327] Abkürzungen für Institutionen, Organisationen oder Konzepte sollten **bei Ersterwähnung** im Text **definiert** werden; unabhängig davon, ob dies bereits im Abkürzungsverzeichnis erfolgt ist. Dabei sollte auf Eigenkreationen verzichtet werden, z.B. ›naut. MAarBs in der NoPrO‹.[328] Die meisten Abkürzungen sind standardisiert oder durch Konventionen festgelegt, z.B. nicht ›ggfs.‹, sondern ›ggf.‹[329]. Am Beginn eines Satzes werden Abkürzungen i.d.R. nicht verwendet:[330] Zum Beispiel sollte **kein Satz mit** den Abkürzungen **›Z.B.‹** oder **›Ggf.‹ beginnen**. Gegebenenfalls werden diese Wörter stattdessen ausgeschrieben oder an den vorhergehenden Satz angeschlossen, z.B. mit einem Komma.

Durch einen **übermäßigen Gebrauch von Abkürzungen** leidet die Lesbarkeit eines Textes noch mehr als durch den Umstand, dass ausgeschriebene Namen und Wörter länger sind. Auf Abkürzungen sollte jedoch auch nicht ganz verzichtet werden. Das gilt insbesondere für **fachspezifische Abkürzungen**, die jedem, der fachkundig ist, geläufig sein sollten und deshalb kein Hindernis für Lesbarkeit und Verständnis darstellen. Da es jedoch im Einzelfall schwierig ist zu entscheiden, auf welche Abkürzungen das zutrifft, ist ein Abkürzungsverzeichnis bei umfangreicheren Arbeiten obligatorisch.

---

326 *Hentig, Hartmut von*: Das Verstehen des Verstehens am Beispiel von Martin Wagenschein [erstmals ersch. 1982], in: *Bosse, Dorit/Posch, Peter* (Hrsg.): Schule 2020 aus Expertensicht: Zur Zukunft von Schule, Unterricht und Lehrerbildung, Wiesbaden: VS, 2009, S. 181–184: S. 183 f.

327 S. das Beispiel für ein Abkürzungsverzeichnis zu Beginn von Kap. 4.2 i.V.m. den Hinweisen zu den Bestandteilen eines Manuskripts in Kap. 4.3, Abs. 4.2.3 (Abkürzungsverzeichnis).

328 Vgl. oben, Kap. 4.2, Abs. 4.2.3.

329 Vgl. *Duden* (Red.), Rechtschreibung, 2012 (FN 120), darin: Art. „ggf.", S. 498.

330 Vgl. *Niederhauser, J.*, Arbeit, 2015 (FN 29), S. 51 (Kap. 5.4.2).

5.3 ZUR VERMEIDUNG VON FLOSKELN

Eine **Floskel** ist eine sprachliche Wendung, die so häufig verwendet worden ist, dass man aufgehört hat, sich nach ihrer Funktion und Bedeutung zu fragen. Das können metaphorische Ausdrücke oder sprichwörtliche Formulierungen sein,[331] z.B. ›den Wald vor lauter Bäumen nicht sehen‹ oder ›die Rechnung ohne den Wirt machen‹. Problematisch ist nicht die Wendung als solche, sondern ihr Gebrauch. Gerade weil Floskeln allgemein geläufig sind, drohen sie unreflektiert in den Text eingearbeitet zu werden, ohne sich dabei zu vergewissern, ob sie an der jeweiligen Stelle passend sind. Sebastian Sick veranschaulicht seine Kritik am **übermäßigen Gebrauch von Floskeln** so:

> „In deutschen Zeitungen hört man ständig irgendwelche Kragen platzen, manchmal sind es gleich mehrere auf einmal, wenn es zum Beispiel heißt: ›Den Gladbach-Fans platzte der Kragen.‹ (›Bild am Sonntag‹) An jenem Tag waren mehrere Tausend Gladbach-Fans im Stadion. Welch ein Knall muss das gewesen sein!
>
> Das muss dann wieder irgendjemand auf seine Kappe nehmen, auch wenn er damit nichts am Hut hat, weil er sich etwas völlig anderes auf die Fahnen geschrieben hat, aber sonst hagelt es wieder Proteste, und man lässt ihn am Ende womöglich im Regen stehen."[332]

Nicht nur in der journalistischen, sondern auch in der wissenschaftlichen Sprache gibt es eine ganze Reihe von Floskeln. Spätestens bei der **Textüberarbeitung** sollte geprüft werden, ob sie an der jeweiligen Stelle passend sind, z.B. dass etwas ›gängige Praxis‹ oder ›einschlägig‹ sei. Floskeln haben zwar den Vorteil, dass sie geläufig sind und dadurch die Erwartungshaltung des Lesers bedienen. Der Stil und auch der Inhalt können jedoch darunter leiden, wenn Floskeln gehäuft auftreten und unreflektiert verwendet werden. Einige Ausdrücke lassen sich ggf. treffender formulieren, andere vielleicht ganz streichen.

5.4 ZUM UMGANG MIT METAPHERN

> „Gedanken ohne Inhalt sind leer, Anschauungen ohne Begriffe sind blind."[333]
>
> *Immanuel Kant* (1724–1804).

Metaphern sind sprachliche Bilder, die etwas in übertragener Weise ausdrücken.[334] Sie können als *Stilmittel* eingesetzt werden, um die **Anschaulichkeit** einer Aussage zu erhöhen. Im vorliegenden Buch sind z.B. die folgenden Metaphern verwendet worden: *sich auf den Weg machen, tiefer in den Text einsteigen, in der Luft hängen, einen langen Atem brauchen, sich mit fremden Federn schmücken.*[335] Wenn die bildhafte Übertragung explizit

---

[331] S. zur Verwendung von Metaphern auch unten, Kap. 4.3, Abs. 5.4.

[332] *Sick, Bastian*: Der Dativ ist dem Genitiv sein Tod: Ein Wegweiser durch den Irrgarten der deutschen Sprache (Sammlung von Artikeln der Kolumne ›Zwiebelfisch‹, SPIEGEL Online 2003), Hamburg: Kiepenheuer & Witsch, 2004, S. 62 (Phrasenalarmstufe Gelb, S. 60–62).

[333] Vgl. *Kant, I.*, KrV, ²1911 (ᴬ1781/ᴮ1787) (FN 1), in: *Ders.*, AkadA, 1902 ff. (ebd.), Bd. 3, S. 75 [tr. Log., Einl. I: Von der Logik überhaupt, B75]; s. zu einer längeren Version das in FN 110 nachgewiesene Zitat.

[334] S. *Gemoll, W./Vretska, K.*, Griech.-Wb, 2006 (FN 7), darin: Art. „μεταφορά", S. 531: „Übertragung, bildlicher Ausdruck".

[335] Vgl. zu diesen Metaphern oben, S. 4, 25, 43, 59, 102.

auf einen anderen Phänomenbereich verweist, dann können Metaphern auch die Funktion von **Gleichnissen** haben, wie z.B. für die ›Komposition‹ wissenschaftlicher Texte nach der Art eines Musikstücks: Wie ein klassisches Musikstück hat auch eine Hausarbeit ein ›*Thema*‹. Dieses Thema ist nicht identisch mit dem Titel, sondern wird beim Komponieren entfaltet. Am Ende entsteht daraus ein Werk (›Opus‹). Die Wahl der ›*Instrumente*‹ entscheidet über den Charakter des Stücks mit. Beim Schreiben können *Harmonien* (Konsens/herrschende Meinung) und *Dissonanzen* (Widersprüche/Streitstände) eingearbeitet werden etc. Das Gleichnis funktioniert auch als Analogie mit dem Bau eines Gebäudes. Versuchen Sie es selbst einmal: Was ist das wissenschaftliche *Fundament*? Welche *Säulen* tragen den Bau? Wo gewähren Fenster *Ausblicke*? etc.

Um dem Leser anzuzeigen, dass der Verfasser sich der ›Uneigentlichkeit‹ bzw. ›Bildhaftigkeit‹ seiner Ausdrucksweise bewusst ist, können **Hinweiswörter** verwendet werden, z.B. *als ob*, *gleichsam*, *wie* oder auch *sprichwörtlich*, *wie eine Redewendung lautet*, *sozusagen ...* – Der Verfasser *geht* damit gewissermaßen *auf Distanz* zur ›Eigentlichkeit‹ der verwendeten Sprache. Alternativ oder zusätzlich können die uneigentlichen Ausdrücke in Anführungszeichen gestellt werden, wie z.B. in einem Text von Uwe P. Kanning, der die Schwierigkeit, eine wissenschaftlich fundierte Diagnostik in der Personalauswahl zu etablieren, durch die folgende Metapher veranschaulicht: *„Hier müssen eher sprichwörtlich die ›dicken Bretter‹ gebohrt werden.“*[336] Zur Unterscheidung von direkten Zitaten sollten **einfache Anführungszeichen** verwendet werden.

Metaphern und Gleichnisse lassen sich bevorzugt in Vorträgen einsetzen. In schriftlichen wissenschaftlichen Arbeiten sind sie mit einem **›Tabu‹** belegt worden,[337] d.h., Metaphern sollen gar nicht verwendet werden. Dies würde jedoch eine unerfüllbare Anforderung sein: Die *natürliche Sprache* hat einen metaphorischen Charakter, und auch die *wissenschaftliche Sprache* kommt ohne bildhafte Ausdrücke nicht aus. Bei genauerem Hinsehen sind auch scheinbar abstrakte Begriffe ihrer Wortbedeutung nach bildhaft. – Man nehme z.B. den direkt vorhergehenden Satz:

◎ **Beispielsatz, Variante 1**

›Bei genauerem Hinsehen sind auch scheinbar abstrakte Begriffe ihrer Wortbedeutung nach bildhaft.‹

Würde man auf Metaphern gänzlich verzichten wollen, wäre diese Aussage so gar nicht möglich, denn sie enthält mindestens **sechs Metaphern**: *Genaues Hinsehen* meint im übertragenen Sinne nicht das Sehen mit den Augen, sondern eine gedankliche Untersuchung; *scheinbar* ist ein lichtmetaphorischer Ausdruck; bei dem Wort *abstrakt* ist die Metaphorik nicht gleich ersichtlich, weil es sich um ein Fremdwort handelt, das aber im Wortsinne das ›Wegziehen‹ (lat. *abstraho*)[338] bzw. hier das ›abgezogene Denken‹ meint; *Begriff* kommt von ›greifen‹ (mit den Händen);[339] eine Wort*bedeutung* ›be*deutet*‹ etwas, weist also bildhaft auf etwas hin; und der Ausdruck ›bild*haft*‹ enthält schon im Wort den

---

336 *Kanning, Uwe Peter*: Diagnostik zwischen Inkompetenz und Scharlatanerie: Phänomen, Ursachen, Perspektiven, in: *Report Psychologie*, Nr. 37 (03/2012), S. 101–113: S. 110.

337 Vgl. dazu kritisch *Stary, J./Kretschmer, H.*, Literatur, 1998 (^{1}1994) (FN 29), S. 143.

338 Vgl. *Stowasser, J. M.* u.a., Lat.-Wb, 1966 (1913) (FN 50), darin: Art. „abs-traho [-tractus]“, S. 31 [im Orig. fett gedruckt]: „wegschleppen, -führen, -ziehen, -reißen [...] entfernen, trennen“ (wie oben, FN 109).

339 S. dazu auch die Metaphorik des Wissenschaftsbegriffs oben, Kap. 2.3.

Hinweis auf eine gleichnishafte Rede, denn es handelt sich nicht eigentlich um ein Bild, sondern um etwas, was *nach der Art eines Bildes* gestaltet bzw. *einem Bild ähnlich* ist (vgl. oben, Variante 1).

Das Wort **gleichnis*haft*** soll ebenfalls anzeigen, dass zwei Dinge nicht tatsächlich *gleich*, sondern lediglich (in Bezug auf ein bestimmtes Merkmal oder ihre Funktion) einander *ähnlich* sind.[340] Deshalb können *Ver*gleiche problematisch sein und zu heftigen Debatten führen,[341] sofern nämlich der Autor oder Rezipient sich nicht bewusst macht, dass damit nicht eigentlich die ›Gleichheit‹ gemeint ist. Die Präpositionen *bei* und *nach*, die in dem obigen Beispielsatz vorkommen, sind ebenfalls bildhafte Ausdrücke (übrigens auch das Wort ›Präposition‹, was ›Voranstellen‹ bedeutet).[342] Insbesondere bei **Vergleichen** von historischen Ereignissen oder Personen ist Vorsicht geboten, denn dadurch wird deren jeweilige Einmaligkeit und Einzigartigkeit relativiert.

Die Metaphorik der Sprache ist ein Problem der *Wissenschaftstheorie*. Die **hohe Dichte an Fremdwörtern** in wissenschaftlichen Texten macht die Metaphorik bisweilen unkenntlich, löst damit aber nicht das Problem der Uneigentlichkeit. Wer *Objektivität* anstrebt, kann sich nicht gleichsam hinter fremdsprachigen Ausdrücken und einer abstrakten Fachsprache ›verstecken‹. Der obige Beispielsatz ließe sich in eine wissenschaftliche Sprache umformulieren und könnte dann z.B. so lauten:

◎ **Beispielsatz, Variante 2**

›Eine präzisere Analyse identifiziert auch die latent einem realen Objekt nicht adäquaten Termini als ihrer Semantik nach metaphorisch.‹

Diese Variante klingt zwar wissenschaftlicher, würde aber einer ›Übersetzung‹ in die natürliche Sprache bedürfen, um verständlich zu sein. Wissenschaft hat eine **klärende Funktion**. Wenn die verwendete Sprache dieser *Klärung* (auch das ist eine Metapher) nicht dient bzw. der Autor diese Funktion nicht *im Blick behält* (und noch eine), sondern im Gegenteil einen Sachverhalt unverständlich macht, dann wird ein wesentliches Ziel der Wissenschaft verfehlt (auch wenn gar nicht eigentlich geschossen wird). Die Sprache lässt sich nicht von Metaphern bereinigen (so als würde man einen Hausputz machen). Auch Fremdwörter bleiben bildhaft: *Analyse* ist das Zerlegen, *Latenz* das Bereitliegen und *Semantik* die Bedeutung ... In wissenschaftlichen Texten kommt es deshalb nicht nur auf die verwendeten Wörter, sondern vor allem auf den **Gebrauch** an, den der Verfasser

---

340 Ein berühmtes Beispiel ist das sogenannte **›Sonnengleichnis‹** von Platon: Die Sonne wird darin mit der ›Idee des Guten‹ (ἰδέα τὸ ἀγαθὸν) verglichen. Zwar ist das Gute etwas ganz anderes als die Sonne; aber weil es schwierig ist zu sagen, was das Gute *ist*, kann man versuchen, es sich begreiflich zu machen, indem man sagt: Die Idee des Guten ermöglicht Einsicht und Erkenntnis beim Denken, *so wie* das Licht der Sonne die Wahrnehmung von Farben beim Sehen ermöglicht. Das Gute und die Sonne sind also einander *ähnlich* in Bezug auf ihre *Funktion*: Die Sonne spendet Licht für die Augen, das Gute Einsicht für die Vernunft. Ansonsten wäre die Welt dunkel, und das Denken bliebe orientierungslos, vgl. *Platon*, Politeia [Πολιτεία], um 387–367 v.Chr., in: *Ders.*, EiglerA, 1990 (FN 19), Bd. 4, S. 540–546: St. 514a ff. (VII.1).

341 Eine Kontroverse kann z.B. durch historische Vergleiche veranlasst werden, wenn die Einmaligkeit eines Ereignisses durch einen Vergleich mit anderen Ereignissen in Frage gestellt wird. Die Kritik, dass ein Vergleich ›hinkt‹, ist interessanterweise ebenfalls ein Beispiel für eine uneigentliche bzw. bildhafte Redeweise, weil Vergleiche keine Beine haben und deshalb auch nicht eigentlich hinken können.

342 Von lat. *praepono* (voransetzen, -legen, -stellen), vgl. *Stowasser, J. M.* u.a., Lat.-Wb, 1966 (1913) (FN 50), darin: Art. „praepono“, S. 388; vgl. *Duden* (Red.), Rechtschreibung, 2012 (FN 120), darin: Art. „Präposition“, S. 879: „*Sprachw.* Verhältniswort, z.B. auf, bei, in, vor, zwischen.“

davon macht. Wer von *Analyse* spricht, sollte damit ein methodisches Verfahren meinen, wer den Ausdruck ›latent‹ verwendet, sollte prüfen, ob dieses Fremdwort tatsächlich der Präzisierung dient, und bei der Rede von *Semantik* sollte bedacht werden, dass es sich dabei um einen Fachbegriff der Linguistik handelt, der – sofern er nicht im sprachwissenschaftlichen Sinne gemeint wäre – erklärt werden müsste (vgl. oben, Variante 2).

Gleichwohl gibt es einen Unterschied zwischen dem metaphorischen Charakter der Sprache im Allgemeinen (den man, selbst wenn man wollte, nicht loswerden würde) und **offensichtlich metaphorischen Ausdrücken** im Besonderen (die auf ihre Eignung zur Klärung eines Sachverhalts geprüft werden sollten). Letztere sind es, die, wenn überhaupt, dann *nur sparsam* und *nur mit Bedacht* in wissenschaftlichen Texten verwendet werden sollten. Unangebracht wäre etwa die folgende Variante des Beispielsatzes, da sie in übertriebener Weise mit *Natur-* und *Raummetaphern* arbeitet:

Beispielsatz, Variante 3

›Wer nach dem hohen Flug seines Geistes einmal wieder landet und im Nährboden der Sprache gräbt, dem fällt es wie Schuppen von den Augen, dass dort tief verschüttet Bilder liegen, die auch solche Wörter nähren, die ihnen zuvor entwachsen schienen.‹

In wissenschaftlichen Texten ist es also ***einerseits*** nicht wünschenswert und auch gar nicht umsetzbar, Metaphern mit einem ›Tabu‹ zu belegen: nicht *wünschenswert*, weil die Ausdrucksmöglichkeiten dadurch eingeschränkt werden und **ein Mittel zur Veranschaulichung** preisgegeben wird; *nicht umsetzbar*, weil Sprache immer einen metaphorischen Charakter hat. Ein „Tabu"[343] führt eher dazu, dass das Sprachgefühl verloren geht und der Stil leidet. Es gibt jedoch ***andererseits*** triftige Gründe dafür, eine übertriebene Metaphorik zu vermeiden, was mit den Anforderungen an die Wissenschaftlichkeit von Aussagen zu tun hat: Die *Dichtung* kann die Phantasie anregen und Raum für Interpretation bieten, die *Wissenschaft* hingegen soll Sachverhalte nachvollziehbar erklären. Dafür sind **Sachlichkeit und Objektivität** in der Sprache erforderlich. Der Gegenstand der Untersuchung soll möglichst *eindeutig* benannt und *präzise* beschrieben werden. Zu diesem Zweck kann man keine ganz neue Sprache erfinden, weil man Teil einer wissenschaftlichen Sprachgemeinschaft ist. In Studienarbeiten genügt es, sich des Vokabulars zu bedienen, das man im wissenschaftlichen Diskurs vorfindet, da im Studium i.d.R. keine neuen Theorien entwickelt werden, die neuer Ausdrücke bedürften. Zum Gebrauch von Fachbegriffen ist ausdrücklich zu raten, weil Studienleistungen unter anderem zeigen sollen, dass man mit der vorhandenen fachspezifischen Terminologie umgehen kann.

Wenn es sich lediglich um *Floskeln* handelt,[344] dann sollten Metaphern möglichst vermieden werden. Nur mit Bedacht sollten Metaphern verwendet werden, wenn sie der *Kritik* dienen, z.B.: ›Die Definition ist *vom Himmel gefallen*, dieses Argument ist *aus der Luft gegriffen*, der Autor hat seine Theorie *auf Sand gebaut*.‹ – Dadurch nämlich kann aus einer ggf. berechtigten Kritik bloße **›Polemik‹** werden. Die Kritik dient dann weniger der Prüfung von Aussagen als vielmehr dem persönlichen Angriff. Im Unterschied zu einer polemischen Streitschrift, einer zugespitzten Satire oder einer politischen Sonntagsrede geht es in der Wissenschaft um eine *sachliche* Kritik. Diese Form der Kritik soll sich an

343 *Stary, J./Kretschmer, H.*, Literatur, 1998 (^{1}1994) (FN 29), S. 143.

344 S. zum Umgang mit Floskeln auch oben, Kap. 4.3, Abs. 5.3.

Argumenten und *Fakten* orientieren und nicht pauschal urteilen und emotional werten.[345] Letztlich geht es darum, ein Sprachgefühl zu entwickeln, das den jeweils treffenden Ausdruck zu finden erlaubt und gleichzeitig den spezifischen Anforderungen an wissenschaftliche Texte in der jeweiligen Disziplin gerecht wird.

5.5 ANFORDERUNGEN AN EINE GESCHLECHTERGERECHTE SPRACHE

Es gehört zur *Political Correctness*, geschlechtergerecht zu sprechen und zu schreiben. Bei der **direkten Ansprache** scheint das zunächst kein Problem zu sein, sofern spezifische Begriffe zur Verfügung stehen: Die Anrede ›*Sehr geehrte Damen und Herren*‹ ist stilistisch unproblematisch und heutzutage im Wissenschaftsbetrieb meistens auch sachlich zutreffend. Sigmund Freud beschränkte sich Anfang des letzten Jahrhunderts noch auf ›Meine Herren‹,[346] da es unter den Ärzten in seinem Publikum keine Frauen gab. Das hat sich geändert und ist das Ergebnis eines mühsamen Kampfes für die Gleichberechtigung der Geschlechter. Sprachlich jedoch werden teilweise auch umständlichere Formulierungen erforderlich, um der Gleichberechtigung Ausdruck zu verleihen.

Man stelle sich vor, ein Publikum bestehe aus *Arbeitgeberinnen und Arbeitgebern*, *Arbeitnehmerinnen und Arbeitnehmern*, *Arbeitgebervertreterinnen und -vertretern* sowie *Arbeitnehmerinnen- und Arbeitnehmervertreterinnen und -vertretern* ... In einem Vortrag kann man sich dabei verhaspeln und in der Schriftsprache die Aussage aus den Augen verlieren; und sind nicht in diesem Beispiel die *Arbeitgeberinnenvertreterinnen und -vertreter* vergessen worden? Wer einmal anfängt, sollte auch konsequent sein. Das Beispiel zeigt, wie wenig praktikabel eine **geschlechts*spezifische* Sprache** sein kann. Die *Political Correctness* muss mit einem sprechbaren und lesbaren Stil in Einklang gebracht werden.

Um die **umständlichen Formulierungen** einer geschlechtsspezifischen Bezeichnung zu umgehen, gibt es verschiedene Ansätze. Einer dieser Ansätze ist die Verwendung von *Abkürzungen*. So hat sich z.B. an Schulen das Kürzel ›SuS‹ eingebürgert[347] (das ist kein Hilferuf, sondern steht für ›Schülerinnen und Schüler‹). Bei Stellenanzeigen lässt sich mit dem Zusatz ›(m/w)‹ arbeiten. Ein anderer Ansatz arbeitet mit *Groß- und Kleinschreibung* oder mit einem *Unterstrich*, z.B. ›DozentInnen‹ bzw. ›Dozent_innen‹. Es gibt auch eine *Stern-Variante* (z.B. Dozent*innen), die auch solche Menschen einschließen kann, die sich weder dem weiblichen noch dem männlichen Geschlecht zugehörig fühlen. Solche Ansätze funktionieren allerdings nur in der Schriftsprache.

Es lassen sich auch alternative Begriffe verwenden, die *geschlechtsneutral* sind. So lässt sich z.B. statt von *Dozentinnen und Dozenten* auch von ›Lehrkräften‹ oder ›Lehrpersonen‹ sprechen und statt von *Mitarbeiterinnen und Mitarbeitern* von ›Personal‹. Die **Geschlechts*neutralität*** ersetzt hier die Geschlechts*spezifität*. Das betrifft auch einen weiteren Ansatz, nämlich sogenannte *Neologismen*, also Wortschöpfungen dort, wo kein

---

345 Vgl. dazu die Ausführungen zur ›Wertfreiheit‹ der Wissenschaft oben, Kap. 2.2.1.3.

346 Vgl. *Freud, Sigmund*: Vorlesungen zur Einführung in die Psychoanalyse 1916–17 [1915–1917], in: *Ders.*, StudA, 2000 (FN 290), Bd. 1: Vorlesungen zur Einführung in die Psychoanalyse u. N.F., Frankfurt a.M.: Fischer, 2000, S. 35–445.

347 Das Kürzel ›SuS‹ wird z.B. in Unterrichtsentwürfen verwendet.

alternativer Begriff zur Verfügung steht, der sowohl männliche als auch weibliche Personen einschließt, wie z.B. bei dem substantivierten Partizip ›Studierende‹.[348]

Wird der ***Gender*-Diskurs**[349] ernst genommen, dann ist es unmöglich, sich zum Problem der Geschlechtergerechtigkeit in der Sprache neutral zu verhalten. Wer nicht schweigen will, *muss* sich positionieren – auch ungewollt; weil er es immer schon tut, indem er spricht. Die Geschlechts*spezifität* kann jedoch paradoxerweise sogar eine neue Form der Diskriminierung befördern: Was hält wohl Frau Prof. Dr. Müller von dem Titel ›*Prof.'in Dr.'in Müller*‹? – Auch ›Heldinnen des Alltags‹ wären eben keine ›echten‹ Helden ...; also potenziell Abwertung statt Gleichstellung? Bis sich unsere Sprache grundlegend gewandelt haben wird, müssen in Fragen des Stils Kompromisse gemacht werden.

Die **Sprache** könnte in Geschlechterfragen unproblematisch sein, wenn es dabei bloß um Worte ginge; allerdings sollte dabei bedacht werden, dass Menschen auch in Sprache *denken* ... Hier kann der *Gender*-Diskurs seine Stärken ausspielen, sofern er sich auf seine Wurzeln besinnt, denn er hat einmal einen bedeutenden Beitrag zur **Ideologiekritik** geleistet. Dieses kritische Potenzial droht in Debatten und Scheindebatten verloren zu gehen, wenn der Diskurs auf Sprachprobleme reduziert wird. Für das Ziel der Gleichbehandlung kann es sogar kontraproduktiv sein, wenn bereits in der Sprache auf einer Differenzierung insistiert wird. Jedenfalls ist der Sprachgebrauch allein nicht hinreichend, um Diskriminierung zu verhindern. Entscheidend dafür ist primär ein **Bewusstsein für Geschlechtergerechtigkeit**, dem durch die Sprache ein adäquater Ausdruck verliehen werden soll. Werden Sprachregelungen gedankenlos verwendet, bloß weil man das eben so sagt, oder bloß, um keinen Anstoß zu erregen, obwohl man sich eventuell etwas anderes dabei denkt, ist für das Projekt der *Antidiskriminierung*[350] wenig gewonnen.

Achtsamkeit im Sprachgebrauch

Es gibt gute Gründe für eine **Achtsamkeit im Sprachgebrauch**, nämlich den Gefahren von Diskriminierung entgegenzuwirken. Das ist nicht nur bei der Geschlechtergerechtigkeit wichtig. So sollte z.B. von ›Asylanten‹ überhaupt nicht und von ›Ausländern‹ und ›Behinderten‹ nur mit Bedacht gesprochen werden. Solche Ausdrücke drohen Menschen auf ein bestimmtes Merkmal zu reduzieren. Ein Mensch droht dann nicht mehr als eine Person mit komplexen individuellen Eigenschaften wahrgenommen zu werden. Bezeich-

[348] Die Umbenennung von Studenten in **›Studierende‹** löst das Problem jedoch nur im Plural. Bei der individuellen Ansprache müsste es weiterhin spezifisch ›Liebe Studierende‹ oder ›lieber Studierender‹ heißen. Konsequenterweise müsste bei der Anrede im Plural ›Liebe Studierende‹ sogar hinzugefügt werden, dass damit nicht nur eine einzelne Studentin angesprochen wird, sondern dass alle anwesenden Studierenden gemeint sind, diese wiederum einschließlich derjenigen Anwesenden, die weiblich sind. Auch die ›Studierenden‹ sind eben bloß Studenten, die bereits vor ihrer Umbenennung weiblich sein konnten.

[349] **›*Gender*‹** meint das ›soziale Geschlecht‹ im Unterschied zum ›biologischen Geschlecht‹ (engl. *Sex*). Deshalb spricht man auch vom *Sex-Gender-System*, vgl. *Haraway, Donna*: Primatologie ist Politik mit anderen Mitteln (1981), in: *Orland, Barbara/Scheich, Elvira* (Hrsg.): Das Geschlecht der Natur: Feministische Beiträge zur Geschichte und Theorie der Naturwissenschaften, Frankfurt a.M.: Suhrkamp, 1995, S. 136–198: S. 160, Fußn., Haraway verweist hier auf *Rubin, Gayle S.*: The Traffic in Women: Notes on the ›Political Economy‹ of Sex, in: *Reiter, Rayna R.* (Hrsg.): Torward an Anthropology of Women, New York/London: Monthly Review Press, 1975 (= Monthly Review Paperback, Bd. 399), S. 157–210: S. 159. – In der öffentlichen Verwaltung ist die Geschlechterforschung unter dem Schlagwort *Gender-Mainstreaming* relevant. Bei diesem Projekt geht es darum, Fragen der Geschlechtergerechtigkeit in das öffentliche Bewusstsein zu bringen.

[350] Unter dem Titel **›Antidiskriminierung‹** lassen sich die wissenschaftlichen Forschungen und politischen Projekte zusammenfassen, die der Diskriminierung entgegenwirken wollen.

nungen dieser Art sollten deshalb ggf. umschrieben werden, auch wenn das umständlicher ist: z.B. ›Personen, die einen Asylantrag gestellt haben‹ oder ›Menschen mit einer Behinderung‹.

In einigen Fällen gibt es bereits **Sprachregelungen**, die auch in der Verwaltungssprache gebräuchlich sind (›Bürger*innen mit Migrationshintergrund‹), in anderen Fällen noch nicht (z.B. werden Personen auch mit der Bezeichnung ›Asylbewerber*innen‹ durch ein zufälliges Merkmal definiert und darauf reduziert). Sprachregelungen scheinen erforderlich, wenn ein zufälliges Merkmal zum Anlass für eine Diskriminierung genommen wird. Weniger problematisch erscheint es, wenn das nicht der Fall ist, z.B. ›Antragsteller‹ oder ›Begünstigte‹. Es muss letztlich im Einzelfall entschieden werden, ob Umschreibungen aus Gründen der Achtsamkeit im Sprachgebrauch erforderlich sind.

Auch bei der geschlechtergerechten Sprache kommt es auf den ***bewussten* Umgang** mit der Sprache an, der sich nicht durch Gesetze und Verordnungen regeln lässt. Verbindliche Regelungen können sogar kontraproduktiv sein, weil sie Widerstände hervorrufen und die Verantwortung für einen achtsamen Sprachgebrauch an die Vorschrift abgetreten wird. Sie sollten eher die Funktion von *Vorschlägen* haben für solche Menschen, die sich um eine nicht diskriminierende Sprache bemühen *wollen*; *dass* sie es aber wollen, ist Voraussetzung für die Wirksamkeit von Regelungen und nicht deren Ergebnis. Wichtiger als der jeweilige sprachliche Ausdruck ist die **Aufklärung** über dessen mögliche Wirkung auf das eigene Denken und die Wahrnehmung bei anderen. Ausdrücklich als eine *subjektive* Meinung kennzeichnet z.B. Theisen den folgenden Kommentar:

> „Geschlechtergerechte Begriffe haben nach *meiner* Meinung [sic!], ebenso wie die zwanghafte Neutralisierung (z.B. mann/frau), wenig mit erreichter Gleichberechtigung, viel aber mit schlechtem Stil zu tun [...].“[351]

Diese Bemerkung findet sich in der 16. Auflage von Theisens Buch zum wissenschaftlichen Arbeiten. Gegenüber der 15. Auflage ist die Formulierung leicht geändert worden. Zuvor hieß es: „Zweigeschlechtliche Begriffe haben [sic!], ebenso wie die zwanghafte Neutralisierung [...];“[352] womit der Geltungsanspruch der Aussage also gegenüber dieser Fassung abgeschwächt worden ist. Sofern es sich bei der geschlechter*gerechten* Sprache um eine **Stilfrage** handelt, ist sie immer *auch* eine Geschmackssache (wenngleich nicht ausschließlich). Gerechtigkeit und Gleichberechtigung sind jedoch auch *moralische* Kategorien. Sie sind es dadurch, dass es lesende Subjekte gibt, die Wertungen vornehmen.

Das **grammatische Geschlecht** von Wörtern ist – meines Erachtens – nicht logisch. Es mag für ein bestimmtes Wort jeweils sprachgeschichtliche Wurzeln haben, ist aber für die Sprachbenutzerinnen und Sprachbenutzer eher zufällig. Für alle Gegenstandsbereiche lassen sich dafür Beispiele finden: *das* Auto, *der* Wagen, *die* Limousine; *das* Regal, *der* Schrank, *die* Kommode; *das* Haus, *der* Schuppen, *die* Wohnung. Das Wort ›Mensch‹ ist männlich, aber auch Frauen sind Menschen. Das Wort ›Koryphäe‹ ist weiblich, es soll aber auch Männer geben, die eine Koryphäe sind oder sich dafür halten. Warum sollte es nicht statthaft sein zu sagen: ›Sie ist ein Professor‹ oder: ›Sie ist ein Student‹? So wie man sagt: ›Sie ist ein *Champion*, ein *Star* – ein *Mensch*.‹ Das Prädikat wird dann wie ein Wort behan-

351 *Theisen, M. R.*, Erfolgreich, 162013 (FN 31), S. 159 (Kap. 7.2.2).
352 *Ders.*, Technik, 152011 (ebd.), S. 139 (Teil VI, Kap. 2, Abs. 2b).

delt, das keine männliche und weibliche Form hat, oder wie ein Wort im Neutrum: ›Sie ist ein *Ass* in Mathe, sie ist ein *Beispiel* und *Vorbild* für uns alle.‹

Man könnte doch ›dem Leser‹ das Mitdenken zutrauen! (Dieser mag nun männlich oder weiblich oder weder das eine noch das andere sein, sich dafür halten oder dafür gehalten werden). Um deutlich zu machen, dass man sich des Sprachproblems bewusst ist, kann die ›Leserschaft‹ zu Beginn des Textes in einer Fußnote darauf hingewiesen werden, dass ihr das dazu nötige **Abstraktionsvermögen** zugetraut wird. Diese Lösung ist freilich nur praktikabel, sofern Verlage, Herausgeber*innen oder Institutionen auf die Vorgabe verzichten, wissenschaftliche Texte zu ›gendern‹. In solchen Fällen müssen dann wie gesagt Kompromisse gemacht werden, wofür es – meines Erachtens – auch ›gute‹ Gründe gibt. Die stilistisch ansprechende Umsetzung von Anforderungen an eine geschlechtergerechte Sprache bleibt bis auf Weiteres ein ungelöstes Problem. Ein Bewusstsein für dieses Problem aber bietet erst die Möglichkeit, weiter nach praktikablen Lösungen zu suchen.

5.6 HINWEISE ZU SYNTAX, INTERPUNKTION UND ABSATZFORMATIERUNG

1) Satzschlusszeichen	2) Zeichen im Satz	3) Weitere Zeichen
▪ **Der Punkt** – beendet einen Satz (steht auch bei Fußnoten und Quellenangaben) – steht bei Abkürzungen – drei Punkte stehen bei Auslassungen und bei erweiterungsfähigen Satzfragmenten	▪ **Das Komma** – trennt Satzteile und Elemente von bibliographischen Angaben – strukturiert komplexe Satzstrukturen – z.B. bei Relativsätzen und erweiterten Infinitiven (..., um zu ...)	▪ **Der Gedankenstrich** – trennt Satzteile – markiert einen Einschub in einen Satz (steht dann zu Beginn und am Ende) – kann gedankliche Pausen anzeigen oder zur optischen Abgrenzung genutzt werden
▪ **Das Ausrufezeichen** – steht bei Imperativen und Ausrufen – fungiert zugleich als Satzschlusszeichen – wird in wissenschaftlichen Texten äußerst sparsam eingesetzt (z.B. bei ›sic!‹)	▪ **Das Semikolon** – trennt Satzteile – zeigt bei Nachweisen in Fußnoten an, dass ein neuer Nachweis oder eine URL folgt – hilft auch bei der Strukturbildung von Aussagen	▪ **Die Anführungszeichen** – doppelte Anführungszeichen: bei direkten Zitaten – einfache Anführungszeichen: bei Zitat im Zitat, Hervorhebungen, uneigentlicher Redeweise
▪ **Das Fragezeichen** – beschließt einen Fragesatz – fungiert zugleich als Satzschlusszeichen – kann bei rhetorischen Fragen zum Mitdenken anregen	▪ **Der Doppelpunkt** – zeigt an, dass eine Aussage, ein Beispiel oder ein Zitat folgt – folgt ein vollständiger Satz, wird anschließend groß weitergeschrieben	▪ **Die Klammern** – runde Klammern, z.B. bei Erläuterungen von Abkürzungen – eckige Klammern bei eigenen Eingriffen in einen wörtlich zitierten Text

Abb. 38: Satzzeichen und ihre Einsatzmöglichkeiten *(eigene Darst.).*

Syntax ist der Satzbau und **Interpunktion** die Zeichensetzung. Beide Aspekte hängen zusammen, weil je nach Satzbau unterschiedliche Zeichen zu verwenden sind. Die deutsche Sprache verfügt über ein Repertoire von **sieben Satzzeichen**: *Punkt, Komma, Fragezeichen, Ausrufezeichen, Doppelpunkt, Semikolon* und *Gedankenstrich.* Hinzu kommen noch *Anführungszeichen, Klammern* und *Sonderzeichen* (s. Abb. 38).

Dieses **Repertoire an Satzzeichen** sollte sich jeder beim Schreiben bewusst machen! – Warum? Satzzeichen sind *nicht nur* (wenngleich *auch*) eine Frage der ›korrekten‹ Zeichensetzung; sie können – gezielt eingesetzt – darüber hinaus ein Stilmittel sein, um den Text abwechslungsreich zu gestalten, die Satzstruktur zu verdeutlichen, die Aufmerksamkeit des Lesers zu lenken und Pausen zu markieren ... In Kombination mit den Varianten für den Schriftschnitt **fett** und *kursiv* eröffnen Satzzeichen damit vielfältige stilistische Möglichkeiten der Textgestaltung (Achtung: nicht – wie hier – übertreiben!).

Wer Sätze baut, kann grundsätzlich zwischen zwei stilistischen Varianten wählen: einem beiordnenden Stil (**Parataxe**) und einem über- und unterordnenden Stil (**Hypotaxe**). Ein parataktischer Stil beschränkt sich auf Hauptsätze. Ein hypotaktischer Stil ordnet den Hauptsätzen, die die Aussage des Satzes enthalten, Nebensätze unter, die weitere Differenzierungen erlauben. Wer argumentieren will, muss auch Nebensätze bilden, denn komplexe Gedanken bedürfen bisweilen komplexer Satzstrukturen. Das folgende Beispiel zeigt jedoch, dass sich die Hypotaxe auch übertreiben lässt:

> „Derjenige, der denjenigen, der den Pfahl, der an der Brücke, die auf dem Weg, der nach Worms führt, liegt, steht, umgeworfen hat, anzeigt, erhält eine Belohnung.“[353]

Solche Sätze lassen sich von außen nach innen aufschlüsseln: ›*Derjenige erhält eine Belohnung, der denjenigen anzeigt, der den Pfahl umgeworfen hat ...*‹ – Es handelt sich hier um ein Beispiel für einen der Überarbeitung bedürftigen Text.

Bei der Beschäftigung mit dem **Satzbau** hängen Inhalt und Form eng zusammen. Grundsätzlich sollten die Hauptaussagen eines Textes möglichst in Hauptsätzen und nicht in Nebensätzen gemacht werden. Das ist zwar nicht immer praktikabel, weil in der Wissenschaft häufig Ansichten referiert werden, z.B. in Form von Konjunktionalsätzen: ›*Eine Forschungsmeinung besagt, dass ...*‹. Als Faustregel aber mag es von Fall zu Fall möglich sein, etwa wenn Ergebnisse festgehalten werden. Dann kann es z.B. statt: ›*Als Ergebnis kann festgehalten werden, dass xy gilt*‹, auch einfach heißen: ›*Im Ergebnis gilt xy*‹. Die Hauptaussage eines Satzes sollte, weil dies das Verstehen erschweren und den Lesefluss stören kann, innerhalb eines Satz auch nicht zu weit – wie in diesem Satz – ans Ende geschoben werden. Die Sätze sollten nicht zu lang sein. Wer argumentieren will, muss jedoch Nebensätze bilden, insbesondere Kausalsätze mit ›*weil*‹ oder Instrumentalsätze mit ›*damit*‹ bzw. erweiterte Infinitive mit ›*um zu*‹ (Komma nicht vergessen!). Eine Gegenüberstellung von Argumenten kann z.B. in der Form ›*einerseits – andererseits*‹ oder ›*zwar – aber*‹ erfolgen. Wer sagt, dass etwas *nicht* zutreffend sei, sollte anschließend auch sagen, was denn dann zutrifft. Dafür bietet sich eine Konstruktion mit ›*nicht xy, sondern z*‹ oder mit ›*weniger xy als vielmehr z*‹ an. Eine Argumentation ergibt sich letztlich nicht aus dem Schreiben einzelner Sätze, sondern erst aus dem Zusammenhang.

---

[353] *Walter, Tonio*: Kleine Stilkunde für Juristen, 2. Aufl. ([1]2002), München: Beck, 2009, S. 11 [Walter verweist auf Friedrich E. Schnapp].

Abschließend seien noch einige Hinweise zur **Absatzformatierung** gegeben. Grundsätzlich sollen Absätze den Text strukturieren. Deshalb sollte nicht nach jedem Satz ein Absatz gebildet werden. Als Faustregel: mindestens drei Sätze pro Absatz, mindestens drei Absätze pro Seite. Im Einzelfall kann es erforderlich sein, einen Absatz zu bilden, der nur aus einem einzelnen Satz besteht, z.B wenn ein eingerücktes Zitat folgt oder wenn in einem Gutachten das Ergebnis auch optisch abgehoben werden soll. Das sollte jedoch die Ausnahme und nicht die Regel sein.

Der **Fließtext** wird i.d.R. als Blocksatz mit Silbentrennung formatiert. Dabei ist zu beachten, dass ein Wort, das allein in der letzten Zeile eines Absatzes steht, nicht getrennt wird. Bei **Aufzählungen** kann auch der ›Flattersatz‹ verwendet werden, also eine linksbündige Formatierung. Aufzählungen sollten aber grundsätzlich sparsam eingesetzt werden, insbesondere wenn sie nicht in ganzen Sätzen formuliert werden. Mit Stichworten lässt sich nicht argumentieren. Auch der **Fußnotenapparat** wird als Blocksatz mit Silbentrennung formatiert (s. dazu ausführlicher oben, Kap. 4.3, Abs. 4.5). Insgesamt gilt: Der Text sollte übersichtlich und ansprechend formatiert sein.

6. Fazit: Formale Bewertungskriterien

Die formalen Kriterien für die Bewertung von wissenschaftlichen Studienarbeiten sind komplex. **Form und Inhalt** lassen sich nicht immer trennen. In wissenschaftlichen Arbeiten hat die Beurteilung der Form zugleich eine inhaltliche Bedeutung, z.B. wenn es um den logischen Aufbau und die Struktur des Textes, den angemessenen Umfang der verwendeten Literatur oder die präzise Position von Fußnotenzeichen geht.

Gleichwohl bietet es sich an, die Vielzahl der möglichen **formalen Bewertungskriterien** in eigenständiger Arbeit zu rekapitulieren, zu vertiefen und ggf. zu erweitern. Dazu kann z.B. die folgende Übung mit dem Namen **›Arbeitstheke‹** durchgeführt werden.

Ü12 Arbeitstheke: Formale Gestaltung von schriftlichen Arbeiten[354]

- Die Unterrichtsmethode „Arbeitstheke" kann dazu dienen, **selbständig** die **Lehrinhalte** einer Lehreinheit zu **vertiefen**.
- Für ausgewählte **Aspekte der formalen Gestaltung schriftlicher Arbeiten** wird jeweils eine **›Arbeitstheke‹** eingerichtet (Tische für eine Gruppenarbeit), z.B. *Bestandteile eines Manuskripts*, *Gestaltung von Verzeichnissen*, *Bibliographische Angaben*, *Sprachliche Gestaltung* u.a.
- Je nach Thema kann zusätzlich **Material** zur Verfügung gestellt werden, z.B. Fragen, Arbeitsaufträge, Textauszüge und Beispiele.
- Jeder sucht sich nach Interesse eine Theke für die **Themenbearbeitung** aus. Das Thema wird in der Gruppe besprochen. Dabei zeigt sich auch, was ggf. noch unklar ist. Mögliche Probleme werden analysiert und Vorschläge für Lösungen erarbeitet. Je nach Zeitrahmen können nacheinander mehrere Theken besucht werden. Die Ergebnisse können z.B. in Form von *Kontrollfragen* oder *Checklisten* festgehalten werden.

***

354 S. dazu *Hugenschmidt, B./Technau, A.*, Methoden, 2014 (FN 30), S. 29 f. (Arbeitstheke).

5. Plagiatsvermeidung

Unter dem Gesichtspunkt der *Selbstkompetenz* lässt sich das **Ethos des Wissenschaftlers** in den Blick nehmen. ›Ethos‹ meint zum einen die Sitten und Gebräuche in einem sozialen Kontext, zum anderen die moralische Charakterbildung des Individuums. Dieser Gesichtspunkt korrespondiert mit der ›Ethik‹ als einer philosophischen Disziplin, die sich mit den Werten und Normen beschäftigt, an denen sich das Handeln ausrichtet. Im Unterschied zur *Wissenschaftsethik* wird hier jedoch nicht der disziplinäre Hintergrund beleuchtet. Vielmehr werden die Anforderungen an die Tätigkeit des wissenschaftlichen Arbeitens unter dem Aspekt einer persönlichen Haltung und Selbstkontrolle betrachtet. Im Studium betrifft das insbesondere die **Plagiatsvermeidung**.

◎ **Didaktischer Hinweis zu Plagiaten als Unterrichtsgegenstand**

- Die Beschäftigung mit Plagiaten in der Lehre wirft Fragen auf: Ist es nicht kontraproduktiv, wenn Studierende die verschiedenen Möglichkeiten des Plagiierens kennenlernen? Werden ihnen nicht dadurch Techniken an die Hand gegeben, mit deren Hilfe sich noch besser betrügen lässt? – Solche Fragen sind berechtigt: Es ist immer eine Abwägung erforderlich. **Argumente *für* die Beschäftigung mit Plagiaten** können z.B. die folgenden sein:

- Allen Studierenden sollte *aus ethischen Gründen* unterstellt werden, dass sie bestrebt sind, Plagiate zu vermeiden (positives Menschenbild).
- Um Plagiate *bewusst vermeiden* zu können, muss bekannt sein, welche Formen es gibt.
- Plagiate sind eine Form des *wissenschaftlichen Fehlverhaltens*, darüber muss aufgeklärt werden, einschließlich der Gründe und Folgen.
- Das Fach *Wissenschaftliches Arbeiten* ist der geeignete Ort, um sich mit dem Plagiatsproblem auseinanderzusetzen.
- Die Beschäftigung mit der Plagiatsvermeidung hat einen Bezug zu einer *Leitfrage* des Buches: Welche Methodischen Grundlagen hat das wissenschaftliche Arbeiten?
- Die Beschäftigung mit den formalen Anforderungen an wissenschaftliche Texte dient immer auch dazu, eine ›*gute wissenschaftliche Praxis*‹ zu befördern.

5.1 REGELN GUTER WISSENSCHAFTLICHER PRAXIS (DFG)

Die *Deutsche Forschungsgemeinschaft* (DFG) hat eine *Denkschrift* mit **›Vorschlägen zur Sicherung guter wissenschaftlicher Praxis‹** herausgegeben. Der Text gibt *Empfehlungen* für die Gestaltung von Rahmenbedingungen der Forschung, erörtert *Probleme im Wissenschaftssystem*, schildert *Internationale Erfahrungen* (USA, Dänemark, Großbritannien) und verweist auf *Weitere nationale und internationale Standards*.[355] Die Erstfassung von 1998 ist im Jahr 2013 überarbeitet worden. Dabei sind z.B. Bemerkungen zum Schutz von sogenannten ›*Whistleblowern*‹ ergänzt worden.[356] Die **17 Empfehlungen** in der

[355] Vgl. im Einzelnen *DFG*, Praxis, 2013 (FN 99), S. 13–37 (Empfehlungen), 38–48 (Probleme), 49–53 (Erfahrungen), 54 (Standards).

[356] S. ebd., S. 10 (Übersicht der Aktual. u. Erg.); ein **›Whistleblower‹** (Hinweisgeber) auf wissenschaftliches Fehlverhalten – so die DFG – dürfe dadurch „keine Nachteile für das eigene wissenschaftliche und berufliche Fortkommen erfahren" (ebd., S. 36 [Empfehlung 17]). Der Ausdruck ›Whistleblower‹ ist auch außerhalb der wissenschaftlichen Forschung in der Diskussion seit der IT-Spezialist Edward Snowden 2013 geheime NSA-Dokumente veröffentlicht hat.

aktuellen Fassung beziehen sich sowohl auf die Tätigkeit des einzelnen Wissenschaftlers als auch auf die Strukturen seines Arbeitsumfelds (s. Abb. 39).

Empfehlungen zur Sicherung guter wissenschaftlicher Praxis (DFG)	
1. Gute wissenschaftliche Praxis	10. Fachgesellschaften
2. Festlegung von Regeln	11. Autorschaft bei Publikationen
3. Organisation	12. Wissenschaftliche Zeitschriften
4. Wissenschaftlicher Nachwuchs	13. Forschungsförderung: Antragsrichtlinien
5. Vertrauenspersonen (Ombudspersonen)	14. Verwendungsrichtlinien
6. Leistungsbewertung	15. Gutachter
7. Datenhaltung	16. Ombudsman [sic!] (Bevollmächtigter)
8. Verfahren bei Fehlverhalten	17. Hinweisgeber (sog. Whistleblower)
9. Kooperation außeruniversitärer Institute	

Abb. 39: Übersicht: Regeln guter wissenschaftlicher Praxis (DFG), erstellt nach: *DFG*, Empfehlungen, 2013 (FN 99), S. 5 (Inhalt).

Die *Vorschläge* der DFG können als ein Beitrag zur **Selbstregulation der Wissenschaft** angesehen werden.[357] Adressaten der Schrift sind nicht Studierende, sondern die wissenschaftlichen Institutionen, die Regeln entwickeln und Strukturen schaffen sollen, um eine ›gute wissenschaftliche Praxis‹ in der Forschung zu gewährleisten, wissenschaftlichem Fehlverhalten vorzubeugen und mit auftretenden Fällen solchen Fehlverhaltens angemessen umzugehen. Gleichwohl sind die *Vorschläge* auch für **Studierende** interessant. Sie verdeutlichen, worauf beim wissenschaftlichen Arbeiten Wert zu legen ist und welche Anforderungen zu erfüllen sind. Das betrifft z.B. die Empfehlungen 1, 6, 8 und 12:

Σ DFG: Empfehlungen [Auszüge]

- *Empfehlung 1:*
  „[A]llgemeine Prinzipien wissenschaftlicher Arbeit [sind] zum Beispiel [folgende:]
- ***lege artis* zu arbeiten**,
- **Resultate** zu **dokumentieren**,
- alle **Ergebnisse** konsequent **selbst anzuzweifeln**,
- strikte **Ehrlichkeit** im Hinblick auf die Beiträge von Partnern, Konkurrenten und Vorgängern zu **wahren** […].“[358]
- *Empfehlung 6:*
  „Leistungs- und Bewertungskriterien [sind] so fest[zu]legen, dass **Originalität und Qualität** als Bewertungsmaßstab stets **Vorrang vor Quantität** haben.“[359]
- *Empfehlung 8:*
  „Definitionen von Tatbeständen [sollen erarbeitet werden], die in Abgrenzung zu guter wissenschaftlicher Praxis (Empfehlung 1) als wissenschaftliches Fehlverhalten gelten, beispielsweise **Erfindung von Daten und Fälschung von Daten**, **Plagiat**, **Vertrauensbruch** als Gutachter[in].“[360]

---

357 S. zum Erfordernis der Selbstregulation auch die Ausführungen zum ›Hochschulurteil‹ oben, Kap. 2.1.3.
358 *DFG*, Praxis, 2013 (FN 99), S. 15 (Empfehlung 1) [im Orig. ohne Hervorh.].
359 Ebd., S. 20 (Empfehlung 6) [im Orig. ohne Hervorh.].
360 Ebd., S. 23 (Empfehlung 8) [im Orig. ohne Hervorh.].

- *Empfehlung 12:*
  „Wissenschaftliche Zeitschriften sollen in ihren **Autorenrichtlinien** erkennen lassen, dass sie sich im Hinblick auf die **Originalität** eingereichter Beiträge und die **Kriterien für die Autorschaft** an der besten international üblichen Praxis orientieren."[361]

Die **›Regeln der Kunst‹** müssen bekannt sein und in der Praxis angewendet werden (s. Empfehlung 1). Dazu braucht es zum einen Methoden und Techniken und zum anderen ein kritisches Bewusstsein der eigenen Tätigkeit. Die Forderung nach **„Ehrlichkeit"** hat zugleich einen moralisch-ethischen Charakter und schließt die Ehrlichkeit gegenüber sich selbst mit ein:

> „Forschung als Tätigkeit ist Suche nach neuen Erkenntnissen. Diese entstehen aus einer stets durch Irrtum und Selbsttäuschung gefährdeten Verbindung von Systematik und Eingebung. **Ehrlichkeit gegenüber sich selbst und gegenüber anderen** ist eine Grundbedingung dafür, dass neue Erkenntnisse [...] überhaupt zustande kommen können."[362]

Im **Verwaltungsstudium** geht es weniger um eine **›Originalität‹** in dem Sinne, dass neue Erkenntnisse erarbeitet und eigenständige Forschungsleistungen erbracht werden (s. Empfehlung 6).[363] ›Originalität‹ kann aber auch im Studium als individuell zurechenbare Leistung relevant sein. Insofern ist der Hinweis **›Qualität vor Quantität‹**[364] auch eine Faustregel für Studienleistungen. Die Forschungsleistungen eines Wissenschaftlers sollten nicht bloß an der Anzahl von veröffentlichten Druckseiten gemessen werden, und auch bei Studienleistungen geht es weniger darum, möglichst viele Informationen aus der Literatur zusammenzutragen, als vielmehr um die *Qualität* der Themenbearbeitung, der das Zusammentragen von Informationen dient.

Für eine gute Note genügt es nicht, sich auf die **Vermeidung von ›wissenschaftlichem Fehlverhalten‹**, insbesondere die *Plagiatsvermeidung*[365], zu beschränken (s. Empfehlung 8). Dies wäre eher die Voraussetzung dafür, eine Studienleistung überhaupt bestehen zu können und das Studium fortsetzen zu dürfen. Die Regeln guter wissenschaftlicher Praxis (s. Empfehlung 1) können hingegen auch **Qualitätskriterien** für die Beurteilung von Studienleistungen sein und den Studierenden Orientierung im Arbeitsprozess geben:

[?] Mögliche Kontrollfragen zur guten wissenschaftlichen Praxis

- Habe ich mich eingehend mit den formalen Anforderungen beschäftigt und diese korrekt umgesetzt?
- Habe ich das Material gründlich dokumentiert und alle verwendeten Quellen und Hilfsmittel in meiner Arbeit benannt?
- Bin ich im Arbeitsprozess selbstkritisch mit Thesen und Behauptungen umgegangen?
- Bin ich mir selbst und dem Leser (Prüfer) gegenüber aufrichtig und ehrlich, was die Stichhaltigkeit meiner Ergebnisse angeht?
- Habe ich z.B. auch solche Informationen berücksichtigt und verarbeitet, die meiner eigenen Meinung und den von mir aufgestellten Hypothesen widersprechen?

---

361 *DFG*, Praxis, 2013 (FN 99), S. 29 (Empfehlung 12) [im Orig. ohne Hervorh.].
362 Ebd., S. 40 (2.1 Normen der Wissenschaft).
363 Vgl. dazu bereits oben, Vorwort, S. VIII.
364 Vgl. *DFG*, Praxis, 2013 (FN 99), S. 20 (Empfehlung 6).
365 S. dazu die Faustregeln zur Plagiatsvermeidung unten, Kap. 5.2.2.

Solche Kontrollfragen sind auch in der späteren **Verwaltungspraxis** relevant, z.B. wenn Gutachten geschrieben und Handlungsempfehlungen gegeben werden: Hier muss selbstkritisch überprüft werden, ob man einen Sachverhalt differenziert dargestellt, Pro- und Contra-Argumente hinreichend erörtert und eigene Urteile nicht voreilig, unbegründet und willkürlich gefällt hat.

Relevanz guter wissenschaftlicher Praxis für die berufliche Praxis

Nicht nur Berufswissenschaftler sind angehalten, die Regeln guter wissenschaftlicher Praxis einzuhalten. In der Verwaltungspraxis sind z.B. Ehrlichkeit und Gewissenhaftigkeit Voraussetzungen für ein **Vertrauensverhältnis** von Verwaltung und Bürger. Werden die Erkenntnisse der Wissenschaft genutzt, um Entscheidungen zu treffen, können die Regeln der DFG genutzt werden, um die Einhaltung von Standards zu überprüfen.

5.2 WISSENSCHAFTLICHES FEHLVERHALTEN

5.2.1 Plagiate vs. technische Fehler

Das Plagiieren ist eine Form des wissenschaftlichen Fehlverhaltens. Durch die mediale Berichterstattung über sogenannte **›Plagiatsaffären‹** ist auch die Öffentlichkeit darauf aufmerksam geworden. Ein prominenter Fall ist die juristische Dissertation des ehemaligen Verteidigungsministers Karl-Theodor zu Guttenberg.[366] Im Folgenden geht es nicht um eine Bewertung der Person oder des konkreten Fehlverhaltens, vielmehr soll dieser Fall zum Anlass genommen werden, einige grundsätzliche Überlegungen dazu anzustellen, was Plagiate sind und wie sie sich vermeiden lassen. **›Vermeiden‹** bedeutet dabei *nicht*, dass gelernt werden soll, wie Plagiate nicht als solche erkannt werden, z.B. wie lange und in welcher Weise der Wortlaut einer verwendeten Quelle umformuliert werden müsste, damit diese Quelle nicht mehr nachgewiesen zu werden brauchte; genau das wäre eine Form des Plagiats!

Die Ausführungen sind für Studierende gedacht, die ein Interesse daran haben, wissenschaftlich korrekt zu arbeiten, die sich also nicht zu Unrecht dem **Plagiatsvorwurf** ausgesetzt sehen wollen, sondern wissen möchten, was sie tun müssen, damit es in dieser Hinsicht nichts zu beanstanden gibt. Dafür ist es hilfreich zu verstehen, was Plagiate sind und weshalb überhaupt plagiiert wird. Weiterhin werden mögliche Formen des Plagiats analysiert und Maßnahmen zur Prävention erörtert. Der Dozent, der studentische Texte auf Plagiate prüft, kann dadurch mehr Sicherheit in der Beurteilung von Verdachtsfällen gewinnen. Im Unterschied zur Tätigkeit von sogenannten ›Plagiatsjägern‹, die darauf zielt, Plagiate in bereits geschriebenen Texten zu finden, verstehen sich die folgenden Ausführungen jedoch primär als ein Beitrag zur **Aufklärung und Prävention**.

---

366 *Guttenberg, Karl-Theodor Freiherr zu*: Verfassung und Verfassungsvertrag: Konstitutionelle Entwicklungsstufen in den USA und der EU, zugl.: Bayreuth, Univ., Diss., 2006, Berlin: Duncker & Humblot, 2009; s. dazu *ARD Mittagsmagazin*: Plagiatsaffäre Karl Theodor zu Guttenberg: Uni Bayreuth legte Abschlussbericht vor (TV-Sendung vom 11.05.2011 um 13:00 Uhr), in: *ARD* (Hrsg.): Mediathek; http://www.ardmediathek.de/ (Beitrag nicht mehr verfügbar).

Ü13 Textanalyse: Karl-Theodor zu Guttenberg: ›Kein Plagiat!‹
(Stellungnahme vom 18.02.2011 vor ausgewählten Journalisten)

- *Arbeitsauftrag*: Analysieren Sie den unten stehenden Text im Hinblick auf den **Plagiatsbegriff und die Argumentionsstrategie**.
- *Hinweis zum Text*: In einer Stellungnahme vor ausgewählten Journalisten vom 18. Februar 2011 weist Karl-Theodor zu Guttenberg die gegen ihn erhobenen Plagiatsvorwürfe zurück. Relevant für die Plagiatsvermeidung sind dabei vor allem diejenigen Aussagen, die sich auf die **Unterscheidung von Plagiaten und technischen Fehlern** beziehen.

„Meine von mir verfasste Dissertation ist **kein Plagiat**, und den Vorwurf weise ich mit allem Nachdruck von mir. Sie ist über etwa sieben Jahre neben meiner Berufs- und Abgeordnetentätigkeit als junger Familienvater **in mühevollster Kleinarbeit** entstanden und sie **enthält fraglos Fehler**. Und über jeden einzelnen dieser Fehler bin ich selbst am unglücklichsten. Es wurde allerdings **zu keinem Zeitpunkt bewusst getäuscht** oder bewusst die Urheberschaft nicht kenntlich gemacht.

Und **sollte sich jemand** hierdurch oder **durch unkorrektes** Setzen und **Zitieren** oder versäumtes Setzen von Fußnoten bei insgesamt 1.300 Fußnoten und 475 Seiten **verletzt fühlen**, so **tut mir das** aufrichtig **leid**. Die eingehende Prüfung und Gewichtung dieser Fehler obliegt jetzt der Universität Bayreuth.

Ich werde selbstverständlich **aktiv mithelfen**, festzustellen, **inwiefern** darin ein wissenschaftliches, ich betone, ein **wissenschaftliches Fehlverhalten** liegen könnte. Und ich werde gerne bis zum Ergebnis dieser Prüfung vorübergehend, ich betone, vorübergehend auf das Führen des Titels verzichten – allerdings nur bis dahin. Anschließend werde ich ihn wieder führen.

Ich werde **mir keine anderen Maßstäbe anlegen**, **als** ich sie bei **anderen** angesetzt hätte. Jede weitere Kommunikation über das Thema werde ich von nun an ausschließlich mit der Universität Bayreuth führen. Die Menschen in diesem Land erwarten, dass ich mich um das fordernde **Amt des Verteidigungsministers** mit voller Kraft kümmere und das kann ich auch. Wir stehen vor einer historischen Bundeswehrreform und ich **trage** die **Verantwortung** für die Soldaten im Einsatz, wie ein Ereignis an dem heutigen Tag einmal mehr auf bittere Weise zeigt."[367]

In dieser Stellungnahme lässt sich eine **Doppelstrategie** erkennen: Das mutmaßliche Fehlverhalten wird *relativiert*, und zugleich wird die eigene Person *moralisch aufgewertet*. Dass es in der Arbeit Fehler gibt, sei äußeren Umständen und dem Umfang der Arbeit geschuldet, und zugleich erfordert es *Courage*, eigene Fehler zuzugeben. Die Prüfung, ob ein Fehlverhalten vorliegt, sei ›nur‹ in wissenschaftlicher, also nicht in rechtlicher oder ethischer Hinsicht relevant, und zugleich wird durch die Ankündigung, bei der Aufklärung mitzuwirken, *Kooperationsbereitschaft* signalisiert. Angesichts der Aufgaben eines Bundesministers der Verteidigung erscheinen korrekte Fußnoten relativ

---

[367] *Guttenberg, Karl-Theodor Freiherr zu/SZ* (Sueddeutsche Zeitung) (Red.): ›Kein Plagiat‹: Die Stellungnahme von Guttenberg im Wortlaut (Art. v. 18.02.2011, 15:22 Uhr), in: *Sueddeutsche.de* (Hrsg.): Politik; http://www.sueddeutsche.de/politik/stellungnahme-von-guttenberg-kein-plagiat-die-erklaerung-imwortlaut-1.1061952 (Zugriff 02.08.2017) [im Orig. ohne Hervorh.]; vgl. *Guttenberg, K.-Th./ZDF* (Red.): ›Meine Dissertation ist kein Plagiat‹: Erklärung vor ausgewählten Journalisten am 18.02.2011 (Video, hochgeladen vom ZDF am 18.02.2011), in: *ZDF* (Hrsg.): YouTube Channel; https://www.youtube.com (Zugriff 02.10.2016).

unbedeutend, und zugleich erfordert die Ausübung dieses Amtes *Verantwortungsbewusstsein*. – Im Folgenden geht es nicht um eine Bewertung des konkreten Fehlverhaltens oder gar um ein moralisches Urteil über Guttenberg als Person. Stattdessen soll die Analyse der Aussagen zu den Plagiaten und ihrem Zustandekommen dabei helfen, dieses Phänomen und die Herausforderung der Plagiatsvermeidung besser zu verstehen.

Auffällig ist zunächst der Gebrauch des Wortes ›Plagiat‹: Die Rede davon, dass die Dissertation ›(k)ein Plagiat‹ sei, bezieht sich grammatisch auf die gesamte Arbeit im Singular, so als würde es inhaltlich um die Frage gehen, ob der gesamte Text von einem anderen Autor stamme. Präziser wäre es, davon zu sprechen, dass die Dissertation keine Plagiate *enthalte* bzw. dass darin nicht *plagiiert* worden sei. Ein **„versäumtes Setzen von Fußnoten"**[368] ist nicht das einzige Kriterium, um von Plagiaten zu sprechen. Ein indirektes Zitat ohne Anführungszeichen gibt die Gedanken anderer in eigenen Worten wieder, ein direktes Zitat übernimmt Formulierungen wörtlich und steht in Anführungszeichen.[369] Die angesprochenen ›fehlenden und inkorrekt gesetzten Fußnoten‹ oder auch unvollständige Nachweise können als ›technische‹ Fehler angesehen werden, *sofern* die Gestaltung des Textes dem Leser gleichwohl Aufschluss darüber gibt, welche Gedanken und Formulierungen nicht vom Verfasser der Arbeit stammen. Wenn Plagiate als technische Fehler

368 *Guttenberg, K.-Th./SZ* (Red.), Stellungnahme, 2011 (FN 367) [im Orig. nicht fett gedruckt]; anhand dieses Kurznachweises lassen sich einige Probleme der korrekten Zitation erläutern: **Variante 1**: Wenn an dieser Stelle **gar kein Nachweis** stehen würde, dann ginge trotzdem aus der Gestaltung des Textes hervor, dass es sich um ein Zitat handelt: zum einen weil die Formulierung in Anführungszeichen steht, zum anderen weil sie bereits zuvor als direktes Zitat wiedergegeben und auch nachgewiesen worden ist (s. FN 367). Es lässt sich also darüber streiten, ob an dieser Stelle (FN 368) überhaupt ein erneuter Nachweis erforderlich ist. Gerade aber weil sich darüber ›trefflich streiten‹ lässt, ist diese Variante mit einer gewissen Unsicherheit behaftet [Bem.: Anders verhält es sich mit der Formulierung „trefflich streiten": Diese lässt sich auch ohne Nachweis als ein Goethezitat identifizieren: *Goethe, J. W.*, Faust, [1]1808 (FN 297), V. 1997]. – **Variante 2**: Alternativ zum angeführten Kurznachweis könnte an dieser Stelle auch bloß **›ebd.‹ (ebenda)** stehen, um kenntlich zu machen, dass die Formulierung „versäumtes Setzen von Fußnoten" derjenigen Quelle entnommen ist, die in der direkt vorangehenden Fußnote genannt wird. Streng genommen wäre das zwar zu unpräzise, da die vorangehende Fußnote *zwei* Quellenangaben enthält, sodass der Bezug von ›ebd.‹ nicht eindeutig wäre; s. FN 367; s. zur Verwendung von ›ebd.‹ bereits oben, FN 36 f. [Bem.: **›S.‹ (siehe)** und nicht ›vgl.‹ (vergleiche) steht hier, weil die Formulierung, dass „die vorangehende Fußnote *zwei* Quellenangaben enthält", gar kein Zitat ist: Ein ›Nachweis‹ mit ›s.‹ ist eher ein ›Hinweis‹; in diesem Fall auf die Stelle, wo sich die besagten zwei Quellenangaben finden lassen, ohne dass dort von ›zwei Quellenangaben‹ gesprochen werden würde; zur Unterscheidung von indirekten Zitaten und Hinweisen sollte daher bei wörtlichen Zitaten weder ›vgl.‹ noch ›s.‹ stehen; vgl. *Theisen, M. R.*, Erfolgreich, [16]2013 (FN 31), S. 174; *ders.*, Technik, [15]2011 (ebd.), S. 152]. In diesem speziellen Fall wäre es aber gleichgültig, ob sich ›ebd.‹ nur auf eine der beiden in der vorangehenden Fußnote genannten Quellen oder auf beide Quellen bezöge, da der zitierte Wortlaut sowohl dem Text als auch dem Video entnommen werden kann. Solange der Bezug *eindeutig* ist, kann der Nachweis ›ebd.‹ durchaus verwendet werden. Allerdings ist genau aus diesem Grund – nämlich der Forderung nach einem *eindeutigen* Bezug – auch der Vorschlag bedenkenswert, auf die Verwendung von ›ebd.‹ ebenso zu verzichten wie auf die Verwendung von ›a.a.O.‹ (am angegebenen Ort) und stattdessen bei wiederholter Zitation aus derselben Quelle immer den kompletten Kurznachweis zu wiederholen; vgl. *Theisen, M. R.*, Erfolgreich, [16]2013 (FN 31), S. 202; *ders.*, Technik, [15]2011 (ebd.), S. 175. – **Variante 3**: Um die Probleme der Varianten 1 und 2 zu vermeiden, ist der angeführte **Kurznachweis** *„Guttenberg, K.-Th./SZ* (Red.), Stellungnahme, 2011 (FN 367) [im Orig. nicht fett gedruckt]" verwendet worden. Dieser Nachweis macht nicht nur deutlich, dass im Text erneut zitiert worden ist, sondern auch, dass die in FN 367 genannte *Textquelle* und nicht das dort ebenfalls genannte *Video* mit dem Nachweis gemeint ist. Eine weiteres Argument *für* den Kurznachweis ist der Eingriff in den Schriftschnitt: Im Original ist die zitierte Formulierung nicht fett gedruckt, sodass die Fußnote die Möglichkeit bietet, diesen Eingriff durch einen entsprechenden Hinweis kenntlich zu machen.

369 S. zur **direkten Zitation** die Bemerkungen zum Humboldt-Zitat im *Hochschulurteil* oben, Kap. 2.1.3.

verstanden würden, dann wäre vermutlich kaum eine umfangreichere wissenschaftliche Arbeit ›plagiatfrei‹. Insofern liegt hier in der Tat eine wichtige Differenzierung vor.

Weil technische Fehler und Versäumnisse jedoch nicht das einzige Kriterium sind, um von Plagiaten zu sprechen, ist weiterhin die Aussage wichtig, dass **„zu keinem Zeitpunkt bewusst getäuscht"** worden sei.[370] Damit wird ein anderes Kriterium hinzugenommen: die Täuschungsabsicht. Beim Verfassen eines Textes darf dem Leser nicht absichtlich ein falscher Eindruck in Bezug auf die ›Urheberschaft‹ vermittelt werden. Quellen und Hilfsmittel, die benutzt worden sind, dürfen nicht verschwiegen werden.

In der Wissenschaft sind die Anforderungen an eine korrekte Zitation höher als z.B. in Zeitungsartikeln oder in der populärwissenschaftlichen Literatur. Dort wird häufig ohne vollständige Nachweise zitiert, ohne dass deshalb von Plagiaten gesprochen werden sollte.[371] Für literarische Werke wäre es fatal, wenn alle verwendeten Quellen mit einem Nachweis versehen werden müssten. Hier lässt sich die **›Montage‹** als eine künstlerische Technik einsetzen, indem Versatzstücke und Paraphrasen aus anderen Texten neu montiert werden. Im Kunstwerk entsteht bereits dadurch etwas Neues: Der kreative Umgang mit dem Material und die Einbettung der Versatzstücke in einen anderen Kontext schafft ein eigenes Werk. Diese **künstlerische Freiheit** hat der Wissenschaftler nicht.[372] Zwar werden auch in der Wissenschaft Verbindungen hergestellt und Kontexte erschlossen, aber dies geschieht zu einem anderen Zweck, nämlich mit einer Erkenntnisabsicht.

In wissenschaftlichen Texten muss für den Leser nachvollziehbar sein, wie die Erkenntnisse zustande gekommen sind und worauf sie sich stützen.[373] Das verwendete **Material** muss konkret benannt werden, weil es sich – wissenschaftlich betrachtet – nicht bloß um ›Material‹, sondern um ›Erkenntnisse‹ handelt, die das Werk eines anderen sind. Auch rechtlich betrachtet gehören Schriftwerke zu den „persönliche[n] geistige[n] Schöpfungen" und haben einen **geistigen Urheber** (§ 2 Abs. 2 i.V.m. § 7 UrhG).[374] Wer den Urheber übernommener Gedanken verschweigt, gibt ›fremdes‹ Gedankengut als eigenes aus. Bei Qualifikationsarbeiten im Studium ist das zugleich ein **Täuschungsversuch**, weil es hier um die Anerkennung von individuell zurechenbaren Leistungen geht. Wer aus Nachlässigkeit oder Überforderung die erforderlichen Nachweise ›vergisst‹, verstößt gegen die Sorgfaltspflicht des Wissenschaftlers. Bei Doktorarbeiten kommt verschärfend hinzu, dass diese Qualifikationsarbeiten dem Nachweis dienen sollen, eigenständig forschen zu können, indem sie *neue* Erkenntnisse zur Forschung beitragen.[375]

---

[370] *Guttenberg, K.-Th./SZ* (Red.), Stellungnahme, 2011 (FN 367) [im Orig. nicht fett gedruckt]; in dieser Variante der Textwiedergabe ist der **Konjunktiv** verwendet worden. Im Unterschied zu der Frage, ob ein erneuter Nachweis in der Fußnote erforderlich sei (s. dazu FN 368, Variante 1), stellt sich hier also die Frage, ob Anführungszeichen im Text erforderlich sind.

[371] Auch das Bundesverfassungsgericht hat im **›Hochschulurteil‹** bei dem besprochenen Humboldt-Zitat auf einen vollständigen Beleg verzichtet, das Zitat aber gleichwohl korrekt als solches gekennzeichnet, s. dazu die Ausführungen oben, Kap. 2.1.3.

[372] In der Literaturgeschichte kann die Montage als eine künstlerische Innovation angesehen werden; in Bezug auf Guttenbergs Dissertation ist der Ausdruck **›Montagetechnik‹** hingegen kritisch gemeint, um dessen Verfahren der Plagiatserstellung zu beschreiben, s. dazu unten, Kap. 5.3.1, bes. 5.3.1.4: Halbsatzflickerei.

[373] Vgl. zur **›Nachvollziehbarkeit‹** *Frank, A./Haacke, S./Lahm, S.*, Schreiben, 2007 (FN 29), S. 4 f.; s. außerdem die Einstiegsübung zu Kap. 2.1.1 (Ü1).

[374] S. zum vollständigen Nachweis des *Urheberrechtsgesetzes* oben, FN 313.

[375] Diese Anforderung ist i.d.R. in den *Promotionsordnungen* der Universitäten festgelegt.

Es gehört weit mehr zu einer wissenschaftlichen Arbeit als ein Fußnotenapparat. Eine große **Anzahl von Fußnoten**[376] allein garantiert noch keine wissenschaftlich korrekte Arbeitsweise. Bereits der wissenschaftliche **Stil**[377] stellt eine besondere Herausforderung dar, z.B. wenn bei indirekten Zitaten darauf verzichtet wird, die Referenz auch im Text zu erwähnen. Spätestens wenn ganze Passagen einer Arbeit wörtlich aus anderen Texten übernommen worden sind, ohne dies in irgendeiner Form kenntlich zu machen; spätestens dann handelt es sich nicht bloß um ein technisches Problem. Es ist dann zweifelhaft, ob es sich überhaupt um eine ***eigenständige*** **Forschungsleistung** handelt.

Das Problem ist also grundsätzlicher. Es geht beim Plagiatsvorwurf nicht in erster Linie um technische Fehler. Es wird wie gesagt[378] keine größere Forschungsarbeit ohne Zitierfehler geben. Wissenschaftliche Texte sind derart komplex, dass es vermessen wäre, solche Fehler vollständig ausschließen zu wollen. Dem Ideal der Fehlerfreiheit kann man sich nur annähern. Dafür ist die **Technik** zweifellos wichtig,[379] d.i. die Kenntnis und korrekte Anwendung der Zitierregeln, die allgemein in der Wissenschaft und speziell in der jeweiligen Disziplin üblich sind. Vorrangig aber geht es um die **Haltung** zum Gegenstand und zur eigenen Tätigkeit; um ein Bewusstsein für eigenes und fremdes Gedankengut. Erst vor diesem Hintergrund stellt sich die Frage nach der möglichen Umsetzung. Die Anwendung von Zitiertechniken ist kein Selbstzweck, sondern dient der Intention, genau diesem Bewusstsein einen adäquaten Ausdruck zu verleihen.[380] Zur Plagiatsvermeidung braucht es also beides: eine korrekte und gründliche Anwendung der fachspezifischen Zitationsmethode *und* eine ehrliche und gewissenhafte Haltung im Umgang mit den verwendeten Quellen.

5.2.2 Ableitung von Faustregeln zur Plagiatsvermeidung

Zur Vermeidung von Plagiaten können an dieser Stelle **sechs Faustregeln** abgeleitet werden: (1) sich mit den *Zitierregeln* vertraut machen, (2) Quellen bereits *während* des Arbeitsprozesses notieren, (3) beim Paraphrasieren *eigene* Gedenken entwickeln, (4) die *Funktion* von Nachweisen und Belegen prüfen, (5) deutlich machen, in welcher *Rolle* man spricht (ob als *Urheber* des Gedankens oder als *Rezipient* fremder Texte) sowie allgemein (6) präzise, gewissenhaft und sorgfältig arbeiten. – Für die folgende Erläuterung sind diese Regeln in Form von *Imperativen* formuliert:

---

376 S. dazu *Guttenberg, K.-Th./SZ* (Red.), Stellungnahme, 2011 (FN 367): „[…] bei insgesamt 1.300 Fußnoten und 475 Seiten". – Man lasse sich durch die Zahlen nicht irritieren: Zwar ist die Anzahl der Seiten (die ggf. nicht nur den reinen Text, sondern z.B. auch Verzeichnisse einschließt) für eine juristische Dissertation in diesem Fall relativ hoch, aber die Anzahl von **durchschnittlich drei Fußnoten pro Seite** ist es nicht, sondern kann bei umfangreichen Arbeiten als angemessen gelten. Für wissenschaftliche Aufsätze wäre sie eher gering. Was freilich plausibel bleibt: Je umfangreicher und komplexer ein Text ist, desto höher ist die Wahrscheinlichkeit, dass bei der Erstellung Fehler gemacht werden.

377 Dabei handelt es sich um das sogenannte **›Ich-Tabu‹**, vgl. dazu kritisch *Stary, J./Kretschmer, H.*, Literatur, 1998 ([1]1994) (FN 29), S. 143.

378 S. oben, Kap. 5.2.1.

379 S. zur Abgrenzung der Wissenschaft von der **Technik** als ›Kunstfertigkeit‹ oben, Kap. 2.2.3.3.

380 Diese Auffassung teilt *Niederhauser, J.*, Arbeit, 2015 (FN 29), S. 7 (Kap. 1.1 Zur Wissenschaftlichkeit wissenschaftlicher Arbeiten): Die Formulierung „[d]iese Auffassung teilt" ist nur dann angebracht, wenn man sich – wie hier der Fall – ein **Urteil** gebildet hat, *bevor* man den **Beleg** hinzufügt. Wird ein Gedanke zustimmend rezipiert, *nachdem* man ihn gelesen hat, könnte treffender ›diese Auffassung folgt‹, ›zuzustimmen ist‹ oder einfach ›vgl.‹ stehen.

5.2.2.1 Mache dich mit den Zitierregeln vertraut!

Um ***technische* Fehler** zu vermeiden, wie sie Guttenberg implizit einräumt,[381] ist eine Kenntnis der allgemeinen und der fachspezifischen **Zitierregeln** notwendig. Nur so lässt sich „inkorrektes [...] Zitieren"[382] vermeiden. Dem Kriterium ›formale Korrektheit‹ lässt sich nämlich nur genügen, wenn die ›Maßstäbe‹, die man sich vorgeblich selbst anlegt,[383] auch den geltenden Regeln der Kunst genügen.

5.2.2.2 Notiere deine Quellen während des Arbeitsprozesses!

In jeder Phase des Arbeitsprozesses sollten die verwendeten Quellen umgehend notiert werden. Wissenschaftliche Texte entstehen häufig „in mühevoll[er] Kleinarbeit"[384]. Im Nachhinein rekonstruieren zu wollen, woher die notierten Gedanken oder Formulierungen stammen, wenn man sich dazu keinerlei Notizen gemacht hat, ist nahezu unmöglich.[385] Wann immer ein Gedanke notiert wird, sollte die **Quelle sofort notiert** werden, der er entnommen ist oder die ihn veranlasst hat. Das gilt schon für die *Vorarbeiten* und während der *Lektüre* sowie besonders für das *Exzerpieren*[386].

Wird bereits am Manuskript gearbeitet, sollten die notierten Nachweise sofort eingearbeitet werden. Bei der **Arbeit am Rechner** empfiehlt es sich, das Dokument niemals zu schließen, bevor nicht alle eingearbeiteten direkten und indirekten Zitate nachgewiesen worden sind. Bereits am nächsten Tag könnte man ansonsten bereits vergessen haben, was man selbst formuliert oder aus anderen Texten übernommen hat. Auf diese Weise lässt sich ein „versäumtes Setzen von Fußnoten"[387] vermeiden.

5.2.2.3 Entwickle beim Paraphrasieren eigene Gedanken!

Man beobachte sich selbst beim Schreiben, um festzustellen, ob man Formulierungen aus anderen Texten nahezu wörtlich übernimmt, ohne dabei einen **eigenen Gedanken** zu **entwickeln**. Ist das der Fall, muss interveniert werden. Paraphrasen sind erlaubt. Es darf

---

381 S. *Guttenberg, K.-Th./SZ* (Red.), Stellungnahme, 2011 (FN 367) „S." (siehe) fungiert hier als **Verweis** auf die Stelle, wo Guttenberg „Fehler" einräumt (ebd.), die er nicht explizit *technisch* nennt.

382 *Guttenberg, K.-Th./SZ* (Red.), Stellungnahme, 2011 (FN 367): Hierbei handelt es sich um ein **direktes Zitat**, das im Text in *Anführungszeichen* steht und in der Fußnote ohne weitere Zusätze wie ›s.‹ oder ›vgl.‹ nachgewiesen wird. Weil Guttenberg wörtlich „inkorrektes Setzen und Zitieren" sagt (ebd.), stehen *Auslassungszeichen* „[...]" im Zitat. Das substantivierte Verb „Setzen" an dieser Stelle ist vermutlich ein versehentlicher Vorgriff beim mündlichen Vortrag des Skriptes auf das „Setzen von Fußnoten" (ebd.).

383 Vgl. *Guttenberg, K.-Th./SZ* (Red.), Stellungnahme, 2011 (FN 367): Diese Fußnote weist die **Paraphrase** einer Aussage Guttenbergs nach. Deshalb steht hier „Vgl.". Das *Fußnotenzeichen* steht hinter dem Nebensatz, auf den es sich bezieht. Würde es am Ende des Satzes stehen, wäre die Aussage eine ganz andere. Dann hätte Guttenberg selbst darauf hinweisen müssen, dass die eigenen Maßstäbe den „Regeln der Kunst" entsprechen müssten. Das in den Text eingeflochtene Wort „vorgeblich" ist deshalb kein bloßes Füllwort, sondern drückt ein distanziertes Verhältnis zu der indirekt zitierten Aussage aus.

384 *Guttenberg, K.-Th./SZ* (Red.), Stellungnahme, 2011 (FN 367); vgl. ähnlich *Niederhauser, J.*, Arbeit, 2015 (FN 29), S. 79 (Kap. 8) [im Orig. ohne Hervorh.]: „Eine wissenschaftliche Arbeit entsteht in mehr oder weniger **mühsamer Kleinarbeit**."

385 Medienberichten zufolge hat Guttenberg im Rückblick seine „**teilweise Überforderung**" eingeräumt, vgl. *ARD Mittagsmagazin*, Plagiatsaffäre, 2011, in: *ARD* (Hrsg.), Mediathek, 2011 (FN 366).

386 S. zum Exzerpieren oben, Kap. 3.3.3.

387 *Guttenberg, K.-Th./SZ* (Red.), Stellungnahme, 2011 (FN 367).

jedoch nicht der Eindruck erweckt werden, dass es sich um eigene Formulierungen handelt, wo eigentlich Formulierungen anderer wiedergegeben werden. Dann handelt es sich um eine Form der ›Verschleierung‹[388].

Jede Textwiedergabe mit eigenen Worten ist bereits eine **Interpretation**. Um sich das bewusst zu machen, kann man sich beim Paraphrasieren Fragen stellen, z.B.: Welche Informationen werden warum und wozu in welcher Weise wiedergegeben?

5.2.2.4 Prüfe die Funktion von Nachweisen und Belegen!

An jeder Stelle des eigenen Textes muss die Frage gestellt werden können, welche **Funktion** sie **im Hinblick auf** die eigene **Forschungsabsicht** hat. Damit das möglich ist, muss man eine Fragestellung haben. Man kann in der Wissenschaft nicht immer gleichsam ›bei null anfangen‹, sondern muss auf den Forschungsleistungen anderer aufbauen. In der Tat können sich andere Autoren „verletzt fühlen"[389], wenn deren Texte benutzt werden, ohne dies kenntlich zu machen. Forschungsleistungen sollten namentlich gewürdigt werden; das ist ein Gebot der *Fairness*.

Ein Nachweis kann aber nicht nur ein **Zitatnachweis** im engeren Sinne sein, sondern auch eigene Thesen stützen. Sowohl die Nachweise für Aussagen anderer Autoren als auch **Belege für eigene Argumente** dienen letztlich dazu, Probleme zu lösen und Forschungsfragen zu beantworten.

5.2.2.5 Mache deutlich, als wer du sprichst!

Das wissenschaftliche Ideal der **›Sachlichkeit und Objektivität‹**[390] kann unerwünschte Folgen haben: In der Formulierung tritt das Subjekt der Aussage hinter den Inhalt zurück und wird dadurch unkenntlich. Diesen Effekt teilt die Sprache der Wissenschaft mit der Rechts- und Verwaltungssprache. Besonders bei indirekten Zitaten lässt sich beobachten, dass die Namen von zitierten Autoren häufig nicht im Text, sondern nur in den Nachweisen genannt werden, z.B. in der Aussage: ›Plagiate *sind* von technischen Fehlern *zu unterscheiden*‹ (vgl. Meyer). Ohne den Zitatnachweis ließe sich nicht erkennen, dass es sich um eine Textwiedergabe handelt: Wer spricht hier? Wer fordert die Unterscheidung?

Auch wenn Namen nicht explizit im Text genannt werden, kann die Formulierung so gewählt werden, dass deutlich wird, **(als) wer (man) spricht**. Bei *direkten* bzw. *wörtlichen* Zitaten machen die doppelten Anführungszeichen augenfällig, dass ein anderer spricht. Sofern nicht wörtlich zitiert wird, spricht der Verfasser streng genommen immer *als* Autor, selbst dann, wenn er Gedanken von anderen wiedergibt.[391] Bei der *indirekten*

---

388 S. dazu die Besprechung der **Plagiatsformen** unten, Kap. 5.3.1, hier: Verschleierung.

389 *Guttenberg, K.-Th./SZ* (Red.), Stellungnahme, 2011 (FN 367).

390 S. zum Anspruch an Objektivität oben, Kap. 2.2.1.1.

391 In literarischen Texten ist außerdem die Unterscheidung von **Autor und Erzähler** bedeutsam. Es kann problematisch sein, einen auktorialen Erzähler oder einen Ich-Erzähler mit dem ›Autor‹ des Textes zu identifizieren, z.B. wenn dem Autor Ansichten unterstellt werden, die er eventuell gar nicht teilt und die lediglich der Rolle und Erzählsituation geschuldet sind, vgl. zur Diskussion der Rolle und Funktion des Erzählers *Vogt, Jochen*: Aspekte erzählender Prosa: Eine Einführung in Erzähltechnik und Romantheorie, 8., durchges. u. aktual. Aufl. ([1]1972), Opladen/Wiesbaden: Westdeutscher Verl., 1998, S. 42 (Kap. 2: Die

bzw. *sinngemäßen* Textwiedergabe geht es deshalb weniger darum, *wer* spricht (auch wenn man andere Texte wiedergibt, spricht man mit der eigenen Stimme), als vielmehr darum, *als wer* bzw. **in welcher Rolle** man spricht.

Sofern nichts anderes kenntlich gemacht wird, spricht man nicht nur als Autor, sondern implizit zugleich als **Urheber** der Gedanken. Sofern man Gedanken aus anderen Texten wiedergibt, spricht man hingegen als ein **Rezipient** dieser Texte. Dabei gilt: Wenn allein durch Nachweise nicht deutlich wird, wo Gedanken aus anderen Texte wiedergegeben werden, muss die Formulierung des eigenen Textes überarbeitet werden. Um dabei die Perspektive des Rezipienten einzunehmen, kann man nicht ständig ›ich‹ sagen, weil dies den Anforderungen an den wissenschaftlichen Stil widerstreitet (die ihrerseits dem Anspruch an *Sachlichkeit und Objektivität* geschuldet sind). Deshalb müssen ggf. andere Lösungen gefunden werden, z.B. indem Aussagen im **Passiv** formuliert werden: ›Plagiate *werden* [in der Forschung] von technischen Fehlern *unterschieden*‹ (vgl. Meyer, s. dazu auch Müller und Schulze) oder – zwar stilistisch weniger schön, aber sachlich dem Zweck genauso dienlich – mit der Verwendung von **unbestimmten Personalpronomina**: ›*Man* unterscheidet ...‹ *(Indefinitpronomen)* bzw. (in Kombination mit dem Passiv): ›*Es* wird unterschieden‹ *(Neutralpronomen)*.

Zum Gebrauch des Wortes ›man‹

Der Gebrauch des unpersönlichen Wortes **›man‹** kann in Studienarbeiten Anstoß beim Korrektor erregen. Woran Anstoß genommen wird, muss aber nicht unbedingt das Wort selbst sein. Die Kritik kann sich auch gegen den *Gebrauch* des Wortes richten, sofern nämlich genau bezeichnet werden könnte, wer mit ›man‹ gemeint ist.

Der Gebrauch des Wortes kann dazu dienen, den Leser gedanklich einzubeziehen oder Ratschläge zu geben – durchaus vergleichbar mit einem Kochrezept: Man nehme eine Idee ..., man nutze diese Gedanken ..., man achte besonders auf ... Auch in wissenschaftlichen Texten kann man durchaus ›man‹ sagen, sollte aber je nach Inhalt der Aussage prüfen, ob deren Subjekt auch konkret benannt werden könnte.

Diese Ratschläge sind nicht nur eine Frage des Stils, sondern helfen, Plagiate zu vermeiden. Wer noch sicherer gehen will (und – was auch stilistisch besser ist – **aktiv formulieren** möchte), kann die Referenzen explizit namentlich erwähnen, z.B. ›Meyer unterscheidet Plagiate von technischen Fehlern‹ (s. Meyer). Auch wenn sich eine indirekt zitierte Passage ihrerseits auf andere Autoren bezieht, lässt sich das durch entsprechende aktive Formulierungen verdeutlichen, z.B. ›Meyer unterscheidet Plagiate von technischen Fehlern und bezieht sich dabei auf Müller und Schulze (s. Meyer)‹ oder ›Meyer unterscheidet mit Müller und Schulze ... (s. Meyer, nach Müller/Schulze)‹.

Neutraler ohne Autorennamen lässt sich auch so formulieren: ›Eine Forschungsmeinung besagt, dass ... (vgl. Meyer); sie stützt sich auf Untersuchungen zu ... (s. Müller/Schulze)‹. Auch die Verwendung des **Konjunktivs** kann helfen, die Rezipientenperspektive zu verdeutlichen, z.B. ›Plagiate *seien* von technischen Fehlern zu unterscheiden, so Meyer ... (vgl. Meyer)‹.

---

typischen Erzählsituationen, S. 41–94). Auch der **Verfasser** wissenschaftlicher Texte schreibt in seiner Rolle ***als* Wissenschaftler**. Seine persönlichen Auffassungen können durchaus von den getroffenen Aussagen abweichen, wenn er sie in anderer Perspektive betrachtet und bewertet.

Bei der Formulierung wissenschaftlicher Texte liegt im Stil eine besondere **Herausforderung**, weil die durchgängige explizite Erwähnung der Referenzen im Fließtext nicht üblich ist. Man teste gleichwohl einmal, ob der eigene Text dem Leser auch ohne die stets zusätzlich erforderlichen Nachweise im Text und in den Fußnoten Auskunft darüber geben würde, wo Texte von Dritten verarbeitet worden sind. Das wird auch im fertigen Text nicht überall der Fall sein. In jedem Fall ist deshalb zusätzlich auf die präzise Platzierung von Nachweisen im Text und Fußnotenzeichen zu achten.

5.2.2.6 Arbeite gewissenhaft, sorgfältig und präzise!

Nicht nur in Seminararbeiten im Studium, sondern auch in Arbeiten aus der wissenschaftlichen Praxis lassen sich, was die präzise Zitation betrifft, Mängel finden. Eine Nachlässigkeit besteht z.B. darin, Fußnoten, die mehrere Quellenangaben enthalten, lediglich jeweils am Ende eines Absatzes zu platzieren, ohne deutlich zu machen, welche Informationen im Text welcher Quelle entnommen sind. Nach dieser Logik könnte man im Extremfall auch auf Zitatbelege ganz verzichten und am Anfang oder am Ende seines Textes eine Liste der verwendeten Literatur beifügen. Für eine präzise wissenschaftliche Arbeitsweise ist das zu wenig.[392] Wer **gewissenhaft** arbeitet, legt sich selbst und anderen Rechenschaft über die verwendeten Quellen ab. Wer dabei **sorgfältig und präzise** arbeitet, handelt im Sinne des Lesers, der die Quellenarbeit nachvollziehen können soll.[393]

***

Werden diese Faustregeln beachtet, wird auch die **Eigenleistung des Verfassers** deutlicher, was einen positiven Nebeneffekt hat: Welche Bestandteile des Textes bestehen aus übernommenen Informationen, und welche stellen eine eigenständige Argumentation dar? Wo werden Gedanken bloß wiedergegeben, wo werden sie kommentiert, systematisiert und/oder ergänzt? Bei benoteten Studienleistungen hat es einen erheblichen Einfluss auf die **Bewertung**, ob und inwieweit die Eigenständigkeit der Argumentation deutlich wird. Die kritische Auseinandersetzung mit dem Gelesenen muss im Studium nicht bedeuten, dass man zu völlig neuen Erkenntnissen gelangt. Aber selbst in der Rolle des Rezipienten muss man letztlich – plagiatfrei – einen eigenen Text schreiben.

---

392 Nur teilweise zuzustimmen ist deshalb dem Hinweis von *Niederhauser, J.*, Arbeit, 2015 (FN 29), S. 57 (Kap. 6.1) [im Orig. ohne Hervorh.]: „Stützt man sich für die Darlegungen in einem Abschnitt wiederholt auf eine oder mehrere Quellen, so muss allerdings nicht jedes Mal ein Verweis angebracht werden. Vielmehr kann nach dem ersten Satz des Abschnitts in einem **generellen Verweis** auf diese Quellen hingewiesen werden, sodass danach nur noch wörtliche Zitate genau nachgewiesen werden müssen." – Zuzustimmen ist dem Rat, dass Werke nicht erst am Ende, sondern zu Beginn eines Absatzes erwähnt werden sollten, wenn die folgenden Ausführungen vornehmlich eine Paraphrase dieser Werke darstellen (vgl. ebd.). Ansonsten bleibt die Textgrundlage nämlich für den Leser bis zum Ende eines Absatzes, wo der Nachweis steht, unklar, was insbesondere bei Seitenumbrüchen im eigenen Text problematisch ist. Allerdings sollten anschließend nicht nur direkte (vgl. ebd.), sondern auch *indirekte* Zitate an der entsprechenden Stelle nachgewiesen werden, vor allem dann, wenn sich der „generell[e] Verweis" (ebd.) auf mehrere Werke und/oder längere Textpassagen bezieht. Nur so werden die verwendeten Quellen für *bestimmte* Aussagen für den Leser nachvollziehbar. Präzise Nachweise sollten bereits während des Schreibens eingearbeitet werden; deren spätere Rekonstruktion ist sehr mühsam. Das hilft nicht nur dem Leser, sondern auch dem Verfasser, wenn er etwas selbst noch einmal nachschlagen möchte.

393 Vgl. zur ›Nachvollziehbarkeit‹ *Frank, A./Haacke, S./Lahm, S.*, Schreiben, 2007 (FN 29), S. 4 f.; s. außerdem die Einstiegsübung zu Kap. 2.1.1 (Ü1).

◎ **Bemerkung zum wissenschaftlichen Anspruch an Studienarbeiten**

Seminararbeiten im Studium sind keine Doktorarbeiten – der **Anspruch** ist deutlich geringer, aber: Das betrifft in erster Linie die Eigenständigkeit der Forschungsleistung sowie die Breite und Tiefe der inhaltlichen Auseinandersetzung und *nicht* die Anforderungen an die Zitation! Wenn im Studium juristische Hausarbeiten geschrieben werden, dann gibt es dazu sogar **Lösungsskizzen**, d.h., es wird nicht erwartet, dass Studierende etwas Neues zur Forschung beitragen. Sehr wohl aber wird erwartet, dass bei der Bearbeitung des Themas der Form nach wissenschaftlich korrekt gearbeitet wird. Das hat weniger mit der Originalität der Lösung als vielmehr mit dem Gebrauch des Handwerkszeugs zu tun. Dieser Gebrauch muss erst erlernt werden.

Technische Fehler sind verzeihlich und für den Lerneffekt sogar nützlich. Es macht aber einen Unterschied, ob die eigene Arbeit in technischer Hinsicht fehlerhaft ist, was sich ggf. negativ auf die **Benotung** auswirkt, oder ob darin fremde Texte verarbeitet worden sind, ohne dies kenntlich zu machen, was ggf. als **Täuschungsversuch** zu werten ist. Von Beginn des Studiums an müssen in schriftlichen Arbeiten fremde Gedanken und Formulierungen als solche kenntlich gemacht werden.

5.3 PLAGIATSDEFINITIONEN: FORMEN UND GRENZFÄLLE

5.3.1 Kategorisierung von Plagiaten

Roland Schimmel definiert Plagiate als **„nicht gekennzeichnete Zitat[e]"**.[394] Wer in einer Studienarbeit alles, was er aus anderen Texten übernimmt, mit einem Nachweis kenntlich macht, hat nicht bereits deshalb die Aussicht auf eine gute Note, aber zumindest vermeidet er Plagiate in diesem Sinne. Der Bericht der *Kommission ›Selbstkontrolle in der Wissenschaft‹ der Universität Bayreuth* vom 10.05.2011 nimmt eine Differenzierung vor und spricht vom **„[u]nbefugte[n] Verwerten unter Anmaßung der Autorschaft (Plagiat)"** im Unterschied zum „Verfälschen" und „Erfinden von Daten".[395]

Der Bericht der Bayreuther Kommission verweist auf die Ergebnisse der Recherche des Gemeinschaftsprojekts *›GuttenPlag‹*, d.i. eine kollaborativ bearbeitete Internetseite, die detailliert alle mutmaßlichen Plagiate auflistet, die in Guttenbergs Dissertation gefunden worden sind.[396] Zur Differenzierung der Fundstellen sind dort unterschiedliche **Plagiats-**

---

394 *Schimmel, R.*, Formulieren, 2012 (FN 29), S. 161 (Rn. 408) [im Orig. nicht fett gedruckt].

395 *Universität Bayreuth, Kommission ›Selbstkontrolle in der Wissenschaft‹*: Bericht an die Hochschulleitung der Universität Bayreuth aus Anlass der Untersuchung des Verdachts wissenschaftlichen Fehlverhaltens von Herrn Karl-Theodor Freiherr zu Guttenberg (Bayreuth, den 5. Mai 2011); in: *Scribd.de* (Hrsg.): Bericht der Guttenberg Kommission vom 10.05.2011, veröff. v. Uwe Bogumil; http://de.scribd.com/doc/55230011/Bericht-der-Guttenberg-Kommission-vom-10-05-2011 (Zugriff 02.08.2017), S. 6 (Kap. I: Auftrag der Kommission; im Orig. ohne Hervorh.); der Bericht legt nach eigenen Angaben die ›Regeln zum Umgang mit wissenschaftlichem Fehlverhalten an der Universität Bayreuth‹ zugrunde (hier: Nr. 2.1).

396 S. *Wikia*: GuttenPlag – kollaborative Plagiatsdokumentation: Eine kritische Auseinandersetzung mit der Dissertation von Karl-Theodor Freiherr zu Guttenberg: ›Verfassung und Verfassungsvertrag: Konstitutionelle Entwicklungsstufen in den USA und der EU‹ (Stand 03.04.2011); http://de.guttenplag.wikia.com/wiki/GuttenPlag_Wiki (Zugriff 02.08.2017); verwiesen wird darauf in *Universität Bayreuth*, Bericht, 2011 (FN 395), S. 10: „[Die] Übersicht [über Verstöße gegen die Zitierregeln, Anm. B. L.] orientiert sich [...] ferner an den Hinweisen auf http://de.guttenplag.wikia.com/wiki/Gutten Plag_Wiki."

kategorien gebildet worden.[397] Diese Kategorien wiederum orientieren sich an einem Artikel zum Thema ›Plagiatsbekämpfung‹ von Debora Weber-Wulff und Gabriele Wohnsdorf aus dem Jahre 2011, der in der Zeitschrift *Information – Wissenschaft und Praxis* erschienen ist.[398] Weber-Wulff und Wohnsdorf differenzieren ihrerseits **Plagiats*formen* und Plagiats*typen***: Mit *Plagiatsformen* sei die Art der Erstellung von Plagiaten gemeint, z.B. durch das *Copy-&-Paste*-Verfahren; *Plagiatstypen* ließen sich danach unterschieden, wer von wem mit welchem Zweck plagiiere, z.B. wenn ein Student in einer Hausarbeit von anderen Autoren abschreibe, mit denen er nicht persönlich bekannt ist, um sich dadurch die Anerkennung einer Studienleistung zu erschleichen.[399]

Im Folgenden werden die **Plagiats*formen*** besprochen, die für die Kategorisierung im Projekt *GuttenPlag* genutzt worden sind, worauf sich wiederum der Bayreuther Kommissionsbericht bezieht.[400] Die Plagiatsformen lassen sich auf dieser Grundlage in **sechs Kategorien** unterteilen: *Komplettplagiat*, *Übersetzungsplagiat*, *Verschleierung*, *Halbsatzflickerei*, *Alibi-Nachweis* (›Bauernopfer‹) und *Strukturplagiat*. Nicht bei allen diesen Formen wird derart plagiiert, dass die erforderlichen Nachweise gänzlich fehlen würden. Es gibt auch Plagiatsformen, bei denen Nachweise erbracht werden, die aber bewusst manipuliert und dadurch irreführend sind.

5.3.1.1 Komplettplagiat

Bei einem **„Komplettplagiat"** wird die verwendete Quelle gar nicht erwähnt, *oder* die Quelle wird zwar erwähnt, aber an einer anderen Stelle im Text, *oder* die Quelle wird nur im Literaturverzeichnis erwähnt, *oder* der Text wird wahrheitswidrig ausdrücklich als eigener ausgegeben (z.B. bei Übersetzungen fremdsprachiger Literatur, die unter Angabe des Originals von anderen Autoren übernommen und mit dem Hinweis versehen werden, sie stammten vom Verfasser).[401]

Da sich Texte, die in elektronischer Form vorliegen, in die eigene Arbeit hineinkopieren lassen, spricht man auch von ***„Copy & Paste"***[402]. Das bezieht sich jedoch nur auf das technische Mittel, das beim Plagiieren eingesetzt wird. Auch ein abgetippter Text ohne Nachweis bleibt ein Komplettplagiat. Die Entwicklung der Technik hat es jedoch leichter gemacht, Plagiate zu erstellen. Eine moderne Textverarbeitung kann im positiven Sinne Zeit sparen, aber auch zum Kopieren verführen. Eigentlich ist das ›Abschreiben‹ als Ausdruck für einen Plagiatsvorwurf dann nur noch im übertragenen Sinne zu verstehen. Der Sache nach ist das Komplettplagiat jedoch unabhängig vom technischen Verfahren.

---

397 S. *Wikia*, GuttenPlag, 2011 (FN 396), darin: Plagiatskategorien (Stand 03.04.2011); http://de.guttenplag.wikia.com/wiki/PlagiatsKategorien (Zugriff 02.08.2017).

398 S. *Weber-Wulff, Debora/Wohnsdorf, Gabriele*: Strategien der Plagiatsbekämpfung, in: *Information – Wissenschaft und Praxis*, Nr. 57 (2006), H. 2, S. 90–98, Online-Ausg. in: *WebCite* (Hrsg.): Universität Hohenheim: Studium/Plagiate; http://www.webcitation.org/5zVSD23Hl (Permalink).

399 Vgl. ebd., S. 90 f. (Plagiatsformen), 91–93 (Plagiatstypen).

400 S. ebd., S. 90 f. (Kap. 2.1 bis 2.6); *Wikia*, GuttenPlag, 2011 (FN 396), darin: Plagiatskategorien (FN 397); *Universität Bayreuth*, Bericht, 2011 (FN 395), S. 10.

401 Vgl. *Wikia*, GuttenPlag, 2011 (FN 396), darin: Plagiatskategorien (FN 397): Komplettplagiat.

402 Vgl. *Weber-Wulff, D./Wohnsdorf, G.*, Plagiatsbekämpfung, 2011 (FN 398), S. 90 (Kap 2.1: Copy & Paste in toto).

5.3.1.2 Übersetzungsplagiat

Bei einem **„Übersetzungsplagiat"** wird eine fremdsprachige Quelle übersetzt und in den eigenen Text eingearbeitet, ohne diese Quelle anzugeben.[403] Im Unterschied zu einer Variante des Komplettplagiats, bei der die Übersetzungsleistung einer anderen Person als eigene ausgegeben wird,[404] setzt das Übersetzungsplagiat durchaus eine eigene Leistung, nämlich das Übersetzen, voraus. Es bleibt aber ein Plagiat, weil zwar nicht der Wortlaut des Originals, wohl aber der Gedanke übernommen wird.

Übersetzungsplagiate sind also eine **Mischung aus Komplettplagiat und Verschleierung** (s. Kap. 5.3.1.3). Dabei können auch kaum noch technische Fehler als Ausrede dienen, weil der Aufwand erheblich ist und eine absichtliche Täuschung wahrscheinlich macht. Anlass für ein Übersetzungsplagiat kann z.B. der Versuch sein, das Instrument der Plagiatssoftware unwirksam zu machen. Ein Korrektor, der sich inhaltlich auskennt, kann das Plagiat trotzdem entlarven. Ein Übersetzungsplagiat ist zudem besonders unnötig, weil die Übersetzung mit einem korrekten Nachweis bereits eine Leistung darstellt.

5.3.1.3 Verschleierung

Umformulierungen ohne Nachweis werden **›Verschleierung‹** genannt, weil diese Form des Plagiats laut *GuttenPlag* dem Ziel dient, die Textübernahme aus einer fremden Quelle zu verschleiern.[405] Davon als erlaubt zu unterscheiden sind Paraphrasen mit Nachweis. Es darf jedoch auch bei **Paraphrasen** nicht der Eindruck erweckt werden, die angegebenen Quellen würden mit eigenen Worten wiedergegeben, obwohl der eigene Text dem Original nahezu entspricht.

Steht dann in der Fußnote der Hinweis **›vgl.‹** (vergleiche), kann auch das eine Form der Verschleierung sein, weil er kein direktes, sondern ein ***in*direktes Zitat** anzeigt. Wie bereits als *Faustregel* empfohlen, sollte anhand der Formulierung deutlich werden, wer spricht.[406] Ein sinngemäß zitierter Text muss tatsächlich paraphrasiert werden, indem er z.B. *komprimiert*, *kommentiert* oder *strukturiert* wird.

5.3.1.4 Halbsatzflickerei

Werden Versatzstücke aus *mehreren* Quellen ungekennzeichnet übernommen, spricht man von **„Halbsatzflickerei"**.[407] In Anlehnung an das *Copy-&-Paste*-Verfahren kann diese Form des Plagiierens mit Weber-Wulff und Wohnsdorf auch ***„Shake & Paste"***[408] genannt werden. Wie bei der Bezeichnung ›*Copy & Paste*‹[409] geht es auch hier um das Verfahren,

---

[403] Vgl. *Weber-Wulff, D./Wohnsdorf, G.*, Plagiatsbekämpfung, 2011 (FN 398), S. 90 f. (Kap 2.2: Übersetzungsplagiat); *Wikia*, GuttenPlag, 2011 (FN 396), darin: Plagiatskategorien (FN 397): Übersetzungsplagiat.

[404] S. dazu oben, Kap. 5.3.1.1: Komplettplagiat.

[405] Vgl. *Wikia*, GuttenPlag, 2011 (FN 396), darin: Plagiatskategorien (FN 397): Verschleierung.

[406] S. dazu die dritte Faustregel oben, Kap. 5.2.2.3.

[407] Vgl. *Weber-Wulff, D./Wohnsdorf, G.*, Plagiatsbekämpfung, 2011 (FN 398), S. 91 (Kap 2.4: Halbsatzflickerei); *Wikia*, GuttenPlag, 2011 (FN 396), darin: Plagiatskategorien (FN 397): Halbsatzflickerei.

[408] Vgl. *Weber-Wulff, D./Wohnsdorf, G.*, Plagiatsbekämpfung, 2011 (FN 398), S. 91 (Kap 2.3: Shake & Paste); vgl. *Wikia*, GuttenPlag, 2011 (FN 396), darin: Plagiatskategorien (FN 397): Shake & Paste.

[409] S. dazu oben, Kap. 5.3.1.1: Komplettplagiat.

wie Plagiate produziert werden, und wie beim Übersetzungsplagiat ist diese Form eine Mischung aus Komplettplagiat und Verschleierung.

5.3.1.5 Alibi-Nachweis (›Bauernopfer‹)

Wenn Nachweise erfolgen, die nur einen Teil des Textes als Zitat ausweisen, während eigentlich auch der umstehende Text aus der angegebenen Quelle übernommen wird, lässt sich von einem **Alibi-Nachweis** bzw. „Bauernopfer" sprechen.[410]

Als **›Bauernopfer‹** wird ein taktisches Manöver beim Schach bezeichnet; dabei wird ein Bauer geopfert, d.h., es wird darauf verzichtet, diejenige Figur des Gegners zu schlagen, die einen der eigenen Bauern geschlagen hat, bzw. es wird dem Gegner ein ungedeckter Bauern zum Schlagen angeboten. Ein Bauernopfer ist kein Geschenk, sondern dient dazu, sich im weiteren Spielverlauf einen Vorteil zu verschaffen, z.B. weil eine vorteilhafte Figurenkonstellation entsteht. Übertragen auf das Plagiieren bedeutet diese Analogie, dass man einen relativ unwichtigen Teil des eigenen Textes opfert, d.h. die Eigenleistung durch einen Zitatnachweis schmälert, um sie bezogen auf den Text im Ganzen (zum Schein) zu erhöhen. Und wie beim Schach kann das schiefgehen, nämlich wenn das Plagiat entdeckt wird bzw. wenn man das ›Spiel‹ verliert; vielleicht sogar aufgrund des Opfers ...[411] Auch in der Alltagssprache soll die Rede vom ›Bauernopfer‹ den Versuch entlarven, von einem eigentlichen Plan oder einer verantwortlichen Person abzulenken.

Als Variante wird im Projekt *GuttenPlag* das sogenannte **„verschärfte Bauernopfer"** wie folgt beschrieben: „[Eine] Fußnote führt [den] Originaltext mit ›so auch‹ an und suggeriert [damit] eigenständige Formulierungen, obwohl [eigentlich] plagiiert wurde."[412] Zum ›gewöhnlichen‹ Bauernopfer kommt hier ›verschärfend‹ hinzu, dass der Nachweis als solcher irreführend ist, d.h., es wird nicht einmal zum Schein ein Opfer gebracht. Im Unterschied zur Verschleierung, bei der ein nicht nachgewiesener Text umformuliert wird,[413] wird beim verschärften Bauernopfer ein ›Nachweis‹ so (um-)formuliert, dass der übernommene Text als eigener erscheint.

5.3.1.6 Strukturübernahme

Die Strukturübernahme ist die vielleicht subtilste Form des Plagiats: Weder wird ein Text bloß kopiert noch übersetzt, umformuliert oder zusammengestückelt; stattdessen wer-

---

410 Vgl. *Wikia*, GuttenPlag, 2011 (FN 396), darin: Plagiatskategorien (FN 397): Bauernopfer; im Projekt *GuttenPlag* wird für diese Variante des Plagiats auch **„Alibi-Fußnote"** genannt (ebd.). Der Ausdruck ›Bauernopfer‹ ist jedoch vorzuziehen, weil er auch auf wissenschaftliche Texte anwendbar ist, die mit Zitatbelegen im Text arbeiten *(Harvard Style)* und deshalb keine Nachweise in Fußnoten enthalten. Um einen Namen zu verwenden, der nicht auf eine bestimmte Form des Nachweises festgelegt ist, kann allgemeiner auch von einem **›Alibi-Nachweis‹** gesprochen werden.

411 Gegen diese Analogie mit dem Schachspiel lässt sich freilich einwenden, dass ein Bauernopfer im Schach keinen Verstoß gegen die Spielregeln darstellt. Auch ist in der Wissenschaft der Leser – und sei er auch ein Prüfer – kein Gegner, den es zu bezwingen und zu täuschen gilt. Vielmehr geht es in der Wissenschaft darum, die einzelnen Schritte (bzw. ›Züge‹) für den Leser transparent zu machen.

412 Vgl. *Wikia*, GuttenPlag, 2011 (FN 396), darin: Plagiatskategorien (FN 397): verschärftes Bauernopfer.

413 Vgl. oben, Kap. 3.3.1.3: Verschleierung.

den ›Strukturen‹ ohne Nachweis übernommen.[414] Als eine Spezialform der Strukturübernahme beschreiben Weber-Wulff und Wohnsdorf die **„gebundene Umbenennung [in der Programmierung]"**, z.B. wenn Formeln ohne Nachweis verwendet und lediglich die Variablen umbenannt werden.[415]

Strukturplagiate kommen aber auch in Form einer ungekennzeichneten Verwendung von Graphiken, Tabellen und Diagrammen vor. Verwendet man solche Quellen und entwickelt sie weiter, kann dies z.B. korrekt mit dem Hinweis **›modifiziert nach:‹** kenntlich gemacht werden. Ein Argumentationsmodell oder ein Prüfschema, das bei einer Aufgabenbearbeitung verwendet wird, sollte ebenfalls explizit erwähnt werden, um Strukturplagiate zu vermeiden.

5.3.2 Grenzfälle zum Plagiat[416]

Das *Fehlen* eines Zitatbelegs bedeutet nicht zwangsläufig ein Plagiat, und das *Vorhandensein* eines Belegs garantiert keine wissenschaftlich korrekte Arbeitsweise. Es gibt Fälle, bei denen auf Zitatbelege verzichtet werden kann, obwohl Quellen benutzt werden, und Fälle, bei denen unwissenschaftlich gearbeitet wird, obwohl Zitate belegt werden. Fälle *dieser* Art können durch sogenannte **›Sekundärzitate‹** entstehen, Fälle *jener* Art durch die **Wiedergabe von lexikalischem Wissen**.

5.3.2.1 Grenzfall I: Sekundärzitate

Sekundärzitate liegen vor, wenn Aussagen zitiert werden, die in einer benutzten Quelle zitiert werden, ohne die Originalquelle zu benutzen.[417] Ein Sekundärzitat wird mit dem Hinweis: **›zit. nach:‹** kenntlich gemacht. Legitim sind solche Zitate, wenn die Originalquelle schwer zugänglich ist oder wenn es sich um Übersetzungen handelt. Wenn z.B. die Äußerung einer Person zitiert wird, die in der Tages- und Wochenpresse veröffentlicht worden ist, dann ist es i.d.R. nicht möglich, sich die Gesprächsnotizen oder Tonbandaufzeichnungen zu beschaffen. Finden sich Übersetzungen fremdsprachiger Texte in einem anderen Werk, kann bei der Zitation in der Fußnote die Originalquelle angegeben und hinzugefügt werden, dass die Übersetzung nach demjenigen Werk zitiert worden ist, das einem tatsächlich vorliegt.

Zu beanstanden sind Sekundärzitate hingegen, wenn die **Originalquelle** im Wortlaut zugänglich ist, z.B. in der Bibliothek oder im Internet. Das lässt nämlich darauf schließen, ein Autor habe entweder *unkritisch* gearbeitet, weil er Aussagen und Nachweise ungeprüft übernimmt, oder *nachlässig*, weil er den Arbeitsaufwand scheut, den es mit sich bringt, wenn man sich das Original selbst beschafft. Spätestens sobald ein Prüfer Sekundärzitate erkennt, die nicht als solche kenntlich gemacht worden sind, kann man sich dem Vorwurf ausgesetzt sehen, *unwissenschaftlich* gearbeitet zu haben.

[414] Vgl. *Weber-Wulff, D./Wohnsdorf, G.*, Plagiatsbekämpfung, 2011 (FN 398), S. 91 (Kap. 2.5: Strukturübernahme); s. zum Strukturplagiat bereits oben, Kap. 3.2.3.1.

[415] Vgl. *Weber-Wulff, D./Wohnsdorf, G.*, Plagiatsbekämpfung, 2011 (FN 398), S. 91 (Kap. 2.6: In der Programmierung: gebundene Umbenennung).

[416] Vgl. ebd., S. 91–93 (Kap. 3.1 bis 3.3).

[417] S. zum Umgang mit Sekundärzitaten auch oben, Kap. 4.2, Teil D, Kap. I, Abs. 2, Nr. c.

Die **Verführung**, auf den Hinweis ›zit. nach:‹ zu verzichten, ist groß: Da man sich die Autorschaft nicht anmaßt,[418] ist es fraglich, ob überhaupt ein Plagiat vorliegt,[419] und sobald man jenen Hinweis gibt, setzt man sich ggf. dem Vorwurf aus, unwissenschaftlich gearbeitet zu haben. In rechtswissenschaftlichen Arbeiten kommt erschwerend hinzu, dass üblicherweise keine Belege aus der Forschungsliteratur erfolgen, sofern sich eine Aussage in der Gesetzeswiedergabe erschöpft,[420] d.h., der Hinweis auf die Fundstelle kann einem sogar als technischer ›Fehler‹ angestrichen werden. Redlicher ist es gleichwohl, die tatsächlich verwendete Quelle anzugeben, in der man ein Zitat gefunden hat, auch wenn sich das negativ auf die Bewertung auswirken kann, *oder* – nicht nur redlicher, sondern auch wissenschaftlicher – die in der verwendeten Quelle zitierten Originalquellen selbst zu recherchieren, daraus zu zitieren und die Fundstelle ggf. zusätzlich anzugeben, *oder* – am besten, wenngleich je nach Wissensstand und Zeitaufwand nicht immer praktikabel –, gleich mit den *Primärquellen* (hier: Gesetzestexten) zu arbeiten, die Sekundärliteratur lediglich als ein Hilfsmittel bzw. eine *Referenz* bei der Bearbeitung zu verwenden und vergleichend darauf hinzuweisen, wenn es um die Auslegung geht; stets nach dem Motto: **›Zurück zu den Quellen!‹**

In der Praxis wird es nicht immer möglich sein, sämtliche Referenzen, die im zitierten Text angegeben sind, mit anzugeben. Wissenschaft ist ein **kollaboratives Projekt**. Auf den Forschungsleistungen anderer soll aufgebaut werden. Würden sämtliche Quellen noch einmal angegeben, wäre das nicht zielführend. Entscheidend ist es, die wiedergegebene *Aussage* nachzuweisen. Wenn sich z.B. in einem Gesetzeskommentar der Hinweis findet, dass eine bestimmte Auslegung ›strittig‹ sei, dann lässt sich diese Aussage indirekt zitieren und nachweisen, indem der Kommentar angegeben wird, in dem sie sich findet. Dass der zitierte Verfasser des Kommentars sich seinerseits auf Referenzen bezieht, bedeutet nicht, dass man diese Referenzen sämtlich auch in der Fußnote angeben müsste. Es kann jedoch sinnvoll sein, exemplarisch auf mehrere Autoren zu verweisen, die auf der Grundlage ihrer Forschung zu der Auffassung gelangen, dass etwas strittig sei. Den angegebenen Nachweisen und Hinweisen kann dann weiter nachgegangen werden.

5.3.2.2 Grenzfall II: Lexikalisches Wissen

Bei Sekundärzitaten ist immer ein Nachweis erforderlich, lediglich über die Form des Belegs lässt sich streiten. Anders liegt der Fall bei der **Wiedergabe von lexikalischem Wissen**. Müssen z.B. die Aussagen nachgewiesen werden, dass die Französische Revolution im Jahre 1789 begonnen, Deutschland bisher acht verschiedene Kanzler gehabt oder Karl Marx den Marxismus begründet hat? Muss angegeben werden, welches Wörterbuch benutzt worden ist, wenn die Übersetzung eines fremdsprachigen Ausdrucks oder die Bedeutung einer Abkürzung nachgeschlagen wird?

---

418 Vgl. zur Definition *Universität Bayreuth*, Bericht, 2011 (FN 395), S. 6; vgl. das Zitat oben, FN 395.

419 Der **übermäßige Gebrauch von Sekundärzitaten** kann aber zum Plagiat werden, nämlich einem ›Strukturplagiat‹ (s. oben, Kap. 5.3.1.6), indem man sich die Leistung eines anderen Autors ›anmaßt‹, der die Zitate zusammengetragen und damit Verbindungen hergestellt hat.

420 S. dazu folgenden Hinweis auf *Wikia*, GuttenPlag, 2011 (FN 396), darin: Plagiatskategorien (FN 397), Abs. **›Kopiertes Zitat‹**: „Ein ordnungsgemäß ausgewiesenes Zitat ist grundsätzlich kein Plagiat. Zu einer anderen Bewertung kann man jedoch gelangen, wenn das Zitat eingebettet ist in einem längeren Textabschnitt, der seinerseits von einem Dritten wortgetreu übernommen wurde. In diesem Fall wird zwar nicht der Text des zitierten Verfassers, sehr wohl aber die Gedanken- und Beweisführung dieses Dritten kopiert."

Auf diese Fragen gibt es keine pauschale Antwort, außer vielleicht: ›Es kommt darauf an ...‹. Wenn es etwa um die Frage geht, ob unser Sonnensystem acht oder neun Planeten habe, ist es durchaus von Belang, ob das zurate gezogene Universallexikon geschrieben wurde, bevor oder nachdem man in der Astronomie dem Pluto seinen Planetenstatus ab- bzw. (erneut) zuerkannt hat. – Nicht nur an diesem Beispiel wird deutlich, dass sich sogenanntes ›Wissen‹ und sogar das **›Allgemeinwissen‹** ändern kann: Auch die Frage nach der Anzahl der Kanzler hängt von der Perspektive ab, ob man z.B. die Kanzler im Kaiserreich und in der Weimarer Republik mitzählt bzw. genderspezifisch präzisiert, dass auch eine weibliche Bundeskanzler*in* unter den bisherigen ›Kanzlern‹ zu finden sei; oder ob man darauf hinweist, dass Karl Marx den Marxismus nicht begründet habe, sondern ›Marxismus‹ der Name für eine Ideologie sei, die sich auf Marx berufen zu können meinte. Sofern in einem wissenschaftlichen Text Informationen ohne Nachweis gegeben werden (wie in diesem Absatz), handelt es sich um ungesicherte Behauptungen; sie mögen nun als Allgemeinwissen gelten oder nicht.

Bei der Wiedergabe von lexikalischem Wissen ist die **Funktion** zu **prüfen**, die ein Nachweis oder Beleg haben soll: Geht es darum, ein indirektes Zitat aus einer benutzten Quelle nachzuweisen, *oder* darum, einen wissenschaftlichen Beleg für eine These zu erbringen? Im ersten Fall ist zu einem Nachweis zu raten, um ein Plagiat zu vermeiden, im zweiten Fall ist zu einem Beleg zu raten, um eine getroffene Aussage zu stützen.

Wird z.B. ein Fremdwort im *Duden* nachgeschlagen, um die Schreibweise zu überprüfen, ist kein Nachweis erforderlich, denn aus der in dieser Absicht verwendeten Quelle werden keine Aussagen übernommen. Wird hingegen eine Beispielformulierung, die sich im *Duden* findet, im eigenen Text verwendet, um einen Begriff zu erläutern, muss die Quelle nachgewiesen werden, weil es sich dann um ein Zitat handelt. Wird in einem Synonymwörterbuch nach alternativen Begriffen gesucht, um den eigenen Text stilistisch zu überarbeiten, ist kein Nachweis erforderlich, sehr wohl aber, wenn daraus eine Liste von Begriffen entnommen wird, z.B. um die Vielfalt eines Begriffsfeldes darzustellen. Wörtliche oder sinngemäße Zitate, bei denen Aussagen oder Strukturen übernommen werden, sollten also nachgewiesen werden, auch wenn es sich um lexikalisches Wissen handelt (z.B. Definitionen oder Wortlisten). In der Regel nicht nachgewiesen werden z.B. Lebensdaten von Personen, Daten von historischen Ereignissen oder Wortbedeutungen bei Fremdsprachen; es sei denn, sie sind strittig, unklar bzw. mehrdeutig *und* für die eigene Argumentation relevant.

5.3.3 Belegen: Ja oder Nein? – Ein Beispiel

Ob ein Beleg für lexikalisches Wissen erforderlich ist, muss im Einzelfall geprüft werden. Man steht hier vor der Frage: ›Belegen: Ja oder Nein?‹ – Wie schwer es ist, dies zu entscheiden, nämlich welche Aussagen eines Nachweises bedürfen und welche nicht, das lässt sich anhand eines **Textbeispiels** aus dem bereits erwähnten[421] Artikel zur ›Plagiatsbekämpfung‹ von Weber-Wulff und Wohnsdorf illustrieren. Als einführende Bemerkung zum zweiten Kapitel ist dort zu lesen:

421 S. oben, Kap. 5.3.1, FN 398.

> „Nicht erst seit dem Aufkommen des Internets gibt es Probleme mit Plagiaten. Jemand verwendet die Worte anderer, gibt sie als eigene aus, gewinnbringend. Das Wort ›Plagiat‹ als Bezeichnung für Wortdiebstahl ist seit der frühen Neuzeit verbürgt. Es **soll darauf zurückgehen, dass** der spätantike römische **Epigrammatiker Martial** einen Konkurrenten beschuldigte, seine geistigen Kinder geraubt zu haben, und ihn daraufhin **›Plagiarius‹, Menschenräuber** oder Kindesräuber, nannte."[422]

Am Ende dieses Absatzes steht **kein Nachweis**! – Dieser Umstand bedeutet für sich genommen ausdrücklich nicht, dass es sich bei der Bemerkung um ein Plagiat handeln würde, denn der Text kann auch formuliert worden sein, ohne dabei den Gedanken oder die Formulierung eines anderen Autors übernommen zu haben. Außerdem kann die Auffassung vertreten werden, dass es sich hier um lexikalisches Wissen handelt, das keines expliziten Nachweises bedürfe. Das Fehlen eines Nachweises an dieser Stelle ist aber trotzdem aus mehreren Gründen problematisch.

Man lese vergleichend den Artikel zu dem erwähnten Autor ›Martial‹ in der **Online-Enzyklopädie *Wikipedia***, die – nebenbei bemerkt – nicht zitierfähig ist, weil nicht nachprüfbar ist, wer den Text verfasst hat oder der verantwortliche Herausgeber ist.[423] In dem Artikel heißt es:

> „Der Begriff des *Plagiats* **soll auf ein Epigramm Martials zurückgehen**, in dem er einen Dichterkollegen, der seine Gedichte fälschlich als eigene ausgegeben hatte, als ***plagiarius* (wörtlich: Menschenräuber**, Sklavenhändler) beschimpfte (Epigramme 1, 52)."[424]

In der Tat spricht **Martial** von einem ›*plagiarius*‹, d.i. ein Plagiator bzw. Menschenräuber,[425] das im *Wikipedia*-Artikel erwähnte Epigramm Nr. 52 aus dem ersten Buch der *Epigrammata* (ca. 85–102/103) lautet nämlich vollständig so:

> *„Commendo tibi, Quintiane, nostros –*
> *nostros dicere si tamen libellos*
> *possum, quos recitat tuus poeta -:*
> *si de servitio gravi queruntur,*
> *adsertor venias satisque praestes,*
> *et, cum se dominum vocabit ille,*
> *dicas esse meos manuque missos.*
> *hoc si terque quaterque clamitaris,*
> *inpones **plagiario** pudorem.*"[426]

> „Ich empfehle dir, Quintianus, meine Büchlein / – wenn ich die noch als meine bezeichnen / kann, die dein Dichter vorliest –: / Sollten sie sich über die harte Knechtschaft beklagen, / dann tritt bitte du als ihr Beschützer auf und leiste hinlänglich Bürgschaft, / und wenn jener sich darauf beruft, er sei ihr Herr, / dann sag' ihm, sie seien von mir, und ich hätte sie freigelassen. / Wenn du das drei- oder viermal laut verkündest, / wirst du dem **Plagiator** Schamgefühle beibringen."[427]

---

422 *Weber-Wulff, D./Wohnsdorf, G.*, Plagiatsbekämpfung, 2011 (FN 398), S. 90 [im Orig. ohne Hervorh.].

423 Vgl. zu dem Umstand, dass *Wikipedia* nicht zitierfähig ist, oben, Kap. 3.1.1.5.

424 *Wikipedia*: Die freie Enzyklopädie, darin: Art. „Martial (Marcus Valerius Martialis)" (Stand 21.06.2017); http://de.wikipedia.org/wiki/Martial (Zugriff 02.08.2017), Abs. ›Bedeutung‹ [im Orig. ohne Hervorh.].

425 Vgl. *Stowasser, J. M.* u.a., Lat.-Wb, 1966 (1913) (FN 50), darin: Art. „plagiarius", S. 378: „[...] (plagium Menschenraub)."

426 *Martial*, d.i. *Marcus Valerius Martialis*: Epigramme – Lateinisch-deutsch (ca. 85–102/103), übers. u. hrsg. v. Paul Barié und Winfried Schindler, 3., vollst. überarb. Aufl., Berlin: Akad.-Verl., 2013 (= Sammlung Tusculum, hrsg. v. Niklas Holzberg, Rainer Nickel, Karl-Wilhelm Weber u.a.), S. 70 (Buch I, Ep. 52: Bitte um Schutz gegen einen hartnäckigen Plagiator); der lat. Text ist auch online verfügbar, s. *ders.*: Epigrammaton Libri XII (ca. 85–102/103), in: *Bibliotheca Augustana* (Hrsg.): Litteraturae et artis collectio; http://www.hs-augsburg.de/~harsch/Chronologia/Lspost01/Martialis/mar_ep01.html (Stand 1996), Liber I, Ep. LII [der

Diese Quelle enthält jedoch nicht die Information, dass das Wort ›Plagiat‹ seit der frühen Neuzeit als Bezeichnung für „Wortdiebstahl" gebräuchlich sei[428] – wie könnte sie auch? Der Text stammt (vermutlich) aus dem 1. Jahrhundert.[429] Bei jener Aussage handelt es sich also offenbar um eine Forschungsmeinung, die ggf. auf einer historischen Rekonstruktion basiert. Man achte auf die Formulierung: Sowohl in dem Aufsatz von Weber-Wulff und Wohnsdorf als auch im *Wikipedia*-Artikel wird darauf hingewiesen, dass der heutige Gebrauch des Wortes ›Plagiat‹ auf Martial **„zurückgehen [soll]"**.[430] So formuliert, wird nicht der Anspruch erhoben, dass die Aussage eine eigene Forschungsleistung darstellen würde. Es handelt sich in dieser Formulierung nicht einmal um eine gesicherte Erkenntnis, sondern eher um eine **Mutmaßung**[431], von der implizit gesagt wird, dass sie von anderen so angestellt werde; nur wird eben nicht gesagt, von wem, ja, noch nicht einmal, wo sich die Information findet, dass irgendjemand sie anstellt – geschweige denn, worauf sie sich stützt ... Der Inhalt der Aussage kann in diesem Fall auch nicht als **Allgemeinwissen** vorausgesetzt werden (was grundsätzlich eine problematische Voraussetzung ist).[432] Die Ähnlichkeit im Wortlaut wird hier zufällig sein, weil es sich um eine allgemein gebräuchliche Formulierung handelt. Außerdem ist der *Wikipedia*-Artikel (mutmaßlich) jüngeren Datums (zuletzt aktualisiert: 21.06.2017) als der Plagiatsaufsatz (ersch. 2011); problematisch ist das Fehlen eines Nachweises aber bereits und gerade deshalb, denn es wird auch keine andere Quelle explizit angegeben.

Würde ein Student so etwas schreiben und auf einen Nachweis verzichten, könnte bei der Korrektur zu Recht am Rand vermerkt werden: **›Nachweis fehlt‹**, obwohl oder gerade weil im Grunde sowohl der Sache nach als auch der Formulierung nach klar ist, dass jemand, der eine historische Bemerkung ohne nähere Begründung macht, nicht beanspruchen kann und i.d.R. auch gar nicht beansprucht, etwas selbst herausgefunden zu haben. Je mehr jemand mit der Materie vertraut ist, über die er schreibt, desto weniger wird er geneigt sein, etwas explizit nachzuweisen, was er beim Verfassen seines Textes nicht einmal mehr nachschlagen muss, weil er es nach intensiver Beschäftigung mit einem Thema **aus dem Gedächtnis** reproduzieren kann. Das ist aber wie gesehen nicht unproblematisch, weil Aussagen dann bis in die Formulierung hinein einer fremden Quelle entsprechen können; sei es, weil man z.B. einen Lehrbuchtext gleichsam in- und auswendig kennt oder weil man etwas in unterschiedlichen Quellen schon tausendmal gelesen hat. Vielleicht handelt es sich bei den Ähnlichkeiten im Wortlaut auch um bloßen Zufall. Auf diese Weise kann man sich einem Plagiatsvorwurf ausgesetzt sehen, obwohl man bei der Erstellung des Textes gar nicht abgeschrieben hat!

Text folgt der Ausg. *Martialis, M.*: Epigrammaton Libri, übers. u. hrsg. v. Wilhelm Heraeus u. Jakov M. Borovskij, 3. Aufl. ([1]1925, [2]1976), Leipzig: Teubner, 1982 (Zugriff 02.08.2017).

427 *Martial*, Epigramme, 2013 (ca. 85–102/103) (FN 426), S. 71 (I, 52).

428 *Weber-Wulff, D./Wohnsdorf, G.*, Plagiatsbekämpfung, 2011 (FN 398), S. 90 (wie oben, FN 422).

429 Informationen zu **Entstehungs- und/oder Erscheinungsdaten** eines Werkes bedürfen i.d.R. keines Nachweises. Solche editorischen Hinweise können meist der jeweils zugrunde gelegten Ausgabe eines Textes entnommen werden. Auch für solche Informationen kann aber ein Nachweis erforderlich werden, etwa aus thematischen Gründen, z.B. wenn man die Editionsgeschichte eines Werkes untersucht.

430 *Wikipedia*, Enzyklopädie, 2015 (FN 424), darin: Art. „Martial" (ebd.): „[...] soll auf [...] zurückgehen"; *Weber-Wulff, D./Wohnsdorf, G.*, Plagiatsbekämpfung, 2011 (FN 398), S. 90: „[...] soll darauf zurückgehen, dass [...]."

431 S. dazu die These, dass alles vorgebliche Wissen – auch das wissenschaftliche Wissen – bloß „Vermutung" sei, *Popper, K.*, Philosophen, 2006 (FN 81), S. 188 f., wie oben, Kap. 2.2.1.3, FN 81.

432 S. zum Umgang mit Allgemeinwissen auch oben, Kap. 5.3.2.2.

Häufen sich solche **Nachlässigkeiten** in einer Studienarbeit, kann sich das negativ auf die Benotung auswirken; und auch ein Plagiatsverdacht droht durchaus! Hinzu kommt, dass es in solchen Fällen für den Leser unklar bleibt, ob eine bestimmte Quelle und, wenn ja, welche denn benutzt worden ist. Das Zustandekommen der Aussage lässt sich deshalb nicht nachvollziehen und überprüfen.[433] Ein Nachweis kann also – auch wenn er nicht unbedingt erforderlich sein mag – die **wissenschaftliche Qualität** eines Textes verbessern. Maßgeblich für die Beurteilung ist also auch der Anspruch, mit dem ein Text geschrieben wird. Steht ein Hinweis auf Martial in einem Text, der sich mit Vorschlägen zur Plagiatsvermeidung befasst, ist er anders zu beurteilen, als wenn er in einer historischen Abhandlung stünde, die Martial zum Forschungsgegenstand nimmt.

Bei der **Plagiatsvermeidung** ergeben sich also komplexe Fragen, die in der Forschung nicht einhellig beantwortet werden ... – An dieser Textstelle müsste ein Nachweis mit ›vgl.‹ (vergleiche) stehen, wenn es sich um einen Gedanken handeln würde, der von einem anderen Autor geäußert worden und indirekt zitiert worden wäre. Ein Hinweis mit ›s.‹ (siehe) könnte hier stehen, um zu belegen, dass es die behauptete Kontroverse gibt, z.B. indem auf mehrere Autoren verwiesen wird, die unterschiedliche Auffassungen zu diesem Thema haben. Da hier kein Nachweis steht, wird unausgesprochen der Anspruch erhoben, dass es sich um einen Gedanken des Verfassers handelt bzw. dass die Formulierung so allgemein ist, dass sie keines Nachweises bedarf (alles, was Gegenstand der Forschung ist, ist umstritten). Wahrscheinlich haben sich andere Autoren in ähnlicher Weise, vielleicht sogar in gleichlautender Formulierung, geäußert. Vermutlich habe ich das auch schon einmal „irgendwo gelesen"[434].

Bei der These, dass sich in Fragen der Plagiatsvermeidung komplexe Fragen ergäben, auf einen Nachweis zu verzichten, mag unwissenschaftlich sein, ist aber nicht bereits deshalb ein Plagiat: Ich[435] stelle nach bestem Wissen und Gewissen fest, nach den ›Regeln der Kunst‹ zitiert und weder den geäußerten Gedanken noch die verwendete Formulierung von einem anderen Autor übernommen zu haben. Vielmehr ist es umgekehrt: Die behauptete Komplexität ist – dem Anspruch nach – durch die vorhergehende Darstellung der Probleme *begründet* worden und stellt insofern das Ergebnis einer ***eigenständigen* Argumentation** dar. Sofern andere Autoren zu ähnlichen Schlüssen kommen, ist dies ein Indiz dafür, gleichsam auf der richtigen Spur zu sein. Auch hier kann also die wissenschaftliche Qualität des Textes verbessert werden, indem weitere Belege und Verweise hinzugefügt werden.

Der Leser eines wissenschaftlichen Textes ist zu einer **kritischen Haltung** gegenüber dem Gelesenen angehalten; ein **überzogenes Misstrauen** gegenüber der Redlichkeit eines Verfassers hinsichtlich seiner Quellenangaben ist jedoch kein guter Ratgeber, weil es die inhaltliche Auseinandersetzung hemmt. Ohne Vertrauen geht es nicht nur im Alltag, sondern auch in der Wissenschaft nicht (das ist wieder so ein Gedanke, den vermutlich

---

433 S. dazu die **Anforderungen an das wissenschaftliche Schreiben**, die in der Einstiegsübung erarbeitet worden sind, oben, Kap. 2.1.1 (Ü1); vgl. dazu *Frank, A./Haacke, S./Lahm, S.*, Schreiben, 2007 (FN 29), S. 4 f.; vgl. zum Gebot der Nachvollziehbarkeit außerdem *Niederhauser, J.*, Arbeit, 2015 (FN 29), S. 7.

434 *Frank, A./Haacke, S./Lahm, S.*, Schreiben, 2007 (FN 29), S. 4; s. oben, Kap. 2.1.1, FN 37.

435 Die Formulierung in der ersten Person Singular (›ich‹) dient an dieser Stelle dazu, die Aussage als eine subjektive Einschätzung kenntlich zu machen, obwohl das stilistisch in der Wissenschaftssprache unüblich ist, s. dazu *Stary, J./Kretschmer, H.*, Literatur, 1998 ([1]1994) (FN 29), S. 143.

schon andere geäußert haben ...). Die prominenten Fälle wissenschaftlichen Fehlverhaltens wiegen auch deshalb so schwer, weil sie zu Vertrauensverlust und Unsicherheit führen (und noch einer ...). Vorrangig sollte es doch um **Erkenntnisgewinnung** gehen! Zitatbelege und Hinweise sollen darlegen und nachvollziehbar machen, wie die Erkenntnisse zustande gekommen sind, damit der Leser eine *inhaltliche* Überprüfung vornehmen und weiter daran arbeiten kann, der Wahrheit näher zu kommen.[436]

Die verwendeten Quellen anzugeben dient so gesehen nicht nur (auch!) dem Schutz geistigen Eigentums, sondern dem **Zweck von Wissenschaft**. Bei der Frage, an welchen Stellen des Textes Nachweise erforderlich sind, muss deshalb auch der eigene Anspruch geprüft werden. Erst die Verbindung von Inhalt und Form verleiht einem Text Gestalt. Je besser man den Umgang mit den Formalia der Zitation beherrscht, desto intensiver kann man sich auf den Inhalt der Arbeit konzentrieren. Da aber mit ›Inhalt‹ im Falle wissenschaftlicher Texte wesentlich eine nachvollziehbare eigenständige Argumentation gemeint ist, kann die Form nicht nur dabei helfen, Plagiate zu vermeiden, sondern selbst bereits zur inhaltlichen Klarheit beitragen.

Ü14 Plagiate finden und kategorisieren

- **Arbeitsauftrag**: Suchen Sie nach Plagiaten, und identifizieren Sie diese gemäß den Plagiatskategorien in Kap. 5.3.1 und den Grenzfällen in Kap. 5.3.2. Der folgende Text findet sich in dem Buch **„Die schriftliche Arbeit" von Jürg Niederhauser**, Berlin: Dudenverlag, 2015. Es handelt sich um ein wörtliches Zitat von Seite 63:

  „Nicht jede Quelle wird wörtlich zitiert. Man kann sich auch dem Sinn nach auf eine Quelle beziehen. Auch wenn bestimmte Publikationen oder Textstellen nicht im Wortlaut, sondern sinngemäß zitiert (auch: referiert) werden, muss auf die Quelle verwiesen werden. Dazu dient häufig die Abkürzung *vgl.* Beim sinngemäßen Zitieren ist darauf zu achten, den Sinn der Textstelle unverfälscht wiederzugeben und sicherzustellen, dass für die Lesenden deutlich ist, wann der Autor oder die Autorin der Arbeit spricht und wann die Quelle zu Wort kommt.

  [Beispiele:] Hoffmann (1958: 66) hat selbst angemerkt, dass die Schichtenmodelle Vereinfachungen in Kauf nähmen und zum Teil virtuellen Charakter trügen. / Das trifft nicht in allen Wissenschaften in gleichem Maße zu; im Sprachgebrauch der Naturwissenschaften zeigt sich eher eine stärkere Eindeutigkeit der Termini (vgl. Jahr 1993: 33 f.)" (Niederhauser 2015, S. 63).

- Vergleichen Sie diesen Text mit folgendem Auszug aus einer **fiktiven Studienarbeit**:

  Quellen müssen nicht stets wörtlich zitiert werden. Wenn man sich dem Sinn nach auf eine Quelle bezieht, spricht man vom *sinngemäßen Zitat*. In einigen Wissenschaften ist diese Art der Zitation sogar der Regelfall. Niederhauser weist darauf hin, dass Quellen auch dann nachgewiesen werden müssten, wenn sie nicht im Wortlaut, sondern sinngemäß zitiert würden.[1] Auch diese Quellen erhalten Einträge im Literaturverzeichnis, die im Englischen *references* heißen. Außerdem muss die Quelle bei sinngemäßen Zitaten mit Zusätzen versehen werden. Dazu dient häufig die Abkürzung *vgl.*

---

[436] Vgl. *Frank, A./Haacke, S./Lahm, S.*, Schreiben, 2007 (FN 29), S. 4; vgl. oben, Kap. 2.1.1. – Bei sogenannten ›Plagiatsjägern‹ muss nicht notwendig die Ermittlung der Wahrheit das leitende Motiv sein.

Nicht jeder zitierte Text wird *zitierfähig* genannt. Man kann sich auch auf nicht zitierfähige Quellen beziehen. Auch wenn nicht zitierfähige Quellen im Wortlaut oder sinngemäß zitiert werden, muss auf die Quelle verwiesen werden.

Beim sinngemäßen Zitieren kann das sinngemäße Zitat in indirekter Rede mit Konjunktiv wiedergegeben werden – z.B. Müller behauptet, dass Schichtenmodelle Vereinfachungen in Kauf nähmen und zum Teil virtuellen Charakter trügen – wobei darauf zu achten ist, den Sinn der Textstelle unverfälscht wiederzugeben, z.B. wenn es um eine stärkere Eindeutigkeit der Termini geht. Wie Jahr erläutert, seien besonders in den Naturwissenschaften sprachliche Besonderheiten zu berücksichtigen.[2] Stets muss sichergestellt werden, dass für die Lesenden deutlich ist, wann der Autor oder die Autorin der Arbeit spricht.[3]

1 Vgl. Niederhauser, S. 63.
2 Vgl. Jahr, S. 33 f.
3 Siehe dazu auch Niederhauser, S. 63.

Auflösung: „Plagiate finden und kategorisieren"

Suchen Sie gründlich, bevor Sie die Auflösung lesen. Bedenken Sie, dass es sich um ein konstruiertes Beispiel handelt. Nicht immer ist in der Praxis eine eindeutige Identifikation von Plagiaten möglich. Die Übung soll die Rekapitulation der Plagiatsformen ermöglichen und letztlich für das **plagiatfreie Schreiben** förderlich sein.

1 „Quellen müssen nicht stets wörtlich zitiert werden."
- Hier handelt es sich um eine **Verschleierung** von: „Nicht jede Quelle wird wörtlich zitiert."

2 „[...] spricht man vom *sinngemäßen Zitat*."
- **Grenzfall: lexikalisches Wissen**: Handelt es sich hier um Allgemeinwissen?

4 „[...] dass Quellen auch dann nachgewiesen werden müssten, wenn sie nicht im Wortlaut, sondern sinngemäß zitiert würden.[1]"
- Der Zitatnachweis ist ein sogenanntes **„Bauernopfer"**, weil der umstehende Text ebenfalls übernommen, aber seinerseits nicht nachgewiesen worden ist.

6 „[...] die im Englischen *references* heißen."
- nicht eindeutig: kein Übersetzungsplagiat erkennbar, eher **fehlender Beleg** für die Aussage

7 „Dazu dient häufig die Abkürzung *vgl.*"
- Kann in diesem Fall als ein **Komplettplagiat** gewertet werden.

9 „Man kann sich auch auf nicht zitierfähige Quellen beziehen. Auch wenn nicht zitierfähige Quellen im Wortlaut oder sinngemäß zitiert werden, muss auf die Quelle verwiesen werden."
- Ein sehr konstruiertes Beispiel, das aber als **Strukturplagiat** identifizierbar ist, wobei lediglich Begriffe ausgetauscht werden, die Satzstruktur aber übernommen wird: „Man kann sich auch dem Sinn nach auf eine Quelle beziehen. Auch wenn bestimmte Publikationen [...]" etc.

13 „[...] z.B. Müller behauptet, dass Schichtenmodelle Vereinfachungen in Kauf nähmen und zum Teil virtuellen Charakter trügen [...]" etc.
- **Halbsatzflickerei**: Es werden Fragmente aus Niederhausers Text ohne Nachweis neu montiert.

16 „Wie Jahr erläutert, seien besonders in den Naturwissenschaften sprachliche Besonderheiten zu berücksichtigen.[2]"
- **Grenzfall: Sekundärzitat**, da in der Fußnote lediglich auf Niederhauser verwiesen wird.

18 „Stets muss sichergestellt werden, dass für die Lesenden deutlich ist, wann der Autor oder die Autorin der Arbeit spricht.[3]"
- **Verschärftes Bauernopfer**, da in der Fußnote suggeriert wird, es werde lediglich weiterführend auf Niederhauser verwiesen, obwohl dessen Text eigentlich übernommen wurde.[437]

437 S. zu den Bezeichnungen der *Plagiatsformen* Kap. 5.3.1: *Weber-Wulff, D./Wohnsdorf, G.*, Plagiatsbekämpfung, 2011 (FN 398); *Wikia*, GuttenPlag, 2011 (FN 396), darin: Plagiatskategorien (FN 397).

6. Ausblick: Wissenschaftliche Projekte

Wissenschaftliche Projekte im Studium dienen dazu, die wissenschaftliche Arbeitsweise zu erlernen. Je nach Fach und Thema sind die Anforderungen an solche Projekte unterschiedlich. Eine empirische Studie in den Sozialwissenschaften z.B. unterscheidet sich erheblich von einer juristischen Themenarbeit. Gleichwohl gibt es auch hier fächerübergreifende Anforderungen, nämlich im Hinblick auf die Planung, Durchführung und Beurteilung des ›Produkts‹, das am Ende eines wissenschaftlichen Projekts steht.

Zwei Grundformen lassen sich dabei unterscheiden: der mündliche Vortrag und die schriftliche Ausarbeitung. Im Studium sind solche Produkte zugleich Leistungsnachweise mit unterschiedlichen Bezeichnungen. In diesem Kapitel werden **Referat und Präsentation** sowie **Haus- und Abschlussarbeiten** lediglich in der Form eines Ausblicks betrachtet. Die Beschäftigung mit den Anforderungen an wissenschaftliche Projekte geht über den Schwerpunkt der vorliegenden *Handreichung* auf der Form hinaus und bietet Stoff für eine eigenständige Abhandlung.

6.1 REFERATE UND PRÄSENTATIONEN

Für den Fachunterricht im Wissenschaftlichen Arbeiten lassen sich z.B. die folgenden fünf Lektionen bearbeiten, um die Anforderungen an **Referate und Präsentationen** zu klären. Die anschließenden Erläuterungen beschränken sich auf ausgewählte Aspekte, die zur Vorbereitung in der Systematik der Lehrinhalte besonders wichtig scheinen.

◎ **Lektionen zum Projekt ›Referat und Präsentation‹**

- Adressatengerechte Kommunikation
- Visualisierungstechniken und Medieneinsatz
- Präsentationsverhalten und Körpersprache
- Grundlagen der Rhetorik
- Verschriftlichung und Beurteilung des Vortrags

Zunächst sind die Anforderungen an eine **adressatenorientierte Kommunikation** zu klären. Dabei können die allgemeinen Grundlagen der Kommunikation unter besonderer Berücksichtigung der Vortragssituation einen möglichen Ansatzpunkt bilden. Dazu gehört z.B. die Unterscheidung von *verbaler, nonverbaler* und *paraverbaler Kommunikation*. Sie bietet zugleich Ansätze für die Entwicklung von Kriterien für die Beurteilung eines Vortrags: Die sprachliche Präzision und der sachgerechte Umgang mit Fachbegriffen gehören z.B. zur verbalen Kommunikation. Die Körpersprache lässt sich z.B. in Körperhaltung, Gestig und Mimik aufschlüsseln und bildet einen weiteren Bereich der Beurteilung, der die Wirkung eines Vortrags beeinflusst. Die Elemente der Parasprache ergänzen die Beurteilung bezogen auf die inhaltliche Darstellung, indem z.B. darauf geachtet wird, ob Pausen und Betonungen zielgerichtet eingesetzt werden. Für die Planung, Durchführung und Beurteilung spielen außerdem der **Adressat** des Vortrags sowie die **Intention** des Vortragenden eine wichtige Rolle.

Visualisierungsprinzipien und Medieneinsatz sind ein weiteres Thema, das im Fachunterricht behandelt werden kann: Medien dienen dazu, etwas zu vermitteln. Sie sind kein Selbstzweck. Pauschale Hinweise wie ›Je mehr, desto besser‹ oder ›Weniger ist mehr‹ greifen also zu kurz. Der Medieneinsatz ist an der Intention und den besonderen Bedingungen der Situation auszurichten. Wichtig ist z.B., dass alle Teilnehmer die Visualisierung sehen können. Bei der Gestaltung von Folien für eine Präsentation sollte den Sehgewohnheiten entsprochen werden (im westlichen Kulturkreis: von links nach rechts, von oben nach unten). In der Vortragssituation ist darauf zu achten, nicht das Medium, sondern die Teilnehmer anzusehen. Im Laufe des Vortrags sollten durchaus mehrere Medien eingesetzt werden, die dem jeweiligen Präsentationsziel angemessen sind, z.B. die Gliederung auf ein *Flipchart*-Blatt schreiben, eine Folienpräsentation für den Hauptinhalt der Präsentation verwenden, Beiträge des Publikums auf Moderationskarten festhalten und an einer Pinnwand befestigen etc.

Visualisierung bedeutet soviel wie ›Sichtbarmachung‹ (von lat. *visus* = das Sehen [aktiv] bzw. die Erscheinung [passiv]). Je nach Inhalt und Vermittlungsabsicht lässt sich eine Vielzahl von **Medien** einsetzen, z.B. *Bilder* (*Cartoons*, Photos, Gemälde, Zeichnungen, etc.), *Filme* (Dokumentationen, Kurzfilme, Magazine, Werbung etc.), *Graphiken* (Ablaufpläne, Diagramme, Schaubilder, Tabellen etc.), *Symbole* (geometrische Formen, Logos, Piktogramme, Verkehrszeichen etc.). Werden z.B. Bilder zur Visualisierung eingesetzt, stimmt zwar zunächst der Spruch: ›Ein Bild sagt mehr als tausend Worte.‹ **Bilder** vermitteln Gefühle und Stimmungen, sie kommunizieren Sachverhalte analog und vieldeutig. Genau deshalb aber ersetzen sie das Wort nicht, sofern es um logische Zusammenhänge geht. Hier sind dann ggf. **Graphiken und Tabellen** besser geeignet. Bilder können je nach Motiv und Gestaltung auch als Kitsch oder Provokation erlebt werden. *Cartoons* z.B. können lustig sein, aber auch für den Vortragsgegenstand unpassend, insbesondere wenn es um ein ernstes Thema geht. Der Einsatz von Filmen erfordert technisches Equipment. **Filme** haben den Vorteil, dass sie visuelle und akustische Reize verbinden, Abwechslung bieten und die Aufmerksamkeit wecken. Wichtig ist die Einsicht, dass auch bewegte Bilder immer inszeniert sind (›Blick der Kamera‹). Filme können komplexe Sachverhalte anschaulich darstellen, sie befördern oftmals aber auch eine Rezeptionshaltung. Deshalb ist es sinnvoll, Filme formal und inhaltlich zu reflektieren. **Farben und Formen** in Präsentationen können die Intention unterstreichen, aber auch vom Inhalt ablenken. Auf **Anlass und Zielgruppe** ist deshalb beim Einsatz von Medien besonders zu achten. Hinzu kommt die Beachtung des Urheberrechts, das eine Verwendung ggf. nicht gestattet.

Beim Medieneinsatz sind außerdem die Vor- und Nachteile der eingesetzten **Präsentationsmedien** bedeutsam: *Tafel und Whiteboard* haben den Vorteil, dass sich Gedanken spontan schriftlich festhalten oder visualisieren lassen. Das kostet aber in der Vortragssituation Zeit, sodass ggf. ein vorbereitetes *Flipchart*-Papier besser geeignet ist. Steht eine *Pinnwand* zur Verfügung, können Karten auch neu angeordnet werden, was einen Vorteil gegenüber der Tafel darstellt. Auch beim Einsatz von *Beamer*, *Dokumentkamera*, *Laptop*, *Overheadprojektor* und *SMART-Board* gibt es spezifische Vor- und Nachteile, die bei der Vortragsvorbereitung kritisch abgewogen werden sollten. Zudem sollte der Einsatz der Präsentationsmedien vor dem Vortrag geübt werden.

Präsentationsverhalten und Körpersprache bilden einen eigenen Bereich, der zum Gegenstand des Fachunterrichts gemacht werden kann. Dieser Bereich lässt sich von der

Rhetorik im engeren Sinne unterscheiden, wenn darunter lediglich die verbale (und ggf. paraverbale) Kommunikation verstanden wird. Letztlich gehören beide Bereiche zusammen, weil der Inhalt einer Aussage mit der Körpersprache im Einklang stehen sollte. Zur Körpersprache gehören z.B. die Position im Raum, ein sicherer Stand und die Frage, wie sich der Referent während des Vortrags bewegt, einschließlich Körperhaltung, Gestik und Mimik. Der Einsatz **rhetorischer Mittel** kann dazu dienen, eine Aussage anschaulich zu illustrieren, z.B. durch Beispiele, Metaphern und Vergleiche, aber auch das Argumentieren und die Verwendung von Fachausdrücken können zur Rhetorik gezählt werden. An die mündliche Kommunikation in Referat und Präsentation werden andere Anforderungen gestellt als an einen Fachaufsatz. Tendenziell gibt es eine größere Freiheit in der Gestaltung als in der schriftlichen Kommunikation. Auf das bloße Ablesen sollte wenn möglich bei Referaten und Präsentationen verzichtet werden (an der HSVN z.B. ist die **freie Rede** eine Pflichtanforderung an diese Studienleistungen).

Bei der **Verschriftlichung** des Vortrags sind die formalen Vorgaben zu beachten, die in diesem Buch ausführlich besprochen worden sind. Sofern es sich um eine **Kurzfassung** handelt, ist damit kein Vortragsskript gemeint, sondern gewissermaßen eine kleine schriftliche Abhandlung zum Referatsthema, in der die Fragestellung und die zentralen Inhalte des Referats dargelegt werden. Für die **Beurteilung des Vortrags** bieten sich neben den fachlichen Inhalten z.B. *Aufbau und Struktur*, *Rhetorik*, *Körpersprache*, *Medieneinsatz* und *Gesamteindruck* als Beurteilungskriterien an. Diese Kriterien lassen sich dann noch weiter ausdifferenzieren. Besteht die Möglichkeit, im Fachunterricht Probereferate zu halten, kann im Kurs auch das **Feedback-Geben** geübt werden.

6.2 HAUS- UND ABSCHLUSSARBEITEN

Auch um die Anforderungen an **Haus- und Abschlussarbeiten** zu klären, lassen sich für den Fachunterricht fünf Lektionen bearbeiten. Auch hier beschränken sich die anschließenden Erläuterungen auf ausgewählte Aspekte.

◎ **Lektionen zum Projekt ›Haus- und Abschlussarbeit‹**

- Der Schreibprozess
- Arbeits- und Zeitplanung
- Themenfindung und Textkonzeption
- Schreibpraxis und Textüberarbeitung
- Thesenpapier und Kolloquium

Das **Schreiben als Prozess** zu begreifen; dies kann ein Ausgangspunkt der Beschäftigung sein.[438] Wie das studierende Lesen umfasst das Schreiben mehrere Tätigkeiten, wozu dann neben der Informationsbeschaffung, Textkonzeption und Schreibpraxis unter anderem auch das Lesen gehört. Das ist eine wichtige Einsicht, weil es beim wissenschaftlichen Schreiben letztlich darum geht, sich diese **vielfältigen Tätigkeiten** bewusst zu

[438] Dies ist z.B. der Ansatz des ›Schreiblabors‹ der Universität Bielefeld, vgl. *Universität Bielefeld*, Schreiblabor, 2017 (FN 136); s. weiterführend *Frank, A./Haacke, S./Lahm, S.*, Schreiben, 2007 (FN 29).

machen, um strukturiert an einem Projekt arbeiten zu können. Auch viele Probleme, die beim Schreiben auftreten können, lassen sich so ganz vermeiden oder zumindest durch gezielte Maßnahmen lösen, z.B. ist zu Beginn der Themenbearbeitung noch keine druckreife Formulierung erforderlich, sondern zunächst das Entwickeln von Ideen.

Bei der **Arbeits- und Zeitplanung** z.B. sind zum einen die Vorgaben der Hochschule für Termine und Fristen sowie die individuellen Lern- und Arbeitsbedingungen zu berücksichtigen. Vor allem aber geht es darum, die zum Verfassen einer schriftlichen Arbeit erforderlichen Tätigkeiten in eine sinnvolle Reihenfolge zu bringen. Ein Grundverständnis des Schreibprozesses ist dafür eine Voraussetzung. So sollte z.B. eine Fragestellung der intensiven Lektüre vorhergehen, um sich nicht zu verzetteln; die Literaturrecherche und -auswertung sollte irgendwann abgeschlossen werden, damit noch ausreichend Zeit für die Überarbeitung, Fertigstellung und den Druck des Manuskripts bleibt etc.

Die **Themenfindung und Textkonzeption** können gleich zu Beginn der Bearbeitung eine große Herausforderung sein. Selbst bei vorgegebenen Themen ist im Grunde nicht das Thema im engeren Sinn, sondern lediglich ein Titel vorgegeben (Thema und Titel sind also nicht identisch!). In jedem Fall muss man aus dem Gegenstand, der bearbeitet werden soll, ein Thema machen. Dazu gehören z.B. das Entwickeln von Fragestellung und Zielsetzung, die Wahl der Methode, das Herstellen von Kontexten und vieles mehr. Die **Textkonzeption** ergibt sich erst in einem weiteren Schritt, d.h., was soll warum, in welcher Weise und in welchen Schritten untersucht werden? Die Konzeption kann während der Themenbearbeitung wiederholt angepasst werden.

Zur **Schreibpraxis und Textüberarbeitung** gehören z.B. Formulierung, Argumentation und Stil. Im Fachunterricht können aber unter dem Titel ›Schreibpraxis‹ auch Fragen des Umgangs mit Schreibblockaden behandelt werden. Bei Abschlussarbeiten wird ggf. ein **Thesenpapier** für ein Kolloquium gefordert. Auch die damit verbundenen Anforderungen können im Fachunterricht in einer eigenen Lektion geklärt werden.

Zum Abschluss dieses Ausblicks sei eine Übung vorgestellt, die Anforderungen an das wissenschaftliche Projekt ›Referat‹ verdeutlicht, aber auch für Grundüberlegungen zum Verfassen einer Haus- und Abschlussarbeit geeignet ist: das **Blitzexposé** (s. Ü15).

Ü15 Blitzexposé für wissenschaftliche Projekte

modifiziert nach: *Frank, A./Haacke, S./Lahm, S.*, Schreiben, 2007 (FN 29), S. 28 f.

- Ein **Exposé** ist ein Text, in dem die Planung eines Forschungsvorhabens erläutert wird.
- Im **Blitzexposé** schreiben Sie in etwa zehn Minuten auf, was Sie bei Ihrem Vorhaben wie, wann, womit und mit welcher Unterstützung tun möchten.
- **Aufgabe**: Schreiben Sie ein Blitzexposé zum Thema Ihres Probereferats. Verwenden Sie dazu das Arbeitsblatt (s. Abb. 40).[439]
- *Bitte **beantworten** Sie die folgenden Fragen für Ihr eigenes Arbeitsprojekt so konkret wie möglich und mit eigenen Worten. **Überlegen** Sie, was Sie noch klären müssen, wenn Sie merken, dass Sie einzelne Fragen noch nicht beantworten können. **Notieren** Sie möglichst alle Fragen und Unsicherheiten, die sich beim Überlegen ergeben.*

---

439 Vgl. *Frank, A./Haacke, S./Lahm, S.*, Schreiben, 2007 (FN 29), S. 28 f.

Checkliste für ein Blitzexposé (Fragen zu meinem wissenschaftlichen Projekt)	**Meine Antworten und was ich noch klären muss ...** (Beispiel: Schriftliche Kurzfassung zu einem Referat)
Wie lautet mein **Thema**? (zunächst als ›Titel‹; genauer:) – Was will ich wissen (**Fragestellung**)? – Oder belegen (**Hauptaussage**)? – Oder prüfen (**Arbeitshypothese**)?	„Adressatengerechte Kommunikation" Welche Bedingungen und Merkmale hat adressatengerechte Kommunikation? These: Sprache hat eine Mitteilungsfunktion (wer adressatengerecht kommunizieren will, kann von der Sprachtheorie profitieren); *noch zu klären*: Methode der Untersuchung/ theoretischer Kontext („Konstruktivismus")
Was ist daran wichtig (**Erkenntnisinteresse**)?	Ich möchte verstehen, welche Bedingungen gelingende Kommunikation hat und wie sich dieses Wissen praktisch anwenden lässt.
Woran (an welchem **Material**) will ich das herausfinden bzw. belegen bzw. prüfen? Habe ich mein Material schon? Muss ich es noch erschließen, finden oder erheben?	➢ Lehrmaterial aus dem Fachunterricht Wissenschaftliches Arbeiten (liegt vor) ➢ Modelle der Kommunikation (bes. Paul Watzlawick: „Fünf Axiome") ➢ weitere Fachliteratur zum Thema (z.T. vorhanden, noch auszuwerten) ➢ *nächster Schritt*: Bibliotheksbesuch (bereits recherchierte Literatur vor Ort sichten, ggf. ausleihen oder kopieren)
Was sind meine **Hilfsmittel**? (Methoden, Literatur, Betreuung bzw. Beratung?)	*Formalvorschriften* und *Hinweise zur Gestaltung eines Manuskripts*, fachliche Tipps vom Dozenten, Austausch mit meinem Referatspartner
Was will ich in meiner Arbeit **hauptsächlich tun**: argumentieren? beschreiben? analysieren? vergleichen? interpretieren? anderes?	Analyse durchführen (Bedingungen und Merkmale); Schlüsse für die Vortragspraxis ziehen
Wann will ich die Arbeit **abgeschlossen** haben?	zwei Wochen vor dem Referatstermin (Termin ist im Wochenplaner eingetragen)
Was will ich mit der Arbeit **erreichen**?	➢ inhaltlich auf das Referat vorbereitet sein ➢ Anforderungen an die Studienleistung erfüllen (schriftliche Kurzfassung) ➢ mehr über Kommunikation lernen ➢ das Verschriftlichen eines Themas üben ➢ mein eigenes Kommunikationsverhalten durch das erworbene Wissen verbessern ➢ meinen Kommilitonen Tipps geben, damit auch sie von meiner Arbeit profitieren

Abb. 40: Checkliste für ein Blitzexposé, linke Spalte; modifiziert nach: *Frank, A./Haacke, S./Lahm, S.*, Schreiben, 2007 (FN 29), S. 28/29 (rechte Spalte erg.).

7. Epilog: Gestaltungsspielräume

Wenn das **Wissenschaftliche Arbeiten** erlernt werden soll, dann müssen die Aufgaben und Ziele der jeweiligen wissenschaftlichen Disziplin geklärt werden, Informationen müssen beschafft und verarbeitet, Texte müssen gelesen und verstanden werden, ein Manuskript muss nach bestimmten Vorgaben gestaltet werden, alle verwendeten Quellen müssen korrekt nachgewiesen werden. Dies alles sind methodische Grundlagen für die Bearbeitung wissenschaftlicher Projekte. Werden lediglich die **formalen Anforderungen** an das Bibliographieren und die Formatierung betrachtet, kann das auch abschreckend wirken. Teilweise erscheinen sie spitzfindig und übertrieben.

Wer sich allerdings konkrete Vorgaben zur **Orientierung** wünscht, muss konsequenterweise auch sehen, dass die Vielzahl der Aspekte und Zweifelsfälle nach einer komplexen Antwort verlangt. Im Arbeitsprozess treten viele kleine Fragen auf, die einzeln betrachtet eher unwichtig zu sein scheinen: Wie nummeriere ich die Seiten? Wo platziere ich die Seitenzahlen? Welche Gliederungsvariante verwende ich für Überschriften? Wie gestalte ich Kurznachweise? Erwähne ich dabei Vornamen? Was kürze ich ab, was nicht ...? In der Summe jedoch entscheidet die eingehende Beschäftigung mit solchen Aspekten über die formale Qualität eines fertigen Textes mit.

Was die Gestaltung einer wissenschaftlichen Arbeit betrifft, ist der **Sinn von Regeln** zu reflektieren. *Einerseits* kann es zu Verunsicherung führen, wenn die formalen Anforderungen an die Manuskriptgestaltung nicht klar und deutlich formuliert sind. Das würde dafür sprechen, konkrete Vorgaben für sämtliche relevanten Details zu machen, die dann einfach nur noch umgesetzt werden müssten. Dies würde Vergleichbarkeit schaffen, ein einheitliches Erscheinungsbild befördern und zudem Sicherheit in der Beurteilung geben. *Andererseits* wird das Arbeiten durch solche Vorgaben nicht unbedingt leichter. Die einzelnen Aspekte, die zur Formatierung gehören, sind derart zahlreich und komplex, dass es bereits einen großen Arbeitsaufwand bedeuten würde, alle Regeln zur Kenntnis zu nehmen, geschweige denn, sie korrekt umzusetzen.

Mehr noch: Selbst wenn man jedes mögliche Problem geregelt hätte, müsste die Regel ausgelegt und auf den Einzelfall angewendet werden. Nicht jeder **Einzelfall** lässt sich regeln. Einige **Regeln** *müssen* bewusst allgemein gehalten werden, *gerade weil* sie auf den Einzelfall angewendet werden können sollen. Ein Beispiel: Vorgaben für die Absatzformatierung scheinen zunächst möglich und sinnvoll. Wer sich daran hielte, könnte den Rotstift des Korrektors vermeiden. Wie aber soll das in der Praxis aussehen? Eine Überschrift kann über einem Verzeichnis oder über einem Kapitel stehen, es gibt Haupt- und Unterkapitel sowie zusätzlich Aufzählungen im Text, eventuell auch Graphiken und Tabellen. Es gibt Absätze und Einzüge im Fließtext, in Fußnoten und bei Texten im Anhang, Absätze nach Kapiteln und bei Seitenumbrüchen. – Man stelle sich vor, für alle diese Aspekte wollte man Regeln aufstellen: Formatieren Sie den Text von Überschriften einzeilig, aber nur wenn Unterkapitel folgen; formatieren Sie den Text bei Aufzählungen linksbündig, sodass ein Flattersatz entsteht, es sei denn, ein Absatz erstreckt sich über mehrere Zeilen; fügen sie nur dann Absätze ein, wenn ein neuer Sinnabschnitt beginnt, es sei denn, Sie möchten eine Aussage besonders hervorheben oder es handelt sich um ein direktes Zitat, das sich über mehr als drei Zeilen erstreckt, etc.

Nicht alles kann und nicht alles sollte geregelt werden. Der Umstand, dass einiges nicht geregelt ist, bedeutet nicht, dass man es regeln müsste. Und der Umstand, dass bereits vieles geregelt ist, bedeutet nicht, dass es nicht in anderen Kontexten auch abweichend gehandhabt werden kann. Den Blick offen zu halten für die Vielzahl der Möglichkeiten ist gerade dann wichtig, wenn konkrete Formalvorschriften umgesetzt werden sollen.

Der Text sollte übersichtlich und ansprechend formatiert sein (vgl. Kap. 4.2, Teil B, Abs. II, Nr. 3 sowie Kap. 4.3, Nr. 5). – Das ist z.B. eine unspezifische Regel, die ausgelegt werden muss und ein Moment der Unsicherheit enthält; sie kann jedoch Orientierung geben, gerade weil sie allgemein gehalten ist. Ähnlich wäre es z.B. auch bei der Foliengestaltung für eine Präsentation: Nicht mehr als sieben Punkte pro Folie gelten als Faustregel; aber daraus eine verbindliche Vorschrift zu machen wäre nicht zielführend: Was mache ich, wenn ich acht oder neun Unterpunkte habe? Oder der Grundsatz, dass unter jeder Überschrift Text stehen sollte; auch das ist als pauschale Vorgabe nicht in jedem Fall angebracht, z.B. wenn die Struktur des Textes aus der Gestaltung der Überschriften bereits hervorgeht. Vorgaben für sämtliche Eventualitäten würden die eigenständige Überlegung hemmen und für die Suche nach einer angemessenen Lösung kontraproduktiv sein. Langfristig hemmt der bloß mechanische Gebrauch von Regeln das Denken.

Einerseits soll man also einen gewissen **Gestaltungsspielraum** haben und muss ihn notwendig haben. Ansonsten entstehen unerfüllbare Anforderungen; nicht nur für diejenigen, die im Studium aufgefordert wären, entsprechende Regeln umzusetzen, sondern auch für diejenigen, die sich dazu anschickten, sie aufzustellen. – *Andererseits* braucht es aber auch gewisse **Vorgaben**, nicht nur (auch!) um Orientierung zu geben und Vergleichbarkeit sicherzustellen, sondern um den formalen Anforderungen an wissenschaftliche Texte gerecht zu werden. Was z.B. das **Bibliographieren** angeht, sind die Anforderungen nicht vollkommen willkürlich, sondern haben sich im Laufe der Wissenschaftsgeschichte herausgebildet. Die formalen Anforderungen sind immer weiter differenziert und verfeinert worden. Sie lassen sich nicht ignorieren, ohne damit ein Element preiszugeben, das Texte erst wissenschaftlich macht. Der Umgang damit muss erlernt und geübt werden.

Eine **Gestalt** entsteht aus der Verbindung von **Inhalt und Form**. Wer im Studium lernt, bestimmte Gestaltungsvorgaben umzusetzen, macht sich mit den Operationen vertraut, die bei der Manuskriptgestaltung eingesetzt werden. Die Umsetzung konkreter Vorgaben sollte sinnvoller Weise dazu dienen, die Fähigkeit zu erwerben, sich auf andere mögliche Vorgaben einstellen oder eigene Varianten erproben zu können. Die formalen Anforderungen stellen also nur ganz bestimmte, aber notwendige Aspekte des wissenschaftlichen Arbeitens dar. Eine eingehendere Beschäftigung mit den weiteren Anforderungen in inhaltlicher Hinsicht ist erforderlich; letztlich gibt es jedoch ohne Form auch keinen Inhalt, denn jeder Inhalt muss in einer bestimmten Form vermittelt werden. Der versierte Umgang mit den Formalia für das Verfassen wissenschaftlicher Texte vervollständigt erst das, was man als **akademische Schlüsselkompetenz** bezeichnen kann.

***

Literatur- und Quellenverzeichnis

Das **Literatur- und Quellenverzeichnis** ist nach dem *wirtschafts- und sozialwissenschaftlichen Zitationsstil* gestaltet (s. das Beispiel für *Formalvorschriften*, Kap. 4.1). Dabei ist jedoch zu beachten, dass im vorliegenden Buch abweichend mit der *Vollbelegmethode* gearbeitet wird. Gleichwohl enthält das Verzeichnis aus didaktischen Gründen zusätzlich Titelstichwörter, wie sie bei der *Kurzbelegmethode* eingesetzt werden. Dadurch lassen sich auch die Kurznachweise in Fußnoten bei wiederholter Zitation einer Quelle den Vorgaben entsprechend entschlüsseln.

Als **Übung** zur Anwendung von Zitationsstilen können die Einträge umgestaltet werden, z.B.

> *Schimmel, Roland* [Formulieren, 2012]: Juristische Klausuren und Hausarbeiten richtig formulieren, 10., überarb. u. erw. Aufl., München: Vahlen, 2012.
>
> *Theisen, Manuel René* [Erfolgreich, 2013]: Wissenschaftliches Arbeiten: Erfolgreich bei Bachelor- und Masterarbeit, 16., u. Mitarb. v. Martin Theisen vollst. überarb. Aufl., München: Vahlen, 2013.
>
> – [Technik, 2011]: Wissenschaftliches Arbeiten: Technik – Methodik – Form, 15., aktual. u. erg. Aufl., München: Vahlen, 2011.

... umgeformt in das Beispiel für den **rechtswissenschaftlichen Zitationsstil**:

Schimmel, Roland:	Juristische Klausuren und Hausarbeiten richtig formulieren, 10. Auflage, München 2012.
Theisen, Manuel René:	Wissenschaftliches Arbeiten: Erfolgreich bei Bachelor- und Masterarbeit, 16. Auflage, München 2013. Zit.: Theisen (a).
Ders.:	Wissenschaftliches Arbeiten: Technik – Methodik – Form, 15. Auflage, München 2011. Zit.: Theisen (b).

... oder in den **Harvard Style** mit Erscheinungsjahr nach dem Autor:

> *Schimmel, Roland* (2012): Juristische Klausuren und Hausarbeiten richtig formulieren, 10., überarb. u. erw. Aufl., München: Vahlen.
>
> *Theisen, Manuel René* (2013): Wissenschaftliches Arbeiten: Erfolgreich bei Bachelor- und Masterarbeit, 16., u. Mitarb. v. Martin Theisen vollst. überarb. Aufl., München: Vahlen.
>
> *Ders.* (2011): Wissenschaftliches Arbeiten: Technik – Methodik – Form, 15., aktual. u. erg. Aufl., München: Vahlen.

... auch können Sie überlegen, wie die zugehörigen **Kurznachweise** aussehen würden:

1 S. *Schimmel, R.*, Formulieren, 2012, S. 25.	1 Siehe Schimmel, S. 25.	(s. *Schimmel* 2012, S. 25)
2 Vgl. *Theisen, M.*, Technik, 2011, S. 12 f.	2 Vgl. Theisen (b), S. 12 f.	(vgl. *Theisen* 2011, S. 12 f.)

Achtung: *Quellen* (z.B. Gesetze/Rechtsprechung) sind – spezifisch verstanden – von *Literatur* zu unterscheiden. In rechtswissenschaftlichen Arbeiten ist zudem zu prüfen, ob Artikel aus der Tages- und Wochenpresse nur in Fußnoten nachgewiesen werden. In wirtschafts- und sozialwissenschaftlichen Arbeiten werden sämtliche verwendeten Referenzen in das Verzeichnis aufgenommen.

Adorno, Theodor W./Horkheimer, Max u.a. [Exkurse, 1991 (1956)]: Soziologische Exkurse: nach Vorträgen und Diskussionen, hrsg. v. Institut für Sozialforschung, unveränd. Nachdr. d. 1. Aufl. v. 1956, Frankfurt a.M.: Europäische Verlagsanstalt, 1991 (= eva-Tb, Bd. 14).

Arendt, Hannah [Activa, [6]2006 (1958)]: Vita Activa oder Vom tätigen Leben (Orig.-Ausg. u.d.T. The Human Condition, Chicago 1958, dt. 1960), 6. Aufl. ([1]2002), München: Piper, 2006.

ARD Mittagsmagazin [Plagiatsaffäre, 2011]: Plagiatsaffäre Karl Theodor zu Guttenberg: Uni Bayreuth legte Abschlussbericht vor (TV-Sendung v. 11.05.2011, 13:00 Uhr), in: *ARD* (Hrsg.): Mediathek; http://www.ardmediathek.de (Beitrag nicht mehr verfügbar).

Aristoteles [Metaphysik, 2001 (um 330 v.Chr., postum, 1. Jh. v.Chr.)]: Metaphysik: Schriften zur ersten Philosophie (Abk.: Metaph.), übers. u. hrsg. v. Franz F. Schwarz, unveränd. Nachdr. d. 2., bibliogr. erg. Aufl. 2000 ([1]1970), Stuttgart: Reclam, 2001 (= RUB, Nr. 7913); griech. *Ders.* [Metaphysica, 1837]: Τῶν μετὰ τὰ φυσικά, in: *Ders.*, Opera, 1831, Bd. 8: Metaphysica, Oxford: Univ. Press, 1837.

- [Opera, 1831]: Aristotelis Opera, 10 Bde., hrsg. v. Immanuel[is] Bekker[i], Oxford: Univ. Press, 1831 ff.

Ballstaedt, Steffen-Peter/Mandl, Heinz [Texte, 1981]: Texte verstehen, Texte gestalten, München/Wien/Baltimore: Urban & Schwarzenberg, 1981.

Bartelmann, Matthias/Feuerbacher, Björn/Krüger, Timm u.a. [Physik, 2015]: Theoretische Physik, Berlin/Heidelberg: Springer, 2015.

BBAW (Berlin-Brandenburgische Akademie der Wissenschaften) [Chronologie, 1995]: Chronologie, in: *Dies.* (Hrsg.): Die Akademie: Akademiegeschichte (1995); http://www.bbaw.de/die-akademie/akademiegeschichte/chronologie (Zugriff 02.08.2017).

Beavin, Janet H., s. *Watzlawick, Paul.*

Behr's Verlag [Verlagsgeschichte, 2010]: Verlagsgeschichte 1835–2010: 175 Jahre Behr's Verlag, in: *Ders.* (Hrsg.): Der Behr's Verlag – Historie (Stand 2010); http://www.behrs.de/verlag/175_jahre (Zugriff 02.08.2017).

Blumenberg, Hans [Nachahmung, 1996 (1957)]: Nachahmung der Natur: Zur Vorgeschichte der Idee des schöpferischen Menschen [erstmals in: *Studium Generale*, Bd. 10 (1957), S. 266–283], in: *Ders.*, Wirklichkeiten, 1996 ([1]1981), S. 55–103.

- [Wirklichkeiten, 1996 ([1]1981)]: Wirklichkeiten in denen wir leben: Aufsätze und eine Rede, unveränd. Nachdr. d. 1. Aufl. 1981, Stuttgart: Reclam, 1996 (= RUB, Nr. 7715).

BMBF (Bundesministerium für Bildung und Forschung) (Hrsg.) [Bologna, 2017]: Der Bologna-Prozess – die Europäische Studienreform; https://www.bmbf.de/de/der-bologna-prozess-die-europaeische-studienreform-1038.html (Zugriff 02.08.2017).

- [MINT, 2013]: Perspektive MINT: Wegweiser für MINT-Förderung und Karrieren in Mathematik, Informatik, Naturwissenschaften und Technik; http://www.bmbf.de/pub/perspektive_mint.pdf (Stand 06/2012, Nachdr. 2013).

- (Hrsg.) [Publikationen, 2015]: Publikationen (Stand 04/2017); https://www.bmbf.de/publikationen (Zugriff 02.08.2017).

BnF (Bibliothèque Nationale de France) (Hrsg.) [Gallica, 2016]: Gallica: Bibliothèque Numérique (Online-Ausg. digital. Werke); http://gallica.bnf.fr (Zugriff 02.08.2017).

Bosse, Dorit/Posch, Peter (Hrsg.) [Expertensicht, 2009]: Schule 2020 aus Expertensicht: Zur Zukunft von Schule, Unterricht und Lehrerbildung, Wiesbaden: VS, 2009.

BT (Deutscher Bundestag) [BT-Drs. 11/7820 v. 05.09.1990]: Schlußbericht der Enquete-Kommission „Zukünftige Bildungspolitik – Bildung 2000" (gem. Beschl. des Deutschen Bundestages v. 09.12.1987 – Drs. 11/1448) [11. Wahlperiode – BT-Drs. 11/7820 v. 05.09.1990], in: *DIP* (Hrsg.), Drucksachen-BT, 1949 ff.; http://dipbt.bundestag.de/doc/btd/11/078/1107820.pdf (Zugriff 02.08.2017).

Buhl, Thomas, s. *Leiße, Olaf.*

BVerfG (Bundesverfassungsgericht) [Hochschulurteil, 1973]: Beschl. v. 09.05.1973 – 1 BvR 424/71 und 325/72 – BVerfGE 35, 79, in: *Tschentscher, Axel/Broichhagen, Sven* (Bearb.): Verfassungsrecht/Deutschland/BVerfG: Entscheidungen 1970–1974; http://www.servat.unibe.ch/dfr/bv035079.html#Rn002 (Zugriff 02.08.2017).

BVS (Bayerische Verwaltungsschule) (Hrsg.) [Publikationen, 2013]: Mediapool: Publikationen; http://www.bvs.de/fileadmin/mediapool/publikationen (Zugriff 02.08.2017).

Carnap, Rudolf/Hahn, Hans/Neurath, Otto u.a. [Weltauffassung, 2012 (1929)]: Wissenschaftliche Weltauffassung: Der Wiener Kreis, Nachdr. d. Erstausg., hrsg. v. Friedrich Stadler u. Thomas Uebel, ersch. Wien: Wolf, 1929, Wien u.a.: Springer, 2012 (= Veröff. des Vereins Ernst Mach).

Cassirer, Ernst [ECW, 1998]: Ernst Cassirer: Gesammelte Werke (Abk.: ECW), 26 Bde., hrsg. v. Birgit Recki (Hamburger Ausgabe), Hamburg: Meiner, 1998 ff.

– [Culture, 2006 (1944)]: An Essay on Man: An Introduction to a Philosophy of Human Culture, in: *Ders.*, ECW, 1998 ff., Bd. 23, Text u. Anm. bearb. v. Maureen Lukay, nach d. 1. Aufl., ersch. Garden City, NY: Doubleday, 1944, Hamburg: Meiner, 2006.

– [Kultur, 1990 (engl. 1944)]: Versuch über den Menschen: Einführung in eine Philosophie der Kultur (engl. 1944), übers. v. Reinhard Kaiser, dt. Erstausg., Frankfurt a.M.: Fischer, 1990.

Citavi [Download, 2016]: Download Citavi Free, hrsg. v. Swiss Academic Software GmbH; http://www.citavi.de/de/download.html (Stand 22.09.2016).

– [Kurzeinführung, 2015]: Kurzeinführung Citavi 5; http://www.citavi.com/service/de/docs/Citavi_ 5_Kurzeinfuehrung.pdf (Stand 01.12.2015).

Cottrell, Stella [Studieren, 2010]: Studieren – das Handbuch (Orig.-Aug. u.d.T. The study skills hand-book, 1999 [32008]), Übers. v. Katharina Kopp, Heidelberg: Spektrum, 2010.

DFG (Deutsche Forschungsgemeinschaft) [Praxis, 2013]: Vorschläge zur Sicherung guter wissenschaftlicher Praxis: Empfehlungen der Kommission ›Selbstkontrolle in der Wissenschaft‹ (Denkschrift), 2., erg. Aufl. (11998), Weinheim: Wiley-VCH, 2013; Online-Ausg., in: *DFG* (Hrsg.): Rechtliche Rahmenbedingungen; http://www.dfg.de/foerderung/grundlagen_rahmenbedingungen/gwp/index.html (Zugriff 02.08.2017).

Dilthey, Wilhelm [Geisteswissenschaften, 1979 (1926)]: Der Aufbau der geschichtlichen Welt in den Geisteswissenschaften [1910], in: *Ders.*, Schriften, 1913 ff., Bd. 7, hrsg. v.

Bernhard Groethuysen, 6., unveränd. Aufl. d. Ausg. Berlin 1926 ([1]1910), Göttingen: Vandenhoeck & Ruprecht, 1979.

- [Schriften, 1913 ff.]: Gesammelte Schriften, hrsg. v. Karlfried Gründer u.a., 26 Bde., Göttingen: Vandenhoeck & Ruprecht, 1913 ff.

DIP (Dokumentations- und Informationssystem für Parlamentarische Vorgänge) (Hrsg.) [Drucksachen-BT, 1949 ff.]: Drucksachen und Plenarprotokolle des Bundestags – ab 1949; http://dipbt. bundestag.de (Zugriff 02.08.2017).

Duden (Red.) [Rechtschreibung, 2017]: Die deutsche Rechtschreibung: Das umfassende Standardwerk auf der Grundlage der amtlichen Regeln, hrsg. v. der Dudenredaktion auf der Grundlage der aktuellen amtlichen Rechtschreibregeln, 27., völlig neu bearb. u. erw. Aufl. ([1]1880), Berlin: Dudenverlag, 2017 (= Der Duden, Bd. 1), darin:

- Art. „ggf.“, S. 498; Art. „g.g.T.“, S. 498; Art. „LPG“, S. 714; Art. „LSD“, S. 714; Art. „Präposition“, S. 879.

Eco, Umberto [Abschlußarbeit, 2010 (ital. 1977)]: Wie man eine wissenschaftliche Abschlußarbeit schreibt: Doktor-, Diplom- und Magisterarbeit in den Geistes- und Sozialwissenschaften (Orig.-Ausg. u.d.T. Come si fa una tesi di laurea, 1977), Übers. v. Walter Schick, 13., unveränd. Aufl. der dt. Ausg. v. 1988, Wien: Facultas, 2010 (= UTB, Bd. 1512).

Eicker, Thomas [Lexikon, 2016]: Kleines! Lexikon des Internet; http://www.kleines-lexikon.de (Stand 20.10.2016), darin:

- Art. „URL“; http://www.kleines-lexikon.de/w/u/url.shtml (Zugriff 02.08.2017).

Esselborn-Krumbiegel, Helga [Idee, 2014]: Von der Idee zum Text: Eine Anleitung zum wissenschaftlichen Schreiben, 4., aktual. Aufl. ([1]2002), Paderborn: Schöningh, 2014 (= UTB, Bd. 2334).

Feuerbacher, Björn, s. *Bartelmann, Matthias.*

FHÖ-PR Güstrow (Fachhochschule für Öffentliche Verwaltung, Polizei und Rechtspflege des Landes Mecklenburg-Vorpommern) (Hrsg.): Studiengang Öffentliche Verwaltung (LL.B); http://www. fh-guestrow.de/studium/fbav/studienav (Zugriff 02.08.2017).

Frank, Andrea/Haacke, Stefanie/Lahm, Swantje [Schreiben, 2007]: Schlüsselkompetenzen: Schreiben in Beruf und Studium, Stuttgart: Metzler, 2007.

Franz, Thorsten [Verwaltungswissenschaft, 2013]: Einführung in die Verwaltungswissenschaft, Wiesbaden: Springer/VS, 2013.

Freud, Sigmund [StudA, 2000]: Studienausgabe, 10 Bde. u. 1 Ergänzungsband, hrsg. v. Alexander Mitscherlich u.a., limitierte Sonderausgabe, Frankfurt a.M.: Fischer, 2000.

- [Unbehagen, 1930]: Das Unbehagen in der Kultur (1930), in: *Ders.*, StudA, 2000, Bd. 9: Fragen der Gesellschaft/Ursprünge der Religion, Frankfurt a.M.: Fischer, 2000, S. 191–270.

- [Vorl., 2000 ([1]1916/17)]: Vorlesungen zur Einführung in die Psychoanalyse 1916–17 [1915–1917], in: *Ders.*, StudA, 2000, Bd. 1: Vorlesungen zur Einführung in die Psychoanalyse u. N.F., Frankfurt a.M.: Fischer, 2000, S. 35–445.

Gemoll, Wilhelm/Vretska, Karl [Griech.-Wb, 2006]: Griechisch-deutsches Schul- und Handwörterbuch, 10., neu bearb. Aufl., München/Düsseldorf/Stuttgart: Oldenbourg, 2006, darin:

- Art. „δόξα" [dóxa], S. 236; Art. „θεωρία" [theoría], S. 396; Art. „λόγος" [lógos], S. 505/506; Art. „μέθοδος" [méthodos], S. 520; Art. „μεταφορά" [metaphora], S. 531; Art. „ψυχή" [psychê], S. 873/874.

GG (Grundgesetz für die Bundesrepublik Deutschland), i.d.F. v. 23.05.1949 (BGBl., Jg. 1949, Teil I, Nr. 1 v. 23.05.1949, S. 1), zuletzt geänd. durch Art. 1 des Gesetzes v. 13.07.2017 (BGBl., Jg. 2017, Teil I, Nr. 47 v. 19.07.2017, S. 2346); zit. nach: *juris* (Hrsg.): Gesetze im Internet, hrsg. i.A. des Bundesministeriums der Justiz (BMJ); http://www.gesetze-im-internet.de/gg/BJNR000010949.html (Zugriff 02.08.2017).

Goethe, Johann Wolfgang [Faust, [I]1808; [II]1833]: Faust [Teil I: 1808; Teil II: 1833 (posthum)], in: *Ders.*, FrankfA, 1999, Bd. 7.1: Faust: Texte, hrsg. v. Albrecht Schöne, 4., überarb. Aufl. ([1]1994), Frankfurt a.M.: Dt. Klassiker Verl., 1999 (= Bibl. dt. Klassiker, Bd. 114).

- [FrankfA, 1999]: Sämtliche Werke, Briefe, Tagebücher und Gespräche, 40 Bde., hrsg. v. Hendrik Birus, Frankfurter Ausgabe (FrankfA), Frankfurt a.M.: Dt. Klassiker Verl., 1999 (= Bibl. dt. Klassiker).

Grimm, Jacob/Grimm, Wilhelm u.a. [DWB, 2007 (1854)]: Deutsches Wörterbuch, hrsg. v. d. Berlin-Brandenburgischen Akad. d. Wiss. u. d. Akad. d. Wiss. zu Göttingen, Neuausg. 33 Bde. (1. Aufl.: 16 Bde., ersch. Leipzig: Hirzel, 1854 ff.), Stuttgart: Hirzel, 2007; Online-Ausg.: *Trier Center for Digital Humanities* (Hrsg.): Deutsches Wörterbuch der Gebrüder Grimm; http://woerterbuchnetz.de/DWB (Stand 1998–2013), darin:

- Art. „Kritik", Bd. 11, Sp. 2334–2336.

Grimm, Wilhelm, s. *Grimm, Jacob.*

Guttenberg, Karl-Theodor zu [Verfassung, 2009]: Verfassung und Verfassungsvertrag: Konstitutionelle Entwicklungsstufen in den USA und der EU, zugl.: Bayreuth, Univ., Diss., 2006, Berlin: Duncker & Humblot, 2009.

- */SZ* (Sueddeutsche Zeitung) (Red.) [Stellungnahme, 2011]: ›Kein Plagiat‹: Die Stellungnahme von Guttenberg im Wortlaut (Art. v. 18.02.2011, 15:22 Uhr), in: *Sueddeutsche.de* (Hrsg.): Politik; http://www.sueddeutsche.de/politik/stellungnahme-von-guttenberg-kein-plagiat-die-erklaerung-imwortlaut-1.1061952 (Zugriff 02.08.2017).

- */ZDF* [Erklärung, 2011]: ›Meine Dissertation ist kein Plagiat‹: Erklärung vor ausgewählten Journalisten am 18.02.2011 (hochgeladen vom ZDF am 18.02.2011), in: *ZDF* (Hrsg.): YouTube Channel; http://www.youtube.com (Zugriff 02.10.2016).

GuttenPlag, s. *Wikia* (Hrsg.).

Haacke, Stefanie, s. *Frank, Andrea.*

Hahn, Hans, s. *Carnap, Rudolf.*

Haraway, Donna [Primatologie, 1995 (1981)]: Primatologie ist Politik mit anderen Mitteln (1981), in: *Orland, B./Scheich, E.* (Hrsg.), Geschlecht, 1995, S. 136–198.

Hentig, Hartmut von [Verstehen, 1982]: Das Verstehen des Verstehens am Beispiel von Martin Wagenschein (erstmals ersch. 1982), in: *Bosse, D./Posch, P.* (Hrsg.), Expertensicht, 2009, S. 181–184.

HfÖV Bremen (Hochschule für Öffentliche Verwaltung, Freie Hansestadt Bremen) (Hrsg.): Studiengang Steuern und Recht (LL.B); http://www.hfoev.bremen.de/studienangebot/studiengang_steuern_und_recht_stur-3606 (Zugriff 02.08.2017).

Hockmann, Theo/Holthaus, Matthias/Klaholz, Christina u.a. [Abi-Box, 2012]: ABI-Box Deutsch: Literatur und Sprache um 1800 – Drama und Kommunikation: Rahmenthemen 1 und 2 zum Kerncurriculum (Abitur 2012), hrsg. v. Johanna van Loo, Hannover: Brinkmann/Meyhöfer, 2012.

Höfer, Frank, s. *Linhart, Helmut.*

Hoffmann, Sascha [Gelingen, 2008]: So gelingen Seminar-, Bachelor- und Masterarbeiten: Ein Leitfaden für BWLer und VWLer: Von der Recherche bis zur fertigen Arbeit, Heidenau: PD-Verl., 2008.

Hofmann, Eberhardt/Löhle, Monika [Erfolgreich, 2004]: Erfolgreich lernen: Effiziente Lern- und Arbeitsstrategien für Schule, Studium und Beruf, Göttingen: Hogrefe, 2004.

Holthaus, Matthias, s. *Hockmann, Theo.*

Holton, Gerald [Themata, 1984 (1961)]: Themata: Zur Ideengeschichte der Physik, unveränd. Nachdr. d. Ausg. v. 1961, Wiesbaden: Springer, 1984.

Horkheimer, Max, s. *Adorno, Theodor W.*

Hugenschmidt, Bettina/Technau, Anne [Methoden, 2014]: Methoden schnell zur Hand: 66 Schüler- und handlungsorientierte Unterrichtsmethoden, 3. Aufl. ([1]2005), Seelze: Friedrich, 2014.

Humboldt, Wilhelm von [Organisation, 1809/10]: Über die innere und äußere Organisation der wissenschaftlichen Anstalten in Berlin (Denkschrift, um 1809/10, Fragm.), in: *Ders.*, Schriften, 1903, Abt. 2: Politische Denkschr., 3 Bde., hrsg. v. Bruno Gebhardt, Bd. 1: 1802–1810, Berlin: Behr, 1903 (= Gesamtausgabe, Bd. 10), S. 250–260; digital. Online-Ausg.: *BnF* (Hrsg.), Gallica, 2016; http://gallica.bnf.fr/ark:/12148/bpt6k69428v (Zugriff 02.08.2017).

– [Schriften, 1903]: Gesammelte Schriften, hrsg. v. d. Königl.-Preuß. (seit 2002 Berlin-Brandenburgischen) Akad. d. Wiss., Berlin: Behr, 1903 (= Gesamtausgabe).

HSVN, s. *NSI.*

Jacobsen, Jens [Website-Konzeption, 2011]: Website-Konzeption: erfolgreiche Websites planen, umsetzen und betreiben, München/Boston/San Francisco u.a.: Pearson Deutschland, 2011.

Jackson, Don D., s. *Watzlawick, Paul.*

Kanning, Uwe Peter [Scharlatanerie, 2012]: Diagnostik zwischen Inkompetenz und Scharlatanerie: Phänomen, Ursachen, Perspektiven, in: *Report Psychologie*, Nr. 37 (03/2012), S. 101–113.

Kant, Immanuel [AkadA, 1902 ff.]: Kants gesammelte Schriften, hrsg. v. d. Königl.-Preuß. (seit 2002 Berlin-Brandenburgischen) Akad. d. Wiss., Berlin: Reimer u.a., 1902 ff. (= Akademieausgabe).

– [Anthr., 1798]: Anthropologie in pragmatischer Hinsicht [1798], in: *Ders.*, AkadA, 1902 ff., Bd. 7: Der Streit der Fakultäten. Anthropologie in pragmatischer Hinsicht, unveränd. photomech. Abdr. d. 2. Aufl. v. 1917 ([1]1907), Berlin: de Gruyter, 1968, S. 117–333.

– [KrV, 1781 (A)/1787 (B)]: Kritik der reinen Vernunft [1. Aufl. (A) 1781; 2. Aufl. (B) 1787], in: *Ders.*, AkadA, 1902 ff., Bd. 4: Kritik der reinen Vernunft (1. Aufl. 1781), Prolegomena, Grundlegung zur Metaphysik der Sitten, Metaphysische Anfangsgründe der Naturwissenschaft, unveränd. photomech. Abdr. d. 2. Aufl. 1911 ([1]1903), Berlin: de Gruyter, 1968, S. 1–252 [KrV A]; Bd. 3 (2. Aufl. 1787), unveränd. photomech. Abdr. d. 2. Aufl. 1911 ([1]1904), Berlin: de Gruyter: 1968, S. 1–552 [KrV B].

– [KU, 1790]: Kritik der Urteilskraft [1790 (A), [2]1792/93 (B)], in: *Ders.*, AkadA, 1911 ff., Bd. 5: Kritik der praktischen Vernunft, Kritik der Urteilskraft, unveränd. photomech. Abdr. d. 2. Aufl. 1913 ([1]1908), Berlin: de Gruyter, 1968, S. 165–485.

Keitel, Christine/Otte, Michael/Seeger, Falk [Text, 1980]: Text – Wissen – Tätigkeit: das Schulbuch etc., Königstein/Ts.: Scriptor, 1980.

Kirchmann, Julius H. von [Jurisprudenz, 1848]: Die Nutzlosigkeit der Jurisprudenz als Wissenschaft: Ein Vortrag, gehalten in der juristischen Gesellschaft zu Berlin (1847), 2. Aufl., Berlin: Springer, 1848; digital. Online-Ausg., in: *MDZ* (Hrsg.), Bibliothek, 2017; http://www.mdz-nbn-resolving.de/urn/resolver.pl?urn=urn:nbn:de:bvb:12-bsb10740367-6 (Permalink).

KIT (Karlsruher Institut für Technologie) (Hrsg.): Karlsruher Virtueller Katalog (KVK); http://kvk.bibliothek.kit.edu (Zugriff 02.08.2017).

Klaholz, Christina, s. *Hockmann, Theo*.

Koeder, Kurt-Wolfgang [Studiermethodik, 2012]: Studiermethodik: Selbstmanagement für Studienanfänger, 5., überarb. Aufl. u. erw. Aufl., München: Vahlen, 2012.

Koop, Michael/Weidemann, Holger (Hrsg.) [Studium, 2015]: Das verwaltungswissenschaftliche Studium an der Kommunalen Hochschule für Verwaltung in Niedersachsen, Hamburg: Maximilian, 2015 (= Schriftenreihe d. HSVN, Bd. 1).

Kretschmer, Horst, s. *Stary, Joachim*.

Krüger, Timm, s. *Bartelmann, Matthias*.

Lahm, Swantje, s. *Frank, Andrea* u.a.

Lagodny, Otto [Gesetzestexte, 2012]: Gesetzestexte suchen, verstehen und in der Klausur anwenden: Eine praxisorientierte Anleitung für rechtswissenschaftliches Arbeiten im Strafrecht, Öffentlichen Recht, Zivilrecht, 2. Aufl. ([1]2008), Heidelberg/London/New York u.a.: Springer, 2012 (= Tutorium Jura).

Leibniz, Gottfried Wilhelm [Gedancken, 1700]: Gedancken von Aufrichtung einer Societatis Scientiarum et Artium [1. Hälfte Juni 1700 (?)], in: *Ders.*, AkadA, Reihe IV, Bd. 8, S. 425–429.

– [AkadA, 2015]: Sämtliche Schriften und Briefe, Akademieausgabe (AkadA), hrsg. v. d. Leibniz-Forschungsstelle Hannover der Akad. d. Wiss. zu Göttingen beim Leibniz-Archiv der Gottfried Leibniz Bibliothek Hannover, Darmstadt: Reichl, 2015.

Leiße, Olaf/Buhl, Thomas/Leiße, Utta-Kristin u.a. [Lernbuch, 2006]: Psychologie und Soziologie: Lehr- und Lernbuch für die Verwaltung, München/Wien: Oldenbourg, 2006.

Leiße, Utta-Kristin, s. *Leiße, Olaf.*

Lenzen, Dieter [Bildung, 2014]: Bildung statt Bologna, Berlin: Ullstein, 2014.

Lindner, Benjamin [Interdisziplinarität, 2015]: Kompetenzorientierung und Interdisziplinarität, in: *Koop, M./Weidemann, H.* (Hrsg.), Studium, 2015, S. 35–40.

Linhart, Helmut (Ersteller)/*Höfer, Frank* (Gegenreferent) [Recht, 2013]: Einführung in das Recht (Was ist Recht? – Rechtsquelle und Rechtssatz – Rechtsanwendung – Klausurbearbeitung), hrsg. v. der Bayerischen Verwaltungsschule (BVS), München/Kirchheim: o.Verl., 2013 (= Schriftenreihe d. BVS); Online-Leseprobe in: *BVS*, Publikationen, 2013; http://www.bvs.de/fileadmin/mediapool/publikationen/Lehrbuecher/Lehrbuch_Band_1_Leseprobe.pdf (Zugriff 02.08.2017).

Mandl, Heinz, s. *Ballstaedt, Steffen-Peter.*

Martial, d.i. *Marcus Valerius Martialis* [Epigramme, 2013 (ca. 85–102/103)]: Epigramme – Lateinisch-deutsch (ca. 85–102/103), übers. u. hrsg. v. Paul Barié u. Winfried Schindler, 3., vollst. überarb. Aufl., Berlin: Akad.-Verl., 2013 (= Sammlung Tusculum, hrsg. v. Niklas Holzberg, Rainer Nickel, Karl-Wilhelm Weber u.a.).

– [Epigrammata, 1982 (ca. 85–102/103)]: Epigrammaton Libri XII, in: *Bibliotheca Augustana* (Hrsg.): Litteraturae et artis collectio; http://www.hs-augsburg.de/~harsch/Chronologia/Lspost01/Martialis/mar_ep01.html (Stand 1996), nach der Ausg. M. Valerii Martialis epigrammaton libri (ca. 85–102/103), hrsg. v. Wilhelm Heraeus u. Jakov M. Borovskij, 3. Aufl. (^{1}1925, ^{2}1976), Leipzig: Teubner, 1982 (Zugriff 02.08.2017).

Mattes, Wolfgang [Methoden, 2014 (2011)]: Methoden für den Unterricht: Kompakte Übersichten für Lehrende und Lernende, unveränd. Nachdr. d. 1. Aufl. v. 2011, Braunschweig/Darmstadt/Paderborn: Schöningh u.a., 2014.

MDZ (Münchener Digitalisierungszentrum) (Hrsg.) [Bibliothek, 2017]: Digitale Bibliothek; https://www.digitale-sammlungen.de (Zugriff 02.08.2017).

Memmert, Wolfgang [Didaktik, 1991 (^{3}1983)]: Didaktik in Grafiken und Tabellen, 4. Aufl. nach d. 3., verb. u. erw. Aufl. 1983 (^{1}1977), Bad Heilbrunn/Obb.: Klinkhardt, 1991.

Metzig, Werner/Schuster, Martin [Lernstrategien, 2010]: Lernen zu lernen: Lernstrategien wirkungsvoll einsetzen, 8., aktual. Aufl. (^{1}1982), Berlin u.a.: Springer, 2010.

Ministerium des Innern und für Kommunales Brandenburg (Hrsg.): Studiengang Öffentliche Verwaltung Brandenburg (LL.B) [TH Wildau]; http://www.mik.brandenburg.de/sixcms/detail.php/bb1.c.414909.de (Zugriff 02.08.2017).

Mittelstraß, Jürgen (Hrsg.) [Wissenschaftstheorie, 1996]: Enzyklopädie Philosophie und Wissenschaftstheorie, 4 Bde., hrsg. unter ständ. Mitw. v. Siegfried Blasche, Martin Carrier u. Gereon Wolters, Stuttgart u.a.: Metzler, ^{I}1980, ^{II}1984, ^{III}1995, ^{IV}1996, darin:

– Art. „Wissenschaft", Bd. 4, S. 719–721.

Möllers, Thomas M. J. [Arbeitstechnik, 2010]: Juristische Arbeitstechnik und wissenschaftliches Arbeiten, 5., neu bearb. Aufl., München: Vahlen, 2010.

Neurath, Otto, s. *Carnap, Rudolf.*

NHG (Niedersächsisches Hochschulgesetz), i.d.F. vom 26.02.2007 (Nds. GVBl., Jg. 2007, Nr. 5 v. 01.03.2007, S. 69), zuletzt geänd. durch Art. 4 des Gesetzes v. 15.06.2017 (Nds. GVBl., Jg. 2017, Nr. 10 v. 22.06.2017, S. 172); Online-Ausgabe, in: *NI-VORIS* (Niedersächsisches Vorschrifteninformationssystem) (Hrsg.): Gesetze/Verordnungen; http://www.nds-voris.de (Zugriff 02.08.2017).

Niederhauser, Jürg [Arbeit, 2015]: Die schriftliche Arbeit: Von der Ideenfindung bis zur fertigen Arbeit – Für Schule, Hochschule und Universität, 2., aktual. u. überarb. Aufl., Berlin: Dudenverlag, 2015.

NSI (Niedersächsisches Studieninstitut für kommunale Verwaltung e.V.) [Homepage, 2014]: Homepage: Ausbildung/Lehrgänge; http://www.nsi-hsvn.de/pics/medien/ [...] (Zugriff 02.08.2017), darin:

- [LSVP-AI, 2006]: Lehr- und Stoffverteilungsplan für den Angestelltenlehrgang I; [...] 1_1283501459/Stoffverteilungsplan.pdf (Stand 10.05.2006);
- [LSVP-AII, 2011]: Lehr- und Stoffverteilungsplan für den Angestelltenlehrgang II; [...] 1_1308657054/AII.pdf (Stand 15.06.2011);
- [LSVP-VFA, 2012]: Lehr- und Stoffverteilungsplan für den dienstbegleitenden Unterricht der Auszubildenden im Ausbildungsberuf der Verwaltungsfachangestellten: Fachrichtung Landes- und Kommunalverwaltung; [...] 1_1283781312/Stoffverteilungsplan_VFA.pdf (Stand 28.11.2012).

NSI/HSVN (Kommunale Hochschule für Verwaltung in Niedersachsen) [Homepage, 2014]: Homepage: Hochschule/Bachelor of Arts (B.A.); http://www.nsi-hsvn.de/pics/medien/ [...] (Zugriff 02.08.2017), darin:

[Modulhandbuch-AV, 2015]: Modulhandbuch Allgemeine Verwaltung (Anl. 2a zur SPO-BA); [...] 1_1466166258/2015-10-06_SPO-BA_Anl_2a_-_Module_AV.pdf (Stand 06.10.2015);

- [Modulhandbuch-VB, 2015]: Modulhandbuch Verwaltungsbetriebswirtschaft (Anl. 2b zur SPO-BA); [...] 1_1466166296/2015-10-06_SPO-BA_Anl_2b_-_Module_VB.pdf (Stand 06.10.2015);
- [SPO-BA, 2016]: Studien- und Prüfungsordnung für die Bachelor-Studiengänge Allgemeine Verwaltung und Verwaltungsbetriebswirtschaft an der Kommunalen Hochschule für Verwaltung in Niedersachsen – HSVN – vom 06.10.2015, zuletzt geänd. am 26.09.2016; [...] 1_1466166213/_2017-05-03_SPO-BA.pdf (Stand 26.09.2016).

Dies. (Hrsg.) [Stud.IP, 2016]: Stud.IP: Veranstaltungen/Info-Center/Dateien/Hochschule – Bachelorstudiengänge (ab Jg. 2016); https://studip.nds-sti.de (Zugriff 02.08.2017; nicht barrierefrei), darin:

- [Formalvorschriften, 2016]: Hinweise zur formalen Gestaltung schriftlicher Arbeiten (Formalvorschriften) (Stand 10.06.2016) [Prüfung/Prüfungsorganisation] (hochgeladen am 29.06.2016; nicht barrierefrei).

OECD (Organisation for Economic Cooperation and Development) [Indikatoren, 2015]: Bildung auf einen Blick 2015: OECD Indikatoren (Orig.-Ausg. u.d.T. Education at a Glance 2015: OECD Indicators), in: *BMBF* (Hrsg.), Publikationen, 2015; https://www.bmbf.de/files/OECD_Education_at_a_Glance_2015.pdf (Zugriff 02.08.2017).

– [PISA, 2016]: PISA – Internationale Schulleistungsstudie der OECD [PISA steht für Programme for International Student Assessment]; http://www.oecd.org/berlin/themen/pisa-studie (Zugriff 02.08.2017).

Orland, Barbara/Scheich, Elvira (Hrsg.) [Geschlecht, 1995]: Das Geschlecht der Natur: Feministische Beiträge zur Geschichte und Theorie der Naturwissenschaften, Frankfurt a.M.: Suhrkamp, 1995.

Otte, Michael, s. *Keitel, Christine.*

Platon [EiglerA, 1990]: Werke in acht Bänden, hrsg. v. Gunther Eigler, griech.-dt. Sonderausg. nach d. 2., unveränd. Aufl. ([1]1977), dt. nach der Übers. v. Friedrich Schleiermacher in d. 2., verb. Aufl., Berlin 1917–1928, griech. als photomech. Neudr. nach der *Société d'Édition ›Les Belles Lettres‹ Platon: Œuvres complètes*, Paris 1955 ff., Darmstadt: WBG, 1990.

– [Apologie, nach 399 v.Chr.]: Des Sokrates Verteidigung (Apologie) [Ἀπολογία Σωκράτους], in: *Ders.*, EiglerA, 1990, Bd. 2: Apologie, Kriton, Euthydemos, Menexenos, Gorgias, Menon, bearb. v. Heinz Hofmann, Darmstadt: WBG, 1990, S. 1–69.

– [Menon, um 393–388]: Menon [Μένων,], in: *Ders.*, EiglerA, 1990, Bd. 2: Apologie, Kriton, Euthydemos, Menexenos, Gorgias, Menon, bearb. v. Heinz Hofmann, Darmstadt: WBG, 1990, S. 505–595.

– [Politeia, um 387–367 v.Chr.]: Der Staat [Πολιτεία], in: *Ders.*, EiglerA, 1990, Bd. 4, bearb. v. Dietrich Kurz, Darmstadt: WBG, 1990, S. 327–621.

Popper, Karl [Philosophen, 2006]: Alle Menschen sind Philosophen, hrsg. v. Heidi Bohnet u. Klaus Stadler, Sonderausgabe ([1]2002), München/Zürich: Piper, 2006, darin: Ausschnitt aus einem Vortrag, gehalten in Zürich, August 1985, S. 188–196.

– [Problemlösen, 1994]: Alles Leben ist Problemlösen – Über Erkenntnis, Geschichte und Politik, München/Zürich: Piper, 2006, darin: Ausschnitt aus einem Vortrag, gehalten in Zürich, August 1985, S. 114–122.

Posch, Peter, s. *Bosse, Dorit.*

Preußische Instruktionen (PI) [Kataloge, [2]1908]: Instruktionen für die alphabetischen Kataloge der preußischen Bibliotheken v. 10.05.1899, Berlin: A. Asher & Co, 1899 ([2]1908); digital. Online-Ausg., in: *MDZ* (Hrsg.), Bibliothek, 2017; http://www.digitale-sammlungen.de/index.html (Zugriff 02.08.2017).

Reiter, Rayna R. (Hrsg.) [Women, 1995]: Torward an Anthropology of Women, New York/London: Monthly Review Press, 1975 (= Monthly Review Paperback, Bd. 399).

Robinson, H. A., s. *Thomas, Ellen L.*

Robinson, Francis P. [Study, 1961]: Effective Study, durchges. Ausg., New York: Harper & Row, 1961.

Rousseau, Jean-Jacques [Œuvres, 2016]: Collection complète des Œuvres de J. J. Rousseau, Citoyen de Geneve, in: *BnF* (Hrsg.), Gallica, 2016 (Zugriff 02.08.2017).

Rubin, Gayle S. [Traffic, 1975]: The Traffic in Women: Notes on the ›Political Economy‹ of Sex, in: *Reiter, R. R.* (Hrsg.), Women, 1975, S. 157–210.

Scheich, Elvira, s. *Orland, Barbara*.

Schmidt, Helmut [Moral, 1982]: Gesellschaftliche Moral des Wissenschaftlers, in: *Die Zeit*, Nr. 25 (18.06.1982); Online-Ausgabe, in: *ZEIT Online*: Wissen; http://www.zeit.de/1982/25/gesellschaftliche-moral-des-wissenschaftlers (Zugriff 02.10.2016).

Schmidt, Karl [Pädagogik, 1861]: Die Geschichte der Pädagogik in weltgeschichtlicher Entwicklung und im organischen Zusammenhange mit dem Culturleben der Völker, 4 Bde., Bd. 2: Die Geschichte der Pädagogik von Christus bis zur Reformation, 2., vielfach verm. u. verb. Aufl., hrsg. v. Wichard Lange ([1]1861), Cöthen: Scheffler, 1869; digital. Online-Ausg., in: *MDZ* (Hrsg.), Bibliothek, 2017; http://www.mdz-nbn-resolving.de/urn/resolver.pl?urn=urn:nbn:de:bvb:12-bsb11108640-0 (Permalink).

Schimmel, Roland [Formulieren, 2012]: Juristische Klausuren und Hausarbeiten richtig formulieren, 10., überarb. u. erw. Aufl. ([1]1997), München: Vahlen, 2012.

Schneider, Wolf [Profis, 2001 (1984)]: Deutsch für Profis: Wege zum guten Stil, illustriert v. Luis Murschetz, 17. Aufl., überarb. Taschenbuchausg. (Orig.-Ausg., hrsg. v. Victor Schuller, ersch. Hamburg: Gruner + Jahr, 1984), München: Mosaik [bei Goldmann], 2001 (= Goldmann-Tb, Bd. 11536).

Schräder-Naef, Regula [Rationeller, 1977]: Rationeller Lernen lernen: Ratschläge und Übungen für alle Wissbegierigen, 9. Aufl. ([1]1971), Weinheim/Basel: Beltz, 1977.

Schuster, Martin, s. *Metzig, Werner*.

Seeger, Falk, s. *Keitel, Christine*.

Sick, Bastian [Genitiv, 2004]: Der Dativ ist dem Genitiv sein Tod: Ein Wegweiser durch den Irrgarten der deutschen Sprache (Sammlung von Artikeln der Kolumne ›Zwiebelfisch‹, SPIEGEL Online 2003), Hamburg: Kiepenheuer & Witsch, 2004 (= Club-Tb, SPIEGEL Online), darin:

– Phrasenalarmstufe Gelb, S. 60–62.

Smith, Donald E. P. [Technology, 1977]: A Technology of Reading and Writing, Bd. 3: The Adaptive Classroom, New York: Academic Press, 1977.

Spinoza, Benedictus [Baruch] de [Brief, 1647]: Brief an Jarigh Jelles vom 2. Juli 1647, in: *Ders.*, Werke, 1986, Bd. 6, S. 210 (lat. *Ders.*, Opera, 1972, Bd. 4, Ep. 41).

– [Opera, 1972]: Opera, 4 Bde., i.A. d. Heidelberger Akad. d. Wiss. hrsg. v. Carl Gebhardt, 2. Aufl., unveränd. Nachdr. d. 1. Aufl. v. 1925, Heidelberg: Winter, 1972.

– [Werke, 1986]: Sämtliche Werke, Bd. 6: Briefwechsel, Übers. u. Anm. v. Carl Gebhardt, 3., erg. u. neu eingel. Aufl. mit einer Bibliogr. v. Manfred Walther, Hamburg: Meiner, 1986 (= PhB, Bd. 96a).

Stary, Joachim/Kretschmer, Horst [Literatur, 1998 ([1]1994)]: Umgang mit wissenschaftlicher Literatur: Eine Arbeitshilfe für das sozial- und geisteswissenschaftliche Studium, 4., unveränd. Nachdr. d. 1. Aufl. v. 1994, Frankfurt a.M.: Cornelsen Scriptor, 1998.

Stickel-Wolf, Christine/Wolf, Joachim [Lerntechniken, 2011]: Wissenschaftliches Arbeiten und Lerntechniken: Erfolgreich studieren – gewusst wie!, 7., aktual. u. überarb. Aufl. ([1]2001), Wiesbaden: Gabler, 2013.

Stowasser, Joseph Maria u.a. [Lat.-Wb, 1966 (1913)]: Der kleine Stowasser, lat.-dt. Schulwörterbuch, bearb. v. Michael Petschenig, Einl. u. Etymologie v. Franz Skutsch, unveränd. Nachdr. d. 1. Aufl. v. 1913, überarb. u. gekürzt nach den Vorarbeiten zur 4. Aufl. des ›großen‹ Wörterbuchs v. Joseph M. Stowasser v. 1916 ([1]1894), München: Freytag, 1966, darin:

- Art. „abs-traho [-tractus]", S. 31; Art. „factus", S. 209; Art. „plagiarius", S. 378; Art. „pono [positus]", S. 380/381; Art. „praepono", S. 388; Art. „sic", S. 452; Art. „societas", S. 456/457; Art. „subicio", „subiecto", „subiector", S. 470.

Technau, Anne, s. *Hugenschmidt, Bettina.*

Theisen, Manuel René [Erfolgreich, [16]2013]: Wissenschaftliches Arbeiten: Erfolgreich bei Bachelor- und Masterarbeit (ehem. u.d.T. Wissenschaftliches Arbeiten: Technik – Methodik – Form), 16., u. Mitarb. v. Martin Theisen vollst. überarb. Aufl. ([1]1984), München: Vahlen, 2013.

- [Technik, [15]2011]: Wissenschaftliches Arbeiten: Technik – Methodik – Form, 15., aktual. u. erg. Aufl. ([1]1984), München: Vahlen, 2011.

Thomas, Ellen L./Robinson, H. A. [Reading, 1972]: Improving Reading in Every Class: A Source-book for Teachers, Boston u.a.: Allyn & Bacon, 1972.

Trier Center for Digital Humanities (Hrsg.) [DWB, 2013]: Deutsches Wörterbuch der Gebrüder Grimm (DWB); http://woerterbuchnetz.de/DWB (Stand 1998–2013).

Universität Bayreuth, Kommission ›Selbstkontrolle in der Wissenschaft‹ [Bericht, 2011]: Bericht an die Hochschulleitung der Universität Bayreuth aus Anlass der Untersuchung des Verdachts wissenschaftlichen Fehlverhaltens von Herrn Karl-Theodor Freiherr zu Guttenberg (Bayreuth, den 5. Mai 2011), in: *Scribd.de* (Hrsg.): Bericht der Guttenberg Kommission v. 10.05.2011, veröff. v. Uwe Bogumil; http://de.scribd.com/doc/55230011/Bericht-der-Guttenberg-Kommission-vom-10-05-2011 (Zugriff 02.08.2017).

Universität Bielefeld [Schreiblabor, 2017]: Zentrum für Lehren und Lernen (ZLL): Das Schreiblabor, 2017; http://www.uni-bielefeld.de/Universitaet/Einrichtungen/SLK/schreiblabor (Zugriff 02.08.2017).

UrhG (Urheberrechtsgesetz: Gesetz über Urheberrecht und verwandte Schutzreche), i.d.F. v. 09.09.1965 (BGBl., Jg. 1965, Teil I, Nr. 51 v. 16.09.1965, S. 1273), zuletzt geänd. durch Art. 13 des Gesetzes v. 17.07.2017 (BGBl., Jg. 2017, Teil I, Nr. 49 v. 17.07.2017, S. 2541), in: *juris* (Hrsg.): Gesetze im Internet, hrsg. i.A. des Bundesministeriums der Justiz (BMJ); http://www.gesetze-im-internet.de/urhg/BJNR012730965.html (Zugriff 02.08.2017).

Vogt, Jochen [Prosa, 1998]: Aspekte erzählender Prosa: Eine Einführung in Erzähltechnik und Romantheorie, 8., durchges. u. aktual. Aufl. ([1]1972), Opladen/Wiesbaden: Westdeutscher Verl., 1998.

Voltaire, d.i. *François Marie Arouet* [Dictionnaire, 1767]: Dictionnaire philosophique, portatif, 3 Bde., 6., durchges. u. erw. Aufl., London: o.Verl., 1764 ff., darin:

- Art. *„Préjugé"*, Bd. 2 (1767), S. 434–438.

Walter, Tonio [Stilkunde, 2009]: Kleine Stilkunde für Juristen, 2. Aufl. ([1]2002), München: Beck, 2009.

Watzlawick, Paul/Beavin, Janet H./Jackson, Don D. [Kommunikation, 2011 ([1]1969)]: Menschliche Kommunikation: Formen, Störungen, Paradoxien (zuerst u.d.T. Pragmatics of Human Communication: A Study of Interactional Patterns, Pathologies, and Paradoxes, New York: Norton & Company, 1967), 12., unveränd. Aufl. ([1]1969), Bern: Huber, 2011.

- [Unglücklichsein, 2010 ([1]1983)]: Anleitung zum Unglücklichsein, 18., unveränd. Aufl. ([1]1983), München: Piper, 2010.

Weber, Max [Wissenschaft, 2002 (1919)]: Wissenschaft als Beruf [1919], in: *Ders.*, Schriften, 2002, S. 474–511.

- [Schriften, 2002]: Schriften 1894–1922, ausgew. u. hrsg. v. Dirk Kaesler, Stuttgart: Kröner, 2002 (= Kröners Taschenausg., Bd. 23).

Weber-Wulff, Debora/Wohnsdorf, Gabriele [Plagiatsbekämpfung, 2011]: Strategien der Plagiatsbekämpfung, in: *Information – Wissenschaft und Praxis*, Nr. 57 (2006), H. 2, S. 90–98, Online-Ausg. in: *WebCite* (Hrsg.): Universität Hohenheim: Studium/Plagiate; http://www.webcitation.org/5zVSD23Hl (Permalink).

Weidemann, Holger, s. *Koop, Michael*.

Wikia [GuttenPlag, 2011]: GuttenPlag – kollaborative Plagiatsdokumentation: Eine kritische Auseinandersetzung mit der Dissertation von Karl-Theodor Freiherr zu Guttenberg: ›Verfassung und Verfassungsvertrag. Konstitutionelle Entwicklungsstufen in den USA und der EU‹ (Stand 03.04.2011); http://de.guttenplag.wikia.com/wiki/GuttenPlag_Wiki (Zugriff 02.08.2017).

Wikipedia [Enzyklopädie, 2015]: Die freie Enzyklopädie; http://de.wikipedia.org, darin:

- Art. „Martial (Marcus Valerius Martialis)" (Stand 21.06.2017); http://de.wikipedia.org/wiki/Martial (Zugriff 02.08.2017).

Wiltinger, Angelika/Wiltinger, Kai [Übersichten, 2007]: Wissenschaftliches Arbeiten: Systematische Darstellung in Übersichten, Studienausgabe, Göttingen: Cuvillier, 2007 (= Reihe Betriebswirtschaftslehre in Übersichten, Bd. 5).

Zimbardo, Philip G./Gerrig, Richard J. [Psychologie, 2008]: Psychologie, Übers. aus dem Amerik. v. Ralf Graf, Dagmar Mallett, Markus Nagler u. Brigitte Ricker, dt. Bearb. v. Ralf Graf, mit über 430 Abb., 18., aktual. Aufl., München: Pearson Studium, 2008.

***

Anhang: Verzeichnis der Übungen

Die Übungen sind im Text fortlaufend nummeriert. Die folgende Liste ist **chronologisch** nach dieser Nummerierung geordnet. Mit einem **Stern*** versehen sind Übungen und/oder Methoden, deren Benennung und/oder Gestaltung sich an der Sekundärliteratur orientiert. Die Quellennachweise finden sich in den Beschreibungen und Fußnoten auf den angegebenen Seiten.

***